河北经贸大学金融学省级重点学科学术出版基金资助

绿色金融关系论

王小江◎著

人民出版社

目录

CONTENTS

引 言

从 1995 年中国人民银行颁布《关于运用信贷政策促进环境保护工作的通知》,距今已有 22 年。绿色金融从单一的绿色信贷发展到绿色保险、绿色证券、绿色投资、绿色租赁等多个金融子系统。从初期的绿色金融的政策引导,发展到绿色金融体制建设、绿色金融风险管理机制设计、绿色金融工具创新及绿色金融责任落实的阶段。绿色金融开始进入中国金融改革的核心范畴,成为中国金融改革的成功与否的"检验石"之一。绿色金融可谓是前景广阔。

2016 年的 G20 杭州峰会,又把绿色金融推向一个新的高度,绿色金融成为推动全球经济治理的革新与完善,为世界稳定和发展提供系统性、长效化制度保障的新机制;成为全球金融系统安全与结构性改革,绿色经济发展制度架构与功能机制建设的基础战略。探索与处理社会、经济、自然与金融的关系成为世界性的话题。中国的绿色金融理论与实践经验正在走向世界,为人类的可持续发展贡献着中国对新经济机制的探索。

但事实上,中国绿色金融的发展一直是在争议中进行,分歧主要体现在三个方面,一是对中国绿色金融发展的路线存在争议;二是认为中国的绿色金融缺乏顶层设计；三是对绿色金融发展缺乏真实和客观的评价。

关于路线的争议，有人认为中国现实的绿色金融制度与政策的设计流于形式，缺乏实质性的责任设计与落实，在没有触动金融业实质性利益的条件下谈绿色金融的发展，谈金融与经济、经济和自然关系的协调，只能流于形式，体现不了绿色金融与生态环境建设的实质性关系，无法把中国绿色金融真实地向四者之间关系处理与协同的方向发展。

社会、经济、自然与金融关系的论证既属于理论界的范畴，同时属于宏观经济关系协调与管理的范畴。就关系论的角度分析，中国的绿色金融发展缺乏顶层设计，就问题而问题，缺乏系统性的整体把握。具体体现在以下几点，一是缺乏理论指导，没有理清绿色金融与生态环境保护的关系，理清金融与社会、经济和自然的关系；二是没有对绿色金融的属性、功能进行精准的定位，没有做到理论先行，导致绿色金融发展一直处于分散、局部探索的阶段，对生态文明建设没有起到应有的指导作用。

实践是检验真理的标准，20 年来，我们缺乏对绿色金融发展的客观、真实和平等的调研与分析，特别是对金融系统与经济系统、社会系统及生态环境系统关系的系统性、客观性、真实性和连贯性的描述。据中国银行业协会《2015 年度中国银行业社会责任报告》显示，2015 年中国商业银行系统绿色信贷的余额达到 8.08 万亿，占中国 2015 年贷款余额的近 10%。这里有两个问题，一是 8.08 万亿的真实性谁来认可，二是 10%是绿色的，那剩下的 90%是否是绿色的？我们知道剩下的 90%贷款余额将决定中国经济结构和产业走向。这将影响中国生态文明建设，影响绿色金融的深度发展。分析角度与方法的改革势在必行。

以上问题就产生三个急需,一是急需对中国近 20 年社会、经济、自然与金融业发展的关系状况进行梳理;二是急需新的理论对中国社会、经济、自然与金融关系进行解释与分析;三是对中国绿色金融发展提出基于关系理论的顶层设计,建立基于中国生态文明建设为核心目标的绿色金融体系。

现实是客观认识事物的基础,只有对中国绿色金融发展的宏观环境、行业基础与内部状况进行有效的分析,探讨绿色金融发展的路线、机制、体制、政策、制度及模式的建设才有客观与坚实的基础。绿色金融实施的效率与质量对生态环境的建设,对和谐社会的建设起到真实的引导、推进和控制的作用。

绿色金融关系理论建立在对中国近二十年经济发展、生态环境与金融业绿色化状况的基本描述基础上,力图通过对中国经济、生态与金融发展数据的融合分析,对中国的金融发展、生态环境与经济发展关系进行客观梳理。论证绿色金融产生与发展现状,根本目的是为协调金融与自然、社会和经济的关系,进而推进四个关系的协同发展。

我们希望通过对客观数据的描述,为中国绿色金融深度研究提供一个基于关系数据的分析基础和基本思路。

第一章

基于理论的自然、经济、社会与金融关系分析

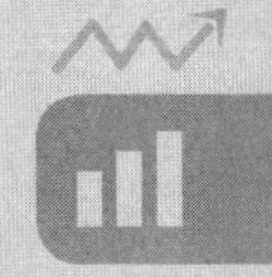

金融在经济、社会和生态的运行中起到引导、配置、控制与风险管理的基本作用。金融绿色化是人类社会发展的必然性选择,金融绿色化程度直接影响经济、社会与生态的协同发展。

基于关系的角度分析经济、社会、生态与金融四者的关系,可以为我们提供一个研究以上四者关系的新角度、新思维、新手段。为国家从宏观和微观两个层面处理四者关系提供理论依据和实践分析的工具,可以为绿色金融的顶层设计和金融行业绿色化提供新的分析方法与框架思想。本章是基于理论的角度对经济、社会、生态与金融四个关系的分析。

第一节 自然、经济、社会与金融关系论

一、以关系角度的论证

关系,是指事物与事物之间的相互联系,亦指事物之间相互作用、相互影响的状态。① 联系是世界上一切事物的客观本性,世界上的任何事物都同它周围的事物处于相互联系的状态,彼此存在着一致性和共同性。唯物辩证法认为,世界上的一切现象都处于普遍联系和永恒的运动之中,联系是事物最本质的形式,运动发展是矛盾着的对立方面的统一。辩证法的世界观要求从事物的普遍联系和永恒运动中把握事物,分析事物自身的矛盾并解决这些矛盾。

从关系的角度论证绿色金融,是因为绿色金融的产生、机理、发展

① 《现代汉语词典》,商务印书馆 2012 年版,第 477 页。

与矛盾的运动分析,源于绿色金融与自然、社会和经济的实践关系。绿色金融源于自然、社会和经济实践关系的客观需要,绿色金融的发展源于与自然、社会和经济的目的运动过程,绿色金融系统的建设源于自然、社会和经济相互关系作用的必然性联系。以关系的角度论证绿色金融的存在、发展和运行规律,基于以下理由:

(一)金融与自然、社会、经济联系的客观性存在。联系的客观性是指事物的存在和运动所固有的、不以人的意识为转移的客观联系。伴随经济发展和人类生活水平的提升,金融成为社会、经济联系的核心,以货币和金融为媒介的社会和经济联系成为社会交往的必然性选择,经济发展效率与质量的提升需要与金融资源配置进行对接,自然环境的改善与维护,需要金融资源的支持和控制,人类进入金融核心阶段,以金融为核心的联系是客观的存在。

(二)金融与自然、社会、经济联系的普遍性存在。世界是万事万物相互联系构成的统一整体,任何事物都是统一的联系之网上的一个部分、成分或环节,都体现着普遍的联系。金融与自然、社会、经济联系具有普遍性的特点。从金融系统与自然系统,金融系统与社会系统,金融系统与社会系统联系的普遍性,到金融系统的微观行为与经济行为、生态行为、社会行为之间的普遍联系,这种联系共同组成自然、社会、经济和金融的复合系统。

(三)金融与自然、社会、经济联系的条件性存在。联系的条件性存在是指同某一事物相关联的、对它的存在和发展发生影响的诸要素的总和。虽然金融系统的发展已经具备独立运行的特点和规律,但金融系统毕竟是生态系统、社会系统和经济系统的衍生系统,它的存在和发展存在于生态系统、社会系统和经济系统的存在和发展,金融系统与三者之间的关系,在一定条件下产生,又在一定条件下发展。

（四）金融与自然、社会、经济联系的多样性存在。金融系统和自然、社会和经济系统的联系具有多样性的特征，包括整体联系和局部联系、直接联系和间接联系、内容和形式的联系、因果联系、内部联系和外部联系、本质联系和非本质联系、必然联系和偶然联系等。联系的多样性决定金融系统与自然、社会和经济系统的复杂性和深度性。

（五）金融与自然、社会、经济联系的因果性存在。金融资本的贪婪性和直线式的经济发展模式的结合，致使生态环境的污染和破坏，导致经济危机和生态危机。需要人类反思金融模式和生产模式，进而产生环境保护的需要与制度。绿色金融的产生源于生态环境保护的需要，源于金融制度对生态环境的破坏，这种联系是客观事物本身所固有的，是不以人的意志为转移的。

（六）金融与自然、社会、经济的联系辩证性存在。唯物辩证法认为联系既是客观的，又是多样的，事物现象之间是相互作用、相互制约和相互影响的，这种联系形成了事物之间错综复杂的联系网，使万事万物联系在一起，并在一定条件下互相过渡，相互转化。金融与自然、社会、经济的联系符合唯物辩证法的观点，绿色金融产生于自然、社会、经济的联系，发展于自然、社会、经济的联系。反之，绿色金融的发展一定会反作用于自然、社会、经济，对自然环境的维护与改善，对经济的可持续发展，对建立环境友好型社会必将起到巨大的推进和优化的作用。

绿色金融关系的分析，是我们认识绿色金融、分析绿色金融、发现绿色金融规律，协调金融与自然、社会和经济关系的认识论与基本方式和方法。以关系的角度论证分析绿色金融存在价值、基本功能、产品设计、宏观政策、技术体系、管理体系和制度建设，可以为绿色金融的研究与实践，提供一个基础理论的解释，提供一个全新的思路与技术路径。

二、以自然生态关系角度的论证

人类与自然的关系理论是绿色金融关系理论研究的基础,因为绿色金融创新是协调金融与自然、经济和社会关系的需要,其根本目的是为创造一个适合人类生存的自然环境,优化经济发展过程中的各种矛盾。

(一)以生态关系角度的论证

人类与自然的关系是指人类作为认识主体对整个自然界以及人与自然相互关系的认识。人类与自然关系的分析是绿色金融关系论证的基础,绿色金融的产生与发展,目的是正确处理人类与自然的关系。

1. 人类与自然的依存关系

依存是指依靠于某人或某物而生存。恩格斯在《反杜林论》中指出:"人本身是自然界的产物,是在自己所处的环境中并且和这个环境一起发展起来的。"①人是自然界的产物,人类必须依靠自然界才可以生存。自然界构成人类赖以生存的物质前提和物质基础,是人类社会生存的自然条件的总和,是人类社会存在和发展的前提条件。

人类与自然界的依存关系是指自然界是人类赖以生存的物质前提和物质基础。人类必须依靠自然界才可以生存。水、空气、土地、森林等构成人类生存的基本条件,人与自然之间在客观上形成了依存链、关联链和渗透链,所以人类发展是以人与自然之间的和谐相处为基本前提,强调人与自然和谐发展,共同进步。因而在社会交往过程中,

① 《马克思恩格斯选集》第3卷,北京人民出版社1995年版,第374—375页。

不仅仅要尊重社会发展规律，更要遵守生态自然规律，要自觉地接受自然规律的支配。由“以人为中心”和人控制自然、统治自然的价值理念，转变为以人为本，全面、协调、可持续发展的理念。要建立人与自然的和谐共处、协调发展关系，实现人类与自然界关系的全面、协调的发展。

2. 人类与自然物质变换关系

马克思在解读在人与自然物质变换关系时说道：“劳动作为使用价值的创造者，作为有用劳动，是不以一切社会形式为转移的人类生存条件，是人和自然之间的物质变换即人类生活得以实现的永恒的自然必然性。”①在这里，“物质变换”是指人类通过自身有意识有目的地改造自然界的社会活动。人类必须进行物质生产劳动来满足自己的衣食住行等需要，因而，生产是人作用于自然界的最基本的实践活动，是影响和决定其他一切活动的关系。但由于受自身的认识能力和社会条件的限制，会产生短期利益和长期利益的矛盾，盲目损坏和浪费自然资源，破坏生态环境的现象，造成人与自然之间的冲突是生态危机的基本表现。

针对人类在短期利益与长期利益的冲突，马克思在《资本论》中论述人与自然的关系时，提出要进行综合协调的思想，“社会化的人，联合起来的生产者，将合理地调节他们和自然之间的物质交换，把它置于他们共同控制之下，而不让它作为盲目的力量来统治自己，靠消耗最小的力量，在最无愧于和适合于他们的人类本性的条件下来进行这种物质交换。”②

---

① 《马克思恩格斯全集》第23卷，人民出版社1972年版，第56页。

② 马克思：《资本论》第三卷，人民出版社1975年版，第926—927页。

3. 遵从自然规律的约束

由于自然界有着其自身独立发展的过程,具有不依赖于人的独立存在的性质,是一个纯客观的过程,是按照自身固有的规律运动变化的过程。自然界对人的活动及其目的的实现有着强制性的制约作用。人类在与自然界的关系处理过程中,必须做到尊重自然、敬畏自然,自觉遵守自然界内在的规律性,方能得到发展。

金融的核心目的是为人类提供快捷、高效和优质的金融服务。虽然金融行业是核心部门,但金融行业只是生态环境系统的一部分,是社会经济系统的构成之一,建立一个生态系统、社会系统、经济系统与金融系统协调系统,特别是金融与社会系统的和谐,在整体发展中至关重要。

(二)以自然生态与金融关系角度论证

1. 金融追逐利益的本性

伴随人类交换方式的发展,货币进入人类的社会生产生活之中,扮演着价值尺度、流通手段、贮藏手段、支付手段和世界货币的职能。金融成为社会经济活动的核心,通过金融资源配置、金融风险防范、价值发现等作用的发挥,金融成为人类社会经济活动的"发动机"、"助推器"和"调控中心"。但传统的金融模式产生于商品交换中,发展于资本主义生产方式。资本的利润增值本性,决定了当人类进入生态与社会、经济协同发展的时代时,传统金融模式与生态规律要求产生矛盾关系,而且是一种不可调和的关系。这种矛盾关系成为人类生态危机的基本诱导因素之一,在某种程度上甚至是主导因素,危及人类的生存与发展。

金融衍生于商品经济的发展需要,但发展到今天的金融已成为一个服务于社会、经济和生态需要的独立系统。传统金融模式资本的逐利性，与新型社会、经济和生态和谐关系模式的矛盾性，决定绿色金融的产生成为必然。绿色金融不单纯是金融系统的主体行为，也不是单纯利用金融新闻控制环境风险模式的选择，我们应站在金融与社会、经济和生态关系平衡的角度看待绿色金融的产生和发展，看待绿色金融行为与自然、经济和社会关系的协同。

2. 金融与自然关系的平衡

绿色金融的产生源于关于社会、生产、金融和自然相互关系的社会实践，研究社会、经济、金融、自然四大系统的相互作用关系，是我们分析绿色金融产生和发展的必然性和必要性，以及揭示绿色金融发展机理的基础理论的支撑。绿色金融关系理论的基本逻辑序列为，一是人类与自然关系的理论阐述；二是自然环境与生产关系理论的分析；三是生产与金融及绿色金融关系理论的分析；四是社会、经济、生态、金融四者关系的协调与平衡。

人与自然关系的理论分析是对建立自然生态与人类之间平衡关系的理论阐述，即从根本上解决人类发展同自然的矛盾，这是人类社会关系协调的基础；生产与自然关系的分析，则是要分析自然生态与经济发展的有限性和无限性的矛盾，目的是解决经济发展与生态环境保护之间的矛盾性关系，使得生态与市场的矛盾获得和谐有序的状态，这是自然生态平衡的根本保障；金融与自然的关系平衡是指金融的资源配置与生态环境保护相配合，包括金融宏观调控与金融机构微观行为与生态自然的平衡关系的处理，这是人类建立与生态自然平衡风险管理和预警管理系统的关键，研究绿色金融关系为处理金融与生态关系提供理论基础。

绿色金融关系理论建立的目的是平衡自然、社会、经济和金融系统的关系，是为有效协调自然、社会、经济和金融系统的关系，进而为提高全社会的工作效率和工作质量打下理论基础。自然、社会、经济、金融的平衡是社会新生态的构建，使四者之间营造和谐有序的文明环境，为自然生态的重建奠定健康稳定的金融基础。

我们的任务，是通过对经济系统与生态系统实践关系、社会系统与生态系统实践关系的认识，核心是通过对金融系统与生态系统、经济系统和社会系统之间相互关系的实践论证，辨析传统金融系统与生态、社会及经济系统之间的矛盾与对立关系，论证绿色金融必然产生的逻辑，阐述绿色金融存在的必然性与必要性，发现绿色金融的本质与运行规律。

三、以实践关系角度的论证

马克思在《关于费尔巴哈的提纲》一文中指出："全部社会生活在本质上是实践的。凡是把理论引到神秘主义方面去的神秘东西，都能在人的实践中以及对这个实践的理解中得到合理的解决。"①马克思对实践内涵的诠释主要可以概括为两个方面，一是把实践视为一种人类所独有的活动，感性的主观能动是这一活动的主要特征。二是把实践理解为全部社会生活的本质，将社会生活的内在本质置于实践范畴之下。人的本质在现实性上也是以生产劳动关系为主要内容的一切社会关系的总和。实践是人的基本存在方式，复杂的社会关系是实践的具体展开形式。

基于金融和绿色金融与自然、社会、经济实践关系的分析，从现实

---

① 《马克思恩格斯文集》第一卷，人民出版社2009年版，第501页。

性上看,这种实践关系贯穿于人类社会、经济发展的始终,随着人类改造自然、改造社会、经济实践活动日益深入和扩展,历史地形成了复杂多样的、多种层次的金融及绿色金融实践关系,实践关系反映在社会、经济生活的各个领域和方面。从理论上讲,金融和绿色金融所从事的一切金融活动,无论是金融业自身的运营,还是金融业对社会、经济的活动,都是在一定的实践关系活动中得以展开和获得的,在绿色金融与自然、社会和经济的实践关系中实现自我确证。

在金融和绿色金融与自然、社会和经济的实践中,我们重点把握以下几条主线,一是社会、经济、自然及金融各自独立发展主线分析;二是社会、经济、自然及金融关系状况的分析;三是绿色金融发展实践的案例分析。

社会、经济、自然及金融各自独立发展主线反映的是自然、社会、经济和金融各自独立的发展状况,希望通过历史时间序列各种发展状况的分析,对自然界的变化状况、经济和社会及金融的发展进行客观、真实的描述;基于自然、社会、经济与金融及绿色金融发展状况进行复合的对比、因果分析,力图识别我国近二十年自然状况与金融、社会和经济发展之间的真实状况,识别我国绿色金融发展过程中的内在矛盾,为深度发展绿色金融,建立基于实践关系的绿色金融理论打下基础;对我国绿色银行发展的社会实践状况的分析,可以全面反映绿色金融在我国的具体实施状况,进而对我国绿色金融进行反思与总结。

理论来源于人类的实践活动。从实践的视角来了解绿色金融,就必须把握绿色金融与自然、社会和经济的实践关系。在绿色金融与自然、经济和社会的实践中认识绿色金融、发展绿色金融。

第二节 从协同的角度看四个系统

一、协同发展是四个系统运行的基本要求

生态系统、经济系统、社会系统与金融系统共同构成人类社会发展的综合性复合系统。四个系统间存在着相互影响而又相互合作的关系，如何通过内外部的协同作用，从非协调动态转换为协调状态，进而出现时间、空间和功能上的有序结构，协同发展构成该复合系统运行的基本要求。重点包括以下几个方面。

一是系统具有基本结构、基本秩序和基本规则，生态系统、经济系统、社会系统与金融系统构成人类与生态关系的基本系统，这个复合系统同样应遵循复合系统的基本运行规则与秩序要求。

二是四个系统之间同样应遵循基本的秩序与运行规则，生态系统是人类发展的基础，它为人类的繁衍与发展提供基本条件，是人类生存与改善生活愉悦度的基础。实体经济系统的发展，满足人类不断提高的物质需要，提高了人类社会生活舒适度，但人类日益增长的物质需求，使得生态供给与人类需求出现相背离的现象，人类过度的物质需求成为人类社会可持续发展的基本阻碍，成为人类社会可持续发展的基本矛盾。

三是在生态系统、经济系统、社会系统与金融系统大系统下的各自系统，其运行模式、运行技术、运行目标是建立在应符合生态系统、经济系统、社会系统与金融系统大系统基本要求的基础上，即各自系统的运行是在各系统运行规则约束下的运行，各自系统的运行应符合大系统运行的基本要求，否则将对大系统的运行产生非良性的影响，进而影响

大系统的运行与秩序。

生态系统和经济系统融合的发展,使得经济、社会、生态与金融系统的运行与规则在不断的变化,当生态环境成为人类社会发展的主要矛盾时,可持续发展成为人类社会发展的主题,人类的其他活动都应在可持续发展的前提下进行。

可持续发展对人类的生活模式、生产模式、金融模式、金融政策及与生态系统的关系提出新的定位和要求。绿色经济、生态经济、动态经济成为经济发展新模式,这意味原有的生产模式、生产技术、流通方式、消费方式、金融方式都将产生新的变化,新的变化意味四大系统之间将产生不协调的现象。建立一个可持续生态系统、经济系统、社会系统与金融系统关系的新机制、新模式、新制度将成为生态系统、经济系统、社会系统与金融系统发展的核心与关键环节。

金融系统居于生态系统、经济系统和社会系统的核心位置,金融系统在生态系统、经济系统、社会系统与金融系统的大系统中不仅仅居于货币功能的流通媒介与价值尺度功能的地位,同时在生态系统、经济系统、社会系统与金融系统大系统中更居于资源优化功能、引导功能、资源配置功能、风险控制功能的核心特殊位置。

在可持续发展的理念下,创新金融绿色化观念,创新金融绿色运行模式、创新绿色金融管理制度,是生态系统、经济系统、社会系统与金融系统协同发展的必然性行为,不创新,生态系统、经济系统、社会系统与金融系统大系统无法实现系统发展,进而无法实现生态系统、经济系统、社会系统与金融系统大系统的协同发展。利用绿色金融系统对整个系统进行控制、协同和引导、推进的功能,成为金融创新与改革的核心与关键。

近二十年,我国的经济、社会与金融系统都进入一个高速的发展期，但四者发展不平衡的趋势日益明显，基本趋势矛盾、结构趋势矛盾、质量趋势矛盾等成为四个系统协同发展的主要问题与瓶颈。

二、经济高速发展与生态环境系统日益恶化的矛盾

截止到 2015 年，我国的 GDP 总量已达到 685505.8 亿元，1995—2015 年近二十年间，经济平均增速在 10%以上。经济的高速发展带来的是整体国力的提高和国民财富的提升，但国民的幸福感并没有伴随经济金融发展而提升，相反，生态环境系统的恶化，阻碍了经济的深度发展。

一是环境污染严重。污染物排放总量远超环境容量，大气、水、土壤污染问题比较突出，雾霾天气频发，2014 年 74 个重点城市中只有 8 个空气质量达标。

二是生态系统退化。森林总量不足，草原退化、水土流失、荒漠化等问题严峻，全国生态整体恶化趋势尚未得到根本遏制。

三是发展方式依然比较粗放，进一步加剧了资源约束，我国单位 GDP 能耗是世界平均水平的 2 倍。

我国的环境承载能力已达到或接近上限，生态环境的状况已经不适应人类的发展，严重威胁到人类的生存，生态环境已进入必须改变的状态。发展不平衡、不协调、不可持续成为中国经济发展的主要问题。

三、社会系统运行与生态环境状况的背离

人口的上升与消费模式对生态环境提出巨大的挑战，生活方式的改变意味人类消耗资源和各种排放的增加，在有限的土地与资源条件

下，如何适应生态环境对我们提出的限制性要求，需要我们社会系统改变运行方式、消费方式、消费理念等，以保证我们的社会系统与我们的生态环境系统的平衡。

我们现有的社会系统，包括观念、体制、组织形式、运行机制等建设总体滞后于生态环境系统对我们的基本要求，我们对待生态环境的基本意识，严重落后于生态环境的状况，阻碍生态文明的建设；以利益为核心的生产方式和金融运行方式，在少数人攫取大量利益的同时，造成生态破坏和环境的严重污染；我们的生活方式与生态循环的基本要求不符，没有能够建立基于全社会的环境变化生活方式。

四、金融系统运行与生态系统运行状况

金融是现代经济的核心，金融居于资源配置的核心地位。根据四系统均衡高效的基本要求，金融系统的运行必须与其他系统的运行是协调的、和谐的。金融系统的特性决定其运行的基本条件就是为经济系统、实体环境和社会系统服务。一旦金融系统的运行超出服务的基本原则和四个系统运行平衡的基本要求，金融的运行就可能对其他系统的正常运行产生负作用，从当前运行的状况看，我们认为金融系统的运行与生态系统、社会系统的运行要求是背离的，甚至是具有破坏力的。具体体现在以下几点。

（一）金融模式与生态系统关系讨论。面对生态环境日益恶化的现状，人们似乎更愿意从实体经济的生产模式去寻找问题的根源，认为是我们现有的生产模式导致我们今天的环境污染现状，无论是理论研究和社会实践，人们更多地是从实体运行的角度来分析环境污染产生的原因和改进的办法。

但我们应看到，自货币产生到金融成为经济社会发展的核心，现今的经济模式已成为以金融运行为核心的经济模式，金融成为生产、分配、交换和消费的“连接器”，金融成为整个社会经济资源配置的核心，这个理论和实践已被社会经济各界广泛认可，既然我们承认金融是现代经济的核心，那么我们是否应该探讨金融对生态环境恶化的责任和义务？

自然构成人类社会生存的基础，是经济生产的基础条件，自然资源的状况决定人类社会消费、生产的规模和质量。资金是生产的基本要素，生产过程由人、资金、技术和自然的融合构成。遵守生态规律和经济规律是金融业运行的前提，即金融运行是建立在遵守生态规则的基础上，金融系统与生态系统运行协调是金融系统运行遵守生态规律为基础的关系。金融系统的运行应遵循三条基本原则，一是以生态规律为基本点，金融行为应以不损害生态环境为基本条件；二是金融行为应以增进生态环境建设为发展目标，协调社会、经济和生态的运行，为实现四者的系统发展出力；三是以控制环境风险为己任，通过环境风险控制机制的建设，推进金融行为对生态行为的正向发展。

（二）从企业资产负债结构角度看绿色金融。现实的金融系统运行已证明此问题的存在。我国的钢铁行业既是能源消耗的大户，又是环境污染的主要来源。但就全国的钢铁行业融资形势看，钢铁行业的负债率在60%—70%，某些省更高达75%—80%。可见我国钢铁行业发展的主要支撑力之一来自金融，一个负债率在70%的企业，你不能说金融对他的发展没有起到决定性的作用。由于金融机构在生态环境问题上与企业具有天然性的利益一致性，所以如果我们不切断企业的“第一动力”，居于利益的相合，金融机构不可能自愿地形成绿色金融的动力，而是与企业成为统一的利益联盟，生产转型、绿色经济将成为一项艰难的工作。

（三）从金融资产机构的角度看绿色金融。我们分析金融资产的构成状况可以发现，按照银行业2015年公布的数据，绿色信贷的份额仅仅占信贷余额的10%（这是一个未经社会证实的数据），那么，我们是否应该探讨90%贷款的绿色化程度？我们需要一个完整的绿色化体系，既要支持生态环境的10%的份额，也要看到金融业整体发展状况与生态环境保护的关系，看到生态环境风险对金融业乃至人类社会发展的影响。

五、从社会关系的角度看金融业的发展

我们知道货币产生于商品交换，是基于商品交换效率提升的产物，货币与生产的关系可以表述为货币是为生产服务、为交换服务的特殊媒介。金融产生于货币资金的短缺与盈余，金融的核心作用是金融资产的配置，但金融资产配置的背后实质上是实物资产的配置，因而金融与生产的关系可以表述为相互依存、相互作用和相互制约的关系。

当货币资本成为社会生产的基本要素后，金融资本参与了生产资本价值的分配过程。白钦先（2001）从资源的角度提出了金融资源论，认为金融是一种重要的社会资源，金融资本是生产资本的一部分。曾康霖（2001）认为金融利润“剩余索取权”，是金融业参与社会生产与再生产过程的基本要素之一。

马克思认为，如果金融资本利润率长期高于社会平均利润率，基于收益的考量，职能资本就会大量进入金融资本，导致实体经济的资金供给不足，形成实体产业的倒退现象。考斯达斯·拉帕维查斯（2009）认为掠夺收入是重点，“随着成熟的资本主义经济体变得金融化了，金融

利润的来源发生了十分显著的变化”。

从社会盈利水平和企业福利的角度来看,银行业的盈利水平和社会福利在近二十年一直居于各行业的前列。但一个行业的发展和盈利与福利长时期在整个社会体系中居于领先地位时,我们认为这个社会的分配机制出现了问题,从社会的角度看,分配不均将成为社会长期发展的阻碍,导致社会资源的配置不能以人类社会的发展为核心目标,分化不是我们人类发展的目的,可以短期产生分化,但长期,必须以人类的可持续发展为根本,以四个系统协同发展为基本形式。

第三节 从生态文明建设角度看绿色金融

绿色金融应成为生态文明建设的“协调器”、“推进器”,绿色金融是生态文明建设的重要构成,生态文明建设需要绿色金融的支持。

一、生态文明建设与四个系统的发展

在经历农耕文明和工业文明之后,我们迎来了生态文明。这是人类社会发展针对人与自然的矛盾进行的必然性选择。生态文明建设的核心是人类社会的发展必须遵循人、自然、社会和谐发展这一客观规律,是指以人与自然、人与人、人与社会和谐共生、良性循环、全面发展、持续繁荣为基本宗旨的文化伦理新形态,是物质与精神成果的总和。

把生态文明建设融入经济建设、政治建设、文化建设和社会建设的各方面和全过程并形成一个紧密联系的有机整体,既是生态发展客观规律的必然要求,也是人类社会发展的必然过程。首先是生态文明建

设与经济建设相互统一的。生态文明建设对经济建设提出新的目标与要求，要求我们转变经济发展方式，实施节能减排，在保护生态环境同时进行经济建设，实现可持续发展。其次，生态文明是社会民生的最终目标。生态环境是人类生存与发展的基础，随着人类物质生活水平的提高，人类开始追求更高层次的物质与精神需求。总之，生态文明建设与四个系统是相互支持、相互促进、相互依存的关系。

二、生态文明建设包含金融绿色化

生态文明建设的主要途径是把生态文明建设融入经济建设各方面和全过程。从广义的角度，经济建设包含实体经济建设和虚拟经济建设两部分。从环境保护的历史看，我们更注重实体经济部分的环境保护，针对实体经济与生态环境的关系，我们陆续出台各项法律、规章、规范和标准等，以期通过对企业生产、技术和管理措施的约束，推进生态环境经济的和谐发展。似乎从人类的心理角度认为金融与生态环境之间并无关系，认为生态环境保护是实体经济的责任，金融投融资行为没有参与企业的环境污染和生态破坏过程，所以金融机构对生态环境的改善是以道德的高度来参与环境保护，而不是以责任人的角度参与环境保护。事实上，我们看到的是生产过程的表面，似乎金融机构没有参与污染的过程，但我们应知道，一是资本是生产的前提，生产是在资本的集聚与推动下进行的，资本是生产力的基本因素；二是我们不仅仅要看到生产的基本因素组合，更应从表面看到实质，资本的运行过程实质上是资本升值的过程，生产是过程，利润是实质，作为资本的所有者，是企业经营最后的获利者，作为资本的所有者和借贷者，他们从生产过程收益，就应对生产过程负责，只获取利益，而不对生产过程的责任负责，是制度建设的缺陷，是对社会大众的不公。

金融是社会经济运行的动力与“血液”，金融的行为与经济建设、政治建设、文化建设和社会建设紧密相连。从广义的角度，经济建设包含实体经济建设和虚拟经济建设两部分，把生态文明建设纳入经济建设就是把生态文明建设纳入虚拟经济的建设。对金融体系而言意味着两个大的方向性的改革，一是生态文明思想成为新金融建设的核心思想，在金融业要树立生态优先、生态约束、生态责任和生态风险的思想与观念，以生态思想推进金融业的发展；二是生态文明建设的目标应成为金融行为的目标与指南，金融行为不单是经济利益的行为，金融行为要融合经济利益和社会利益，是两者的结合，是生态、社会和金融的协同发展；三是要把生态文明的思想贯彻到金融行为的全过程，在金融分析、金融评估、金融决策和金融监督中体现生态文明建设的要求。金融业绿色金融的建设是全过程的建设，而非部分和局部的改良，要把生态文明思想深入到金融行为的每一个环节。

三、生态文明与四个系统政策与制度建设

生态文明建设明确提出，一是要建立系统完整的生态文明制度体系，实行最严格的源头保护制度、损害赔偿制度、责任追究制度，完善环境治理和生态修复制度，用制度保护生态环境。二是要引导、规范和约束各类开发、利用、保护自然资源的行为，用制度保护生态环境。三是要完善经济政策。健全价格、财税、金融等政策，激励、引导各类主体积极投身生态文明建设；要鼓励公众积极参与；完善公众参与制度，及时准确披露各类环境信息，扩大公开范围，保障公众知情权，维护公众环境权益。

绿色金融是生态文明战略的重要构成,在生态文明战略中起到引导、配置、控制和预警的作用。绿色金融制度建设在生态文明建设的过程中具有特殊的位置,具有以下的特点:一是绿色金融制度与环境保护制度配合的要求,环境保护的相关制度是绿色金融制度的基础,环境保护相关制度的建设应包含绿色金融的相关内容,绿色金融制度的建设应以环境保护制度为准绳,是环境保护制度在金融领域的延伸。二是绿色金融政策与环境保护政策和产业政策的衔接。产业政策体现国家对产业发展方向的认可与支持,环境保护政策和产业政策共同构成国家在生态环境保护领域的态度,金融政策是在环境保护政策和产业政策的基础上出台的政策,应与二者进行有机的结合,以期产生政策的最大效果。三是绿色金融制度具有宏观与微观结合的特点,宏观是指绿色金融制度在协调生态、经济和社会方面起到调节、推进的作用,微观是指在企业、消费者层面起到约束、激励的作用。

第四节　从经济发展模式转变看绿色金融

实体经济与虚拟经济是一个事物的两个方面,即可以分开分析,也可以融为一体来看待。所以,经济发展模式的转变不仅仅是实体经济模式的转变,同时也是虚拟经济发展模式的转变。介于虚拟经济在整个经济系统发展的特殊位置,发展绿色金融建设关系到真实、有效和完整地落实环境优先、生态优先战略与政策的实施,是实现经济发展方式转变的基础环节,必须从全局和战略高度,充分认识坚持绿色金融系统与实体经济系统发展战略一致的重要性,以绿色金融系统与实体经济系统的共同发展实现生态文明战略效率与质量的提升。

一、可持续的经济模式的转变

两百年的工业文明带来了巨大的经济增长和社会财富的极大增加,但发展的副作用是自然矿物资源的耗尽,生态生物圈的失衡以及自然环境污染等一系列环境问题。这已经引起了世界范围内的经济发展模式的反思,一场以可持续发展理论为基础的经济发展模式的改革在全球范围内展开。

绿色发展、低碳发展、循环发展的经济模式是建设资源节约型、环境友好型社会和实现可持续发展的重要方式与途径,是一种新的经济增长方式。该经济方式为打开人口承载力、资源支撑力、生态环境承受力,正确处理经济发展与人口、资源、环境的矛盾关系,统筹考虑当前发展和长远发展的需要,不断提高发展的质量和效益,实现生产发展、生活富裕、生态良好的文明发展道路基本路径。

绿色经济是以保护和完善生态环境为前提的经济形式,绿色经济以珍惜并充分利用自然资源为基本前提,以社会、经济、环境协调发展为增长方式,以可持续发展为目的的新经济形态。绿色经济的核心内容,一是要将环境资源作为经济发展的内在要素,把环境成本核算纳入经济核算之中;二是要把实现经济、社会和环境的可持续发展作为绿色经济的发展目标,把绿色发展作为企业、社会的具体行为;三是要把经济活动过程和结果的“绿色化”—“生态化”作为绿色经济发展的主要内容和途径。

循环经济以减量化、再利用和资源化为原则,以提高资源利用率为核心,以资源节约、资源综合利用、清洁生产为重点,通过调整结构、技术进步和加强管理等措施,大幅度减少资源消耗、降低废物排放、提高劳动生产率。努力促进资源循环式利用,鼓励企业循环式生产,推动产业循环式组合,形成能源资源节约型的经济增长方式和消费方式,促进经济社会可持续发展。

在全球气候变暖的背景下,以低能耗、低污染为基础的“低碳经济”已成为全球热点。其主要特点是以减少温室气体排放为目标,构筑低能耗、低污染为基础的经济发展体系,包括低碳能源系统、低碳技术和低碳产业体系三个方面。发展低碳经济一方面是积极承担环境保护责任,完成国家节能降耗指标的要求;另一方面是调整经济结构,提高能源利用效益,发展新兴工业,建设生态文明。

从生态环境与经济发展的关系看,绿色经济就是生态经济,它包含了循环经济和低碳经济。发展绿色经济,就是发展循环经济等这些具体的经济运行方式,我国过去出台的推动循环经济发展等政策措施仍然是有用和有效的。绿色经济由两部分组成:一是对原有经济系统进行绿化或生态化改造。它包括开发新的生产工艺、减少或替代有毒有害物质的使用、高效和循环利用原材料、减少污染物的产生量、对污染物进行净化治理等。二是发展对环境影响小或有利于改善环境的产业。它包括生态农业、生态旅游、有机食品、可再生能源、服务业、高新科技、植树造林等,其特点就是天生对环境友好,不必投入过多资源进行污染防治和生态保护,称为绿色产业。

二、绿色经济模式转变由实体与虚拟两部分构成

经济形式主要由实体经济和虚拟经济两部分构成。实体经济是指人通过思想使用工具在地球上创造的经济,包括物质的、精神的产品和

服务的生产、流通等经济活动。实体经济始终是人类社会赖以生存和发展的基础。虚拟经济是相对实体经济而言的，是经济虚拟化（西方称之为“金融深化”）的必然产物。在《新帕尔格雷夫经济学大辞典》中，虚拟资本是指通过信用手段为生产性活动融通资金。[①] 由此来看，虚拟经济包括证券业、资本市场、货币市场、外汇市场和银行业、租赁业、信托业等，是一个涵盖金融业的概念。虚拟经济由于其功能性的特点，是一把“双刃剑”，它既是适应实体经济的需要而产生，可以推进实体经济的发展；也可能会对实体经济产生较大的负面影响，甚至是破坏性的损害。

实体与虚拟经济方式的紧密结合，相互推进，相互依存，高速助推经济发展的转变，高效率地推进工业文明的快速到来，同时亦使人类的财富观极大的转变。所以，经济发展方式的转变不仅仅包括实体经济的转变，同时也应包括虚拟经济发展方式的转变，更由于虚拟经济的特殊性，虚拟经济的转变应具有超前性、前瞻性和实用性，更需要顶层的设计。

第五节　金融的生态环境外部性理论

金融行为的外部性导致金融与生态环境系统产生关联性的变化，金融的正外部性可以推进金融与生态的协同发展，金融行为的负外部性可能导致生态环境的破坏和损失。因而探讨金融行为的生态环境外部性，就成为金融与环境关系分析的基础。

① 《新帕尔格雷夫经济学大辞典》第二卷，经济科学出版社 1996 年版，第 340 页。

一、经济行为的外部性

经济外部性又叫经济行为外部性，是经济学的一个重要概念，指在社会经济活动中，一个经济主体（国家、企业或个人）的行为直接影响到另一个相应的经济主体，却没有给予相应支付或得到相应补偿，就出现了外部性。

兰德尔对经济外部性用数学语言进行了表达，外部性就是实际经济活动中，生产者或消费者的活动对其他消费者和生产者产生的超越活动主体范围的影响。它是一种成本或效益的外溢现象。经济外部性用数学语言表示：

$$U_j = U_j(X_{1j}, X_{2j}, \cdots, X_{nj}, X_{mk}) \quad j \neq k$$

$X_{ij}(i=1,2,\cdots,n)$是经济行为人 j 的各项经济活动水平，X_{mk}是经济行为人 k 的一项经济活动水平，U_j是 j 的效用或福利水平。当X_{mk}存在时，说明 j 的效用或福利水平除受他自己的活动X_{ij}的影响外，还受到他所不能控制的X_{mk}的影响。①

经济外部性亦称外部成本、外部效应或溢出效应（Spillover Effect）。外部性可能是正面的，也可能是负面的。正外部性是某个经济行为个体的活动使他人或社会受益，而受益者无须花费代价，负外部性是某个经济行为个体的活动使他人或社会受损，而造成外部经济受损的人却没有为此承担成本。

---

① ［美］阿兰·兰德尔：《资源经济学》，施以正译，商务印书馆 1989 年版，第 501 页。

二、金融行为的环境外部性

(一)金融行为的环境外部性

在借鉴马歇尔经济外部性概念与理论①基础上,我们认为金融行为的外部性具体是指一个金融主体(供给者或需求者)在自己的金融活动中对第三方或其他人的环境状况产生了一种有利或不利的影响。这种有利影响带来的利益(或者说收益)或不利影响带来的损失(或者说成本),都不是资金供给者或需求者本人所获得或承担的,是一种经济力量对另一种经济力量"非市场性"的附带影响。

金融行为的生态环境外部性可以分为广义金融生态环境外部性和狭义金融生态环境外部性。我们把金融机构的金融行为直接影响到另一个相应的经济主体或个人的生态环境状况,却没有给予相应支付或得到相应补偿,称为狭义金融外部性。金融机构的生态环境外部性是由金融机构的每一项金融行为的生态环境外部性构成。

广义的金融机构生态环境外部性除了包含狭义外部性外,还包括该金融系统的整体活动向其他主体溢出的间接性生态环境类的综合影响,包括对生态系统、经济系统和社会系统的广泛影响。狭义金融的生态环境外部性远逊于广义金融的生态环境外部性。广义的生态环境外部性需要国家的顶层设计,通过顶层设计进行金融资源与环境资源的优化配置,进而实现生态环境与经济、社会的平衡发展。

---

① [英]马歇尔:《经济学原理》,朱志泰译,商务印书馆1964年版,第69—73页。

(二)金融行为生态环境外部性产生机理

一般理论认为,环境问题是由人类生产生活活动过度或失当引起的,其实质是经济发展和环境保护的冲突以及人地关系的失衡。从形式上看,金融系统和生态系统都在各自的轨道上运行,两者之间并无物质的交换和流通。所以金融对生态环境不会产生外部性影响。但我们知道金融是社会经济系统的一部分,金融运动的实质是社会经济价值的运动,因而金融运行与生态环境的运行就产生必然性的联系,其生态环境外部性机理主要基于三个方面。

一是基于生产要素的结合产生环境外部性。生产是由生产要素的组合而形成的过程,而生产的过程与生态环境系统发生交换和流动的关系,进而对生态环境产生扰动的影响。资金作为生产的基本因素,参与了生产的全过程,成为扰动生态环境的一分子。

二是金融运动伴随实体运动共同形成经济的环境外部性。经济运行由两部分过程,实体部分构成经济过程的物质运动,金融部分构成经济过程的价值运动。在整个社会再生产的过程中,金融处于生产、流通、分配和消费的全过程,成为经济与生态环境运行的一个子系统,与生态环境系统建立系统之间的联系。

三是金融利益与生态利益紧密相连产生环境外部性。金融利益来源于企业利益,而企业利益与企业的生态环境行为紧密相连,企业环境行为的负外部性使企业的社会成本大量增加,企业自身的效益增加带来社会成本的上升。金融一旦处于此类企业的生产行为,并分享大量利益,会成为企业环境外部性的共享者。

金融生态环境的外部性需要我们对金融系统的运行进行再认识,单一的以经济利益为目标的金融运行模式,不能满足生态环境与金融系统协同发展的要求，建立一个既能满足金融机构作为企业的经济运行机制，又能满足金融机构作为生态环境的子系统，实现金融运行与生态要求相一致的新金融运行模式——绿色金融。

三、金融行为的环境正负外部性效应

（一）金融行为的环境正外部性效应是指金融机构乃至金融体系稳健运行时，其自身能创造良好收益的同时，能通过增加社会资本要素的投入量、为企业提供低成本资金、提高资源的利用效率、减少污染物的排放、增加自然资源财富等方式为社会做出贡献，因而具有很强的环境正外部性。

从资本的收益角度分析，当社会资本平均收益率大于金融资本收益率时，存在宏观金融行为的正外部性，即存在金融收益的环境溢出。

从生态环境绩效角度分析，当金融资本的成本高于社会资本的成本时，存在金融行为的环境正外部性。从长期来看，金融正外部性不利于金融发展和经济发展，要通过对金融机构的行为补贴、金融政策倾斜等加以矫正。

（二）金融行为的负外部性效应是指由于金融市场活动而给无辜的第三方造成的成本。社会环境成本大于金融组织的私人成本时，就产生金融负外部性。

金融行为的负外部性可分为狭义金融负外部性与广义金融负外部性。狭义金融负外部性是指金融组织可用货币计量的环境成本向该金融活动以外的其他经济主体的溢出。广义的外部性除了包含狭义外部性外，还包括该金融活动向其他主体溢出的非货币性的间接环境影响。当然这可以间接转换成货币性的环境成本。无论是从损失的绝对数值,还是从影响范围而言,狭义金融外部性对社会的影响远逊于广义金融外部性。

第六节 绿色金融——金融行为模式转变

一、绿色金融相关概念的讨论

(一)生态金融

2009 年,王道万先生认为生态金融就是一种可持续发展金融,主要是指金融机构在良好的内部管理制度、微观制度环境以及宏观制度环境的保障下持续健康运行,进而实现金融资源的合理配置、金融体系的良性循环以及金融与社会的和谐发展。

2010 年,马鹏举先生对生态金融的定义是"生态金融是指借助金融市场机制来实现生态保护目的的新型金融运行或生产模式"。[①] 在这种运行模式下,通过生态金融产品的创新和流通,金融机构或公司获取的是正当的利润,而环境管理者和环保组织获取的是一种"正外部性"——人类生态环境的可持续发展。

2013 年,赵华林对生态金融的解释是"生态金融的本质就是环境权的价值的跨时空交易,也就是生态期权。生态金融活动的核心,是实现环境权价值跨时间、跨空间的交换"。他认为环境权的清晰界定是生态金融发展的基础。

我们认为生态金融的核心应是探讨生态系统与金融系统的相互关

---

① 马鹏举:《国际生态金融产品发展综述及启示》,《西部金融》2010 年第 10 期。

系，即金融系统与生态系统是一种互为支持、互为依存、互为发展的关系，此处的生态是目标，金融是手段，金融的发展是应在生态的约束下的发展。

（二）循环金融概念

循环金融就是一种以金融资源的最大节约、合理开发、优化配置为核心，以金融闭路循环的全程治理为模式，以金融集约增长—新金融集约增长—更新金融集约增长的螺旋式良性增长为规律，以充分全面实现金融功能和提高金融效率为目的的一种新金融增长方式（高连和2008）。

循环金融有狭义和广义之分。狭义循环金融就是通过“金融废物”的循环、利用、再循环、再利用，以至循环不断的金融活动来发展金融。广义循环金融就是把金融活动组成为“资源—产品—再生资源”的反馈式流程，使所有金融资源都能不断地在流程中得到合理开发和持久利用，使金融活动的效率达到最高和风险最低。狭义循环金融强调对人们追求金融资源大投入、高废物排放观念和做法的再造。

广义循环金融在此基础上还强调对既有的金融生产方式、金融消费方式、金融思维方式等的全面再造；两者是内在统一的，只是广义循环金融有更深的理念并提出了更全面的奋斗目标。循环金融既是金融科学发展的实现方式，又是和谐社会的重要组成部分。该概念虽然以循环的名义出现，但实质是对金融运行的方式进行的探讨，主要内容是金融资源的利用优化、配置优化等。

（三）碳金融概念

“碳金融”的兴起源于国际气候政策的变化，准确地说是涉及两个具有重大意义的国际公约——《联合国气候变化框架公约》和《京都议定书》。两大协议对碳排放的交易进行明确的规范。碳排放权交易是指碳减排购买合同或协议(ERPAs)。其运行原理是:一是由环境部门根据环境容量制定逐年下降的碳排放总量控制目标,然后将碳排放总量目标通过一定的方式分解为若干碳排放配额,分配给各区域;二是碳排放配额被允许像商品那样在市场上进行买卖,进行余缺调剂;三是通过碳减排技术发明、运用而少排放的区域通过出让节余的碳排放配额赚取收益;多排放的区域要花钱来购买碳排放配额,增加了扩大排放的成本。

碳金融是指服务于旨在减少温室气体排放的各种金融制度安排和金融交易活动,主要包括碳排放权及其衍生品的交易和投资、低碳项目开发的投融资以及其他相关的金融中介活动。其实也就是把碳排放当作一个有价格的商品,可以进行现货、期货等的买卖。碳金融的核心目标是碳减排,由于碳金融的出现,极大促进碳减排的发展,以市场机制有效推进碳减排的实现。

二、绿色金融概念与内涵的讨论

(一)绿色金融是一个复合性概念

绿色金融是一个综合性的概念。绿色金融本身是一个复合性的词汇,是由绿色和金融两个词语合并构成,从语法的角度来看,绿色是定语,金融是主语,绿色和金融之间,是修饰和被修饰、限制和被限制的关系。其实质是反映绿色系统与金融系统之间的关系性的联系,而且这种关系是一个限制和被限制的关系,服从与支持的关系。

我们在这里把绿色的内涵进行了扩展,绿色代表生态、环境、低碳、循环、可持续等,这些构成绿色金融行为的基本前提,以上概念的基本原则、运行规律、运行要求、运行模式都构成绿色金融行为的基本约束，在逻辑上构成多维的层次关系。

生态系统构成生物生存的基本系统，生物与环境构成统一整体，在这个统一整体中，生物与环境之间相互影响、相互制约，并在一定时期内处于相对稳定的动态平衡状态。但生态系统也有其脆弱性，一旦人类的活动超出生态承受能力，生态平衡被打破，将直接威胁人类的生存。所以遵守生态系统的基本运行规律构成金融行为的基本要求。

这里所讲的环境是基于自然的狭义环境概念，包括以大气、水、土壤、植物、动物、微生物等为内容的物质因素，环境是人类生存的直接影响因素，环境的优劣直接影响人类的生存质量和品质。如，没有水的哺育，就没有生命的繁衍。地球上因为有了水，才变得生机勃勃。然而，地球上的淡水资源是有限的，地球中可供人类使用的淡水占水资源总量不足1%。2012年中国人均水资源量只有2100立方米，仅为世界人均水平的28%。一方面人类对水的需求与日俱增，另一方面人为的浪费，人们对水资源的污染，使水资源不断枯竭。水资源危机将成为21世纪人类面临的最为严峻的现实问题之一。作为生产的基本要素之一，资金在生产过程中起到基础与控制的作用，核算每一笔金融投资对环境的影响状况，是金融运行的基本要求，是金融机构环境责任的直接体现，因而，遵循投资的生态环境原则构成金融运行的基本准则。

可持续发展是指既满足现代人的需求又不损害后代人满足需求的能力。可持续发展必须遵循三个基本原则，即公平性原则、持续性原则和共同性原则。公平要求人类各代都处在同一生存空间，他们对这一空间中的自然资源和社会财富拥有同等享用权，他们应该拥有同等的生存权。但这与金融资本的逐利性要求相抵触，在资本的逐利性和资本的可持续性之间寻求优化组合，是绿色金融在金融投资决策过程中应遵循的基本要求。

循环经济即物质循环流动型经济，是指在人、自然资源和科学技术的大系统内，在资源投入、企业生产、产品消费及其废弃的全过程中，把传统的依赖资源消耗的线形增长的经济，转变为依靠生态型资源循环来发展的经济。这要求我们的金融调控者和金融操作者，在进行货币政策的调控中，在金融资源的配置时，从宏观的角度，考虑金融资源的调控是在遵循循环经济的要求，以资源的高效利用和循环利用为目标，以“减量化、再利用、资源化”为原则，按照自然生态系统物质循环和能量流动方式运行要求设计金融政策和金融配置方案。

金融从宏观层面指货币的发行、流通和回笼，金融资源的配置与优化。从微观层面代表着资金的发放和收回，存款的存入和提取，汇兑的往来等经济活动。金融市场构成金融资产买卖的场所，但其背后实质上是实物资产的配置与流通，其本质是价值的流通。金融资产的价格、金融资产的准入条件、金融资产转让的方式都在影响社会经济的运行和质量。最后必将影响自然生态的变化与转变。金融与自然环境的关系主要体现在三点：一是反映的关系，可以全面反映自然生态资产的价值，为生态资产的可持续利用打下基础；二是配置的关系，是指人利用金融配置的手段，支持自然生态环境的改善与维护，为人类的生产与生存创造更加优良的生态环境；三是控制关系，金融与自然实践的核心目的是创造一个社会、经济和自然协同发展的关系，建立一个基于绿色金融为核心的自然、经济和社会发展的控制系统，为可持续发展和优化发展奠定良好的基础。

（二）绿色金融属性的探讨

绿色金融是在金融的行为基础上，基于生态环境对经济行为的约束性提出的一个概念。当前对绿色金融的认识更多停留在绿色金融的支持和基于自身风险控制的金融的观点,如,2007 年,原国家环境保护总局、中国人民银行、中国银行业监督管理委员会出台的《关于落实环保政策法规防范信贷风险的意见》中指出,绿色信贷是指利用信贷手段促进节能减排的一系列政策、制度安排及实践。把绿色信贷的属性定义为节能减排行业与信贷投向的关系处理。我们认为应站在金融与自然、经济和社会关系的角度论证绿色金融的属性,首先是金融属性的探讨,其次是金融与自然关系的探讨,即金融的经济属性和金融的自然属性的探讨。

金融的经济属性亦可称金融的自然属性,其理论的基础是金融是经济发展的产物,金融与经济的关系、金融与实体经济的关系反映的是基于经济利益的合作,是对实体经济创造价值的分配关系,实体经济与金融机构存在利益的一致性,其合作的机制是基于价值的分配与再分配。但也存在不一致性,但一致是主流,是金融本性的反映。

绿色金融的自然生态属性是指绿色金融与自然、经济和社会的关系,绿色金融是围绕人而不是物(虚拟)展开的金融活动,致力于在生态、经济和社会(人)的良性互动和协调发展中转变人类的生产生活方式,优化人的生存环境,提高人的生活质量。绿色金融的核心是金融与自然的关系的处理。

(三)绿色金融目标的探讨

1. 传统金融经济的目标

传统的经济系统的目标是社会财富增长的追求,是社会财富最大化的过程,这是一个以人类为中心的发展过程。为追求财富的无限制的增长,人类放弃人类生活的本意,以金钱为核心,为金钱可以不择手段。

此时人类与生态环境的关系,只是利用、掠夺和丢弃。社会经济系统与生态系统的平衡逐渐被打破,以致威胁到人类的生存,失去了人类创造财富的真实本意,即满足人类物质的基本生活需要。

2. 绿色金融目标的探讨

绿色金融的行业目标是指金融行业与实体经济系统、生态环境系统、社会运行系统行业之间的关系处理。生态环境系统的生态平衡理论与环境容量要求,构成金融系统运行的基本要求,当金融系统与实体系统共同构成经济系统时,其运行的基本要求就是符合生态环境系统的运行规律,在规律的约束下实施金融行为,这也是绿色金融运行的基本规则。

绿色金融相融合是指金融系统与生态环境系统、社会经济系统的相互作用、相互依存的关系,生态环境构成整个社会经济系统运行的基础,反过来社会经济系统应确保生态环境系统的正常运行,三者之间是一个共融、共存的系统关系。

绿色金融的协同是指金融系统、经济系统与生态环境系统,共同协作完成生态环境基本要求的过程。表现了金融系统在整体发展运行过程中协调与合作的性质。三者之间的协调、协作将形成拉动效应,推动生态环境保护与改善的共同前进。

绿色金融的协同对三者系统而言,协同的结果使每个系统获益,整体加强,共同发展,以致三者间属性互相增强、向积极方向发展并共同完成绿色金融的基本目标。

(四)绿色金融概念包含三重含义

绿色金融概念具有三重含义,一是其行为必须是绿色的,是以遵守生态运行规律为基本前提的;二是绿色金融的目标是获取经济效益和生态效益的双丰收；三是绿色金融主要通过环境风险防控技术和生态价值评价技术实现绿色金融，包含保护生态环境和支持生态环境改善。绿色金融是金融业一种全新的业态，代表金融业未来发展的方向和改革的核心。

第七节　关于银行业绿色化的讨论

银行是金融体系的重要构成，银行在社会经济系统的运行中不仅起到支付、储藏等作用，更重要的是现代银行是社会资源的配置手段与核心，对整个社会资源的优化配置、效率提升起到关键性的作用。绿色金融的实现在中国首先是银行业的绿色化。

一、绿色银行的定义

所谓绿色银行，我们认为是指银行业的行为对生态环境、绿色经济和绿色社会产生正相关的影响。这包括两部分，一是银行自身运行的绿色化；二是银行与企业和经济社会发生债权、债务及服务关系行为过程的绿色化。一般讲银行的绿色化行为，主要是指银行与企业和社会发生债权债务及服务关系行为过程的绿色化。

我们认为，绿色银行的概念远比绿色信贷的概念更能阐述生态环境与银行行为结合的内涵。首先，从银行系统与生态环境关系的角度，绿色银行反映的是银行系统与生态环境系统的关系，这种关系是一种相互的融合与作用，而非单纯银行作用于生态环境；其次，使用绿色银行的概念，更能把绿色的内涵渗透于银行经营的全过程、全领域，而非局限于银行的信贷业务;再次,以绿色银行概念更易与银行的全方位风险管理系统建立关系,使得黄金风险的管理更加细化、精准;最后,绿色银行概念,使得银行的环境行为与银行多层次环境责任体系挂钩,精准的反映银行与环境的关系,把银行的环境责任落实到实处。

绿色银行的范围与内涵进一步扩展,不仅包括贷款,还包括银行的债券、证券、基金、担保、信用证、年金托管、机构往来业务等。与绿色信贷相比,绿色银行有几点变化:一是绿色的范围扩大,包括贷款、票据承兑、基金等银行的主要业务范围;二是形成绿色体系,银行的绿色化不单纯是贷款业务的绿色化,而是一个系统行为的绿色化,形成绿色金融系统与生态环境系统的对接;三是形成完整的绿色引导、绿色配置和绿色监管体系;四是形成绿色风险的系列化管理,建立银行内部的绿色链。

二、绿色银行系统与社会经济系统、生态环境系统的关系

由于经济行为与生态行为的关联性,作为经济系统的虚拟系统,金融行为与生态、环境系统就产生关联性。银行系统是金融系统的一部分,金融系统与生态环境系统的关联性,自然反映银行系统与生态环境的关系。这种关联性主要体现在以下几个方面:

(一)金融系统与实体经济系统、社会系统、生态系统、环境系统形成一个新系统,在这个新系统中,生态环境系统处于基础地位,为其他所有系统提供生存的基础条件。实体经济系统和社会系统的运行实现生态系统与经济社会系统的链接与沟通。金融系统的实质是价值流通,而价值流通的过程就是资源配置的过程,所以金融系统在整个系统中处于引导、配置和风险控制的作用。

（二）新系统运行的独立性，系统中的各子系统有着各自的运行规律。它们有着不同的反馈机制。经济系统的反馈机制是增长型的，它要求不断加大系统的投入和产出，实现经济的发展与增长，因而对生态系统的需求是无限的。而生态系统的反馈机制是稳定型的，它要求系统在发展动态中维持平衡，逐步趋向最大的稳定状态。金融系统在生态系统和经济系统之间可以起到正负两方面的作用，这主要看人类对金融系统的认知与控制的能力。

（三）新系统基础目标的一致性。所谓基础目标，是指新系统的运行最终模板的一致性，也就是说人类的生存要实现在生态容量条件下的生存，在生态平衡条件下的发展，在生态保护条件下的社会福利最大化。金融系统与实体系统构成的经济系统同样必须遵守以上的游戏规则，在规则下寻求各自利益的最大化，而不是在追求各自利益最大化下追求社会利益。

（四）以金融系统为核心，建立全方位的生态环境保护系统

由于金融资本在整个社会物质再生产过程中具有前置、预警和控制的作用。所以，绿色金融系统在与生态经济系统融合中具有前置性、配置型、预警性、引导性的特殊职能。如何有效利用绿色金融行为在生态环境保护中的特殊地位，构筑一个以绿色金融为核心的、全方位的生态文明建设系统，将是理论探索和社会实践的重要课题。

三、绿色银行评价讨论

从发展过程看，我国的银行业与环境关系的处理经历落实国家产业政策、环境政策和银行业全系列、全过程转入与生态环境系统进行对接的两个过程，所以对绿色银行的评价可以从两个角度进行。

一是根据国家绿色信贷相关政策的要求，对银行履行绿色信贷政策状况的评价，主要是对信贷业务的落实政策的状况进行评估，该评价覆盖的领域较窄，评价内容较为简单，只能反映银行信贷政策与国家的产业政策和环境政策的衔接程度及质量。

二是从银行业与生态环境系统关系协同发展过程的评价阶段。此阶段的重点是评价银行业与生态环境系统关系及关系发展的程度，我们称之为的银行业实现生态环境目标程度的角度进行的评价，主要是针对银行经营过程，进行的全领域、全覆盖对生态环境的影响状况进行的评价。

以上两种评价方式，从采用的技术方法、评价的内容、评价程序、评价主体等方面具有很大的不同，需要理论与实践界的长期的联合探索。

第二章

基于数据的自然、经济、社会与金融关系状况

第一节 自然、经济、社会与金融业基本状况

一、经济与产业发展的基本状况

当今,中国已成为世界第二大经济体,中国的经济发展进入了一个新的高度和层次,带来一系列趋势性、转折性的深刻变化。经济发展的思路、模式、途径、手段、举措、方式、保障,正迈向更高级、更合理、更科学的新阶段。其特点有五:

第一,从总量上看,从 1995 年 GDP 尚不足 10 万亿,到 2015 年的 GDP 接近 70 万亿元,中国 GDP 逐年增长的势头并没有改变,但增长速度却早已出现拐点。

第二,增速开始减缓,中国经济增长将进入一个新的以质为主的阶段,提升经济品质与质量成为中国经济发展第二个特点。

第三,传统的依靠投资拉动、以牺牲环境为代价换取经济发展的方式已经不可持续。改变不合理的、粗放式的发展方式,坚守住不发生系统性风险的底线,成为新的经济发展主流。

第四,新的增长动力不足将成为中国经济发展的主要难点,中国经济进入增速换挡、提质增效的重要战略转折期。

第五,坚持改革,让中国经济在缓慢探底的过程中找到合适的增长速度,稳定的规模,同时完成产业结构的调整和经济发展的转型升级是未来经济发展的方向和任务。

理性与客观地总结中国近二十年的经济发展状况与特征，是我们进行经济发展与生态环境关系分析的基础，也是分析生态环境与金融行为关系的基础。

（一）国内生产总值状况

自 1995 年以来，我国 GDP 总额呈现出约 30°线性增长趋势。随着生产力水平不断提高，2015 年我国国内生产总值达到 685505. 8 亿元，约为 1995 年的 11 倍。

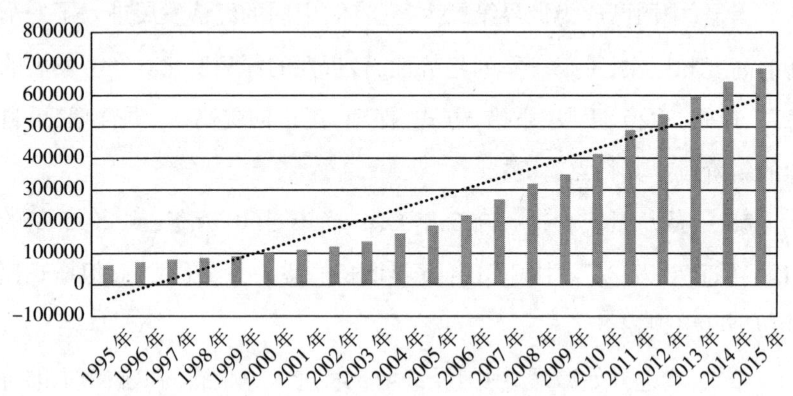

图 2-1　国内生产总值（亿元）

数据来源：国家统计局

如图 2-1、图 2-2 所示，2015 年我国国内生产总值达到 685505. 8 亿元的同时，我国人均 GDP 达到 49992. 00 元。我国经济发展开始进入新常态，开始强调结构稳增长的经济，而不是总量经济；着眼于经济结构的对称态及在对称态基础上的可持续发展。因此，我国经济发展不仅关注总量，经济发展质量同样处于不断上升阶段。我国经济发展持续增长，总体经济实力显著增强。

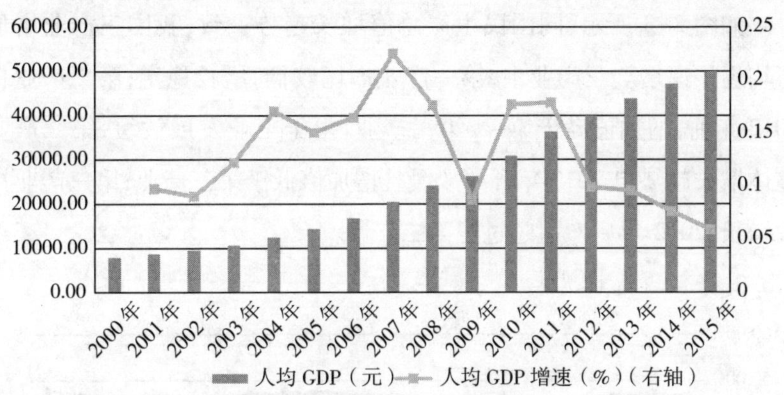

图2-2 我国人均GDP及增速

数据来源：国家统计局

（二）三产发展状况

1. 总量状况

经济的增长是第一、第二、第三产业共同贡献的结果。在共同的总量增长的同时，也呈现三个产业发展变化的不同趋势。

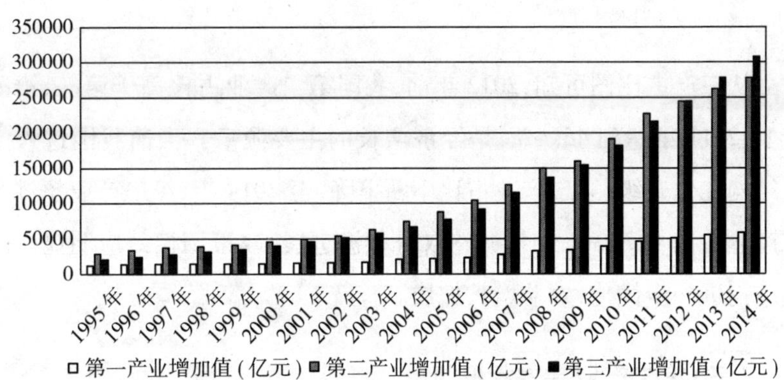

图2-3 我国1995—2014年三产业增加值

数据来源：国家统计局

如图 2-3 所示,同国民生产总值增长趋势一致,我国三产业增加值均逐年递增。三产业中,第一产业占比较低,增长稳定;第二产业在 2012 年前,增加值高于第一、第三产业,由于工业发展放缓,第二产业整体增长趋势自 2011 年开始放缓且增加值低于第三产业;第三产业持续增长,2012 年后产值超过了第二产业。

2. 产值占比状况

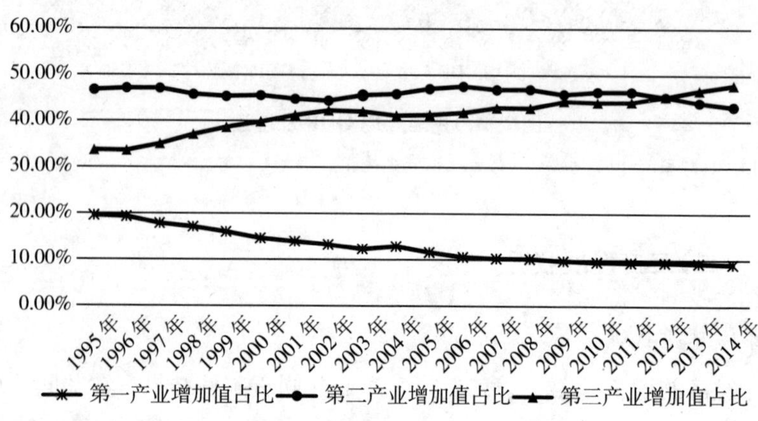

图 2-4 我国 1995—2014 年三产业增加值占比

数据来源:国家统计局

从三产占比图可知,2012 年前,我国第二产业占比高于第一、第三产业,2011 年达到 46.4%,是经济增长的主要源泉。当前我国进入产业结构优化升级,第二产业占比不断下降,至 2014 年,第三产业超过第二产业占比 4.74%。结构调整取得积极进展,政策调控效应明显。产业结构进一步优化,效益增长加快。

(三)第二产业基本状况

1995—2015 年的 20 年期间,我国第二产业增加值共增长 248894.3 亿元。其中,受金融危机影响,2009 年工业增加值增速下降,在国家基

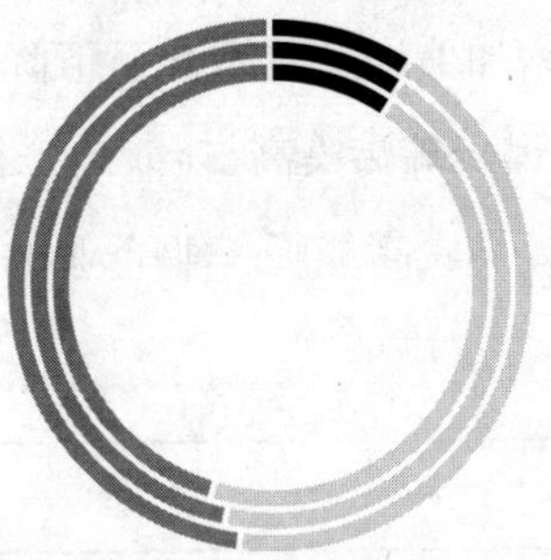

图 2-5 我国 2012—2014 年三产业增加值占比(2014 为外环)

数据来源:国家统计局

建需求增加的提振下,2010 年开始增速提高。在经济转型升级和产业结构调整的背景下,随着节能减排、淘汰落后产能力度逐步加大,高耗能行业增速下行导致我国第二产业在 2011 年后出现增速下滑。

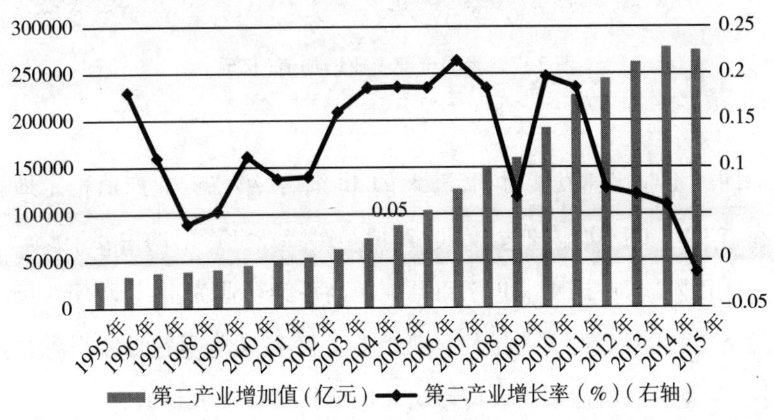

图 2-6 我国第二产业增加值及增长率

数据来源:国家统计局

根据万德资讯数据,以 2015 年为例,在第二产业增加值中,近 83.5%的贡献来自于工业,因此,经济得以持续增长,离不开工业的健康发展。如图 2-7 所示,2007—2012 年期间,工业发展高于其指数趋势线,2013 年后,工业增加值增长减缓甚至下降。在工业支柱产业中,钢铁、装备制造、石化、煤炭等污染高、耗能高。行业结构调整虽井然有序进行且小有成效,高污染、高能耗工业企业的改革、产业的结构性调整仍迫在眉睫。

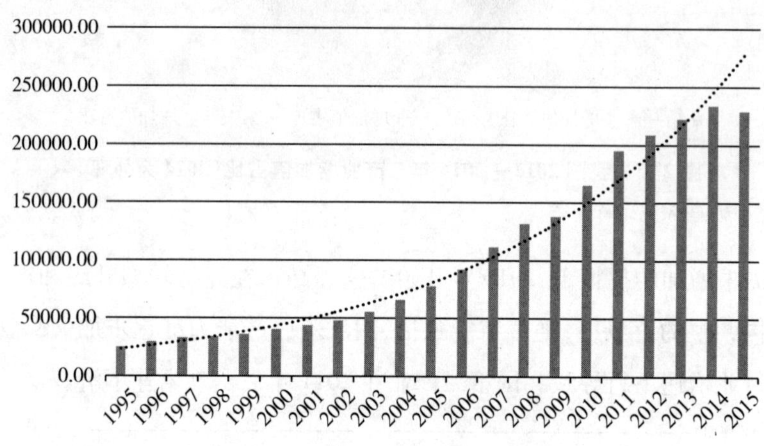

图 2-7　我国全部工业增加值(亿元)

数据来源:万德资讯

回顾工业飞速发展时期,进入 21 世纪后,第二产业产值稳定地保持在占 GDP 的 40%左右,而工业产值是第二产业产值的主要来源。

在该阶段,中国工业仍然以高能耗高污染行业为主,以环境污染作为经济增长的代价,工业排放污染严重。随着环境问题日益得到社会重视,工业发展所造成的环境影响才逐渐得到更深入地研究。

(四)主要工业行业发展基本现状

作为第二产业的主要贡献来源,工业企业主要行业的产值成为判断经济情况现状、诊断经济问题和预测经济发展的重要依据。

在此,结合当前供给侧改革及治理产能过剩等问题,选择六个代表性行业作为主要研究对象,分别是:煤炭开采和选洗业;石油和天然气开采、加工、炼焦及开采业;黑色金属矿采、冶炼及压延加工业;有色金属矿采、冶炼及压延加工业;非金属矿采业及矿物制品业和化学原料及化学制品制造业。

1. 基本状况

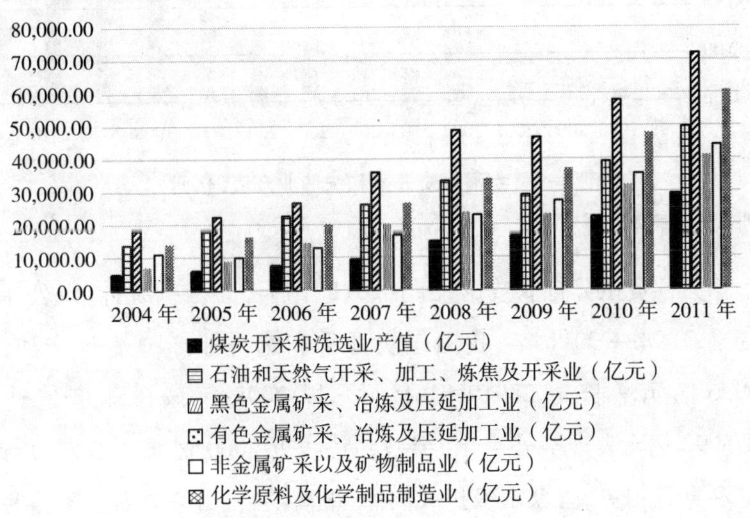

图 2-8 我国主要工业行业产值

数据来源:万德资讯

通过图 2-8 可知,工业企业产值发展以 2008 年和 2011 年表现较为突出,究其原因,在金融危机的压力下,中央宏观调控在当年实行"扩大内需、促进经济增长"政策,于 2008 年 11 月公布的"两年投资总额达 4 万亿人民币"的经济刺激方案在世界上反应强烈。中国加大对基础设施建设的投资,扩大内需,缓解由于金融危机带来的外需影响。工业企业作为直接受益者,均呈现出该年较好的表现。2010 年底,随着 4 万亿逐步到位,2011 年工业企业产值表现同样高于历史趋势预测值。

2. 煤炭开采和选洗业

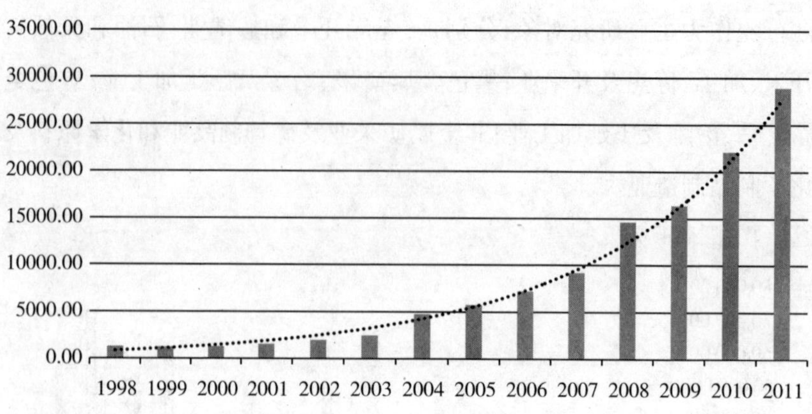

图 2-9 我国煤炭开采和洗选业产值(亿元)

数据来源:万德资讯

据万德资讯分行业数据,由于 2011 年后停止数据统计,以公布数据为准,1998—2011 年,我国煤炭开采和选洗业产值逐年增加,从 1299.6 亿元增长至 28919.81 亿元。以 2008 年该行业产值达到 14625.92 亿元表现格外突出,突破趋势线近 2000 亿元。一方面与政策红利息息相关,国家出资扩大内需,平衡供给;另一方面由于当时煤炭开采和洗选业行业规模较小,行业竞争压力较弱。加上当时人们对环境保护的重视程度不足,为煤炭开采和选洗业的恢复和发展提供了机会。

3. 石油和天然气开采、加工、炼焦及开采业

石油、天然气开采业及石油加工、炼焦和核燃料加工业在 1998—2011 年期间呈现出阶段性特征。1998—2000 年,产值达到第一个新高后于次年有所回落。2001—2008 年持续增长,至 2009 年下跌约 4234.51 亿元。直至 2011 年再次创造历史新高 49777.93 亿元。

其中,与其他工业企业一致,2008 年受全球经济环境影响,虽生产总

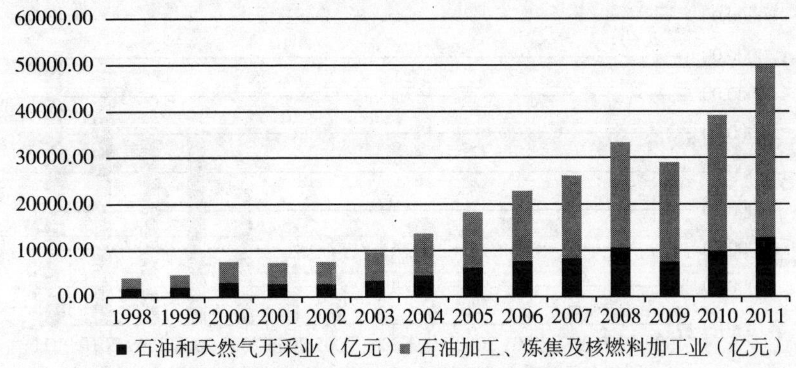

图 2-10　石油和天然气开采、加工、炼焦及开采业产值

数据来源:万德资讯

体保持较快增长但行业经济效益明显下滑,其中,1—8 月为高速发展阶段,态势良好;9 月份以后为第二阶段,形势陡转直下,生产急剧下滑,到 12 月份,全行业总产值增速由 8 月份的 35%急降至历史罕见的负增长 6. 8%。经济效益大幅下滑,需求疲软、产能过剩等问题开始暴露。

2011 年,国际石油、天然气市场紧张,金融危机余波未过,世界主要石油供给由发达国家占据,欧债危机持续蔓延,外部市场需求仍疲软。因此,宏观经济调控重积极的财政政策和货币政策,国内适逢“十二五”规划正式开局,开拓中西部地区发展协调,国内市场需求强劲,该行业产品升级共同推进石油、天然气相关行业再创新高。

4. 黑色金属矿采、冶炼及压延加工业

黑色金属采矿、冶炼及压延加工业在 2003—2008 年期间迎来高速增长,至 2008 年上半年,钢铁行业发展仍欣欣向荣。2008 年下半年,在国际金融危机的严重冲击下,全球信贷市场极大萎缩,中国经济运行中存在的深层次矛盾和问题集中显现,加上中国经济周期性发展进入下行区间,国内经济增长出现明显下滑。同时,钢铁行业多年发展的矛

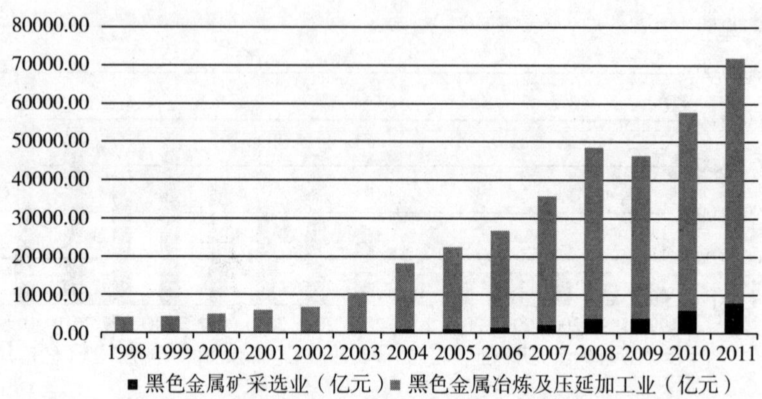

图 2-11　黑色金属矿采、冶炼及压延加工业产值

数据来源：万德资讯

盾和问题集中显现，使钢铁行业应对危机的能力不足，抗风险能力弱。这些共同影响 2008 年下半年及 2009 年该行业的发展。直至国内宏观调控提振，我国黑色金属矿采、冶炼及压延加工业产值迎来新的高峰。

5. 有色金属矿采、冶炼及压延加工业

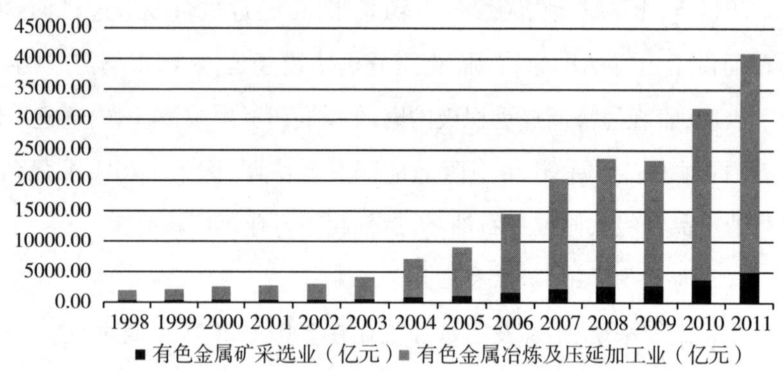

图 2-12　有色金属矿采、冶炼及压延加工业产值

数据来源：万德资讯

同工业产值变动趋势基本一致，2008 年以前，有色金属矿采、冶炼及压延加工产业呈现连续增长的趋势,2009 年,金融危机对经济的影响扩大,有色金属行业市场和利润均受到影响。为扭转行业下滑幅度,有色金属行业深入贯彻落实科学发展观,积极实施《有色金属产业结构调整和振兴规划》,生产逐步恢复正常,经济效益稳步增长,结构调整取得新的成效,为 2009—2011 年的增长打下基础。

6. 非金属矿采业及矿物制品业

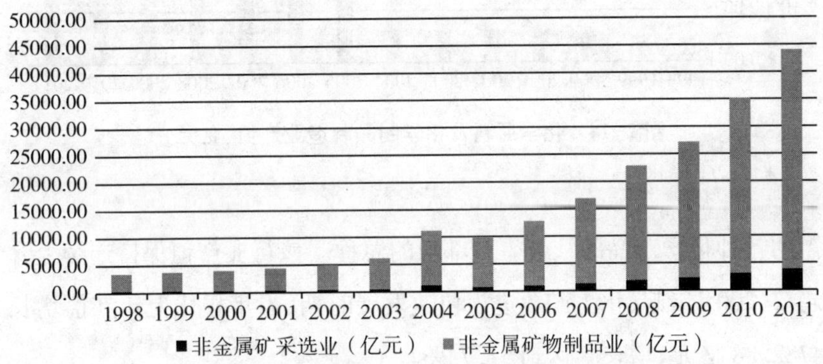

图 2-13　非金属矿采业及矿物制品业产值

数据来源:万德资讯

非金属矿采及矿制品业产值除 2005 年稍有回落,其余年份保持增长趋势。近两年,非金属矿产品问题逐步暴露,产能过剩,传统工业应用领域市场需求不旺。部分矿种实际开工率约为 50%—60%。建材、建筑、钢铁、化工、轻工、机械等传统工业是非金属矿产品的主要应用领域。

传统工业不景气,非金属矿产品市场需求不旺,且欠款极为严重,应收账款巨大,流动资金短缺。加之对环境的重视度增加,环保税费压力和人力成本上升导致企业生产成本不断增加。

7. 化学原料及化学制品制造业

化学原料及化学制品制造业,是指利用化学工艺生产经济社会所

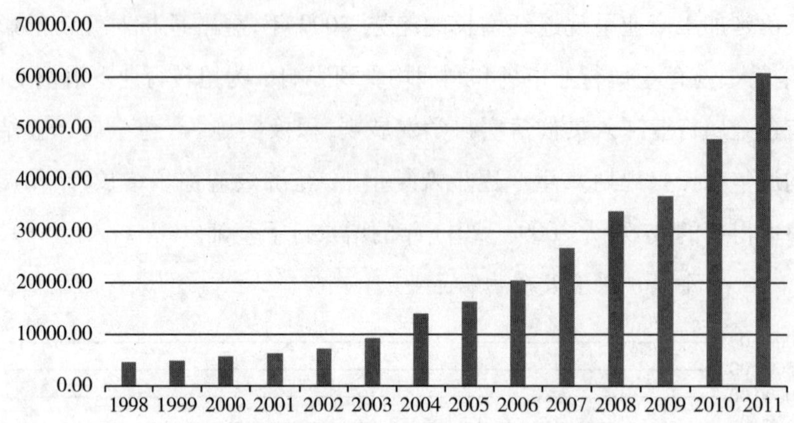

图 2-14　化学原料及化学制品制造业产值(亿元)

数据来源:万德资讯

需的各种化学产品的社会生产部门的总称。该行业产值保持连续上升趋势,2004 年起,化工产业进入快速发展时期,当年相比上年产值增长 4782. 88 亿元,增长率达到 51. 74%。

随着经济环境变化,该行业受到宏观环境影响,2009 年增速放缓。为扶植工业企业发展,国家大量投放信贷支持工业企业发展,协助企业度过经济寒冬,支援企业发展。在金融提振下,化工行业发展迎来新的机遇。2010 年相较上年增长率达到 29. 83%,增长数额达 11011. 39 亿元。至 2011 年,化工行业发展整体向好。

二、主要工业行业产能状况

(一)产能过剩严重

产能过剩是由于生产能力总和大于消费能力总和造成。在计划期内,企业参与生产的全部固定资产,在既定的组织技术条件下,所能生

产的产品数量，或者能够处理的原材料数量超出市场消费能力。

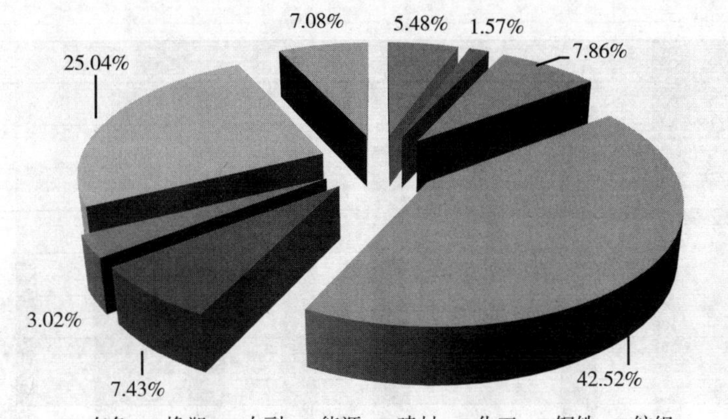

图 2-15　2013 年中国产能过剩产品行业分布图(按过剩产值计)

数据来源:《2013 中国大宗商品产能过剩数据报告》

根据 2013 年《中国大宗商品产能过剩数据报告》发布的数据，按照过剩产品产值占比，依次排列过剩产能产业为能源、钢铁、农副、建材、纺织、有色、化工及橡塑行业。其中，能源类以 42. 52%位于首位，钢铁业 25. 04%次之。在经济增长和固定资产投资的拉动下，引发各类资本对资源、原材料工业的投资热潮，工业领域的投资规模逐渐加大，投资增速偏高，超过了需求的增长速度，从而诱发严重产能过剩。

在按品种数量划分的大宗商品产能过剩行业分布中，化工、能源、钢铁、有色及农副位于前五位。产能过剩问题将影响相关行业产品价格下跌，成本上升导致企业亏损额增加，造成资源的浪费。而多行业同时集中出现不同程度产能过剩问题，则将带来通货紧缩的压力，影响企业投资和居民消费预期，同时增加银行业不良资产，增大金融风险。

当前产能过剩行业的另一个共性表现在对环境污染严重。在早期的生产过程中，由于环保意识淡薄，生产者借助自然资源攫取、污染环

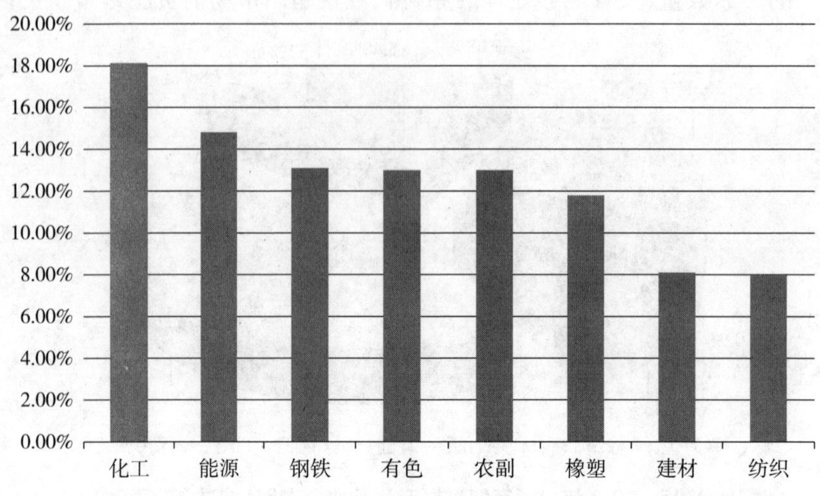

图 2-16　2013 年大宗商品产能过剩行业分布(按品种数量计)

数据来源:《2013 中国大宗商品产能过剩数据报告》

境排放等方式获得高额收益。当环境因素被纳入生产后,限制资源利用、设备更新、技术研发、合理排放等环节都使成本提高,加之前期生产过剩造成当前高污染、高产能的企业雪上加霜。

(二)产能利用率低

2012 年国际货币基金组织在最新的国别评估报告中评估了中国产能过剩程度。报告指出即便在 2008—2009 年危机前产能利用率最高的时期,中国的产能利用率也只有 80%。经济危机中推出大规模的财政刺激计划,使得产能利用率在 2011 年进一步下降到仅有 60%。

严重的产能过剩是经济增长方式不合理的具体反映。例如:地方政府干预投资和经济的能力过强,地方间形成恶性投资竞争,使产能扩张难以抑制;产业的技术水平低、企业自主创新能力薄弱;产业集中度

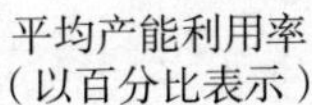

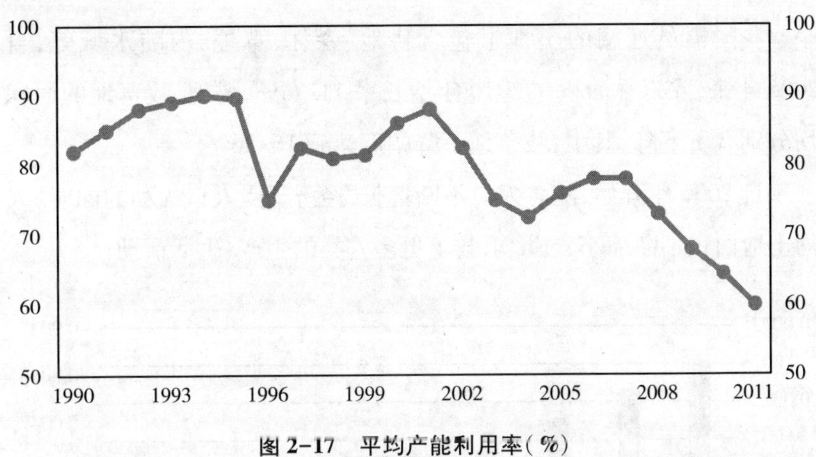

图 2-17 平均产能利用率(%)

不高,在长期的市场竞争中仍无法实现资本和品牌的有效集中;行政垄断与自然垄断结合或其他因素形成的“暴利效应”也使一些行业投资增长不断强化。

以上行业作为我国经济增长的重要来源,结构化问题的集中爆发,将成为接下来经济发展的影响因素。原财政部副部长刘昆认为,解决产能过剩问题,要使市场在资源配置中起决定作用,更好地发挥政府的作用,力求通过财税政策,倒逼企业化解过剩产能,达到标本兼治的目标。

三、生态环境基本现状

根据《中国统计年鉴 2005—2015》、国家统计局的数据,我国当前生态资源状况日益趋紧,从土地、水、森林等资源多角度显示,生态承载压力已全面逐步增加。

(一)我国土地资源状况

我国幅员辽阔的土地上包含耕地、森林、草地、内陆水域等,自2005年来,除森林面积在2010年增长率11.74%,耕地、牧草地的面积均分别有所下降,其中,牧草地下降幅度达到16.36%。

自2006年开始,随着人口不断增长,经济享受人口福利的同时,人均土地面积不断缩小,环境承载了更多人类的生产、生活活动。

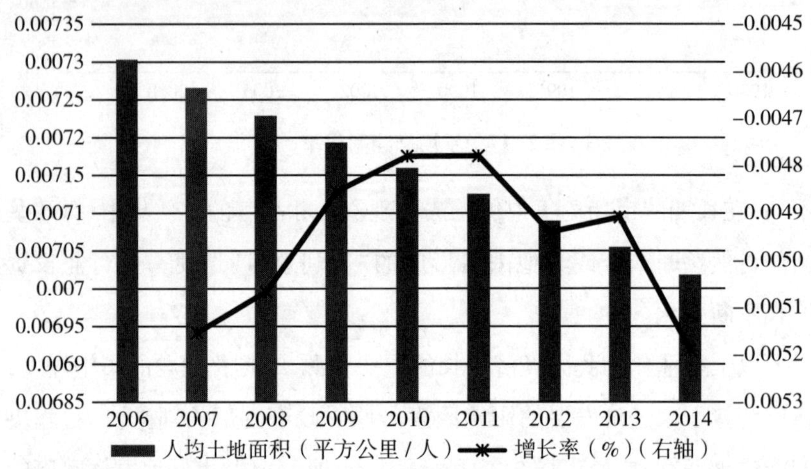

图2-18　我国人均土地面积

数据来源:国家统计局

我国人均土地面积以平均每年约0.5%的速度减少,2014年,人均土地面积为0.0070平方公里/人,相较于2006年,已减少0.00028平方公里/人。

城市人口密度持续增长。2006年,我国城市人口密度增长率较2005年达到157.2%。之后两年呈现小幅度减少后,继续连续6年增长。人口密度从2005年870.2人/平方公里,增长为2014年2419

人/平方公里。具体表现为城区面积、城市建设用地面积均呈现上升趋势。近十年来城市建设用地,仅 2009 年出现小幅度减少,之后在 2012 年迎来第二个增长率巅峰 9. 29%,2014 年再度出现回暖迹象。

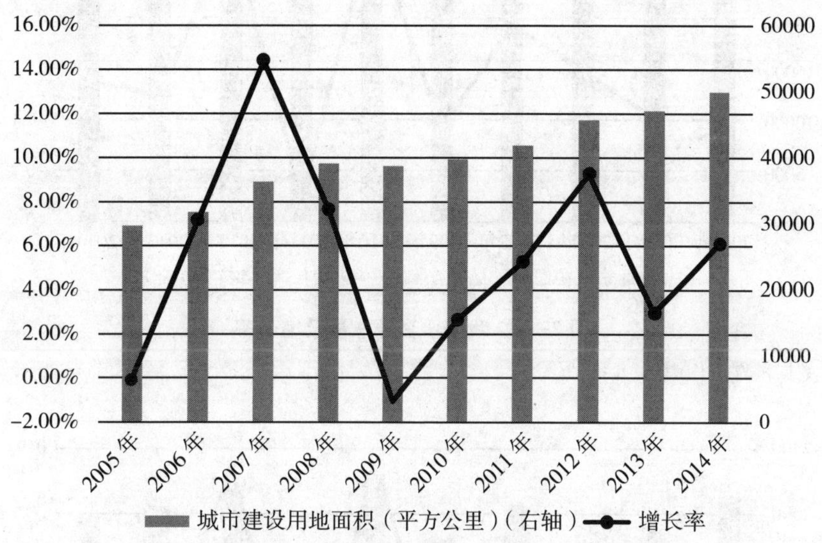

图 2-19　城市建设用地面积

数据来源:《中国统计年鉴》

(二)我国水资源状况

我国水资源较为丰富,随着水资源逐年消耗,近 10 年中,有 7 年出现负增长,至 2014 年,我国水资源总量为 27266. 9 亿立方米,增长率为-2. 47%。地表水和地下水总量相比 2005 年分别减少了 4. 28%和 3. 97%。

我国由于庞大的人口基数,丰富的水资源表现出人均不足。2011 年急速下降后,2012 年回升至 2186. 05 立方米/人,之后三年均呈现小幅度下降,2014 年人均水资源为 1998. 64 立方米/人。

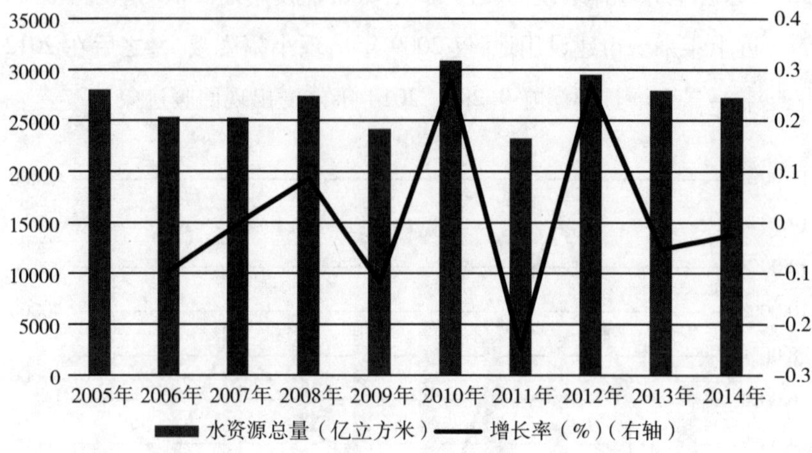

图 2-20　我国水资源总量及增长率

数据来源:《中国统计年鉴》

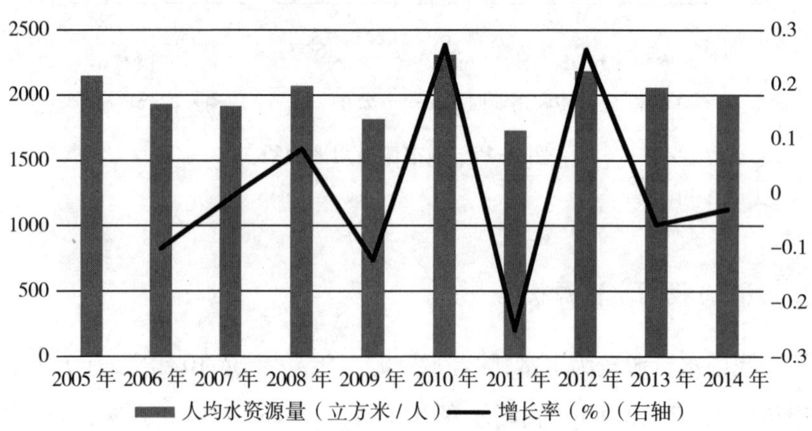

图 2-21　我国人均水资源量

数据来源:《中国统计年鉴》

其中淡水资源为 28000 亿立方米,仅次于巴西、俄罗斯和加拿大,总量位居世界第四位。然而,2014 年统计结果显示,我国人均淡水仅 2200 立方米,为世界平均水平的 1/4。由于人均可利用淡水资源少,分布极其不均衡,使我国成为全球 13 个人均水资源最贫乏的国家之一。

(三)我国森林资源状况

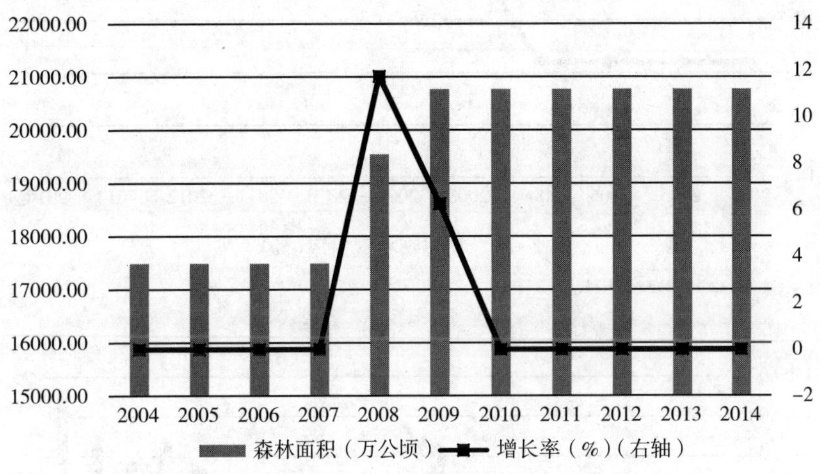

图 2-22 我国森林总面积

数据来源:中国国家统计局

我国森林面积呈现出阶段性特征,2004—2007 年保持稳定,约 17490 万公顷,2009 年后各年份约为 20768 万公顷。总体保持上升趋势,个别年份小规模下降。

森林覆盖率是指全国或一个地区森林面积占土地面积的百分比。森林面积是指郁闭度 0.3 以上的乔木林地面积、经济林地和竹林地面积;国家特别规定的灌木林地面积,农田林网以及村旁、路旁、水旁、宅旁林木的覆盖面积也列为森林面积。

森林覆盖率与森林面积趋势相似,均呈现出阶段性特征。2009 年后,森林覆盖率达到峰值 21.6%。全国森林覆盖率的奋斗目标为 30%,因此,为完成目标,我国森林覆盖率仍需继续提高。

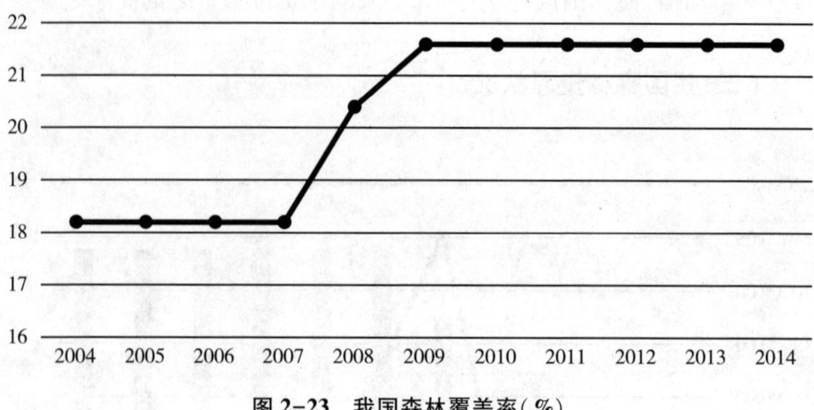

图 2-23　我国森林覆盖率(%)

数据来源:中国国家统计局

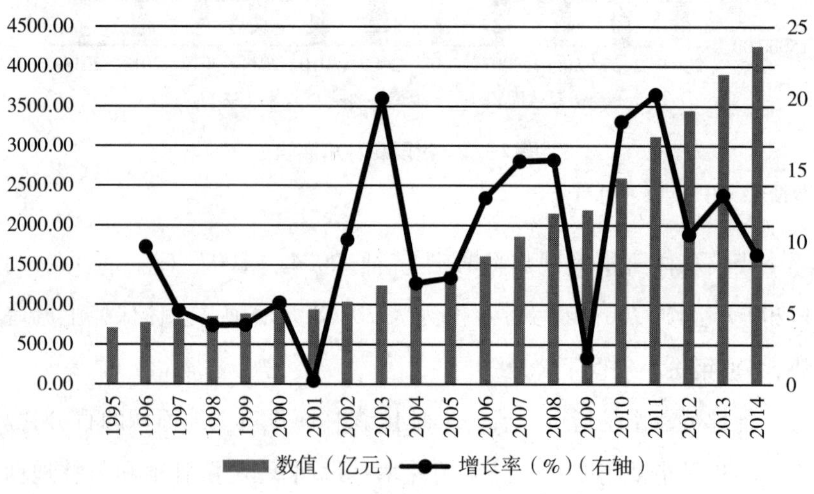

图 2-24　我国林业 GDP 及增长率

数据来源:《中国统计年鉴》

我国林业资源逐步被开发,林业产业日渐成熟,我国林业 GDP 发展速度快,20 年来始终保持增长趋势。2014 年,林业 GDP 已达到 4256 亿元,相比 1995 年增长 3546 亿元,增长数额是 1995 年全年林业 GDP

的约5倍。生态资源的开发和利用,不仅为生态环境扩容带来生态效益、社会效益,同时合理的产业结构和有效开发,使生态资源变成经济的新驱动点。

四、我国污染物排放状况

我国自"十一五"开始将污染减排作为主线。"十二五"规划提出两个工作重点,分别为解决影响可持续发展的环境问题和解决损害群众健康的环境问题。对林业、水利和环境污染治理增加投入,并积极推进结构调整和经济增长方式的转变。

"十三五"规划《基本思路》中,提出两个阶段性目标,到2020年,主要污染物排放总量显著减少,空气和水环境质量总体改善,土壤环境恶化趋势得到遏制,生态系统稳定性增强,辐射环境质量继续保持良好,环境风险得到有效管控,生态文明制度体系系统完整,生态文明水平与全面小康社会相适应。

到2030年,全国城市环境空气质量基本达标,水环境质量达到功能区标准,土壤环境质量得到好转,生态环境质量全面改善,经济社会发展与环境保护基本协调,生态文明水平全面提高。实现生态目标,除健全的法律、严格的监管外,离不开各类投资的支持。本部分基于中国银行业绿色信贷状况,反映污染物排放现状和生态产业投融资现状。

根据《中国统计年鉴》和《中国环境统计年鉴》及各类公告数据,整理列出我国"三废"排放量。"三废"包括工业废水排放量;工业废气排放量(包括工业二氧化硫、工业烟粉尘排放量);工业固体废物排放量。以上指标综合反映我国"三废"的污染现状。

(一)废气排放情况

1. 废气排放量

工业废气排放量是指报告期内企业厂区内燃烧和生产工艺过程中产生的各种排入大气的含有污染物的气体的总量,以标准状态计算。主要有工业二氧化硫燃烧量、工业烟尘排放量、工业粉尘排放量。工业二氧化硫排放量是指报告期内企业在燃烧和生产工艺过程中排入大气的二氧化硫的总量。工业烟尘排放量是指企业厂区内燃烧过程中产生的烟气中夹带的颗粒物的排放量。工业粉尘排放量是指报告期内企业排入大气的粉尘量,工业粉尘指在生产工艺过程中排放的能在空气中悬浮一定时间的固体颗粒。

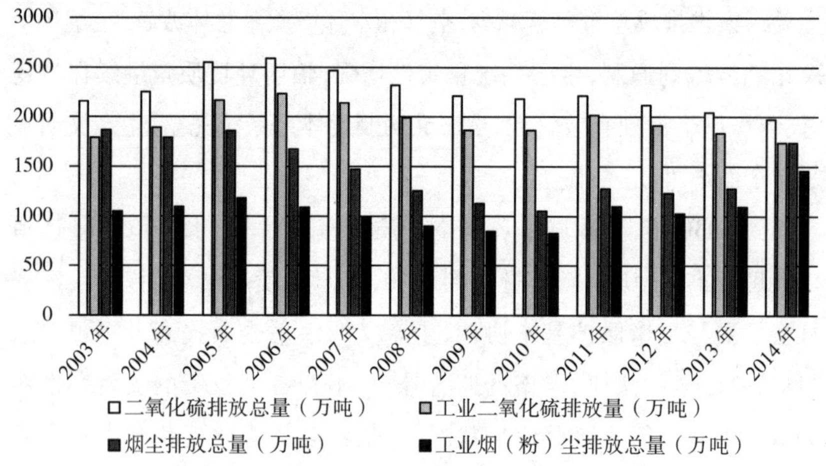

图 2-25 我国二氧化硫及烟粉尘排放总量

数据来源:国家统计局;《中国环境统计年鉴》

20 世纪 90 年代以来,我国空气质量不断恶化,如图 2-25 所示,自 2003 年开始,我国二氧化硫排放总量持续增长至 2005 年的 2549 万吨,随着环境规划落实,国家相关部门采取一系列措施展开对二氧化硫全面控

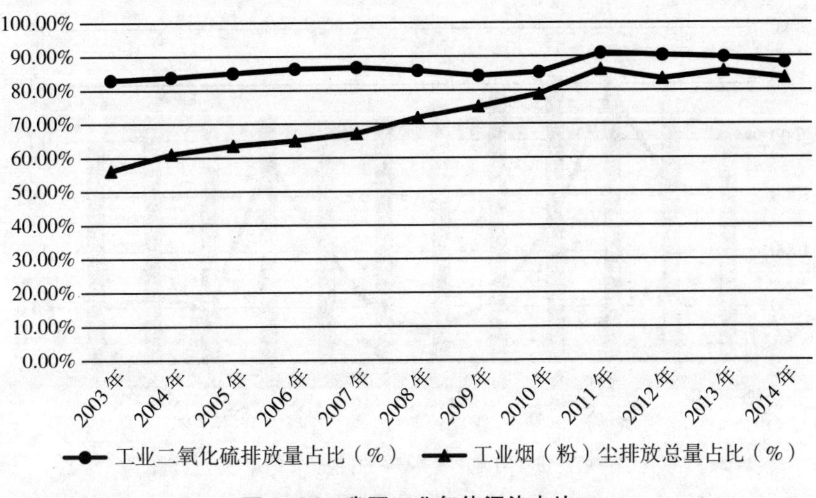

图 2-26　我国工业气体污染占比

数据来源：国家统计局；《中国环境统计年鉴》

制工作，并制定控制目标。其排放量得到有效控制，至 2014 年已下降到 1974.4 万吨。二氧化硫排放总量中，约 90%为工业二氧化硫排放。

自 2010 年后呈现出连续增长趋势，至 2014 年已增长 688.9 万吨，增幅达到 65.5%。2010 年后，工业烟粉尘排放量突破排放总量 80%后始终保持在高位，与其 2003 年占比为 56.16%相比，2014 年已达到 86.65%，增长幅度接近 54.3%。

2. 工业二氧化硫排放情况

作为工业废气排放的首要污染物，其排放量逐年增加主要与电力、煤炭及石油等为主的工业迅速发展相关。受到排放量增加的影响，对二氧化硫治理的意识增强，“十一五”以来，重点工业领域烟气脱硫市场已全面渗透，要求化学需氧量和二氧化硫削减 10%；“十二五”期间，二氧化硫排放物控制已全面推进。

工业二氧化硫排放量变化主要分为三个阶段。第一阶段为 2000

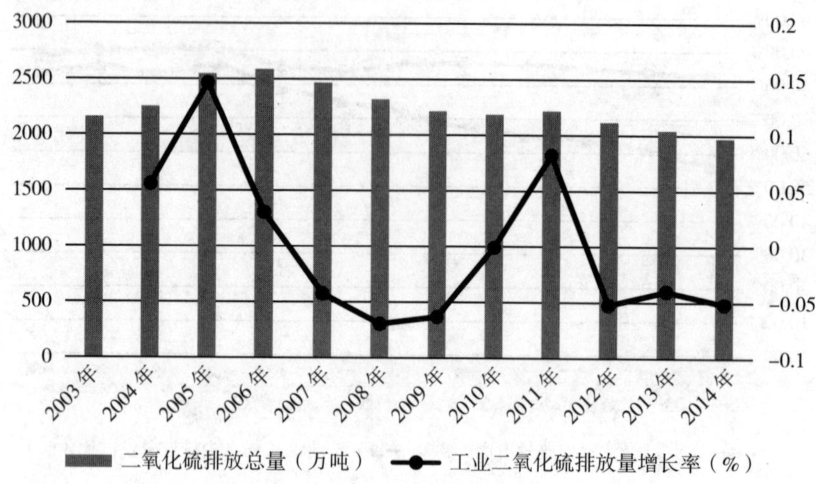

图 2-27　我国工业二氧化硫排放量及增长率

数据来源:国家统计局;《中国环境统计年鉴》

年之前,工业二氧化硫在小幅度波动的同时保持总体趋势上升;第二阶段为 2000—2005 年,二氧化硫排放量显著增长,增加幅度达到 21%,主要原因为钢铁、电解铝、水泥等 9 种主要工业原料生产量增长,高污染、高耗能行业的快速发展对环境造成压力;第三阶段为 2005 年至今,二氧化硫自 2005 年后呈现出整体下降的趋势,这与我国提出的一系列脱硫政策、任务和措施是分不开的。据统计,截至 2009 年年底,我国国内已建成的烟气脱硫机组容量达到 5. 73 亿千瓦,比 2008 年年底增长了 10%。目前,我国已发展成为世界最大的烟气脱硫市场。

由于统计局统计口径变更,工业行业污染数据排放统计截至 2010 年。以下分别介绍主要工业行业废气排放情况。

(1)煤炭开采和洗选业

煤炭作为二氧化硫主要排放来源,煤炭行业成为脱硫治理的主要行业。其增长额及增长率变动符合整个工业产业二氧化硫排放量和增

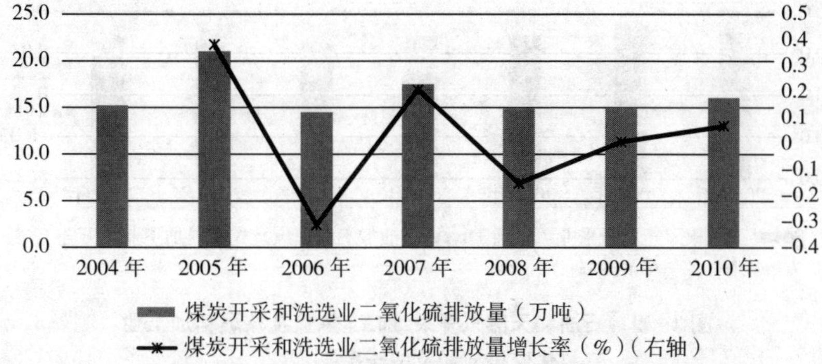

图 2-28 煤炭开采和洗选业二氧化硫排放量及增长率

数据来源：国家统计局；《中国环境统计年鉴》

长率变动趋势。2005 年该行业二氧化硫排放量较上年增长率达到 38.34%，排放总量达到世界第一，脱硫成为当时生产与环保的大问题。2006 年，针对火力发电、煤炭等行业，我国开始有效脱硫治理。该年治理效果显著，煤炭开采和洗选业二氧化硫排放量下降了 6.5 万吨。虽有个别年份排放量有小幅度回升，但整体下降的趋势已逐步形成，脱硫技术、行业也形成体系。

（2）石油和天然气开采、加工、炼焦及核燃料加工业

与煤炭行业相似，石油和天然气开采及石油加工、炼焦及核燃料加工业行业的增长率呈现出与工业二氧化硫排放量阶段吻合的趋势，但增长和下跌幅度更小，二氧化硫排放和治理表现较为稳定。与其他行业不同的是，2010 年，该行业迎来一次相对前期较大的增长。这与 2010 年中国石油市场供需强劲增长有关，多数油品供需回到甚至超过金融危机前水平，据统计，2010 年石油消费量突破 4.5 亿吨，达 4.58 亿吨，较上年增长 12.2%；原油产量首次突破 2 亿吨，增长 6.9%；原油加工量首次突破 4 亿吨，达 4.2 亿吨，增速高达 13.4%；石油净进口 2.55 亿吨，对外依存度

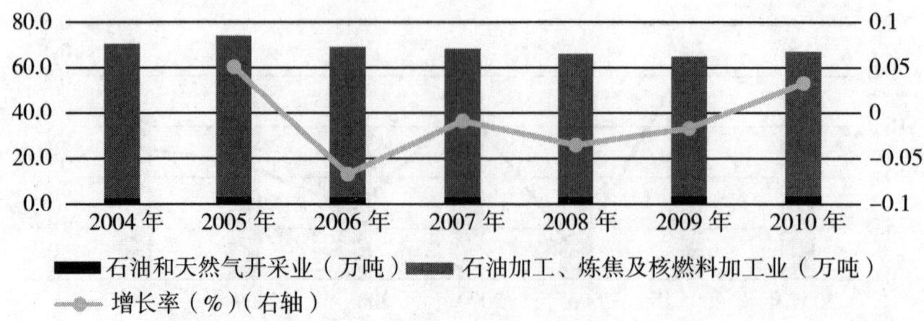

图 2-29 石油和天然气开采、加工、炼焦及核燃料加工业二氧化硫排放量及增长率

数据来源：国家统计局；《中国环境统计年鉴》

突破 55%。整个产业生产量扩大直接影响废气排放总量。

（3）黑色金属矿采、冶炼及压延

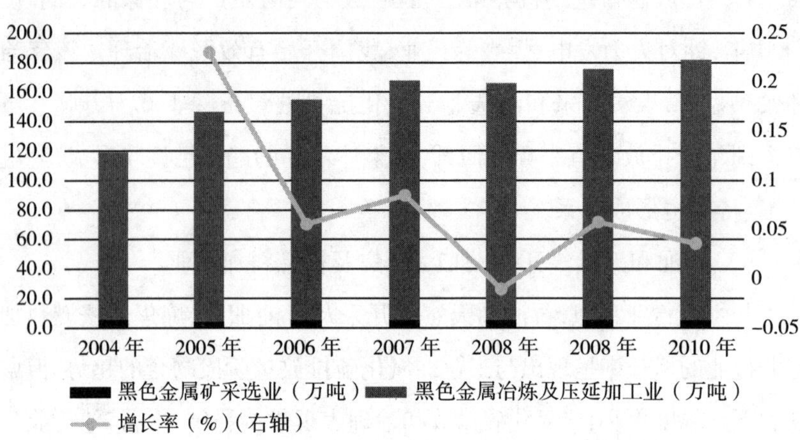

图 2-30 黑色金属矿采、冶炼及压延二氧化硫排放量及增长率

数据来源：国家统计局；《中国环境统计年鉴》

黑色金属矿采、冶炼及压延加工业二氧化硫排放量变动幅度小，增长率符合全国工业二氧化硫排放各阶段变动特征。自 2005 年后，积极响应国家脱硫政策，增幅控制在最高 8.49%，较 2005 年增长率下降近

15%。该行业是脱硫治理的主要目标,在各部门积极响应下,其脱硫工作效果明显。

以我国钢铁第一大省河北省为例,2010 年,为贯彻工业和信息化部《钢铁行业烧结烟气脱硫实施方案》,落实省政府《关于贯彻落实国家钢铁产业调整和振兴规划的实施意见》,促进钢铁企业节能减排工作,走循环经济之路,减少二氧化硫排放总量,结合河北省实际,河北省工业和信息化厅制定了《河北省钢铁业烧结烟气脱硫工作指导意见》(冀工信节[2010]24 号),介绍当时河北省脱硫工作基本情况,总结存在问题并提出保障措施,确保脱硫工作的落实和长期发展。

(4)有色金属采选、冶炼及压延加工业

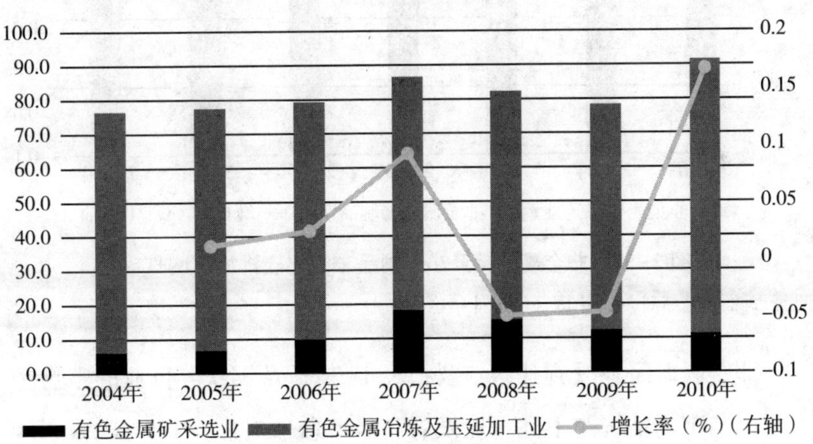

图 2-31 有色金属采选、冶炼及压延加工业二氧化硫排放量及增长率

数据来源:国家统计局;《中国环境统计年鉴》

有色金属采选、冶炼及压延加工业二氧化硫排放总量自 2004 年开始,排放总量保持稳定。个别年份如 2007 年和 2010 年,增长率提高到 9.22%和 16.67%,排放量约高出 7 万吨和 12 万吨。

两年二氧化硫排放量较高的生产环节分别是 2007 年矿采环节，2010 年的冶炼及压延加工环节。随着矿采业产能过剩问题逐步显现，对产能的控制和市场的萎缩，使矿采业在 2007 年后，因生产减少，而短期推进了二氧化硫的减排。2010 年，为扭转行业颓势，在一系列振兴计划的刺激下，有色金属冶炼及压延加工业产值快速增长，由此带来的二氧化硫排放也出现同步增长趋势。

(5)非金属矿采及矿物制品

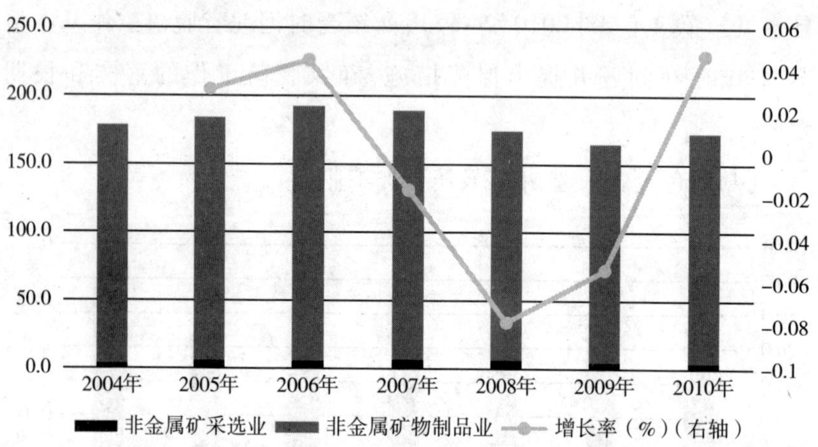

图 2-32　非金属矿采及矿物制品二氧化硫排放及增长率

数据来源:国家统计局;《中国环境统计年鉴》

非金属矿采业受到建筑、建材、轻工、机械及钢铁等行业的影响，生产规模与市场情况与上述行业发展和需求息息相关。

就二氧化硫排放量来看，2006 年达到 192. 3 万吨排放后，增长率逐年下降，至 2009 年始终保持负增长。2010 年后增长率至 4. 67%，但由于连年下降的排放量，使小幅度回升对排放量的影响较小，甚至仍然低于 2008 年。可见我国脱硫政策的引导和落实，在非金属矿采及矿物制品业效果较好。

(6)化学原料及化学制品制造业

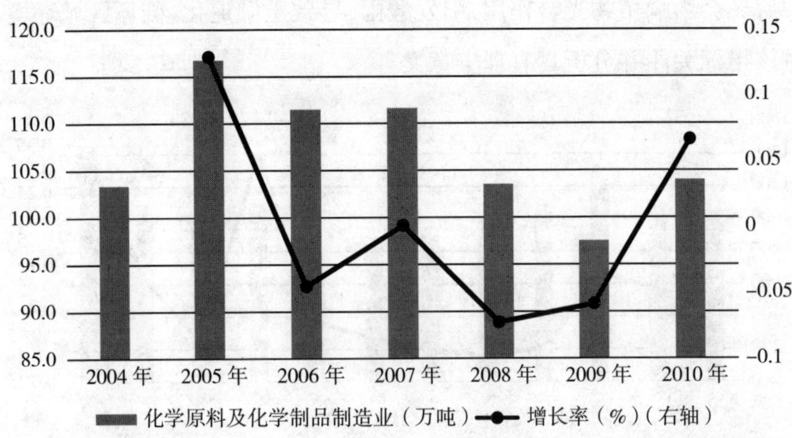

图 2-33　化学原料及化学制品制造业二氧化硫排放量及增长率

数据来源:国家统计局;《中国环境统计年鉴》

2004—2005 年化工行业的二氧化硫排放数量大,增长率高,这一阶段我国对环境污染重视程度尚且不够,脱硫工艺仍不成熟,环境换产值的现象严重,2006 年后,随着"十一五"规划开始落实,脱硫计划被提上日程,排放量大,增速快,治理潜力大的行业成为优先脱硫的选择。化工行业在 2005—2009 年期间,总量和增长率除个别年份稍有回升,整体趋势向下,环境治理效果显著。2010 年,二氧化硫排放量增加了 6.48 万吨,增长率由-5.82%跃至 6.65%。排放量的激增源于市场回暖,与上文中该阶段产值上升对应,相应排放量增加。

3. 工业烟粉尘排放情况

工业废气排放的另一个重要依据为工业烟粉尘排放量,它会给人体健康带来巨大的威胁,引发各种呼吸系统疾病。由于近年来空气质量影响正常生活,PM2.5 指数被重视,工业烟粉尘排放成为影响群众生活的环境问题,尤其是对上呼吸道损害很大。此外,烟尘还能与空气中的二氧化硫发生协同作用，加重其对身体的危害；而烟尘逸散到大气中后又会影响植物光合作用，引发酸雨，导致土壤退化，破坏区域环境。对该指标关注并分析具有现实意义。

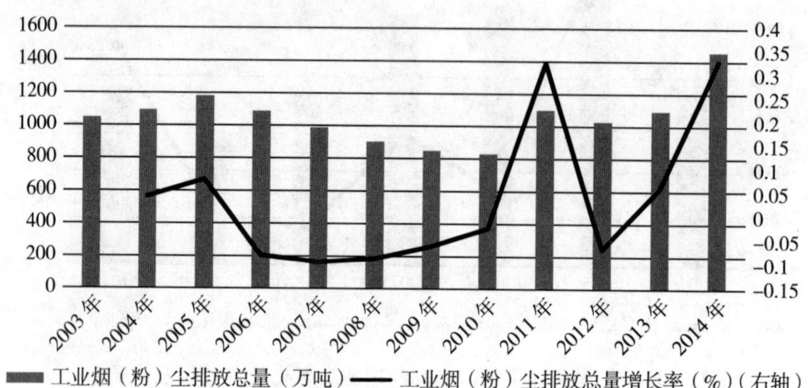

图 2-34　我国工业烟粉尘排放总量及增长率

数据来源：国家统计局；《中国环境统计年鉴》

2003—2005 年期间，工业烟粉尘排放保持增长趋势，之后出现连续下降趋势至 2010 年。2011 年后，工业烟粉尘排放量和增长率均突破新高。由于治理尚需时间显现效果，工业烟粉尘指标被关注较晚，2013 年我国开始大力推进全国 PM2. 5 监测，而工业烟粉尘排放量是 PM2. 5 的排放源，前期废气治理过程中对烟粉尘排放重视不足。至 2014 年，环保部发布《重点区域大气污染防治“十二五”规划》中将工业烟粉尘治理单列篇章，提出“十二五”期间将强化工业烟粉尘治理，大力削减颗粒物排放。强调在火电、水泥和钢铁等领域全面实施粉尘和颗粒治理。在《规划》中列出的大气污染防治八大重点工程中，工业粉尘治理项目多达 1 万多个，涉及投资 470 亿元。

除政策引导外，另外一个工业烟尘排放量降低的重要原因是规模效应的减弱，而不是技术效应和治理效应的增强，相反技术效应最近两年甚至开始促进工业烟尘排放。但规模效应很可能随着中国工业发展而再度增强，烟尘增排压力加大，因此为了进一步降低工业烟尘排放，必须在保持治理效应的基础上，重新发挥技术效应的减排作用，并力争实现结构效应的减排效果。（刘睿劼、张智慧 2012）

由于受公开数据限制，本节工业主要行业工业烟粉尘排放量数据仅到 2010 年。

（1）煤炭开采和洗选业

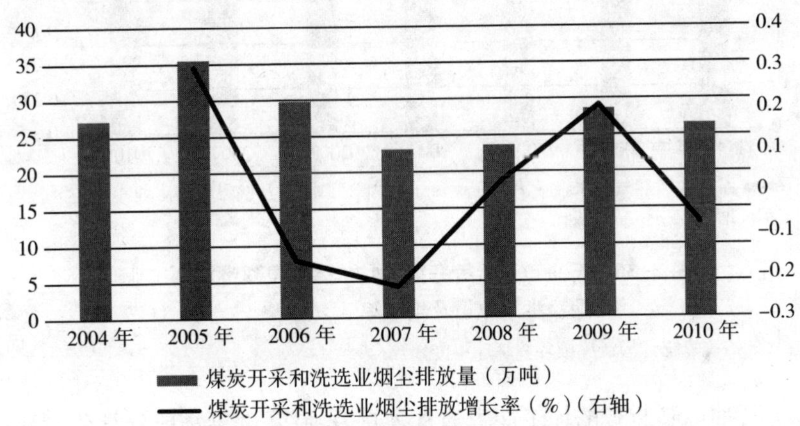

图 2-35　煤炭开采和洗选业烟尘排放及增长率

数据来源：国家统计局；《中国环境统计年鉴》

煤炭开采和洗选业烟尘排放量有频繁波动，2004—2005 年总量增长，增长率达到 30.44%。2005—2007 年连续出现负增长，之后两年增长率大幅提高，2009 年产量的增长推动烟粉尘排放量增长率高达 20.98%。

根据上文叙述，煤炭行业在 1998—2011 年产值逐年增长有政策和行业竞争较弱两个原因，因此，工业烟粉尘排放量降低的重要原因是规模效应的减弱。随着该行业竞争日益激烈，行业面临饱和，烟尘增排压力也将增大。为真正长效减少烟粉尘排放,应积极发挥技术效应的减排作用。

(2)石油和天然气、加工、炼焦及核燃料加工业

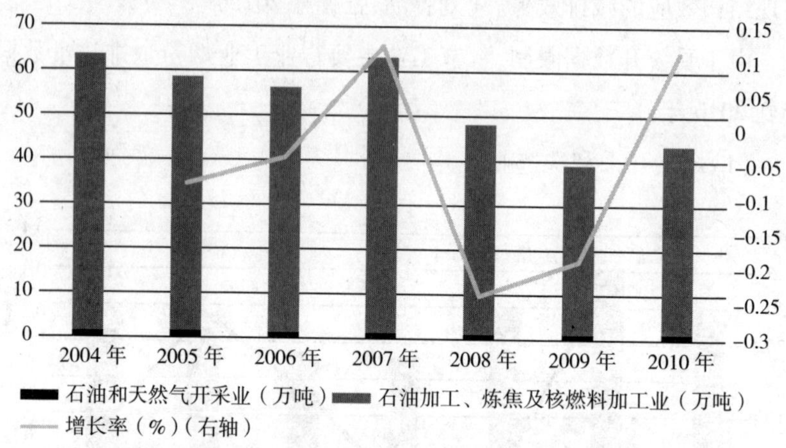

图 2-36 石油和天然气开采、加工、炼焦及核燃料加工业烟粉尘排放量及增长率

数据来源:国家统计局;《中国环境统计年鉴》

石油炼制装置的加工能力通常为百万吨级,污染物成分复杂、毒性强、种类多、排放集中,危害性很大。排放的污染物质在距生产装置2000米处仍可检出,污染物扩散范围较大。因此,该行业烟尘排放量需重点控制。由图 2-36 可知,2007 年后,该行业烟尘排放总量连续下跌,2009 年比 2007 年排放量减少 24.07 万吨。2010 年稍有回升,但总量仍控制在 43.52 万吨。近年来,该行业实行严格标准,2015 年,四川、广西等地不合格排放烟粉尘的石油化工企业被纷纷立案调查,对环境的关注和力度持续增加。

(3)黑色金属矿采、冶炼及压延业

黑色金属矿采、冶炼及压延业粉尘排放量大,是近几年重点治理的

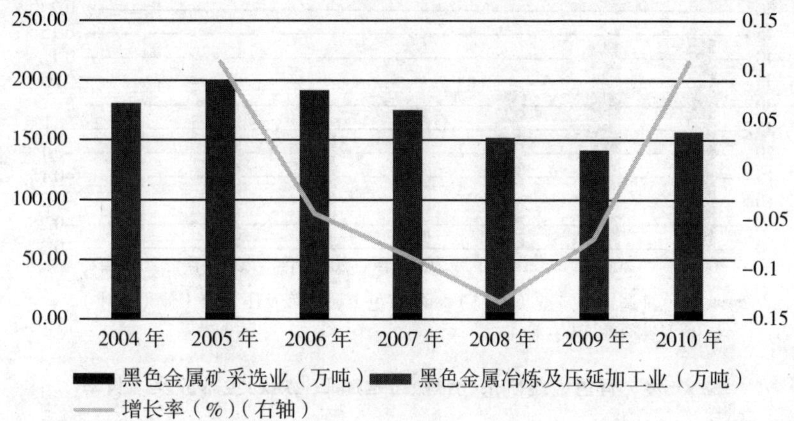

图 2-37 黑色金属矿采、冶炼及压延业烟粉尘排放量及增长率

数据来源：国家统计局；《中国环境统计年鉴》

行业之一。2007—2009 年烟粉尘排放情况同整体行业趋势相似，均由其生产规模直接影响，排放量与生产规模呈正相关。黑色金属相关行业中，矿采业烟尘排放量保持稳定，2010 年增幅较高，冶炼及压延业排放量控制明显，是整个产业链排放量得以控制的主要原因。

（4）有色金属矿采、冶炼、压延加工业

自 2005 年起，我国加强对废气排放的关注和治理，“十一五”期间该行业烟粉尘排放量控制显著，保持负增长至 2010 年。2010 年，随着有色金属产业振兴，生产规模逐步扩大，相应烟尘排放量增长率达到 17. 1%，排放量较上年增长 4. 01 万吨。

（5）非金属矿采及矿物制品加工业

非金属矿采及矿物制品加工业烟尘排放量呈现连续下跌趋势，从 2004 年 715. 24 万吨保持下降趋势，至 2010 年烟粉尘排放量为 344. 73 万吨。期间，一方面由于生产规模阶段性影响排放量，另一方面，随着科技进步，非金属矿物不仅被用于工业、农业和建筑业等产业，同时开

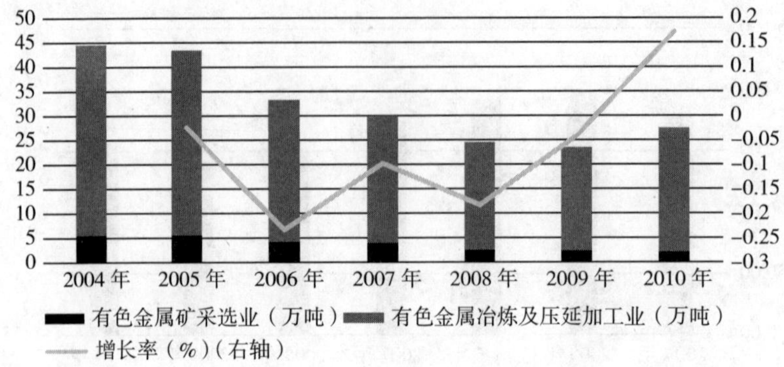

图 2-38　有色金属矿采、冶炼、压延加工业烟粉尘排放及增长率

数据来源:国家统计局;《中国环境统计年鉴》

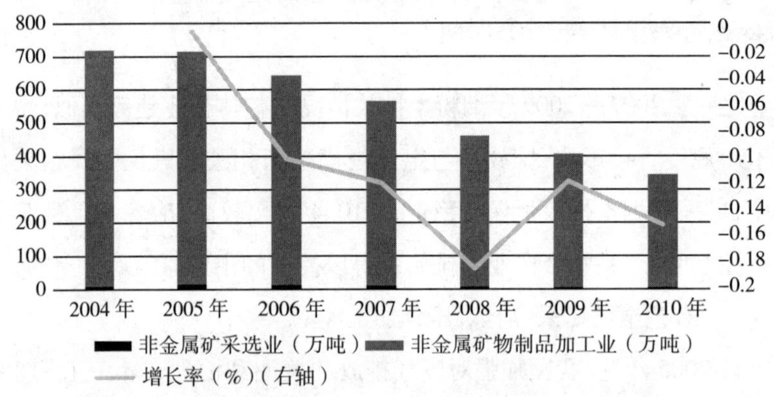

图 2-39　非金属矿采及矿物制品加工业烟粉尘排放及增长率

数据来源:国家统计局;《中国环境统计年鉴》

发出适宜其独特吸附性、膨胀性、耐酸碱性、离子交换性等物化性质,在环保领域加以运用。对该行业控制烟粉尘排放量起到了积极的推动作用。在产量连年增长的同时,废气排放得到有效控制,是可持续发展的典型。

(6)化学非金属矿采及矿物制品制造业

化学原料及化学制品制造业烟粉尘排放量在 2005 年后逐年下降,

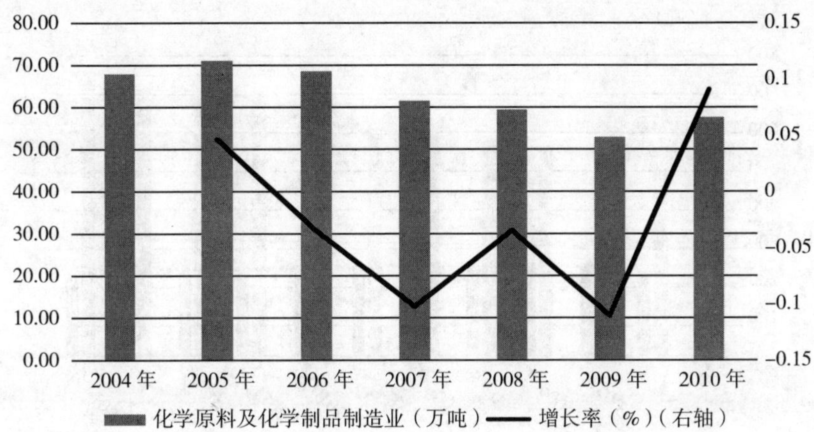

图2-40 化学非金属矿采及矿物制品制造业烟粉尘排放及增长率

数据来源：国家统计局；《中国环境统计年鉴》

2010年开始回升。下降幅度在2007年达到10.24%后小幅度回升，2008年该行业工业烟粉尘排放量减少率为3.46%，2010年开始，增长率变为9.08%。

（二）废水排放情况

水环境污染、水资源不足制约我国经济、社会和环境的可持续发展。为了反映我国工业废水排放及变化情况，选择我国废水排放总量和工业废水排放量，从数量和比例上分别对比工业废水污染的变化。

我国废水排放总量逐年增加，但工业废水排放量自2007年后呈现出下降趋势，截止到2014年，共减少了41.3亿吨，且工业废水排放量占总废水排放量的比例由2005年的46.35%降至2014年28.67%。

这依赖于我国推进新科技研发和应用，推进工业水污染治理新技术、新工艺、新设备、新材料研发。我国排放达标率从2003年的89.1%提升到2008年的92.4%，取得了显著成绩。以2007年为例，中国环境

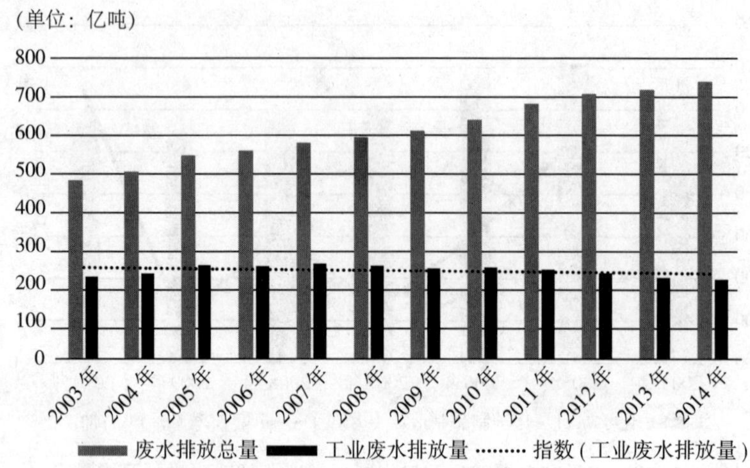

图 2-41　我国废水、工业废水排放总量

数据来源：中国统计局；《中国环境统计年鉴》

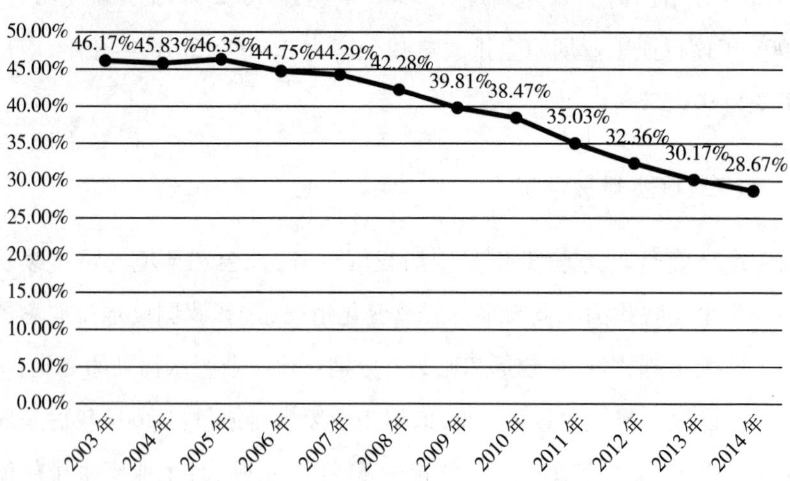

图 2-42　我国工业废水排放占比

数据来源：中国统计局；《中国环境统计年鉴》

保护产业协会水污染治理委员会发布的《我国水污染治理行业 2007 年发展综述》显示，我国抽样调查的重点水污染治理企业中，有 9 项技术被评为国家重点环境保护实用技术，另有25项水污染技术被列入《国家先进污染防治示范技术名录》，有45项水污染治理技术被列入《国家鼓励发展的环境保护技术目录》。技术的革新和对环境保护的迫切需求，使水利污染治理"功在当代，利在千秋"的作用被重视。

1. 煤炭开采和洗选业

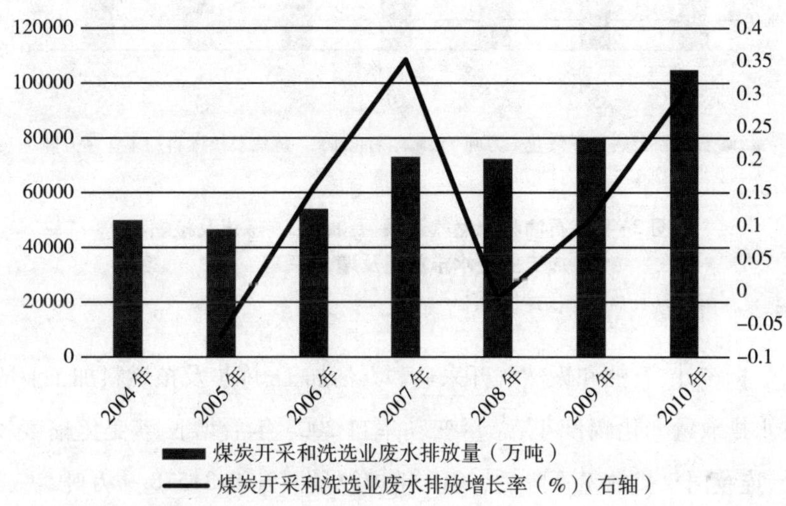

图2-43 煤炭开采和洗选业废水排放及增长率

数据来源：中国统计局；《中国环境统计年鉴》

煤炭开采和洗选业废水排放量整体呈现上升趋势，2008年短暂进入负增长，比例为-1.14%。结合工业废水排放总量及占比变化，废水处理技术日臻成熟，至2014年，废水利用率达到90%以上。因此，除个别年份废水排放量有所下降外，煤炭开采及选洗业烟尘污水排放总量在2004—2010年期间，与该行业产值走势一致，保持增加。

2. 石油和天然气开采、加工、炼焦及核燃料加工业

油田开采期不断地加长，特别是在中后期，原油的含水量会越来越高，已经成为常见的含油污水源之一。

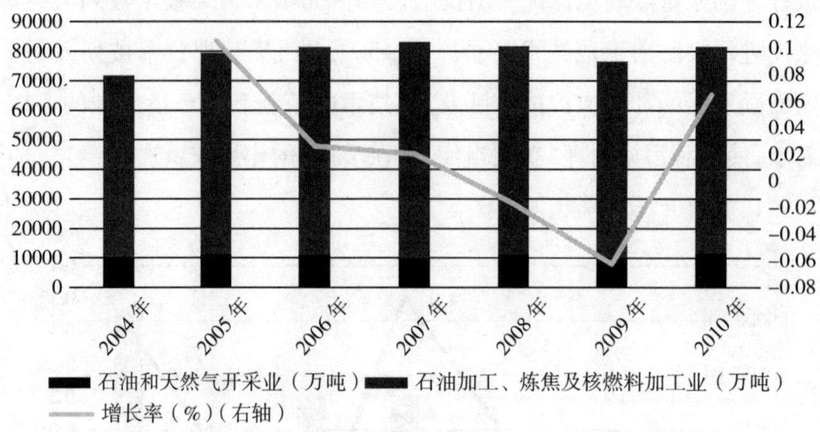

图 2-44 石油和天然气开采、石油加工、炼焦及核燃料加工业废水排放量及增长率

数据来源：中国统计局；《中国环境统计年鉴》

据统计，石油和天然气开采业和石油加工、炼焦及核燃料加工业的废水排放量变化幅度小，总量变动率自 2005 年后增长率变化幅度较小，连续两年排放量下降后，2010 年排放量回升至 81578.9 万吨，占工业废水排放量 3.43%。此前，我国应用于石油化工废水处理上的技术主要有物理技术、化学技术以及部分生物技术等，如厌氧生物处理技术等，伴随传统技术无法满足废水处理指标的要求，须引进或研发新型的石油装置，使得其在石油工艺过程之后产生的废水符合有关指标。

3. 黑色金属矿采、冶炼及压延业

黑色金属矿采业废水排放量相对冶炼及压延加工业比较稳定。黑色金属行业废水排放量逐年下降的重要影响环节在于冶炼及压延加工业部分。除 2007 年增长率为 0.43%，其余年份保持负增长。该行业废水处理技术逐步成熟，对废水排放标准严格执行。至 2012 年，《钢铁工业水污染物排放标准》出台，与 1992 年相比，规定了新的、更严格的钢

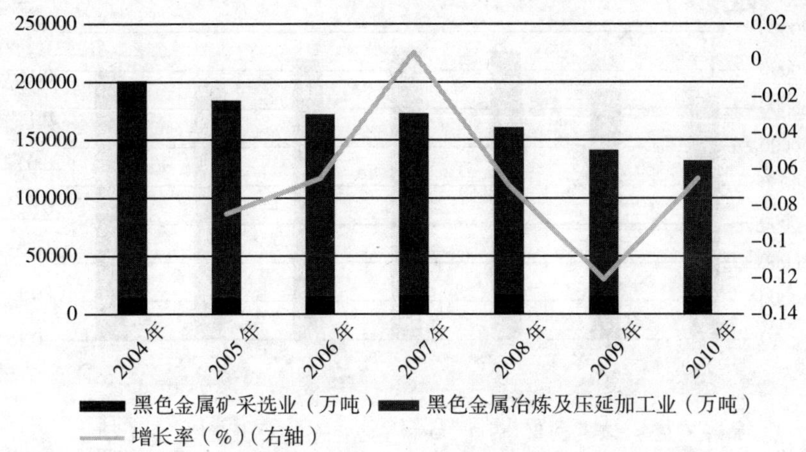

图 2-45 黑色金属矿采、冶炼及压延废水排放量及增长率

数据来源：中国统计局；《中国环境统计年鉴》

铁企业排水量标准和污染物排放总量控制指标。既对黑色金属矿采、冶炼及压延加工业提出了废水排放控制的期望，同时也给该行业的污染治理提出挑战。

4. 有色金属矿采、冶炼、压延加工业

有色金属矿采业废水排放量变化较明显，从 2004 年起，废水排放量保持增长，到 2006 年达到 32751 万吨，增长率达到 15.69%。之后随着生产工艺进步，排污技术发展，废水排放量持续下降，直至 2010 年稍有回升。

有色金属冶炼及压延加工业废水排放量自 2004 年起保持下降趋势，符合国家当期任务和目标。2010 年，受到生产规模急速扩大的影响，排污量大幅增加，有色金属行业整体废水排放量大幅增长，增幅由-9.13%升至 5.56%。

5. 非金属矿采及矿物制品业工业

非金属矿采及矿物制品业工业废水排放量在 2005 年达到 61216

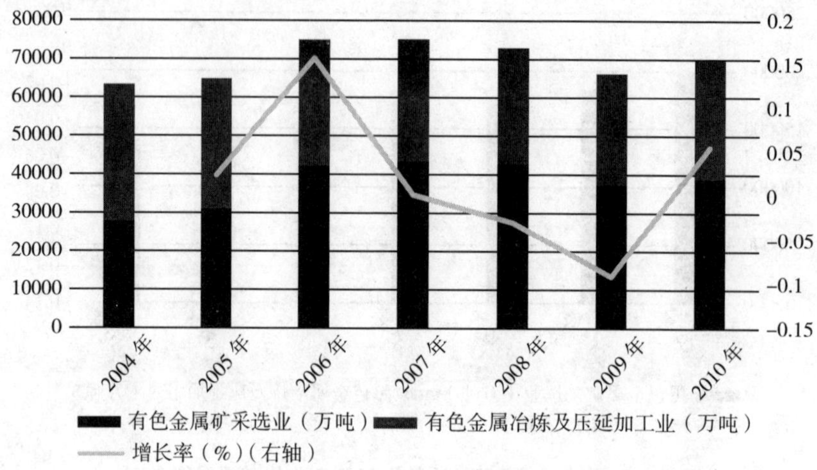

图 2-46　有色金属矿采、冶炼、压延加工废水排放及增长率

数据来源：中国统计局；《中国环境统计年鉴》

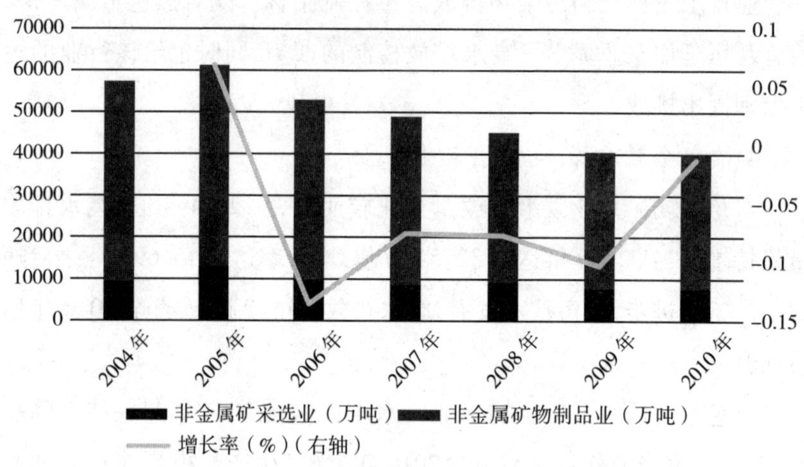

图 2-47　非金属矿采及矿物制品业工业废水排放及增长率

数据来源：中国统计局；《中国环境统计年鉴》

万吨，是行业排污可查数据中的最高值。2005 年，无论是非金属矿采选业还是非金属矿物制品业，排污总量均达到高峰。之后则连续五年出现负增长，减少幅度到2010年缩小，废水排放量有回升趋势。行业废水排放量整体得到控制，进一步减轻废水排放压力仍需技术推动。

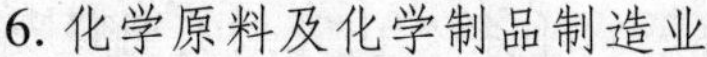
6. 化学原料及化学制品制造业

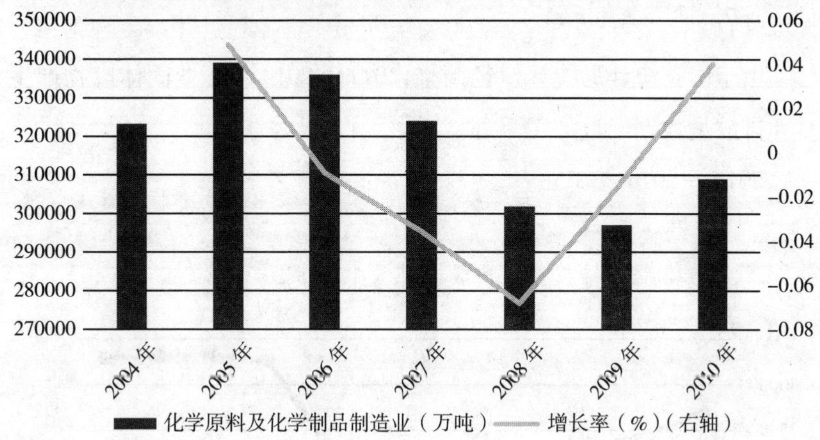

图2-48　化学原料及化学制品制造业工业废水排放及增长率

数据来源：中国统计局；《中国环境统计年鉴》

化学原料及化学制品制造业废水排放量占工业废水排放量比例较大，2010年，占比达到13.01%。排放总量在2005年达到最高值后，响应国家政策安排，控制排污。连续四年出现负增长，2009年比2005年废水排放量减少41990万吨，为2005年的12.38%。

（三）固体废物排放情况

该部分总量分析中选取工业固体废物排放量和工业废物产生量两个指标，既达到观测工业企业固体废物对环境的污染情况，也可分析我国固体废物回收利用情况。

工业固体废物排放量是将所产生的固体废物排到固体废物污染防治设施、场所以外的数量，不包括矿山开采的剥离废石和掘进废石；工业固体废物产生量指企业在生产过程中产生的固体状、半固体状和高浓度液体状废弃物的总量，包括危险废物、冶炼废渣、粉煤灰、炉渣、煤矸石、尾矿、放射性废物和其他废物等，不包括矿山开采的剥离废石和掘进废石。

由于国家统计局统计口径调整，2011—2014年工业固体废物产生量和排放量数据经过加工整理。

2011—2014年工业固体废物产生量 = 一般固体废物产生量+危险废物产生量

工业固体废物排放量 = 一般固体废物倾倒丢弃量

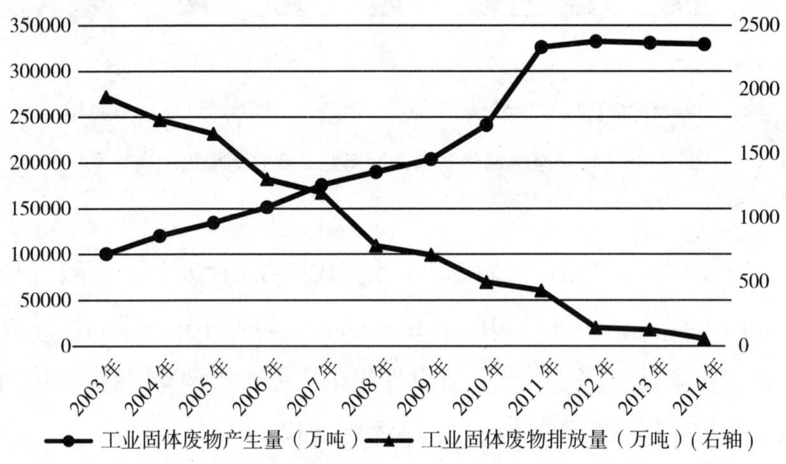

图2-49　我国工业固体废物产生及排放量趋势对比

数据来源：中国统计局；《中国环境统计年鉴》

随着我国工业发展，产量不断增加使工业固体废物产生量呈现上升趋势，至2011年，受到国内外金融严峻形势和不景气经济影响，市场需求和产量下降，使工业固体废物产生量趋于稳定。2003—2014年增加228825.14万吨，增长率约为69.5%。

与其趋势相反，我国工业固体废弃物产量在2003年后基本保持稳

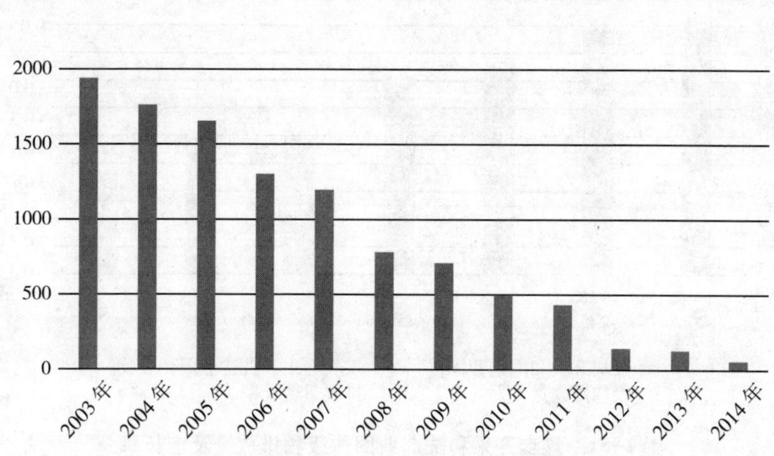

图 2-50　我国工业固体废物排放量（万吨）

数据来源：中国统计局；《中国环境统计年鉴》

定，总量上呈下降趋势，到 2010 年年末，工业固体废物排放量下降 1881.52 万吨，下降比例达 96.94%。通过对比，我国工业固体废物循环利用率高，排放量得到有效控制。

2012 年，基于我国在政策、投融资等方面向环保产业支撑倾斜，我国工业固体废物排放量下降率达到 66.7%。当年恰逢国务院办公厅印发《国家环境保护“十二五”规划》《“十二五”全国城镇生活垃圾无害化处理设施建设规划》《“十二五”危险废物污染防治规划》，并启动《中国土壤污染防治法》，从设施建设、污染防治和资源综合利用及科技创新规划，明确发展目标，促使我国在固体废弃物治理方面效果显著。

（四）主要工业产业行业固体废物排放

1. 煤炭开采和洗选业

煤炭开采和洗选业固体废物排放量整体呈下降趋势，控制和治理

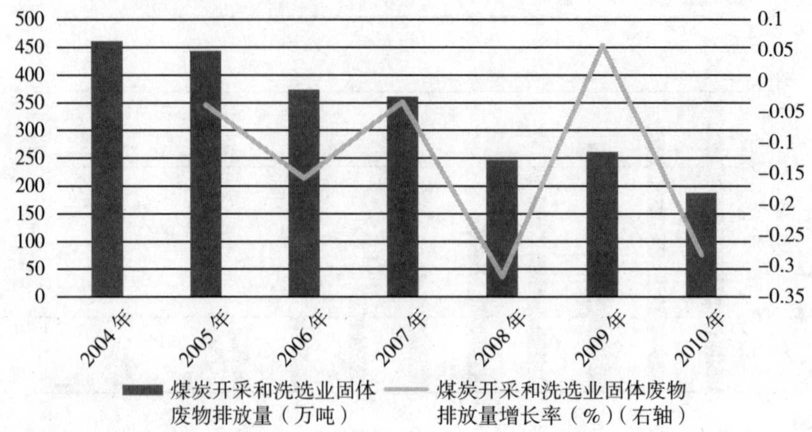

图 2-51 煤炭开采和洗选业固体废物排放量及增长率

数据来源:中国统计局;《中国环境统计年鉴》

见效。从 2004 年 461 万吨至 2010 年 187. 73 万吨,除 2009 年有小幅度回升外,其他年份均保持负增长,且于 2010 年增长率达-28. 17%。无论从量还是增长率上,相较于该行业废水和废气排放情况,均表明我国煤炭开采和洗选业固体废物处理得到了较好控制。

2. 石油和天然气开采、加工、炼焦及核燃料加工业

石油和天然气开采业固体废物排放数量较少,但在 2006 年数量明显增加,增长率达到 974%,自 2007 年起,该行业固体废物排放量均控制在 1 万吨以下,2007 年增长率甚至达到 99. 26%。

石油加工、炼焦和核燃料加工业固体废物排放量呈现出阶段性特征。2008 年以前,该行业固体废物排放量虽有减少趋势,但排放量依然较高,2008 年仍保持在 51 万吨。然而,自 2009 年起,该行业排放量迅速下跌至 2. 92 万吨,减少幅度达到 94. 28%。固体废弃物治理效果显著。

3. 黑色金属矿采、冶炼及压延业

黑色金属固体废弃物排放主要影响环节在于黑色金属矿采选业排

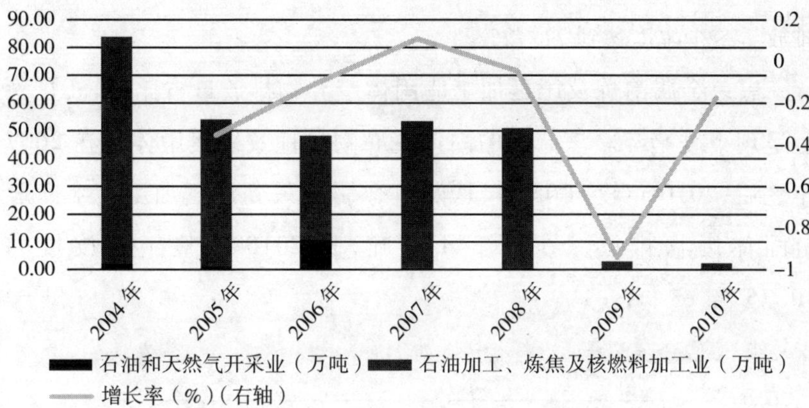

图 2-52　石油和天然气开采、加工、炼焦及核燃料加工业固体废物排放量及增长率

数据来源:中国统计局;《中国环境统计年鉴》

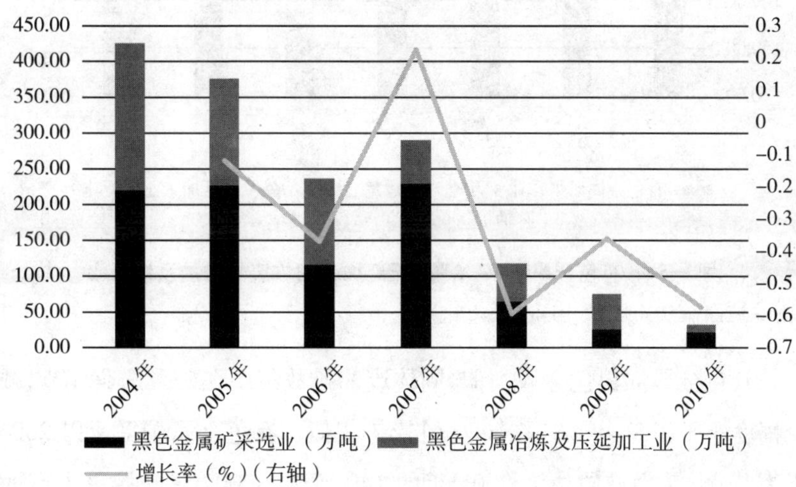

图 2-53　黑色金属矿采、冶炼及压延固体废物排放量及增长率

数据来源:中国统计局;《中国环境统计年鉴》

放量,如图 2-53,2004—2006 年该行业减少固体废物排放,2007 年回升幅度达 98.44%后，连续 3 年保持负增长，以 2008 年效果最为明显，排放量减少幅度达到 71.72%。

黑色金属冶炼及压延加工业固体废弃物排放量占比较轻，且稳定呈现下跌趋势。该产业的固体废弃物治理效果集中体现在 2007 年之后，2010 年较 2005 年，从黑色金属矿采到压延加工整个产业链固体废物排放减少了 344 万吨，是 2010 年整年排放量的 10.75 倍。

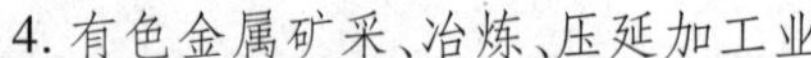

4. 有色金属矿采、冶炼、压延加工业

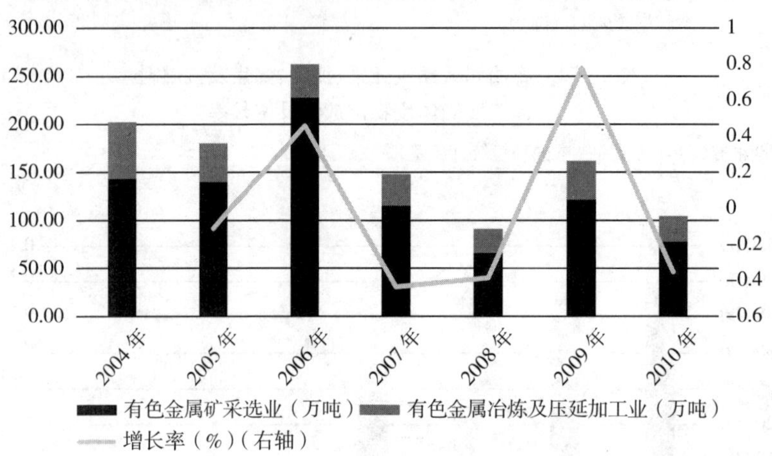

图 2-54　有色金属矿采、冶炼、压延加工固体废物排放及增长率

数据来源：中国统计局；《中国环境统计年鉴》

有色金属同黑色金属类似，固体废物排放集中在矿采选业环节，减少幅度小于黑色金属矿采选业，但趋势相似。有色金属矿采业以 2006 年为节点，最小排放量为 2005 年的 140 万吨。2007 年开始进入有效治理阶段，当年排放量直降 49 万吨，增长率为-42.61%。2009 年稍有回升，2010 年再度进入负增长阶段。

有色金属冶炼及压延加工业除 2009 年增长 15 万吨外，其余年份呈现出下跌趋势。两个环节共同作用下，该行业较2004年排放量有所下降，但反弹年份多，数量大，仍不够稳定。

5. 非金属矿采及矿物制品业工业

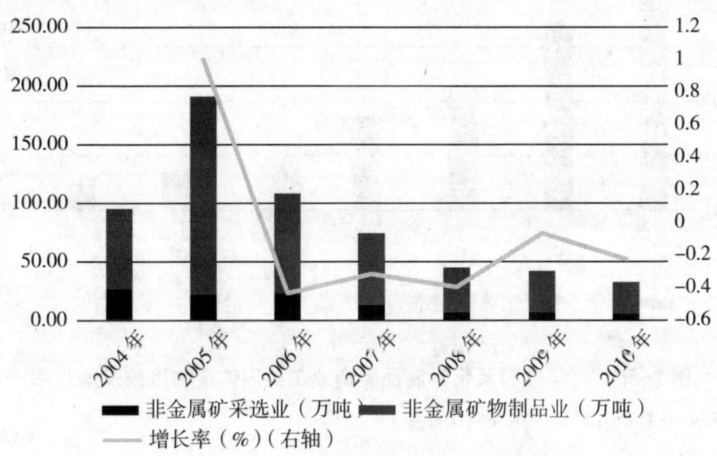

图2-55　非金属矿采及矿物制品业工业固体废物排放及增长率

数据来源：中国统计局；《中国环境统计年鉴》

非金属矿采业除2006年增长1.3万吨外，其余年份为整体下降趋势，2010年矿采选业固体废物排放量较2005年下降了16.34万吨。

非金属矿物质制品业固体废物排放量从2005年起进入负增长时期，2006年下降比例达到-43.18%，2010年较2005年排放量下降158.36万吨，循环利用技术的运用治理效果明显。

6. 化学原料及化学制品制造业

化学原料及化学制品制造业工业固体废物排放量自2004年以来始终保持负增长，下降趋势明显。下降速度自2008年后有所减缓，但排放量仍得到了较好的控制。从2004年排放量103万吨，到2010年排放量仅为12.1万吨。

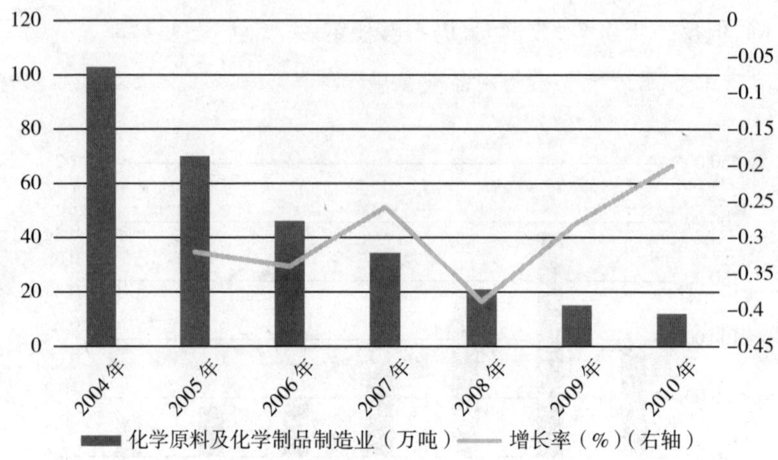

图 2-56　化学原料及化学制品制造业工业固体废物排放及增长率

数据来源：中国统计局；《中国环境统计年鉴》

五、社会融资基本现状

（一）社会融资总量状况

社会融资规模是指一定时期内（每月、每季或每年）实体经济从金融体系获得的全部资金总额，是一个增量概念。该指标用以全面反映金融与经济关系，以及金融对实体经济资金支持的力度。

其中，社会融资规模中涉及的金融体系从机构看，包括银行、证券、保险等金融机构；从市场看，包括信贷市场、债券市场、股票市场、保险市场以及中间业务市场等。

社会融资规模在 2002—2010 年期间持续增长。2008 年金融危机后，我国投入大量资金进行基础设施建设，以扩大内需，保持宏观经济

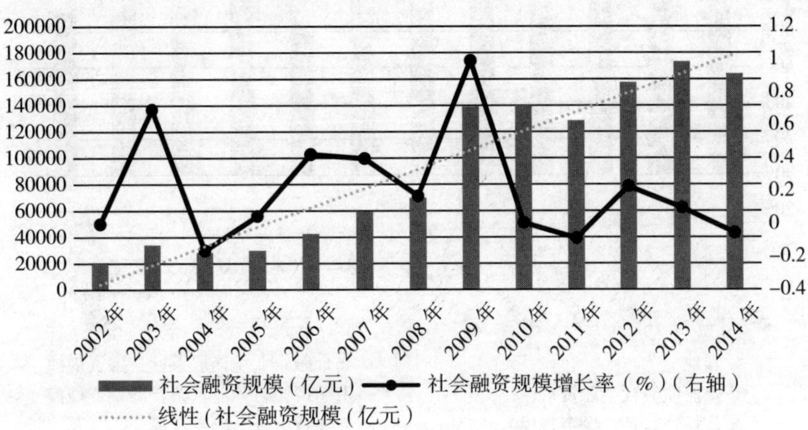

图 2-57　我国社会融资规模及增长率

数据来源:国家统计局

运行和金融稳定,2009 年融资规模激增。随着国家投资逐步撤出,2010 年社会融资规模增幅较低,近 0. 78%,至 2011 年全部退出,社会融资总额开始下降。与此同时,2011 年由于 2010 年收紧货币政策效果突显,融资规模雪上加霜,与当年年初预计的 14 万亿元目标,相差 1. 17 万亿元。之后,随着经济逐步复苏,社会融资需求再度回暖,2012—2013 年融资规模增至 173168 亿元。

我国社会融资方式多样,直接融资和间接融资市场产品丰富。如图 2-58 所示,常用的融资工具包括本、外币贷款,委托贷款,信托,承兑汇票,债券,股票等金融产品。

自 2004 年以来,占比最大的始终是人民币贷款规模,占比超过一半以上。企业债券市场发展较快,从 2004 年的 467 亿元发展到 2015 年的 29400 亿元,增长了 62 倍。非金融企业境内股票融资规模始终保持上升,受到经济环境影响较大,2012—2013 年出现增速放缓,之后恢复 4%左右增速。

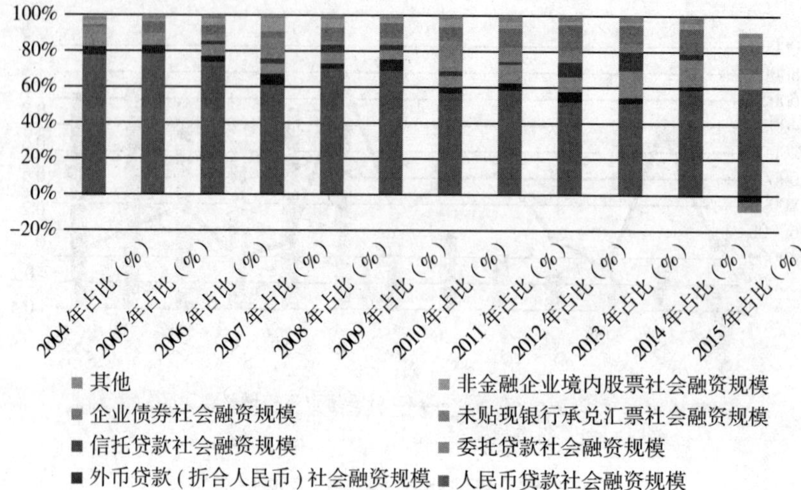

图 2-58　我国社会融资各类投资方式占比

数据来源:国家统计局

（二）贷款融资总量状况

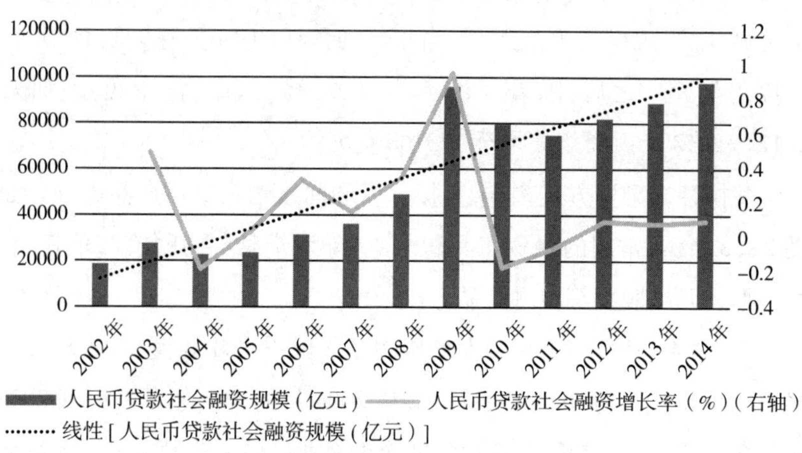

图 2-59　我国人民币贷款规模及增长率

数据来源:国家统计局

近10年间，除去2010年和2011年稍有回落，整体呈现上升趋势，从18475亿元增长至97813亿元。人民币贷款的增长为整体经济发展注入动能。而2012年后，银行贷款总量虽仍在上升，但出现了贷款困难等现象。究其原因，银行一方面通过业务提高账面贷款额，另一方面为原本难以还款的产能过剩企业源源不断地“输血”，因此，信贷量的增加，既有可能带来产业的发展，又有可能提高坏账率。

从人民币贷款融资增长率角度而言，2009年，为落实国家政策，保障4万亿资金投入，该年贷款数额显著提高，增长率高达95.64%。随着经济转暖，各项基础建设投资逐步退出，2010年和2011年投资额有所下降，但2010年贷款融资情况仍高于贷款总体增长趋势。增长率到2012年开始下降，与工业企业盈利能力下降、贷款需求和贷款能力下降有关。

（三）债券融资总量状况

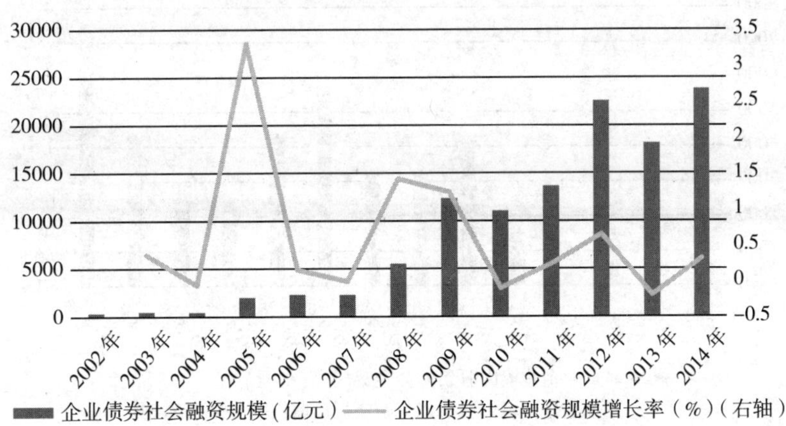

图2-60　我国企业债券社会融资规模及增长率

数据来源：国家统计局

随着金融市场不断发展，社会融资方式多样，债券融资因其融资成本低,保障公司的控制权,便于调整资本结构,具有杠杆效应及税盾效应等优势,逐渐受到广大企业的青睐。

除去 2013 年呈现出债券融资规模下降外,整体债券市场融资规模呈现不断扩大趋势。2013 年,我国企业债券社会融资规模增长率为-19.68%,降幅明显。监管部门对企业债券发行的分类审核和专项核查以及下半年银行间债券市场资金面趋紧、发行成本上升导致企业债券发行量明显下降。

随后,企业融资规模回升,增长率达到 31.49%,债券融资仍是我国社会融资的主要方式,2014 年保持近 20%的融资占比。因此,债券的融资优势不断被发掘,相关产品形式也不断推陈出新,以适应各类企业的融资需求,为灵活多样的融资创造可能。

(四)非金融企业境内股票社会融资总量状况

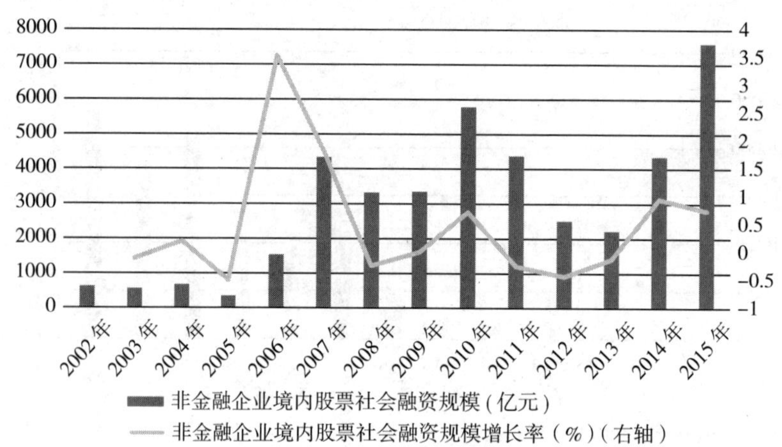

图 2-61 我国非金融企业境内股票社会融资规模及占比

数据来源:国家统计局

2015 年非金融企业境内股票社会融资规模达到 7604 亿元。2013

年起,该融资形式发展迅猛,三年间增长率达到 243%。2012 年融资规模开始大幅下降,其中一个重要原因是 2012 年 10 月—2014 年 1 月期间,我国股市暂停 IPO,融资规模大幅下降。健康稳定的股市作为高效的融资方式,将发挥其筹资风险小、提高企业商誉、无固定利息负担等优势。融资占比不断提高,为需要融资的企业和项目提供了新选择。

(五)银行业发展状况

上文已描述当前融资情况,根据各类融资工具占比,对国内贷款额、企业债券融资额及股票融资规模进行横纵向对比。

本部分重点分析提供贷款主体,即银行业金融机构的资产规模、贷款总额、不良账款情况及银行业金融机构从业人员收入水平等现状。最后,根据贷款的需求端,分别分析上文所述环境污染较为严重的六个行业的贷款情况。

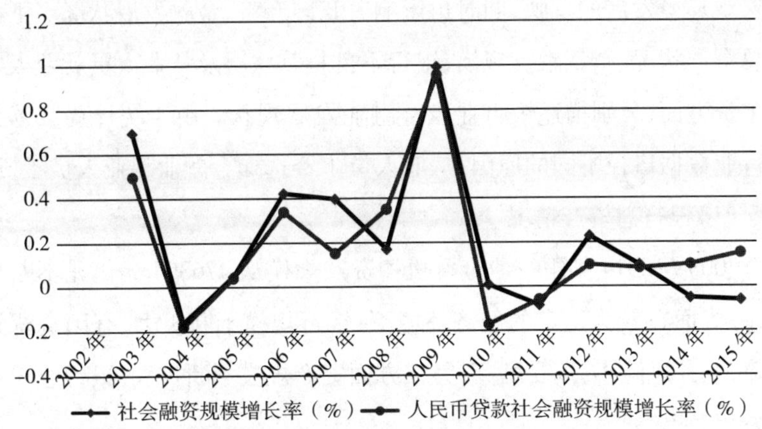

图 2-62 社会融资规模及人民币贷款规模增长率趋势对比

数据来源:国家统计局

人民币贷款社会融资增长率与社会融资规模增长率趋势基本吻

合,一方面表现出贷款规模大,对社会融资总额影响明显;另一方面表现出贷款作为间接融资方式,是目前最广泛使用的金融工具,是必要的资金流向引导工具,也是最普遍影响实体经济的银行业金融工具,具备对比分析的价值。金融业对实体经济起重要推动作用,相应地,贷款在金融业融资中占比最大,可以推断,银行业是金融推动实体经济发展的主要方式。因此,银行业的发展及银行业提供的金融产品是经济发展的重要因素之一。

研究人民币贷款融资变化对社会融资规模具有重要影响,与此同时,2013 年之后,人民币贷款社会融资规模增长率高于社会融资规模增长率,研究当下银行业发展对经济、金融发展有重要意义。

1. 银行业发展现状

银行业金融机构既在金融业占据主导地位,银行业的金融产品——贷款也是企业投融资的首选。因此,银行业的发展状况既是当前宏观环境发展的反映,同时也影响着我国经济、金融发展状况。下面从总资产状况、贷款融资规模、银行不良贷款状况及从业人员就业人数及工资方面,分别描述银行业及金融业发展现状。由于统计局数据公布行业数据口径不同的原因,从业人员工资选择金融业从业人员工资。

(1)银行总资产情况

2003—2014 年银行业金融机构资产规模从 276394. 5 亿元不断扩大,一方面在较为稳定的经济环境下,银行规模不断扩大,有国资背景保障,业务风险小,接受度高;另一方面资产规模不断扩大,银行业承压能力相对提高。

资产增长率在 2009 年后呈现出下降趋势,这是由于伴随资产和负债规模的不断扩大,受基数效应影响,规模增速会逐步放缓,银行也将从“扩规模”向“调结构”转变。

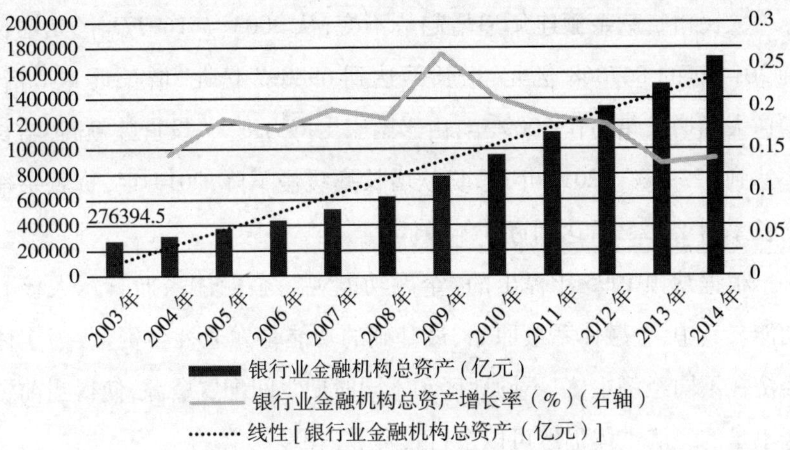

图 2-63　银行业金融机构总资产及增长率

数据来源:《银监会年报》

从信贷投放角度,商业银行除支持大型基建类项目外,主动调整信贷结构,加强对"三农"、小微企业、保障性安居工程等经济社会重点领域和民生工程的金融服务。

(2)人民币贷款状况

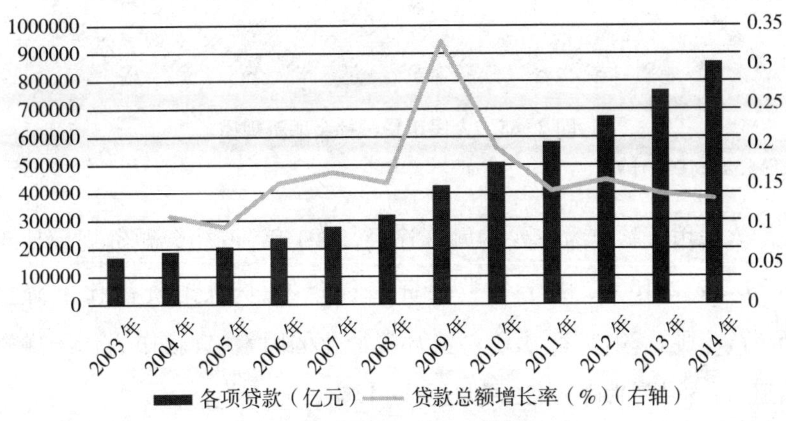

图 2-64　人民币贷款余额及增长率

数据来源:《银监会年报》

人民币贷款余额连年递增趋势不变,从 2003 年 169771 亿元增长到 2014 年的 867868 亿元,增长额达到 698097 亿元,增长近 4.1 倍。增速大幅增长集中在 2009 年,由于国家支持力度大,投贷数额高,增长率达到 32.95%。2011 年后,贷款增长率缓慢下降,2014 年,贷款余额增长率为 13.25%,达到近 5 年最低。

根据默顿 1995 年提出的"金融功能观",金融体系拥有六大核心功能。其中,金融体系最原始、最基础的功能是融通社会资金,为实体经济在不同经济主体、不同地区和不同时期之间配置资源,使得当前资金不足的经济主体仍然可以进行投资和消费。

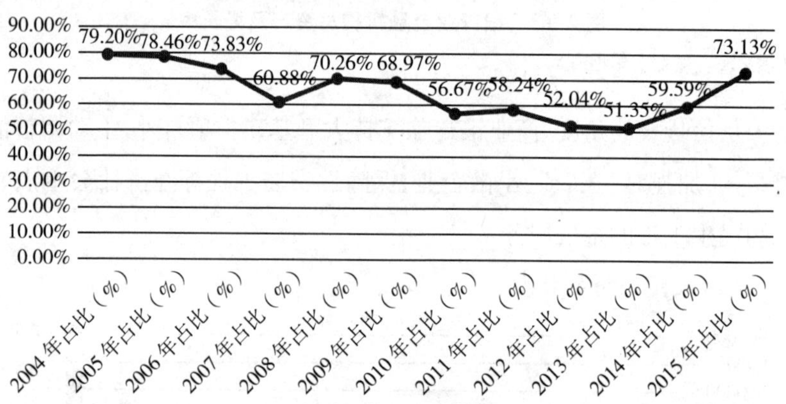

图 2-65 人民币贷款社会融资规模

数据来源:国家统计局

人民币贷款作为主要的融资途径,2004 年,占社会融资规模比重为 79.2%,2010 年,由于各类融资工具介入,贷款融资占比下降至 56.67%,到了 2015 年,由于经济环境变化的因素,贷款作为传统融资渠道,再度得到青睐,占比回归至 73.13%。

(3)银行不良贷款情况

商业银行不良贷款余额以 2008 年为界分为两个阶段。2008 年以

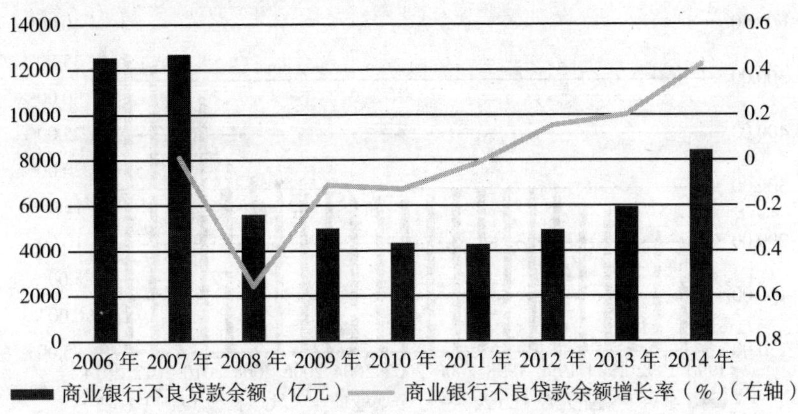

图 2-66 商业银行不良贷款余额及增长率

数据来源:《银监会年报》

前,受到金融危机影响,商业银行不良贷款余额居高不下,约为12684.2亿元。2008年后,不良贷款余额减少约1/2。2012年后,工业企业结构性矛盾暴露,企业还款压力增加,新贷款既要解决生产问题,又要用以偿还旧债。因此,新增贷款也带来了不良资产问题,经济发展和金融效益的共同发展开始进入瓶颈期。

(4)金融业就业人数

我国金融业提供的就业岗位也在不断增加,其就业量在2011年已超过500万人,至2014年金融业就业人数566.3万人,占第三产业就业人数的1.81%。就业人数增长率到2010年达到峰值,高达35%,高于当年第三产业平均就业人数增长率约32%。国内外研究者依据世界各国经济与财富增长情况与金融业的实际情况表示,近几十年人类在世界范围内创造了史无前例的财富增长,其中金融体系的广泛发展功不可没。

(5)金融业平均工资

银行业发展及利润情况的另一个反映,即工资收入情况。根据国

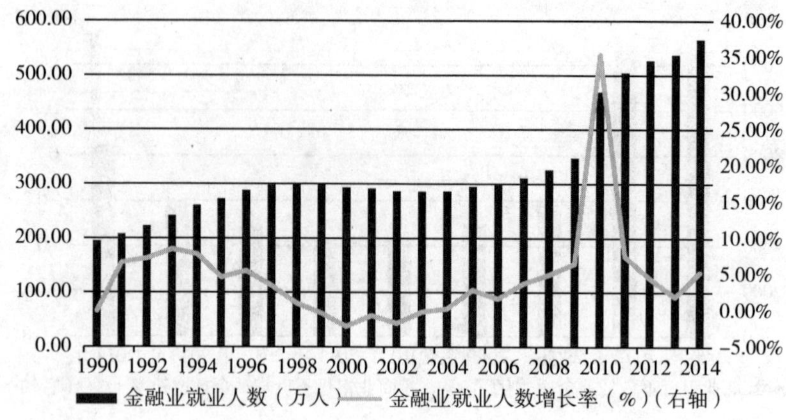

图 2-67　金融业就业人数及增长率

数据来源:万德资讯

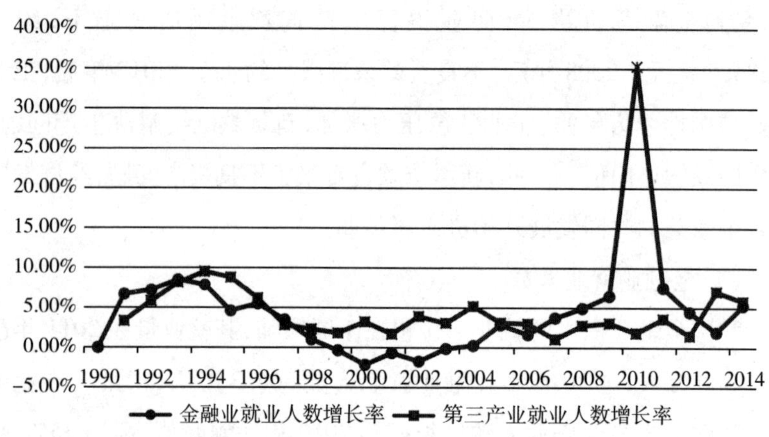

图 2-68　金融业与第三产业就业人数增长率对比

家统计局统计口径,选择金融业城镇单位就业人员平均工资作为参考。金融业就业人员平均工资持续增加,在 2009 年前,金融业平均工资增长率接近 24%。2009 年增长率下降,但仍比上年金融业平均工资高 6501 元。2009—2014 年,金融业城镇单位就业人员平均工资增速以最高 16.14%、最低 8.65%的速度增长,2014 年达到 108273 元,相比

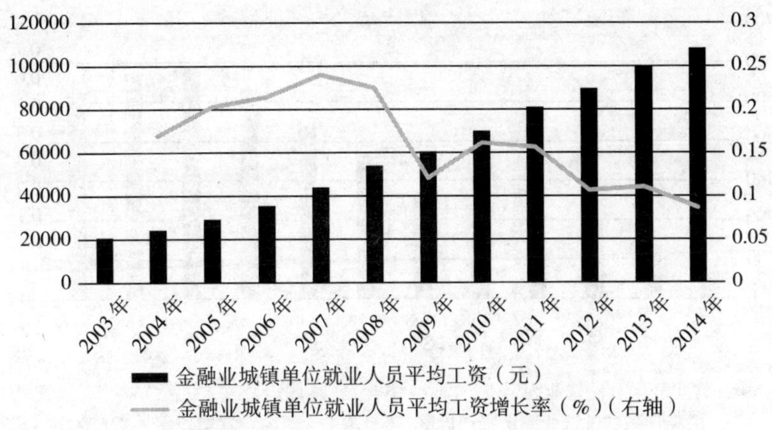

图 2-69　金融业就业人员平均工资及增长率

数据来源：国家统计局

2009 年提高了 47875 元。

2. 主要工业行业贷款状况

银行业为推动经济发展为各类企业投放贷款。工业企业作为 GDP 的重要贡献力量，银行业提供的贷款数额将影响工业企业的发展和产值。

（1）煤炭开采和洗选业固定资产投资国内贷款情况

煤炭开采业和选洗业固定资产投资国内贷款增长趋势自 2003 年一直延续到 2012 年。2012 年后，煤炭开采业和选洗业进入盈亏转折点，贷款投资额也出现下降趋势，两年共计减少 59. 35 亿元，增长率下跌幅度达到 10. 15%。

增长率趋势波动明显，增速至 2006 年呈减缓状态，2007 年后增长率快速增长，为协助企业渡过金融危机带来的经济困境，我国大量投资，推进基础设施建设、工业发展等，于 2009 年当年贷款增长率达到 42. 08%。随着计划的结束和资金退出，贷款增长率呈 30°下降，2013

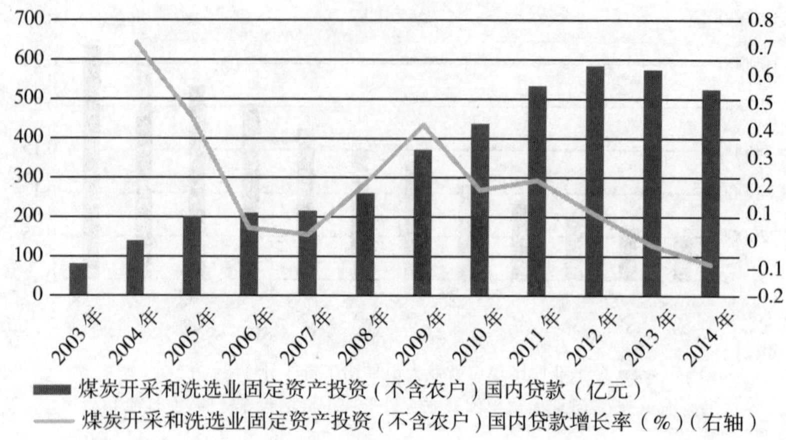

图 2-70 煤炭开采和洗选业固定资产投资(不含农户)国内贷款及增长率

数据来源:国家统计局

年起开始进入负增长时期。

(2)石油和天然气开采、加工、炼焦及核燃料加工业固定资产国内贷款情况

石油和天然气开采固定资产投资企业贷款额增长率较小,但贷款额逐年增长趋势未有改变。自 2011 年后,贷款保持在 400 亿元以上,2014 年较上年增长仅 2. 8 亿元。

石油加工、炼焦、核燃料加工固定资产投资贷款变化波动明显,自 2011 年后,该行业贷款数额出现负增长,同 2014 年比,差额为 58. 63 亿元。

全行业整体增长率在 2005 年前呈 45°急速上升,至 54. 72%,2006 年增速减缓,仅为 6. 13%。两年的贷款增速恢复期后,金融危机再次影响该行业贷款增速,之后除 2011 年稍有回升外,增速连年下降。至 2012 年开始出现负增长。

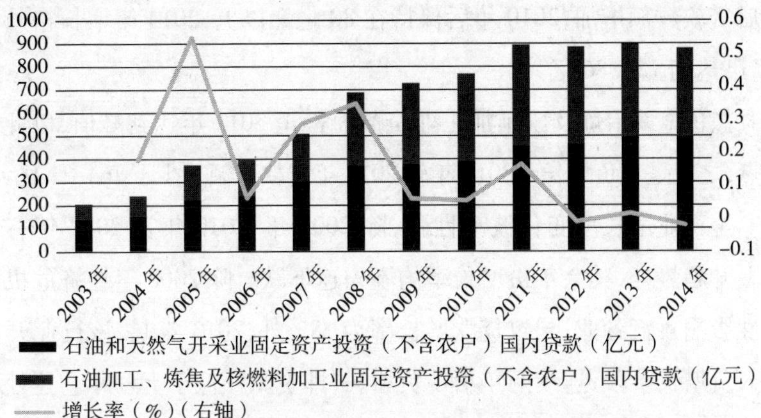

图 2-71 石油和天然气开采、加工、炼焦及核燃料加工业固定资产投资(不含农户)国内贷款及增长率

数据来源:国家统计局

(3)黑色金属矿采选业、冶炼及压延加工业固定资产国内贷款情况

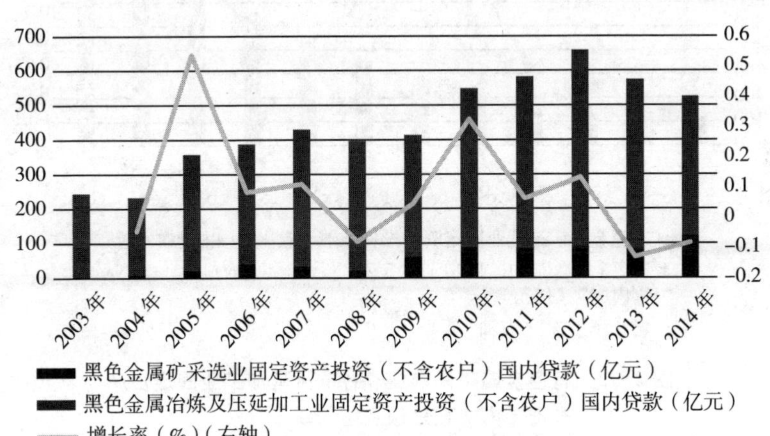

图 2-72 黑色金属矿采选业、冶炼及压延加工业固定资产投资国内贷款及增长率

数据来源:国家统计局

黑色金属采矿业固定资产投资贷款在 2009 年前数额较少,2009

年后贷款数额增加,2010 年后保持在 80 亿元以上,2014 年增长格外明显,已达到 121.86 亿元。

黑色金属冶炼及压延加工业贷款总额至 2012 年达到峰值,以此为节点,之后呈现负增长。2014 年较 2012 年贷款总额减少了 164.21 亿元。

全行业增长率变化波动性强,除 2005 年、2010 年及 2012 年有明显上升趋势外,其余年份增长率均不匀速下跌。除 2008 年经济危机系统性影响各行各业,导致贷款增长率为-8%外,2013 年起,该行业开始进入负增长阶段,连续两年出现负增长,即贷款额低于上一年。让处于结构升级、提高产能利用率的企业陷入恶性循环。

(4)有色金属矿采选、冶炼、压延加工业固定资产国内贷款情况

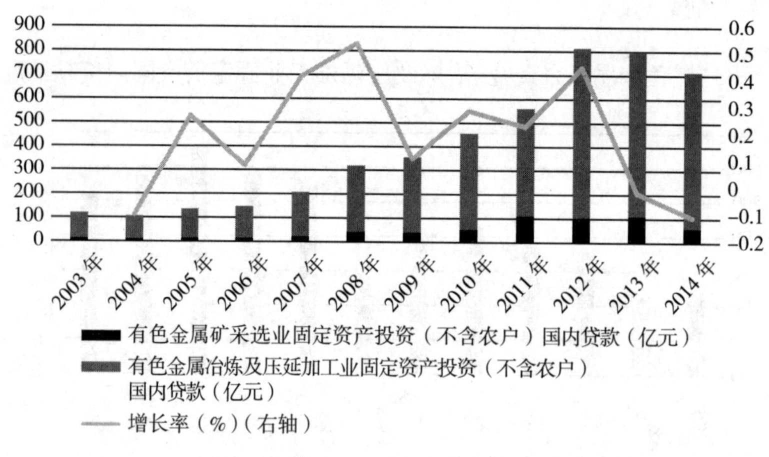

图 2-73 有色金属矿采选业、冶炼、压延加工业固定资产投资国内贷款总额及增长率

数据来源:国家统计局

有色金属矿采选业贷款额波动幅度较大,连续增长至 2012 年后,开始出现负增长。无论贷款额增长或下跌阶段,均存在变动幅度较大的数值。如 2011 年较 2010 年增长 56.7 亿元,增长率达到 105.19%;

2014 年较 2013 年减少 51. 13 亿元,增长率为-46. 18%。

有色金属冶炼及压延投资贷款数额变动同黑色金属冶炼及压延加工业贷款数额变动相似。数额在 2012 年达到最高值后开始下降,2012 年增长数额为 257. 97 亿元,增长率为 57. 26%。在两个环节贷款共同下降的作用下,有色金属矿采、冶炼及压延业整体贷款数额自 2012 年后呈现负增长,2014 年当年增长率为-10. 73%。

(5)非金属矿采选、矿物制品固定资产投资贷款情况

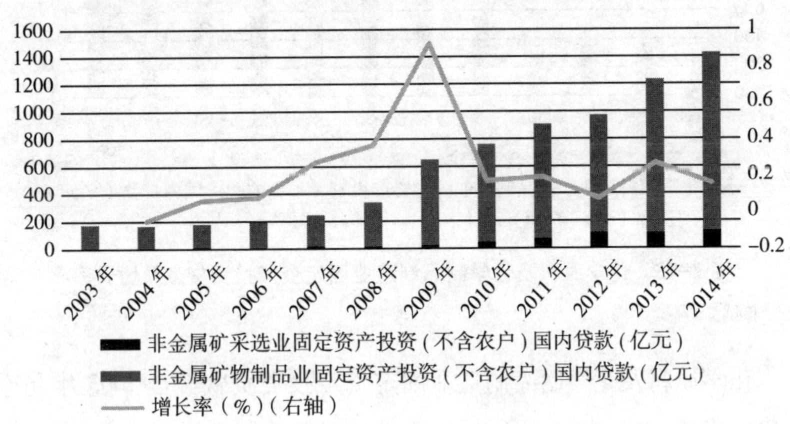

图 2-74 非金属矿采选业、矿物制品业固定资产投资(不含农户)贷款总额及增长率

数据来源:国家统计局

非金属矿采业贷款额自 2003 年起始终保持上升趋势,增长幅度自 2012 年开始增大,增幅达到 59. 23%。

非金属矿物制品业固定资产投资额同样呈现稳定增长趋势,2009 年增长比例较大,仅 2008 — 2009 年,贷款增长 304. 52 亿元,增幅为 94. 85%。

从矿采到矿物制品整个行业固定资产贷款额在国家经济强刺激下,2009 年增长率达到 92. 4%,之后贷款增长率放缓,走势平稳。与其

他行业相似的是,2013 年开始,原有增长率开始下跌,表现出贷款对该行业未来预期不再如前期乐观。

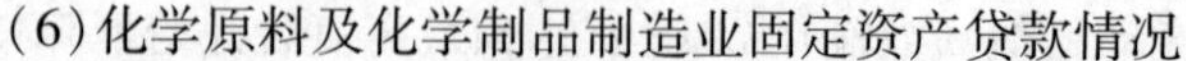

(6)化学原料及化学制品制造业固定资产贷款情况

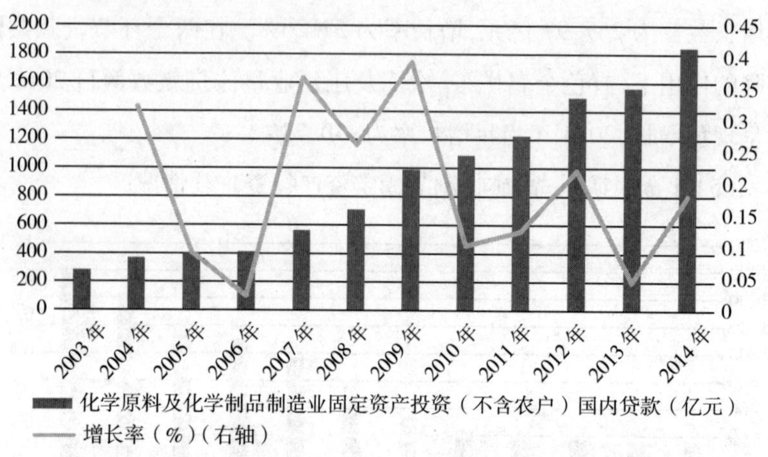

图 2-75 化学原料及化学制品制造业固定资产投资贷款及增长率

数据来源:国家统计局

化学原料及化学制品制造业固定资产投资贷款额自 2003 年起连续稳定增长,增长率波动较大,快速增长时期分别是 2007 年、2009 年、2012 年及 2014 年。同 2003 年相比,2014 年贷款额增加 1567.23 亿元。国家对该行业的金融支持力度不断增长。增速明显放缓的三个年份分别是 2006 年、2010 年和 2013 年。以 2013 年为例,增长额仅 66.66 亿元,增长率由 2012 年的 22.09%减少至 4.45%。

六、生态环境治理与建设投融资基本状况

资金作为产业发展的重要支撑,从各个环节注入推动产业发展,从购买环保设备到提高污染处理技术,无一不在资本的推动下快速发展;

另一方面，督促生产者改进生产技术，降低单位产出的耗能量，提高环保产业效率，并在生态环境得到改善的同时，对经济起到推动作用。

具体而言，环保投资不仅能通过乘数效应从数量上促进经济增长，还对企业行为有导向性作用，能作用于降低污染排放强度进而从质量上促进经济发展，有利于生产者对清洁能源的利用，从而优化能源消费结构。

(一)污染项目治理总投入

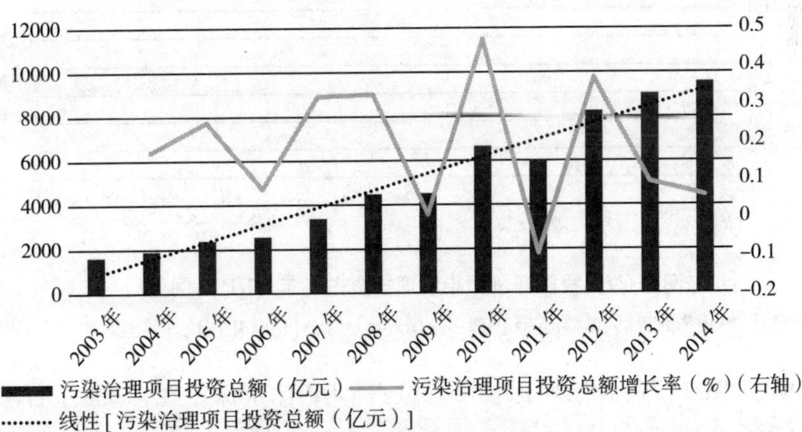

图 2-76 我国污染治理项目投资总额及增长率

数据来源:《中国环境统计年鉴》

污染治理项目是指在一定的时间、预算、资源限定内，规范完成对某一项或者某几项现存的环境污染问题的整治，使得相应的环境污染问题得到有效地改善和缓解，最终达到一定的治理目标和环境标准。是排污者通过缴纳或按合同约定支付费用，委托环境服务公司进行污染治理的新模式。其中，治理项目包括：工业污染治理项目投资、“三同时”项目环保工程投资额和城市环境基础设施建设投资三类。

我国污染治理项目投资总额自2003年起除去个别年份，呈现出整体上升趋势。随着环境意识增强，环保产业生态、社会和经济效益凸显，投资增额到2014年增长至9575.5亿元，是2003年的43.2倍。增长率于2009年和2011年有所下降，两年均受到金融危机影响，国际国内市场需求下降，为保持经济增长，维护经济稳定，从投资结构上，环境污染治理投资为经济增长和整个宏观经济形势让步。

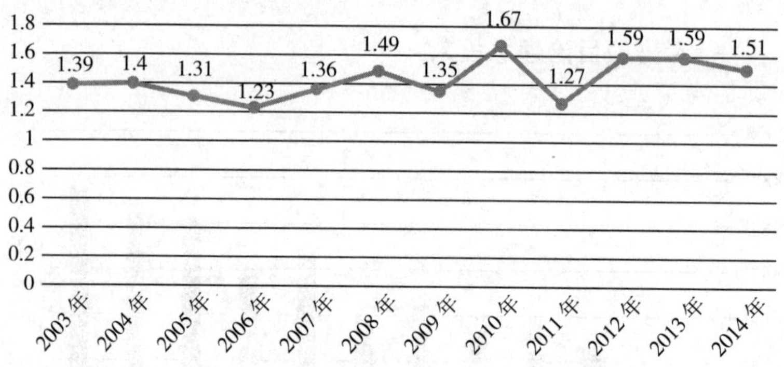

图2-77 我国环境污染治理投资占当年GDP比例(%)

数据来源：中华人民共和国环境保护部：《全国环境统计公报》；《中国统计年鉴》

如图2-77，我国环保投资总量占GDP比重保持在1.5%左右浮动。峰值为2009年，达到1.67%。2006年为近10年最低值1.23%。发达国家环保投资占国民生产总值的2%以上，高的接近3%。国际经验表明，当环境保护投资占国民生产总值的比例达到1%—1.5%时，才能基本控制环境污染，从而使环境状况保持在人们可以接受的水平；环境保护投资占国民生产总值的比例提高到2%—3%时，才能改善环境质量，基本保证环境与经济社会协调发展。

我国环保投资总量不足，占同期GDP的比重偏低，尽管环保投资每年都有一定幅度的增加，但相对于严峻的环境局面和巨大的资金缺口仍显不足。

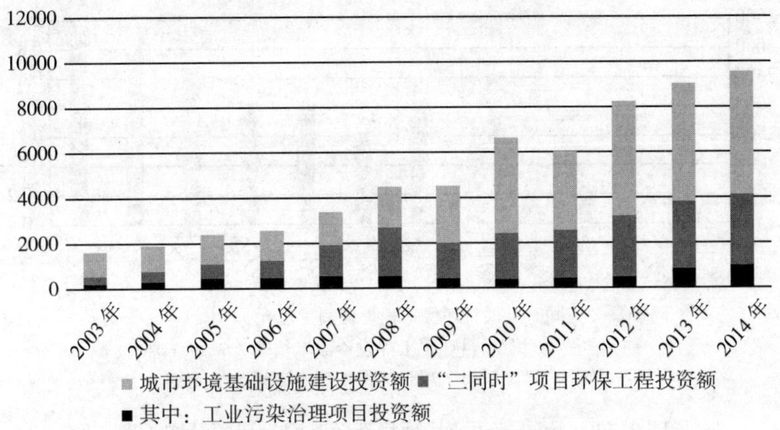

图 2-78　我国各项污染治理项目投资额(亿元)

数据来源:中华人民共和国环境保护部:《全国环境统计公报》

污染治理项目设施直接投资是指直接用于污染治理设施、具有直接环保效益的投资,主要包括:工业污染治理项目投资、“三同时”项目环保工程投资额和城市环境基础设施建设投资三类。三类项目投资额呈现出整体增长趋势,具体项目投资额与污染治理项目投资总额走势吻合。三类环保工程项目具体投资额及增长率如下。

1.“三同时”项目环保工程

“三同时”项目环保工程投资是指对于满足环保“三同时”的环保工程项目的投资,主要是指所投资的工程严格执行污染防治设施与主体工程同时设计、同时施工、同时投入使用(简称环保“三同时”)的原则。

根据 2002 年施行的《建设项目竣工环境保护验收管理办法》,“三同时”项目指建设项目竣工环境保护验收管理,监督落实环境保护设施与建设项目主体工程应同时投产或者使用,以及落实其他需配套采取的环境保护措施,以防治环境污染和生态破坏。

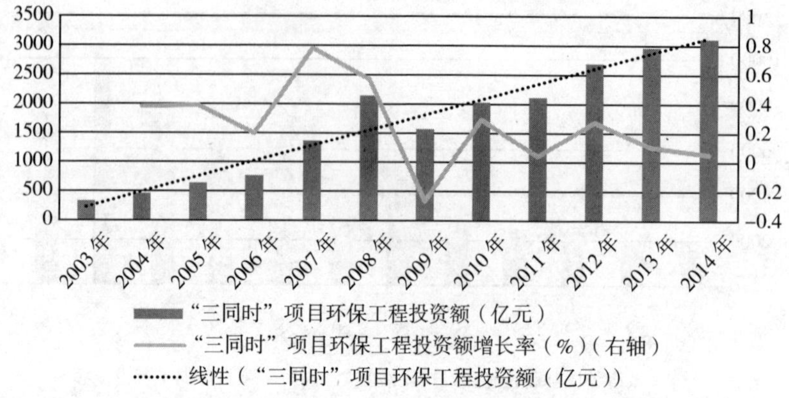

图 2-79 我国"三同时"项目环保工程投资额及增长率

数据来源：中华人民共和国环境保护部：《全国环境统计公报》

根据我国 2015 年 1 月 1 日开始施行的《环境保护法》第 41 条规定："建设项目中防治污染的设施，应当与主体工程同时设计、同时施工、同时投产使用。防治污染的设施应当符合经批准的环境影响评价文件的要求，不得擅自拆除或者闲置。"

2014 年，"三同时"项目环保工程投资占环境污染治理项目投资约 32.5%，是重要的投资项目，其投资总额变化趋势及增长率与环保投资总额相似。

2. 城市环境基础设施建设

城市环境基础设施建设投资是指对城市中与环境建设相关的基础设施项目的投资，其投资范围主要包括城市污水处理设施建设（包括用于城市污水管网铺设）、城市生活垃圾处理设施建设、城市集中供热设施建设、城市燃气（人工煤气、天然气、液化石油气）设施建设和城市环境绿化等投资。

城市环境基础设施建设投资既属于环保投资，也属于提振消费、扩大内需的方式。由于生态、社会和经济效益效果显著，投资总额增长迅

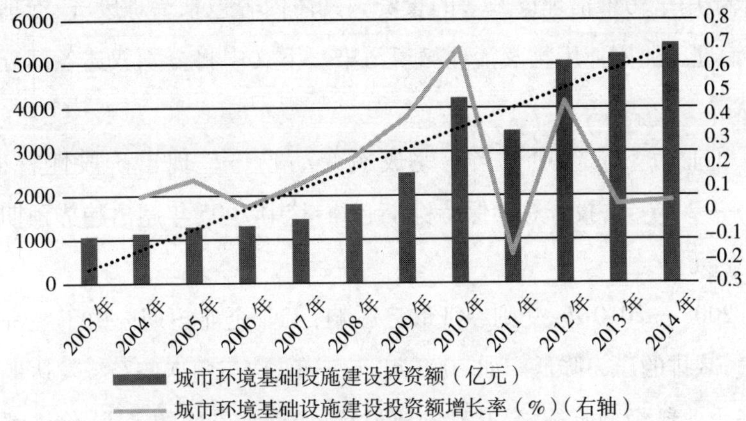

图 2-80 我国城市环境基础设施建设投资额及增长率

数据来源：中华人民共和国环境保护部：《全国环境统计公报》

速，趋势近 30°，至 2014 年，投资占比约达到环境治理投资的 57.1%。

3. 工业污染治理项目

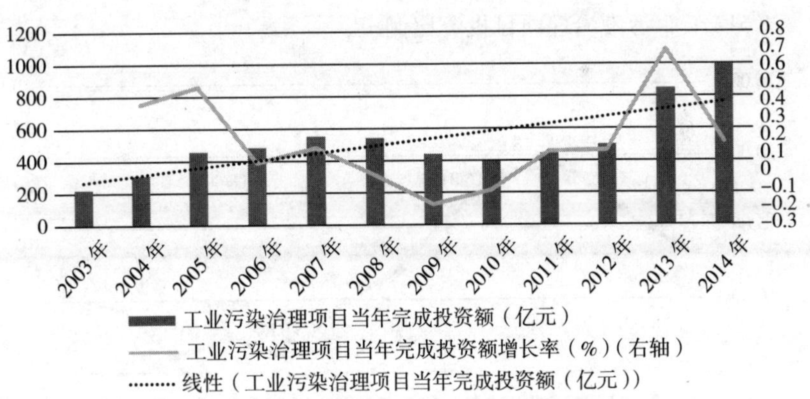

图 2-81 我国工业污染治理项目当年投资完成额及增长率

数据来源：中华人民共和国环境保护部：《全国环境统计公报》；《中国环境统计年鉴》

工业污染治理项目投资是指对治理工业生产过程中所形成的废气、废水和固体排放物对环境造成污染的相关项目进行的投资，包括但不限于用于污染治理设施等的投资。具体内容包括治理废气、治理废水、治理工业固体废物及治理噪声污染。下文中将分别叙述各部分投资状况。

工业污染治理项目当年完成额变动趋势呈现出阶段性特征。2003—2007 年,投资总额保持稳步上升,其中 2005 年超出趋势预期约 100 亿元。

2008—2010 年,受到经济形势影响,工业企业短期内由于经济不景气,减排的压力降低。如 2008 年,长三角、珠三角这些经济发达地区众多企业已经面临关停,基础的原材料,如钢铁方面的需求、价格都在下降。以上因素在客观上对减排、对环境的压力可能有所减缓。这使得减排目标相对容易完成,所需要的投资数额减少。

2010—2014 年,空气污染再度成为关注焦点。工业治理项目当年投资呈现上升趋势,增长率恢复正值,并在 2013 年增长率达 69.76%。

(1)工业污染治理项目投资比例

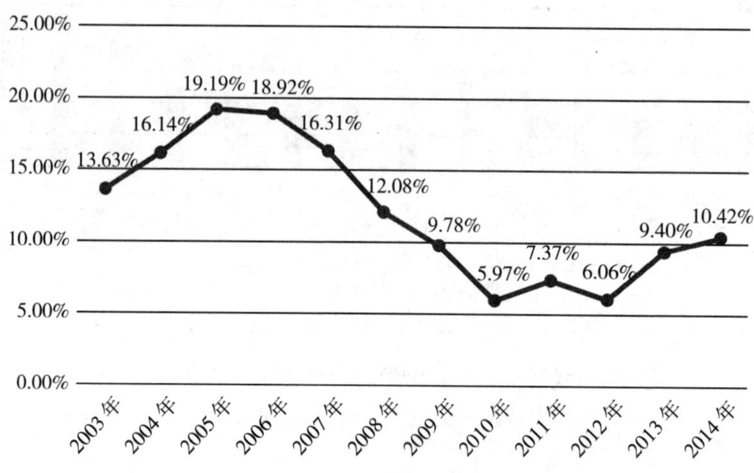

图 2-82 我国工业污染治理项目投资占比

数据来源:中华人民共和国环境保护部:《全国环境统计公报》;《中国环境统计年鉴》

工业污染是指工业生产过程中所形成的废气、废水和固体排放物对环境的污染。污染主要是由生产中的“三废”（废水、废气、废渣）及各种噪音造成的，可分为废水污染、废气污染、废渣污染、噪音污染。

工业污染治理项目投资占比与污染状况变动趋势相似，2003—2005年，废气排放问题凸显，工业污染治理项目投资占比迎来高峰，达到19.19%。随着治理技术和生产技术精进，二氧化硫、废水和固体废物排放呈现逐步下降趋势，工业污染治理项目投资占比逐年下降，至2010年为5.97%。伴随着工业烟粉尘排放影响日常生活的问题出现，工业污染治理项目投资占比再度回升，自2014年达到10.42%。工业污染治理项目投资占比与当前环境污染状况息息相关，必须着力于解决当前污染的源头问题，以工业治理为核心，通过多种途径支持工业污染治理，改善生态环境，提高生态效益，推动工业企业可持续发展。

（2）工业污染项目主要治理内容及投入状况

在工业污染治理项目中，按照工业污染的定义，将资金投向分为治理废水、治理废气、治理固体废物及治理其他污染投资（包括噪声等）。

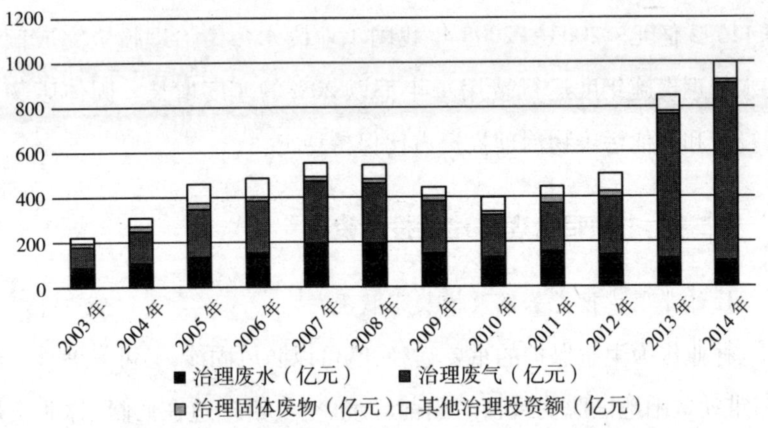

图2-83　我国各项工业污染治理项目当年完成投资额

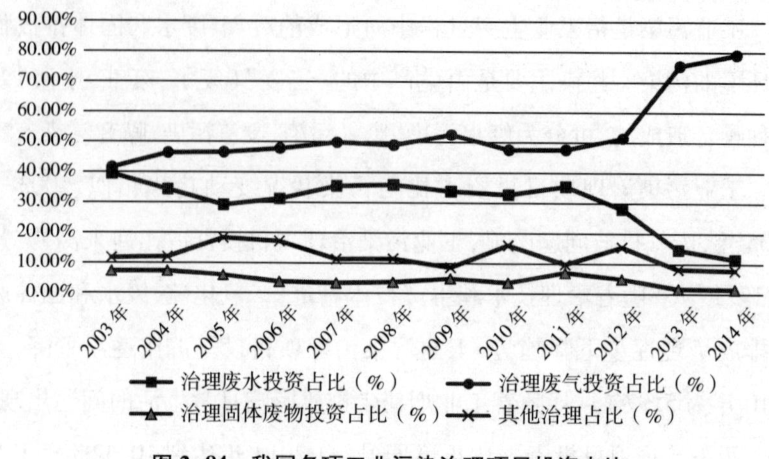

图 2-84 我国各项工业污染治理项目投资占比

数据来源：中华人民共和国环境保护部：《全国环境统计公报》；《中国环境统计年鉴》

在各类污染物治理投资中，治理废气投资占比始终保持最高，2003—2014年占比从约40%，达到约100%，投资数额由92.1亿元增长至789.4亿元，以2013年投资增速最高，达到148.7%。

2011年起，废气治理投资与治理废水投资占比变动方向相反，废水治理投资占比从35.49%下降到11.55%，投资额由130.1亿元下降至115.2亿元。2003—2008年我国工业废水污染治理投资完成额与废水治理设施年度运行费用每年都以20%的速度增长。固体废物治理投资和其他污染物治理投资占比保持稳定。

（二）生态项目治理与建设投融资

1. 林业项目投资总额及增长率状况

林业作为生态保护的重要途径，既可以防风固沙，又可发展林下经济，带动贫困地区脱贫致富。当前环境、空气治理迫在眉睫，林业发展与生产、生活息息相关，因此，林业投资的数额，将直接影响环境治理效率和群众生活质量。

由于《中国统计年鉴》和《中国林业统计年鉴》统计口径变化，2003—2014年提供完整林业固定投资总额，2010—2014年提供林业投资总额数据，所以分别进行分段统计，且投资来源以2010—2014年林业投资总额来源为分析依据。

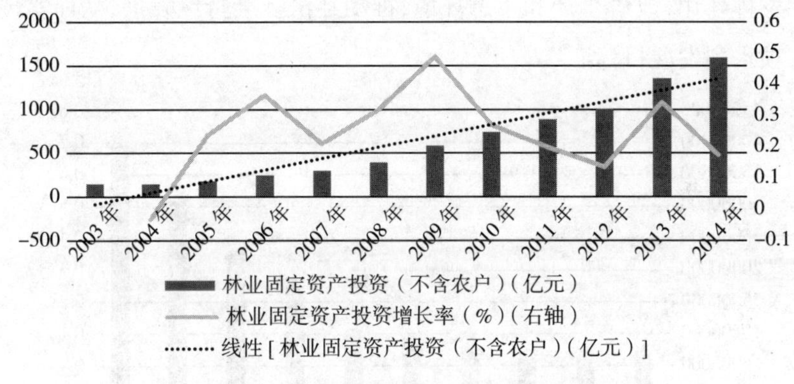

图2-85 我国林业固定资产投资总额及增长率

数据来源：国家统计局

2003—2014年期间，我国林业固定资产投资总额从150.24亿元增长至1592.39亿元，约呈15°上升趋势。增长率自2013年激增至34.23%。林业固定资产增长率呈现出阶段性特征，三个波峰分别位于2006年、2009年和2013年。这既与环境污染状况相关，同时也因各类林业工程井然有序进行而投入了大量资金。如：京津风沙源治理工程与工作；太行山绿化和国家水土保持重点建设工程；沿海防护林建设工程；湿地保护与修复工程等持续开展的工程，均有明确阶段性生态目标和投资目标。

2. 水利项目治理与建设投融资状况

水利投资是对一切围绕水展开的兴利除害活动所进行的投资，可分为三个层次：一是灌溉、防洪、排涝、减淤、供水、发电等与人民生产生活紧密相关的投资；二是水土保持、防治水污染、美化水环境等与环境治理相关的投资；三是航运、养殖、旅游等综合利用方面的投资。

水利作为影响力系数和感应度系数较高的行业，当被充分有效投资后，将在建设期带动相关产业发展，拉动内需；建成后可以在较长时期发挥作用，改善生产和生态环境，推动经济社会持续发展，从而实现各项水利发展目标。

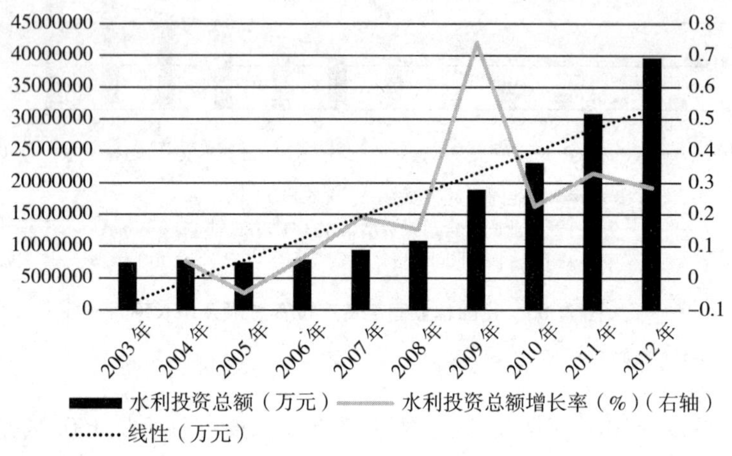

图 2-86 我国水利投资总额及增长率

数据来源：《中国水利年鉴》

我国近十年水利投资趋势整体向好，我国水利投资处于不断上升的趋势，投资增速呈现不稳定波动的态势。2012 年与 2003 年相比，投资额增长 32208182 万元，是 2003 年投资额的 4.3 倍。

在此期间，水利投资发展经历了两个阶段，2003—2005 年为水利投资平稳过渡期和 2006 年至今为水利投资的高投入期。第一阶段中，由于 2003 年后中央实行稳健的财政政策，严格控制固定资产增长幅度，水利基建投资规模逐年缩小，使得 2005 年增长率出现负值。第二阶段与"十一五"规划时间相符,"十一五"期间水利基建项目投资规模6493.7亿元,2011年初中央1号文件的出台,提出水利投资在未来的10年内要达到4万亿元,年均4000亿元,推动了水利投资进入高速增长阶段。

第二节 经济、生态环境与金融业关系状况分析

本节通过趋势分析、增长率分析及占比分析等方式,分别对比经济发展与环境的关系和经济发展与金融业发展的关系。探索经济发展与生态环境、金融业发展之间的关系,为今后统筹发展提出依据。

一、经济发展与环境污染关系分析

早在20世纪90年代初,环境污染与经济发展之间的关系研究就引起研究者们的注意,开始从不同的角度、利用不同的方法,定量与定性、规范与实证相结合分析了经济增长与环境污染之间的关系。

研究结果达成共识,在工业化发展的过程中,工业污染对环境的破坏作用较为明显,占据了环境污染的绝大部分,是最大负荷的污染。与生活污染源相比,工业污染物的排放种类多、数量大,有数据显示,废气排放中工业二氧化硫和工业烟粉尘排放量均达到两类污染物全国排放总量的80%以上。

所以,控制工业污染对改变经济增长与环境污染的关系而言是至关重要的,同时也是目前来说最可行实现经济增长与环境污染协调发展的方法。

(一)宏观经济与工业污染关系分析

同其他国家状况一致,随着工业化进程发展,我国以工业为主的第二产业成为GDP增长的主要动力。因此,第二产业及工业行业的总量及增长率趋势一定程度上代表了经济发展状况。

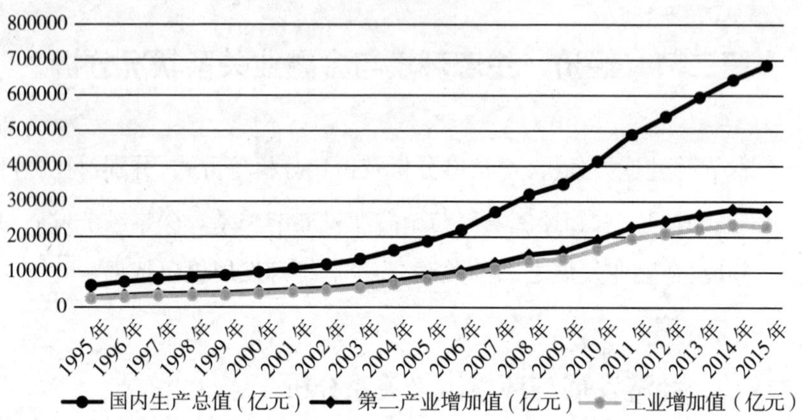

图2-87 国内生产总值、第二产业及工业增加值总额趋势对比

数据来源:国家统计局

由图2-87可知,自1995年以来,我国GDP、第二产业增加值和工业产值增加值总额趋势均呈现出连续增长趋势,总量图形上呈现出正相关关系。GDP与第二产业增加值在2007年前倾斜角度基本一致,这一阶段,我国GDP增长主要仰赖第二产业增加值。随着经济结构的优化调整,第三产业增加值占比逐步增大,GDP总额与第二产业增长值之间的上升趋势差距开始逐步扩大。

第二产业增加值与工业增加值趋势拟合程度较好,从2009年开始,工业产值增加值与第二产业增加值出现背离,受到金融危机影响,经济下行,工业企业前期生产问题集中爆发,对第二产业的贡献值有所下降。这一时期,对 GDP 增速影响明显。因此,工业生产仍是经济增长的重要动力,解决当前工业生产结构问题,提高工业生产效率,将为下一阶段经济增长蓄能。

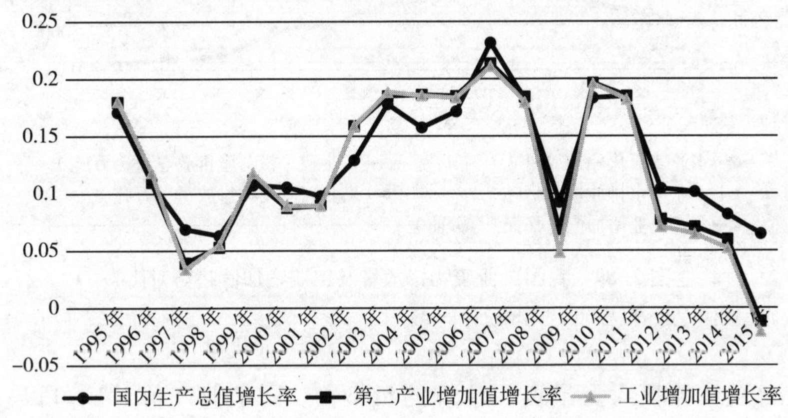

图 2-88 国内生产总值、第二产业及工业增加值增长率(单位:%)

数据来源:国家统计局

如图 2-88,将国内生产总值、第二产业增加值和工业增加值的增长率做对比可看出,除去特别年份,三者相关程度极高,增长率保持正相关关系。2003—2010 年,曾数次出现第二产业和工业产值增速大于 GDP 增速的现象,可以看出第二产业和工业企业在 2003 年、2005 年和 2010 年效益较好,是带动经济发展的主要力量。而 2010 年后,增长率发生明显偏离,从 2012 年开始,三者差距逐步增大。因此,2012 年作为工业企业盈亏转折点,已经无法跟上我国 GDP 增速的需求,2015 年与 GDP 增长率差距已拉大到 8.54%,创下 20 年来最大差距。工业企业如何振兴,将直接影响我国未来经济发展状况。

从工业污染物排放量趋势变化来看,工业废气排放的两个主要观测指标趋势并非完全一致。相比而言,工业二氧化硫排放是早期我国

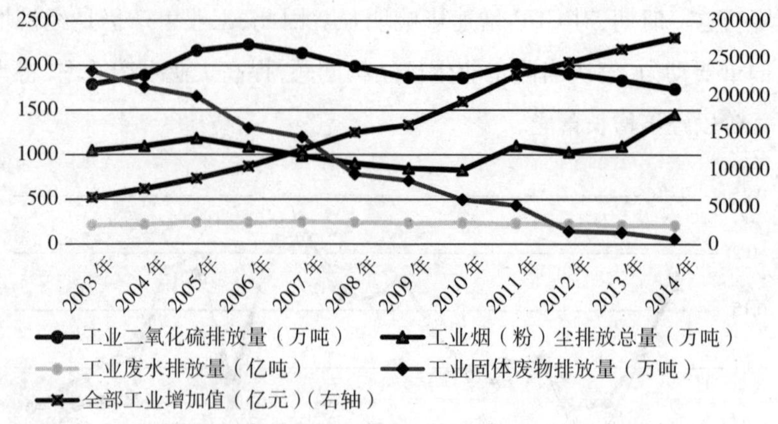

图 2-89　我国工业废物排放量及工业增加值趋势对比

数据来源：中国统计局；《中国环境统计年鉴》

已经关注并投入大量资源治理的污染物。同工业产值对比可以以2011年为界。2011年前，两者走势差距逐步缩小，“十一五”计划中涉及脱硫的各项政策发挥了积极作用，2011年后，二氧化硫排放已同GDP呈现反向走势。但工业废气排放与工业生产息息相关，当二氧化硫影响到人民生活后，则开始治理二氧化硫。近几年，新的废气排放关注点变为工业烟粉尘排放，该指标从2010年开始，与工业增加值出现正相关关系，即工业生产既有推动经济发展的作用，同时也有因排放工业烟粉尘而影响环境质量的问题。

我国工业固体废物排放量始终保持下降，同工业固体废物产生量对比，我国工业固体废物循环利用处理效果最为明显，固体废物排放量与产生量呈负相关关系，且固体废物排放量与工业产值走势呈反方向，即工业企业越发展，对固体废物的排放量影响越小。换言之，固体废物产生量与工业产值呈正相关，即工业企业发展在客观上将产生大量固体废物，但我国通过妥善治理，让经济的增长没有为环境增加过重的固体废物排放压力。

工业废水排放量整体保持稳定，由工业废水排放量占废水排放总量比重下降可知，工业废水排放一方面在数量上因为工业生产规模不断扩大这一客观原因而没有呈现出大幅度下降，但另一方面同生活废水排放量相比，在工业废水排放监管、技术革新、污水处理产业化成熟等条件下，工业废水处理效率高于全国平均污水处理水平。

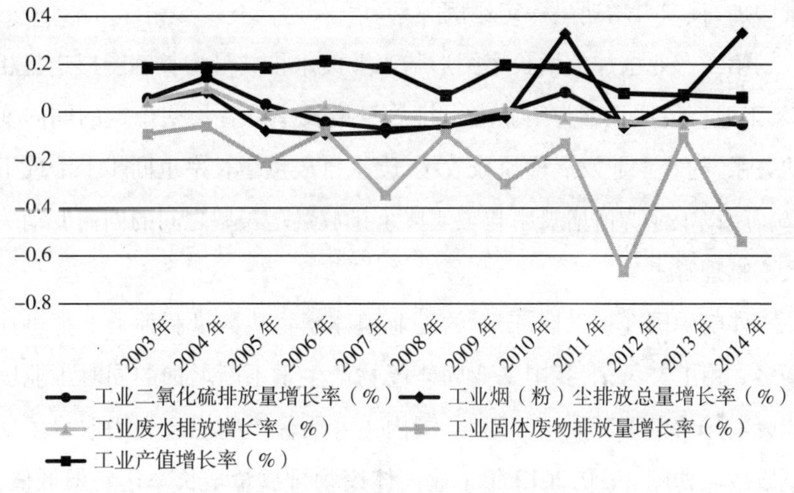

图 2-90　我国工业废物排放量及工业增加值增长率趋势对比

数据来源：中国统计局；《中国环境统计年鉴》

图 2-90 数据通过工业污染物排放增长率与工业产值增长率走势对比，分析各类污染物排放量与产业发展的趋势变化关系，并结合国内学者近年通过实证分析得出的理论成果，分析经济与环境污染的辩证关系。

第二产业增加值增长率趋势同工业废气排放量增长率相比，工业二氧化硫排放量与工业烟粉尘排放量增长率走势在 2005 年到 2009 年出现增长率背离，2009 年后走势吻合。工业发展在 2005—2009 年这一阶段的发展难以避免工业废气排放，之所以出现增速背离，与人为营造的政策环境相关。2006 年 8 月，受国务院委托，原国家环保总局与各省、市、自治区人民政府签订了“十一五”主要污染物排放总量削减目标责任书，明确了各地区化学需氧量和二氧化硫排放总量控制目标。在硬性指标考察期结束后，二氧化硫和工业烟粉尘的增速即恢复与工业产值增速正相关关系。因此，工业发展难以避免造成工业废气排放量增加，且二者增速呈一定比例关系。

第二产业增加值增长率图形与工业废水排放量增长率图形走势相似，工业产值增长率与工业废水排放量增长率有着长期稳定的同向变动关系，随着工业发展增速或放缓，废水排放量增长率也同步上涨或下降。所以工业产值增长率与工业废水排放量增长率之间的同向变动关系不难理解。

伴随中国经济发展，产生的工业固体废物从数量和种类上都迅速增多。由上文可知，我国工业固体废物产生量不断增加的同时工业固体废物排放量不断减少。因此，国内工业固体废物综合利用取得了明显成效。如图 2-90，2012 年工业固体废物排放量增长率达到最低值，当年我国工业固体废物综合利用率达到 61%，综合利用量为 20.2 亿吨。因此，我国工业发展的过程中固体废弃物产生量与工业产值增加值存在正相关关系，即工业发展会增加固体废弃物的产生量。通过综合利用减少排放量，是当前固体废物处理的最合理方式。

（二）主要工业行业发展与其环境污染状况关系分析

由上文可知，第二产业产值、工业产值与 GDP 无论从数量还是增长率趋势关系均呈现出较高的吻合，所以，工业行业的产值将代表该行业的经济水平并反映中观经济发展状况。

另一方面,原国家环保总局先后下发了《关于对申请上市的企业和申请再融资的上市企业进行环境保护核查的通知》(环发[2003]101号)和《关于进一步规范重污染行业生产经营公司申请上市或再融资环境保护核查工作的通知》(环办[2007]105号)。根据上述文件规定,重污染行业暂定为冶金、化工、石化、煤炭、火电、建材、造纸、酿造、制药、发酵、纺织、制革和采矿业等13类行业。工业污染作为主要的污染源,是重要的治理项目。工业行业的污染物排放数量趋势同样反映污染物变化的趋势。

因此,选取主要工业行业,包括:煤炭开采和洗选业;石油和天然气开采、加工、炼焦及核燃料加工业;黑色金属矿采、冶炼及压延业;有色金属采选、冶炼及压延加工业;非金属矿采及矿物制品业及化学原料及化学制品制造业,分别分析其产值与污染物排放的关系。通过中观角度分析主要工业行业产值与污染物排放数量和增长率的趋势的关系。

1. 煤炭开采和洗选业

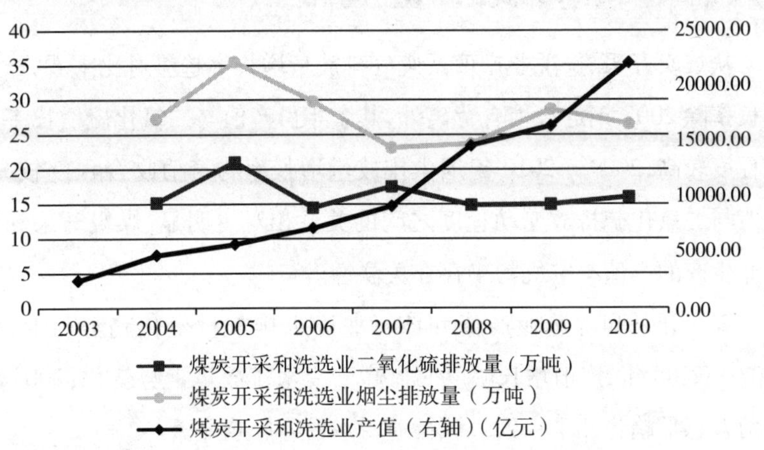

图 2-91 煤炭开采和洗选业产值及废气排放量趋势对比

数据来源:国家统计局;《中国环境统计年鉴》;万德资讯

煤炭开采和选洗业产值与废气排放量关系趋势变动如图 2-91。

2007 年以前,除 2006 年产值与废气排放量出现偏离外,其余年份二氧化硫排放量或烟尘排放量走势吻合。2007—2009 年,二氧化硫排放量与该行业产值总量趋势相似度高,2009—2010 年,烟尘排放量与产值正相关。随着治理水平的提高和治理重点改变,生产带来的环境影响在不同阶段呈现不同特征。二氧化硫排放控制成果显著,烟粉尘排放量仍是该行业现存的废气排放问题。

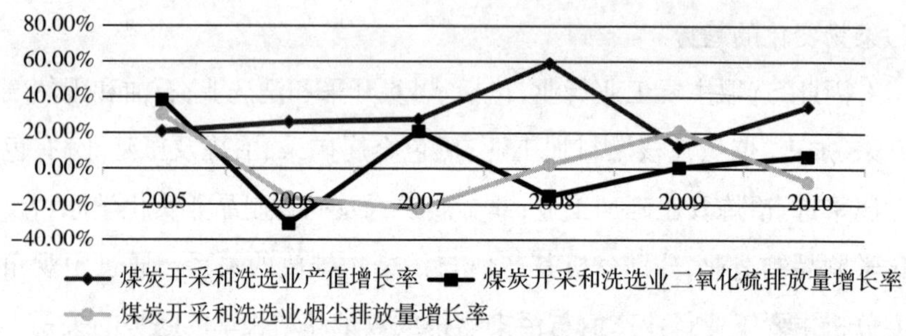

图 2-92 煤炭开采和洗选业产值及废气排放量增长率趋势对比

数据来源:国家统计局;《中国环境统计年鉴》;万德资讯

从煤炭开采、选洗业产值及废气排放量增长率趋势对比来看,产值增长率除 2007 年走势稍有背离外,其余年份产值与二氧化硫增长率吻合程度较高,2009—2010 年烟尘排放量增长率与产值吻合程度较高。产值与二氧化硫排放变动程度之间的关系相对更明显,煤炭开采和洗选业生产的产值与空气污染存在关联性。

煤炭开采和洗选业产值和该行业废水排放量变化趋势相似,仅 2007—2008 年,产值增长幅度明显高于废水排放量走势变化,2008 年后两者总量趋势几乎一致。该行业对水污染影响显著。

煤炭开采和洗选业产值和废水排放量增长率变化除个别年份外,趋势相似度高。集中表现在随着该行业废水增长率提高后,生产规模

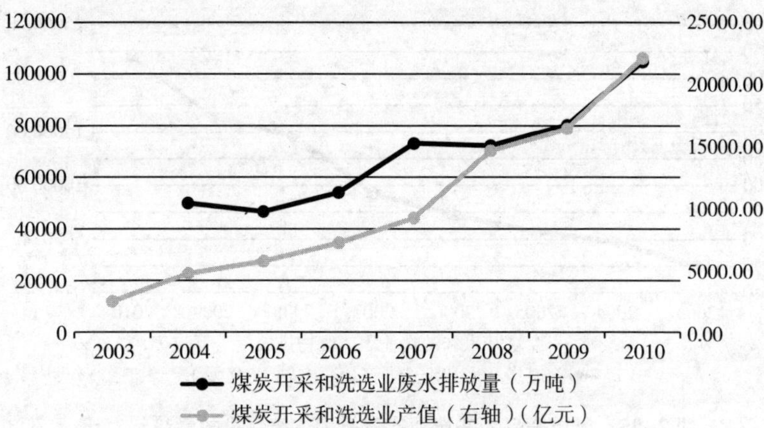

图 2-93　煤炭开采和洗选业产值及废水排放量趋势对比

数据来源:国家统计局;《中国环境统计年鉴》;万德资讯

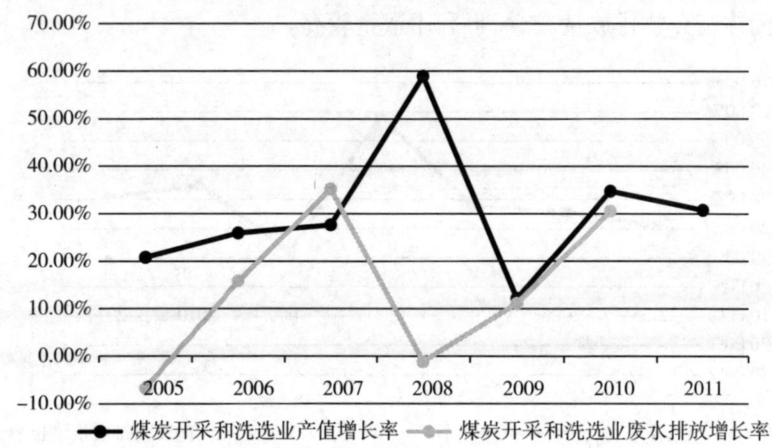

图 2-94　煤炭开采和洗选业产值及废水排放量增长率趋势对比

数据来源:国家统计局;《中国环境统计年鉴》;万德资讯

有所增长,下一年的生产产值同样呈现出上升趋势。两者增长率以一年间隔时间同趋势增减。

该行业固体废弃物排放量与工业废气排放物总量趋势一致,均呈

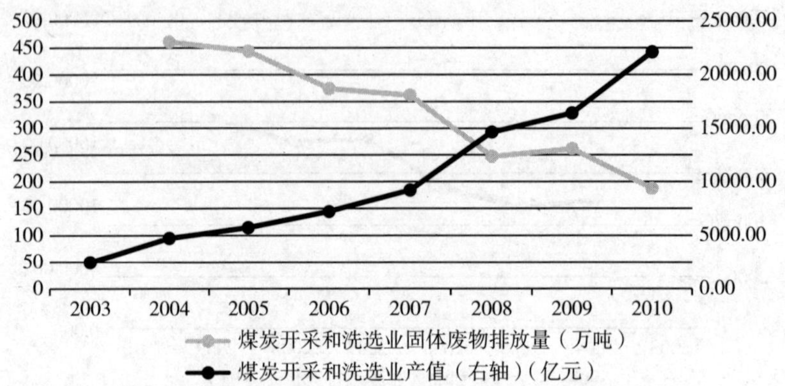

图 2-95 煤炭开采和洗选业产值及固体废物排放量趋势对比

数据来源：国家统计局；《中国环境统计年鉴》；万德资讯

现出逐渐减少的趋势。我国固体废物排放率较低，即生产过程中产生的固体废弃物排放量较少，再利用数量较高。

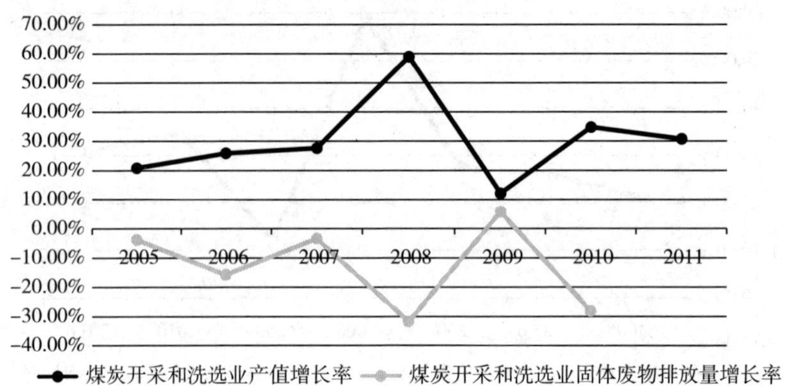

图 2-96 煤炭开采、洗选业产值及其固体排放物排放量增长率趋势对比

数据来源：国家统计局；《中国环境统计年鉴》；万德资讯

增长率角度对比煤炭开采和洗选业产值和固体排放量，两者的变动关系明显呈现负相关变动关系。即煤炭行业对固体废弃物排放变化影响较大，但随着该行业产量扩大的同时，国家颁布的针对煤炭行业的

《国家环境保护规划》等政策的落实，有针对性地展开固体废弃物的排放控制。但随着产值的增长，固体废弃物产生量仍在增长。因此，高产生和低排放表现出该行业废物处理及再利用技术的发展。

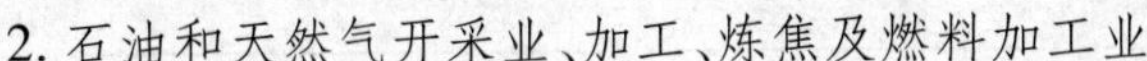
2. 石油和天然气开采业、加工、炼焦及燃料加工业

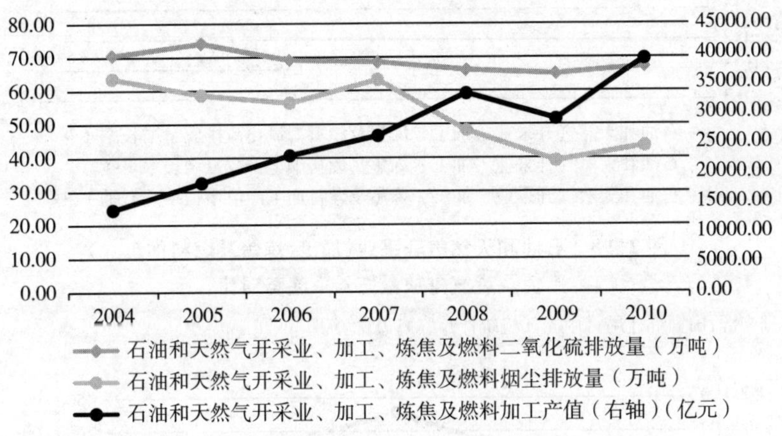

图 2–97　石油和天然气开采业、加工、炼焦及燃料加工产值及废气排放量趋势对比

数据来源：国家统计局；《中国环境统计年鉴》；万德资讯

该行业产值总额变动趋势除 2009 年受到世界经济环境影响呈下降趋势外，其余年份均保持匀速上升。相应废气排放指标中，该行业工业烟粉尘排放量走势与其产值走势基本一致，2008 年两者短暂背离。当年推广以资源节约、环境友好、安全健康为宗旨的“责任关怀”，是石油和化工行业贯彻落实中共中央、国务院关于构建和谐社会决定的重大举措，对于石油行业节能减排，树立良好的社会形象，实现可持续发展具有重要意义。

该行业二氧化硫排放量增长率与产值关系不明显。而烟粉尘排放量增长率和产值增长率在 2009 年以前呈现出滞后的吻合，2009 年后拟合程度大幅提高。

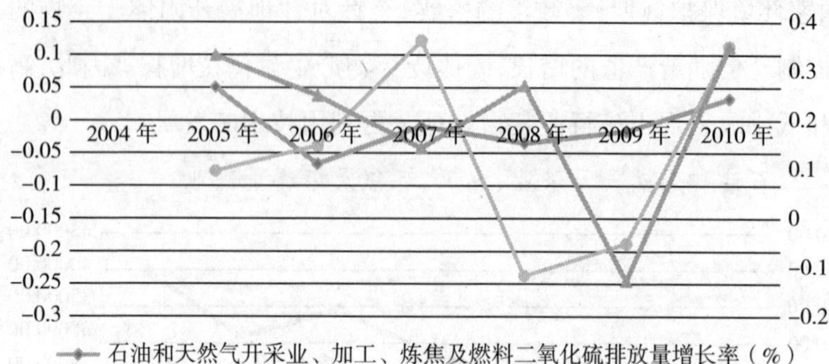

图 2-98 石油和天然气开采业、加工、炼焦及燃料加工产值及废气排放量增长率趋势对比

数据来源：国家统计局；《中国环境统计年鉴》；万德资讯

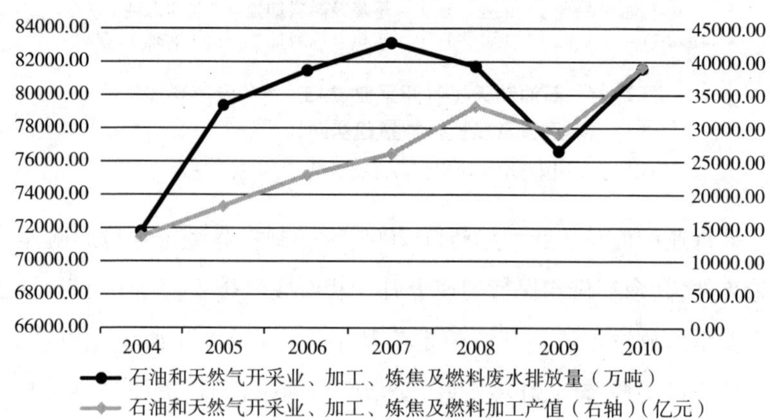

图 2-99 石油和天然气开采业、加工、炼焦及燃料加工产值及废水排放量趋势对比

数据来源：国家统计局；《中国环境统计年鉴》；万德资讯

石油和天然气开采、加工、炼焦及燃料加工业产值和废水排放量趋势呈正相关。2009 年以前，产值增长值与废水排放量变动方向一致，比例有所偏差，2009 年以后，产值增长与废水排放量增长比重接近。

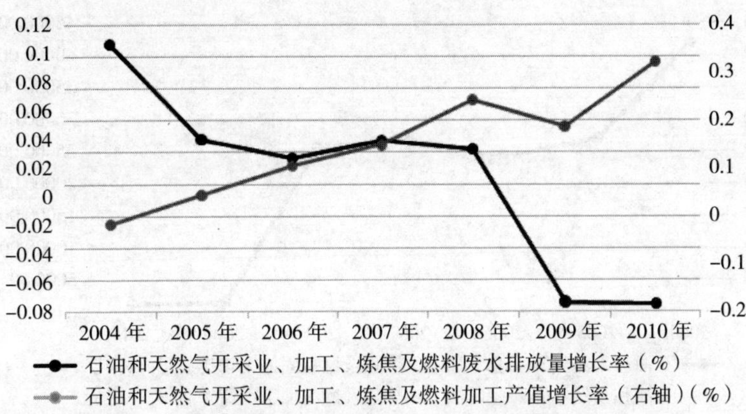

图 2-100 石油和天然气开采业、加工、炼焦及燃料加工产值及废水排放量增长率趋势对比

数据来源：国家统计局；《中国环境统计年鉴》；万德资讯

该行业废水排放量与产值增长率变动方向除2008年外基本一致。由于废水处理技术工艺改良，不同阶段产值变动幅度对废水排放量增长率变动也不同。

该行业固体废弃物排放量与当年产值趋势出现反向关系。上文工业固体废弃物排放描述中已出现固体废弃物下降的趋势，因此，该行业排放总量符合整体趋势。

虽然产值与固体废弃物排放量趋势出现背离，但增长率吻合度较高，固体废弃物排放增长与产值的增长相似。2008年以前，两者增长率出现不同步状态。以2007年为时间节点，2007年以前，产值增长率的下降伴随着固体废弃物排放增长率升高，产值的增长依靠更多的污染换取，2007—2008年，固体废物处理技术成熟。2008—2010年两者增长率基本同步。

3. 黑色金属矿采、冶炼、压延加工业

黑色金属矿采、冶炼、压延加工业产值与二氧化硫排放量在2007

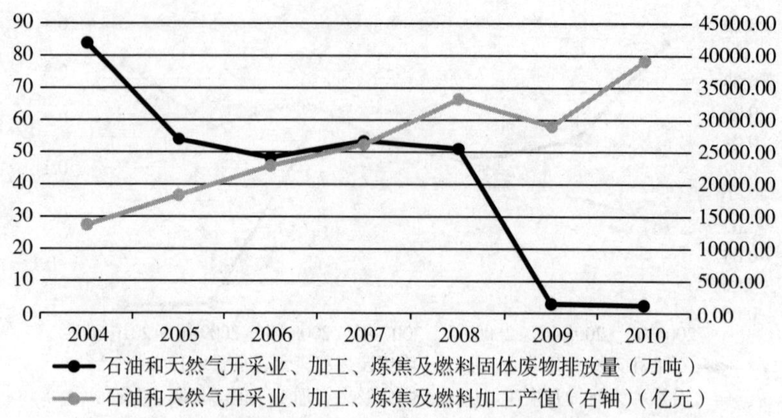

图 2-101　石油和天然气开采业、加工、炼焦及燃料加工产值及固体废物排放量趋势对比

数据来源：国家统计局；《中国环境统计年鉴》；万德资讯

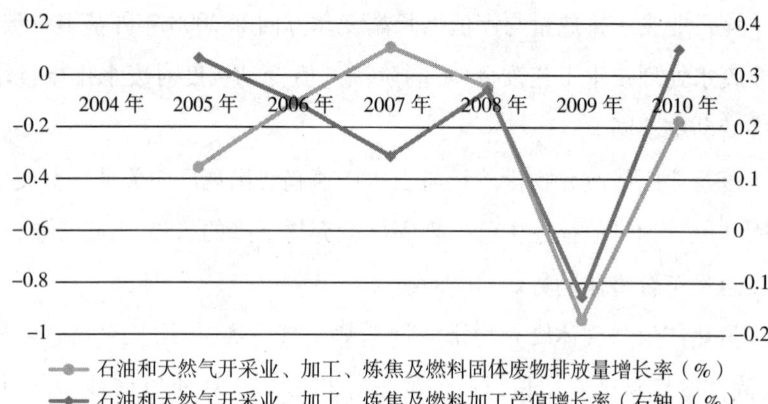

图 2-102　石油和天然气开采业、加工、炼焦及燃料加工产值及固体废物排放量增长率趋势对比

数据来源：国家统计局；《中国环境统计年鉴》；万德资讯对比

年以前呈现正相关趋势，与烟粉尘排放量出现反向变动关系；2007 年后，二氧化硫排放量得到控制，相关关系减弱，工业烟粉尘排放量与产值趋势相关性增强。

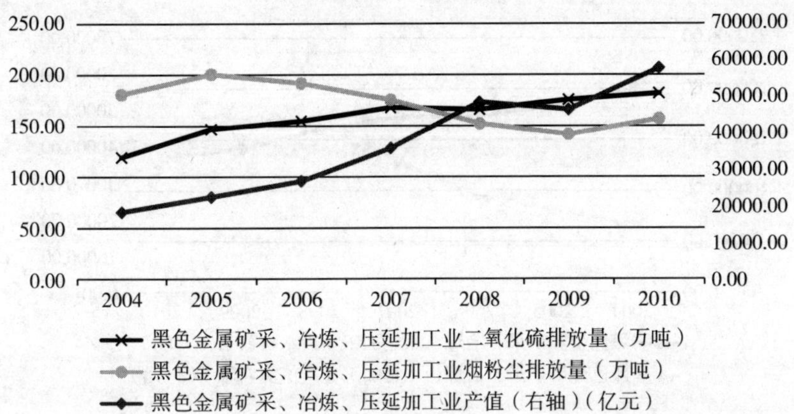

图 2-103　黑色金属矿采、冶炼、压延加工业产值及废气排放量趋势对比

数据来源：国家统计局；《中国环境统计年鉴》；万德资讯

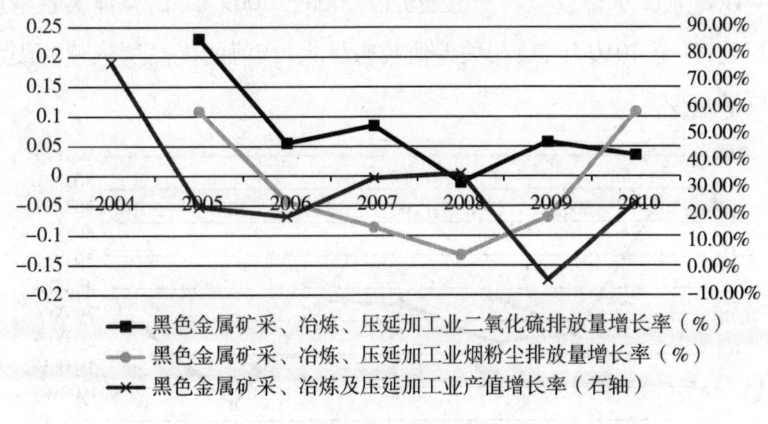

图 2-104　黑色金属矿采、冶炼及压延加工业产值及废气排放量增长率趋势对比

数据来源：国家统计局；《中国环境统计年鉴》；万德资讯

产值增长率在 2008 年以前与二氧化硫排放量增长率走势吻合，工业烟粉尘排放量增长率与产值呈现同向变动。2008 年后，受到价格、市场等因素影响，工业烟粉尘排放量增长率在 2008 年与产值增长率出现背离后，开始正相关增长，且产值的增长依赖增速更高的烟粉尘排放。

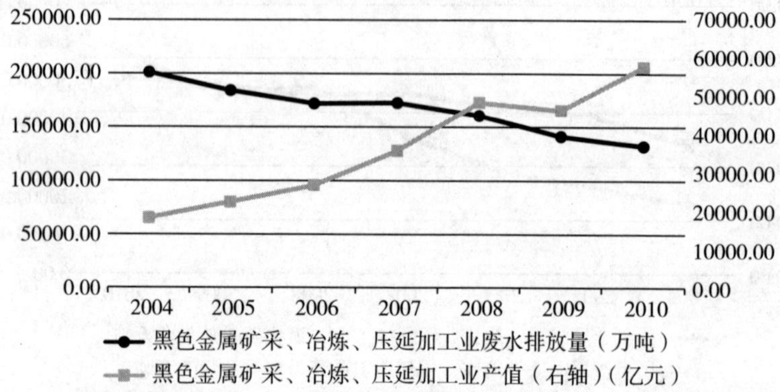

图 2-105 黑色金属矿采、冶炼、压延加工业产值及废水排放量趋势对比

数据来源:国家统计局;《中国环境统计年鉴》;万德资讯

该行业废水排放量与产值趋势除 2008—2009 年外,整体关系呈现负相关,且至 2010 年,负相关差值越来越大,产值的提高所依赖的废水排放量减少。

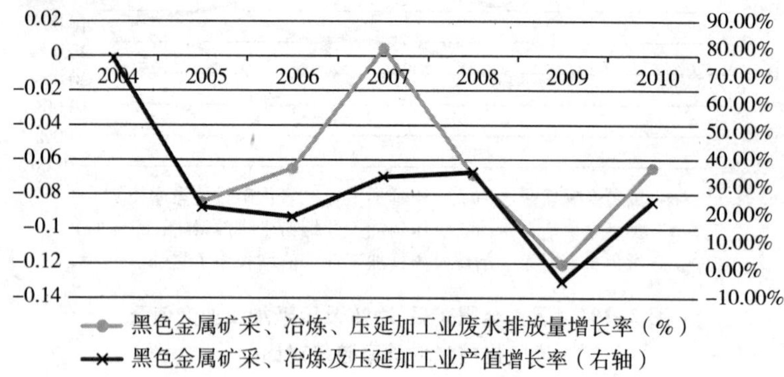

图 2-106 黑色金属矿采、冶炼及压延加工业产值及废水排放量趋势对比

数据来源:国家统计局;《中国环境统计年鉴》;万德资讯

虽该行业废水排放与产值总量呈现负相关,但增长率正相关明显,且 2008 年后吻合度高。2008 年以前,该行业产值的增长造成更大比例的废水排放增长,2008 年后,废水处理技术相对成熟,两者同步增减,至2010年,废水增长率再次超过产值增长率,技术仍需革新,环保需得到重视和落实。

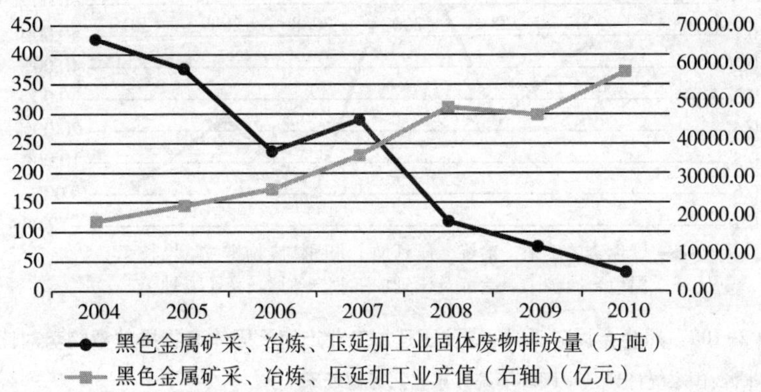

图 2-107　黑色金属矿采、冶炼、压延加工业产值及固体废物排放量趋势对比

数据来源:国家统计局;《中国环境统计年鉴》;万德资讯

该行业固体废物排放及产值总量趋势除在2006—2007年一致外,其余年份均呈现出负相关,2007年后,产值的增长与固体废弃物排放量的减少差值逐步扩大。

2008年以前,固体废物排放量与产值增长率为正相关关系,固体废弃物排放量相对产值增长率波动更明显。2008年后,受到经济形势的影响,产值变化波动大,与固体废弃物排放增长率呈现反向变动关系。

4. 有色金属矿采、冶炼、压延工业

在有色金属矿采、冶炼、压延加工业产值与废气排放量趋势对比中,二氧化硫排放量趋势与产值趋势吻合度高,且产值增速快于二氧化硫排放量增速。工业烟粉尘排放量与产值在2009年以前为反向趋势,2010年同向增长,相比产值约30°的增长趋势,工业废气排放量趋势更为缓和。

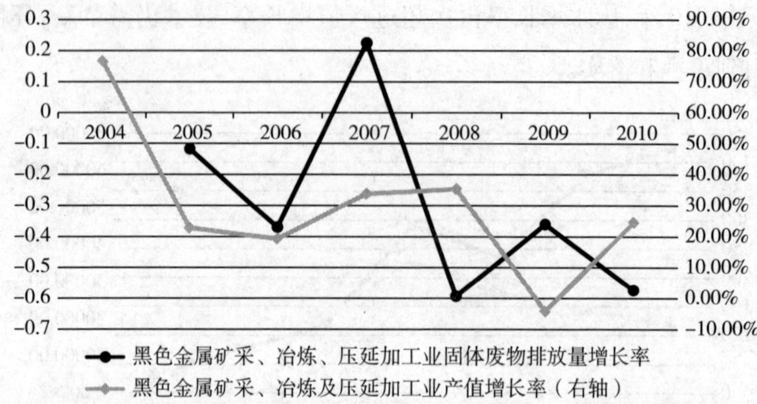

图 2-108　黑色金属矿采、冶炼及压延加工业产值及固体废物排放量趋势对比

数据来源：国家统计局；《中国环境统计年鉴》；万德资讯

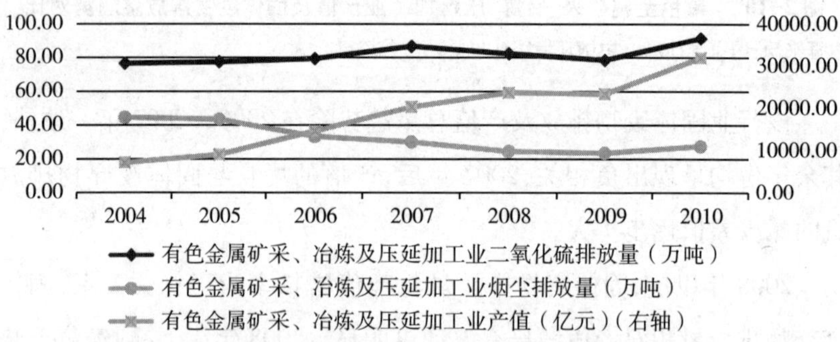

图 2-109　有色金属矿采、冶炼、压延加工业产值及废气排放量趋势对比

数据来源：国家统计局；《中国环境统计年鉴》；万德资讯

从增长率角度看，2007 年以前，废气排放量增长率与产值增长率关系存在反向变动。2007 年后，产值、二氧化硫及工业烟粉尘排放量增长率均呈正相关。尤其在 2009—2010 年，三者增长率呈正比关系。

该行业污水排放量与产值总额变动趋势整体呈现正相关关系。2008 年前，产值变动趋势较污水排放量趋势较缓，2009 年，产值小幅度

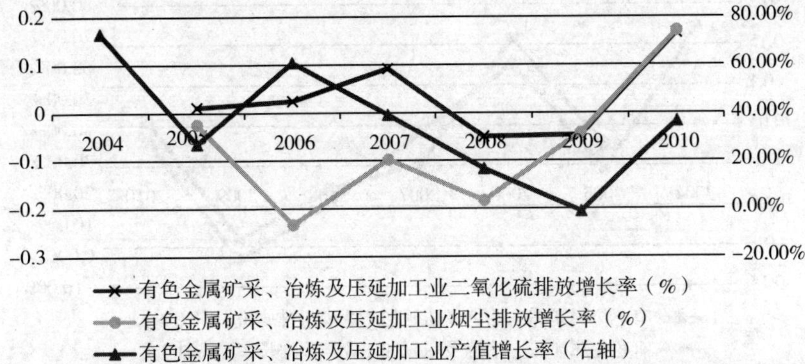

图 2-110　有色金属矿采、冶炼及压延加工业产值及废气排放量趋势对比

数据来源：国家统计局；《中国环境统计年鉴》；万德资讯

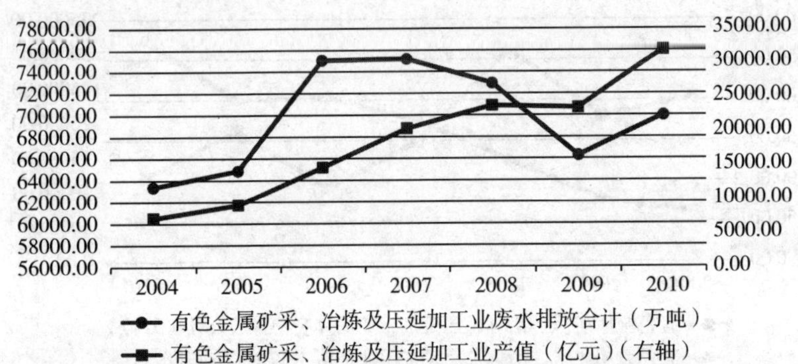

图 2-111　有色金属矿采、冶炼、压延加工业产值及废水排放量趋势对比

数据来源：国家统计局；《中国环境统计年鉴》；万德资讯

减少，伴随废水排放量的大幅减少，该年可能受到产品价格影响，导致产值失真。

有色金属矿采、冶炼及压延加工业产值及废水排放量增长率除 2007 年下降幅度不同外，其他年份两者增长率几乎吻合。产值增长幅度同步引起等比例污水排放量的增长。

有色金属矿采、冶炼、压延业产值与该行业固体废物排放量趋势规

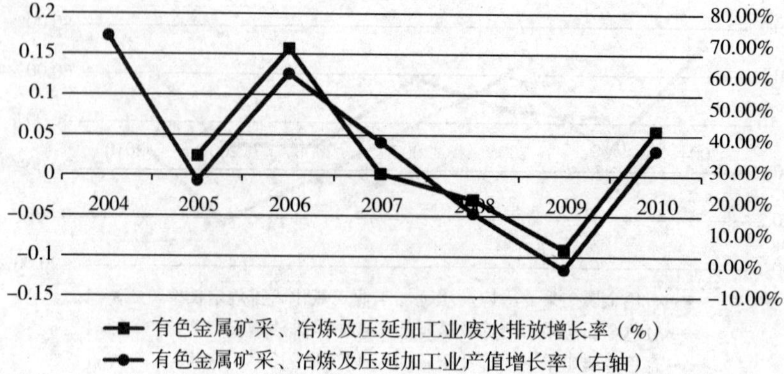

图 2-112　有色金属矿采、冶炼及压延加工业产值及废水排放增长率趋势对比

数据来源：国家统计局；《中国环境统计年鉴》；万德资讯

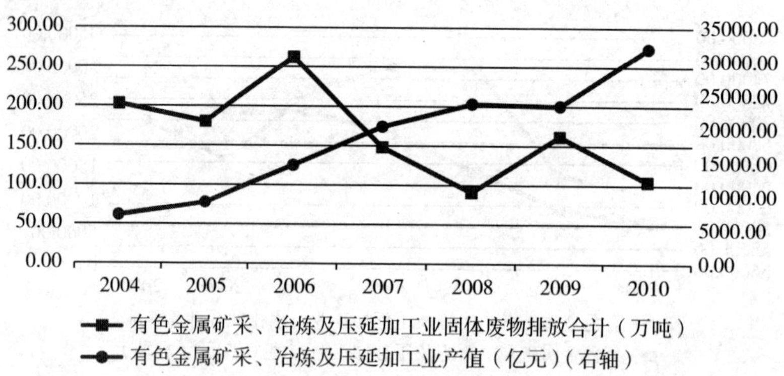

图 2-113　有色金属矿采、冶炼、压延加工业产值及固体废物排放量趋势对比

数据来源：国家统计局；《中国环境统计年鉴》；万德资讯

律性较差。除 2005—2006 年和 2008—2009 年出现短暂一致变动外，其余年份两者趋势均呈现反方向变动，且 2010 年背离趋势程度更加明显。

该行业产值和固体废物排放量增长率在 2008—2010 呈现背离状态，其他年份基本保持正相关关系。由于背离状态期间，正值经济危机蔓延期，可能对产值产生影响。

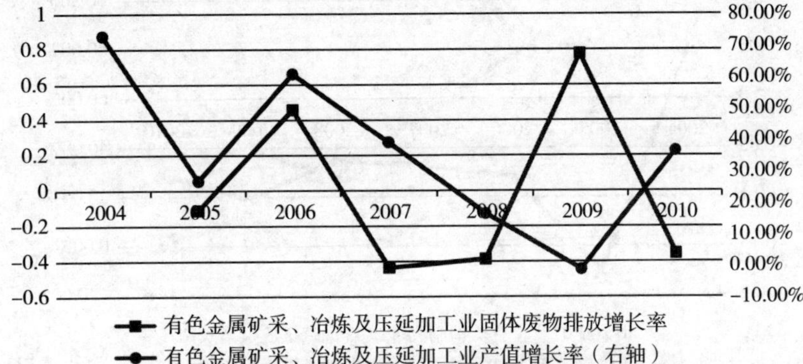

图 2-114　有色金属矿采、冶炼及压延加工业产值及固体废物排放量趋势对比

数据来源：国家统计局；《中国环境统计年鉴》；万德资讯

5. 非金属矿采业及矿物制品业

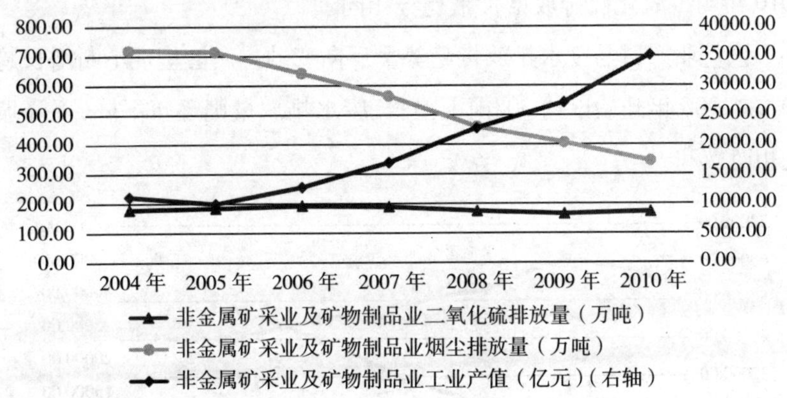

图 2-115　非金属矿采业及矿物制品业工业产值及废气排放量趋势对比

数据来源：国家统计局；《中国环境统计年鉴》；万德资讯

非金属矿采及矿物制品工业废气排放量与产值趋势关系不明显。产值始终保持上升，烟粉尘排放量与二氧化硫排放量均保持下降趋势。

该行业产值、二氧化硫排放及烟粉尘排放量增长率之间，烟粉尘和二氧化硫排放量增长率存在较明显的同向变动关系。产值变动仅在

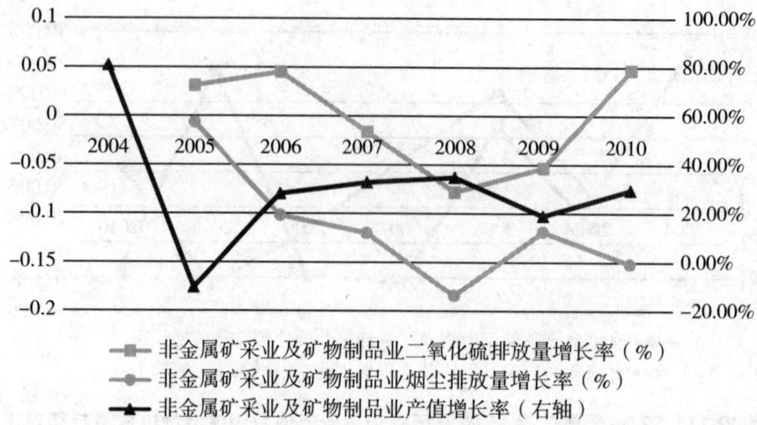

图 2-116　非金属矿采业及矿物制品业工业产值及废气排放量增长率趋势对比

数据来源:国家统计局;《中国环境统计年鉴》;万德资讯

2010 年与二氧化硫排放增长率趋势相同。

该行业产值与废水排放量趋势呈反向变动。产值呈现不断增长趋势,在 2006 年开始以约 30°向上增长,废水排放量则逐年下降,下降坡度相对缓和。

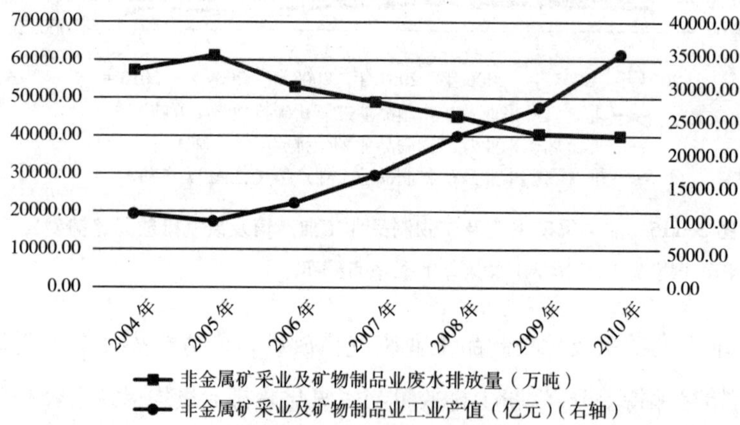

图 2-117　非金属矿采业及矿物制品业工业产值及废水排放量趋势对比

数据来源:国家统计局;《中国环境统计年鉴》;万德资讯

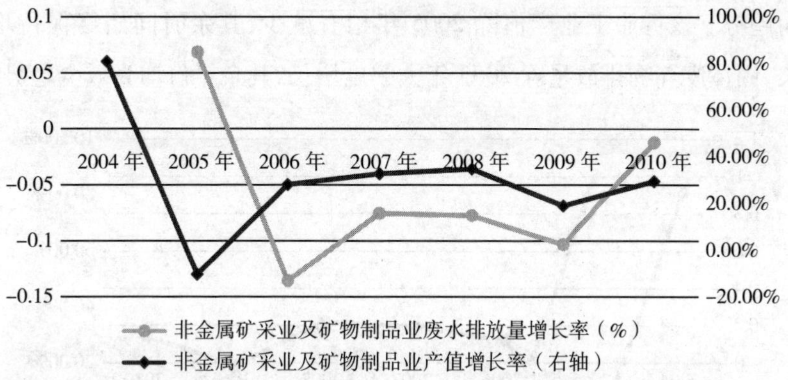

图 2-118　非金属矿采业及矿物制品业工业产值及废水排放量增长率趋势对比

数据来源：国家统计局；《中国环境统计年鉴》；万德资讯

该行业废水排放与产值增长率存在时差约为 1 年的正相关变动关系。2010 年前，产值增速的变动幅度大于废水排放增长率变动幅度，2010 年后反转，即废水排放增长率已无法满足产值增长速度，需更多废水排放支撑该行业的发展。

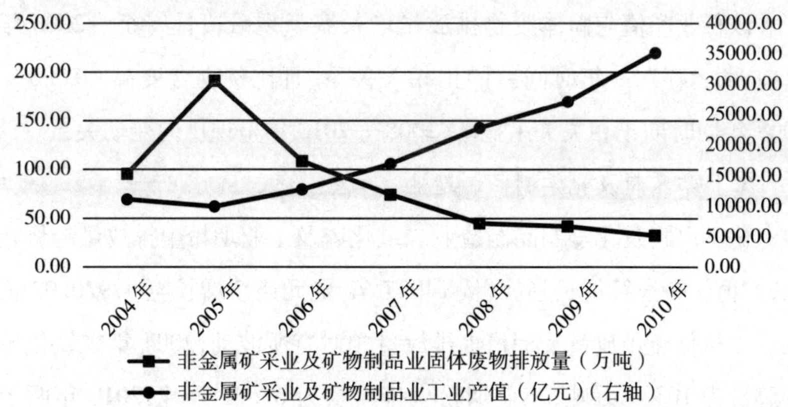

图 2-119　非金属矿采业及矿物制品业工业产值及固体废物排放量趋势对比

数据来源：国家统计局；《中国环境统计年鉴》；万德资讯

该行业固体废弃物排放量与产值的趋势对比关系呈现出不规则反

向趋势。该行业工业产值除 2005 年稍有减少，其余时间始终保持增长，固体废弃物排放量除 2005 年大幅度增长，其余年份均为减少趋势。

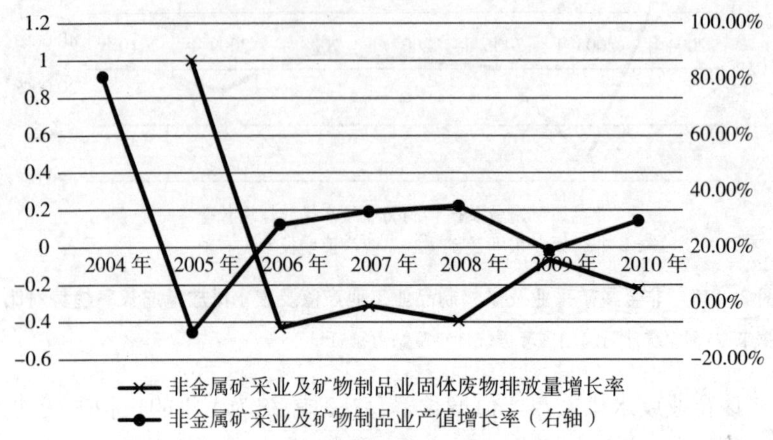

图 2-120　非金属矿采业及矿物制品业工业产值及固体废物排放量增长率趋势对比

数据来源：国家统计局；《中国环境统计年鉴》；万德资讯

该行业产值与固体废物排放量增长率呈现阶段性特征。2006 年以前，两者存在一年时间差的正相关关系，且比例吻合度高。2006—2008 年同时期正相关关系显著，2008—2010 年呈现反向变动关系。

6. 化学原料及化学制品制造业

化学原料及化学制品制造业二氧化硫及工业烟粉尘排放量趋势相似，产值保持连续增长趋势，从 14027.72 亿元连续增长至 47920.02 亿元。二氧化硫排放量及烟粉尘排放量相对有所波动，2004 年二氧化硫排放量为 103.4 万吨，工业烟粉尘排放量为 67.95 万吨，2010 年两者分别为 104 万吨和 57.67 万吨。因此，产值增长趋势快于废气排放量。

化学原料及化学制品制造业产值和废气排放量增长率相比，2008 年以前，产值增长率与二氧化硫增长率相对吻合，产值的上升造成了等

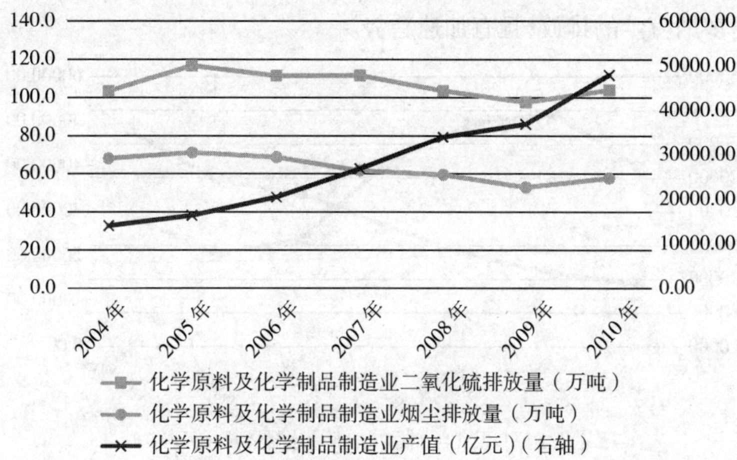

图 2-121　化学原料及化学制品制造业产值及废气排放量趋势对比

数据来源：国家统计局；《中国环境统计年鉴》；万德资讯

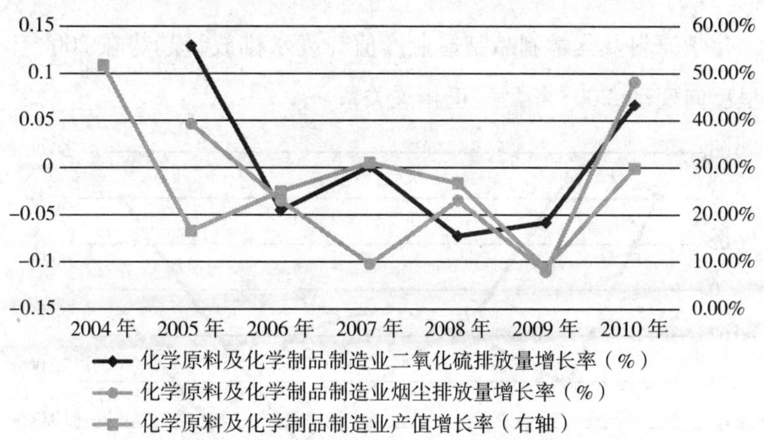

图 2-122　化学原料及化学制品制造业产值及废气排放量增长率趋势对比

数据来源：国家统计局；《中国环境统计年鉴》；万德资讯

比例的空气污染；2008 年以后，烟粉尘排放量拟合程度更好，2009 年后，烟粉尘排放增长率超过产值增长率，二氧化硫排放增长率与产值增长率出现正比关系。烟粉尘排放量增势明显，呈现 45°，产值的增长造成更多烟粉尘的排放，且有加速趋势。

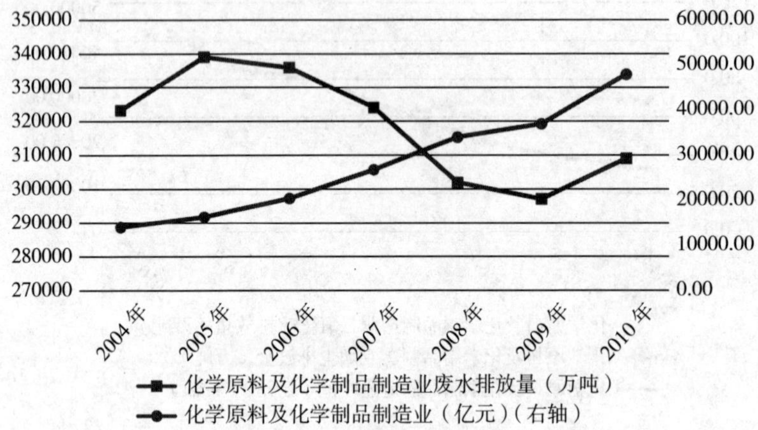

图 2-123 化学原料及化学制品制造业产值及废水排放量趋势对比

数据来源：国家统计局；《中国环境统计年鉴》；万德资讯

化学原料及化学制品制造业产值与废水排放量趋势在2008年以前呈反向变动，2008年后呈正相关关系。

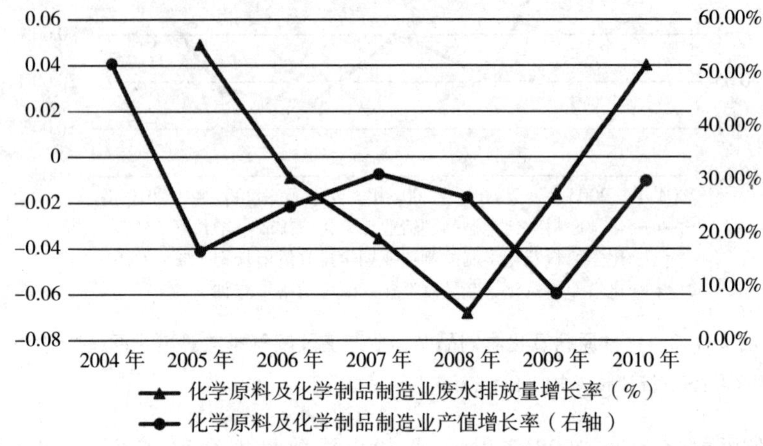

图 2-124 化学原料及化学制品制造业产值及废水排放量增长率趋势对比

数据来源：国家统计局；《中国环境统计年鉴》；万德资讯

该行业废水排放量增长率与产值的关系变动较大。2007—2008年和2009—2010年两个阶段呈现正相关关系。2005—2008年期间，我国关于废水排放量控制的政策几乎从未间断。2005年《国务院关于落实可持续发展观加强环境保护的决定》、2006年《国民经济和社会发展第十一个五年规划纲要》、2007年《国家环境保护"十一五"规划》《全国城镇污水处理及再生利用设施建设"十一五"规划》等。政策的连续出台，督促各行业积极控制废水排放增长。在政策宽松的年份，该行业废水排放增长率与产值增长率呈正相关关系。

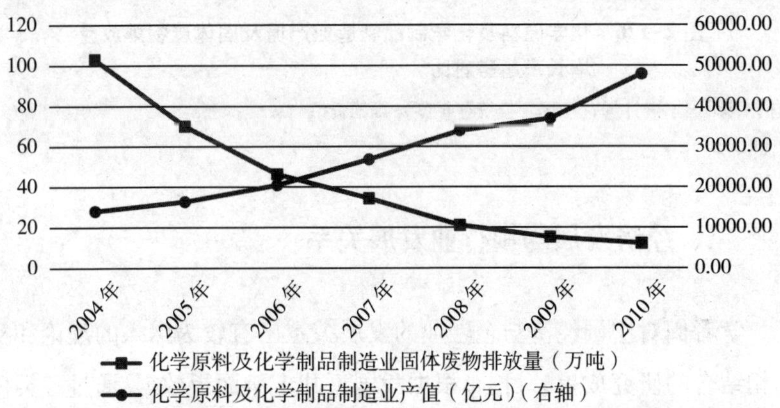

图2-125　化学原料及化学制品制造业产值及固体废物排放量趋势对比

数据来源：国家统计局；《中国环境统计年鉴》；万德资讯

该行业固体废弃物排放趋势和产值趋势呈反向变动关系。与固体废弃物治理技术有关，工业固体废弃物整体排放量较低，因此，虽生产过程中仍有大量固体废物产生，但实际排放量趋势始终保持下降。

固体废物排放量呈反向变动趋势，但变动程度仍受到产值变化幅度的影响。除2008—2009年以外，其他年份两者增长率呈现出正相关关系，且固体废物排放量增长率在2009—2010年超过产值增长率。为单位经济发展带来的单位污染数有所增加。

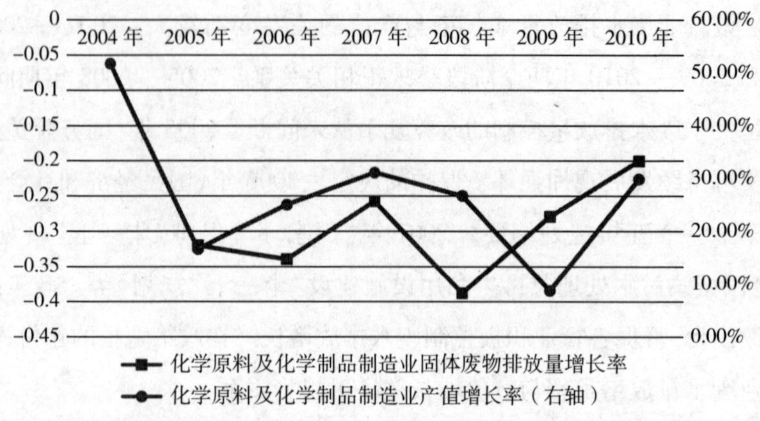

图 2-126 化学原料及化学制品制造业产值及固体废物排放量增长率趋势对比

数据来源:国家统计局;《中国环境统计年鉴》;万德资讯

二、经济发展与银行业发展关系

学者们对中国经济与金融业的发展关系已有较为深入的理论和实际相结合的研究成果。目前,根据我国近几十年面板数据,通过各类模型和检验,普遍认可金融发展与信贷支持是促进经济增长的根本原因,两者之间存在较显著的相关关系。本书通过辩证看待银行业和经济的发展关系,对比描述两者关系及发展。

（一）经济发展与金融发展关系

我国总体情况分析,银行业的发展对经济增长有较明显的正面影响,且银行发展得越好经济增长越快。金融中介与金融市场的规模与效率在促进经济实现规模增长与质量效率提升中起到重要作用。

以我国实际情况为例,社会融资总额、人民币贷款社会融资规模和

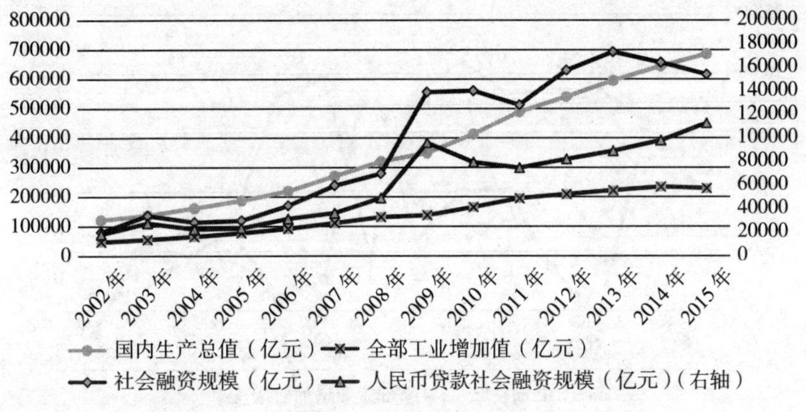

图 2-127　我国融资总额与生产总值关系趋势对比

数据来源：国家统计局

国内生产总值、全部工业增加值总额走势基本一致。金融业发挥了本身融资作用，促进了资源配置，提高了生产效率。2008 年经济环境发生变化，迫切提振需求的前提下，我国增加社会融资规模，意图稳定经济发展。此举同样可说明，融资规模与 GDP 和工业产值增长具有正相关关系。至 2014 年，社会融资规模和工业产值区域下滑，辩证地说明不仅金融为经济发展提供了资金支持，实体经济对资金的需求同样牵动了金融业的发展。

增长率的趋势同样反映出金融发展与经济的关系，同时衡量金融为经济的贡献程度。由于投融资资本进入社会流通并产生效益存在时间差，GDP 增长率、全部工业增加值增长率与社会融资增长率、人民币贷款社会融资规模增长率变动趋势也存在一定惯性。

以变动明显的 2008—2010 年为例，2008—2009 年期间，融资总额增长率和贷款增长率均达到约 21%，但当年的 GDP 及工业增加值增长率均出现大幅下跌，下跌幅度近 20%，两组数据出现大幅度偏离。考虑到存在时间差，经济发展也存在惯性。2009 年的资金投入在 2010

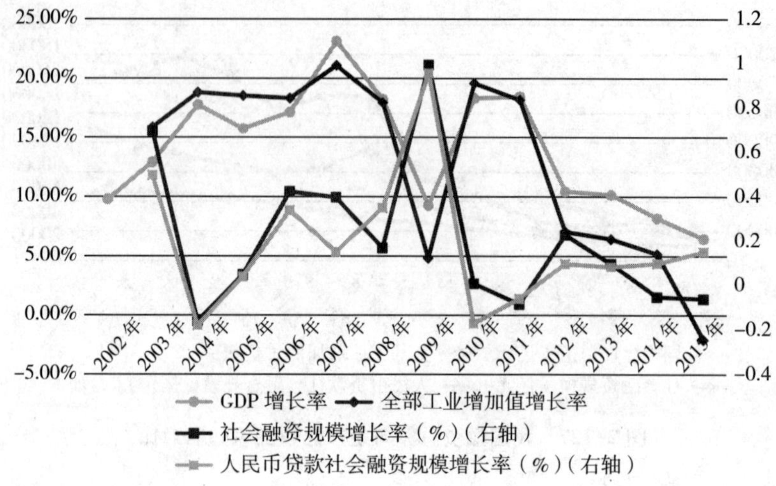

图 2-128 我国融资与生产总值增长率关系趋势对比

数据来源:国家统计局

年体现出经济效益增长率出现 V 型反转,重回近 20%的增长率。从增速来看,2012 年前,增加或减少一定增速的贷款,将提升或降低相应比例的 GDP 增长率和工业产值增长率,贷款和融资投入对经济发展提供了正效应。自 2012 年后,工业产值增长率持续下跌,2015 年变为负增长,而贷款数额仍在增加,当前受到工业发展限制,贷款推进经济发展效果减弱,社会融资规模也与工业产值增长率同样呈现出下降趋势。经济形势也对金融的发展产生了影响。

金融业在 2005 年以前发展增速低于 GDP 增长率,在 2005 年之后,金融业迎来增长高峰,2007 年,当年增长率为 52.47%,相较于同年 GDP 增长率高出 29.32%。之后除 2010 年,金融业增速始终高于 GDP 增速。2011 年,两者增速均开始下跌,2014 年,金融业增加值当年增速为 13.29%,GDP 增速为 8.19%。

社会融资规模与 GDP 增长趋势除 2014 年以外基本一致,表现出

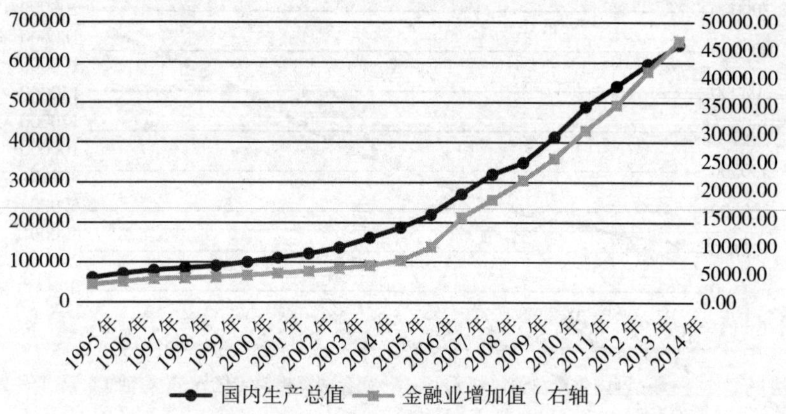

图 2-129　我国 GDP 与金融业增加值趋势对比分析(亿元)

数据来源:万德资讯;国家统计局

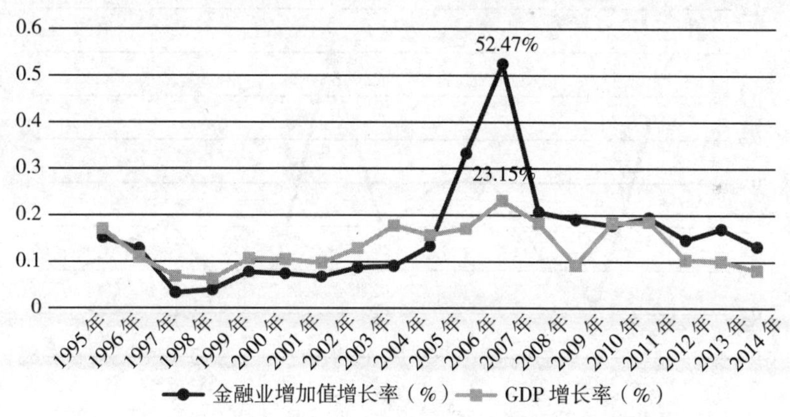

图 2-130　我国 GDP 与金融业增加值增长率对比分析

数据来源:万德资讯;国家统计局

正相关变动关系。2009—2010 年,社会融资规模增长趋势快于 GDP 增长趋势。总体而言,社会融资规模的大小影响着当年 GDP 的增长。

从增长率角度对比,GDP 增速相对平滑,社会融资规模增长率则随着不同年份国内外政治、经济、金融环境变动幅度较大。以经济环境

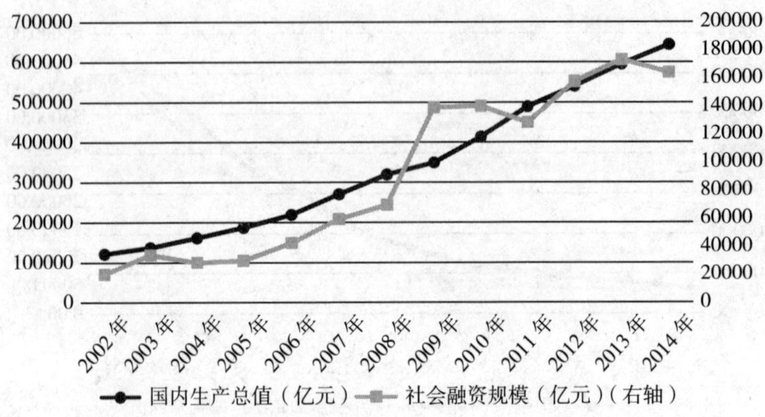

图 2-131　我国社会融资规模与 GDP 趋势关系

数据来源:国家统计局

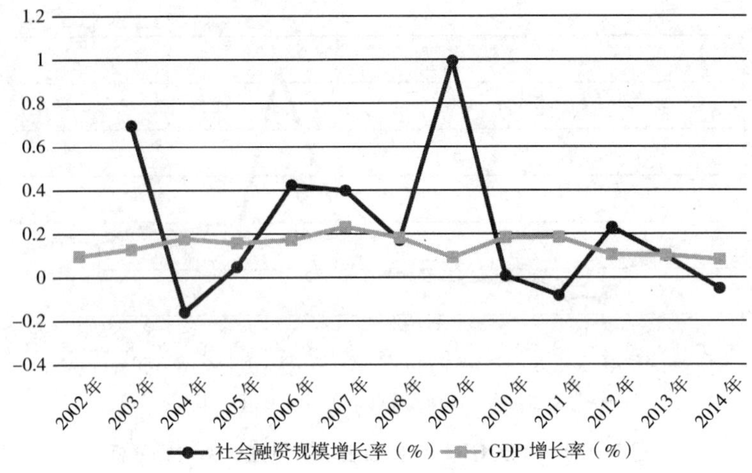

图 2-132　我国社会融资规模与 GDP 增长率趋势关系

数据来源:国家统计局

不景气的 2009 年为例,两者增长率一度出现反向变动。随着经济逐步企稳,社会融资规模增长率仅在之后的 2012 年高于 GDP 增长率。

从人民币贷款规模与 GDP 增长的趋势关系来看,两者均呈现逐年

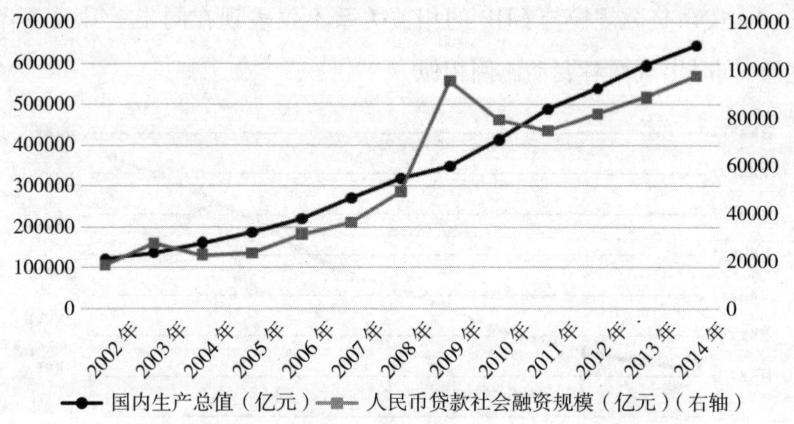

图 2-133 我国人民币贷款规模与 GDP 趋势关系

数据来源:国家统计局

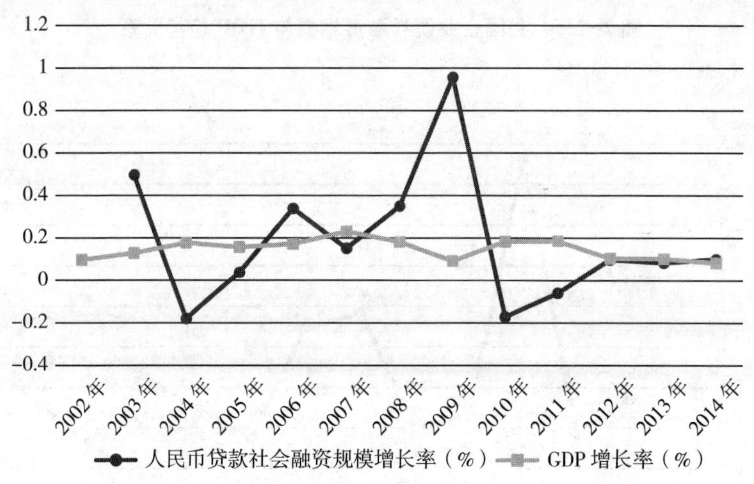

图 2-134 我国人民币贷款规模与 GDP 增长率趋势关系

数据来源:国家统计局

增长趋势,在 2011—2014 年期间,两者一度同步增长,两者正相关关系明显。

人民币贷款规模增长率与 GDP 增长率在 2012 年几乎同步在增

长。人民币贷款规模与 GDP 的相关关系不仅表现在同步上升或下降趋势,同时出现两者变动比例相似。

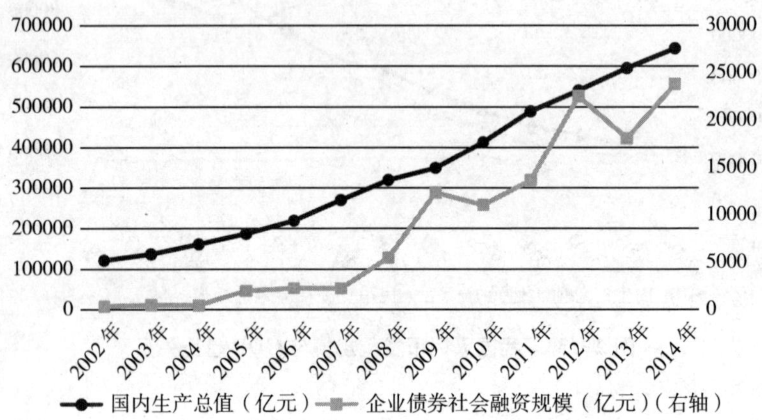

图 2-135　我国企业债券融资规模与 GDP 趋势关系

数据来源:国家统计局

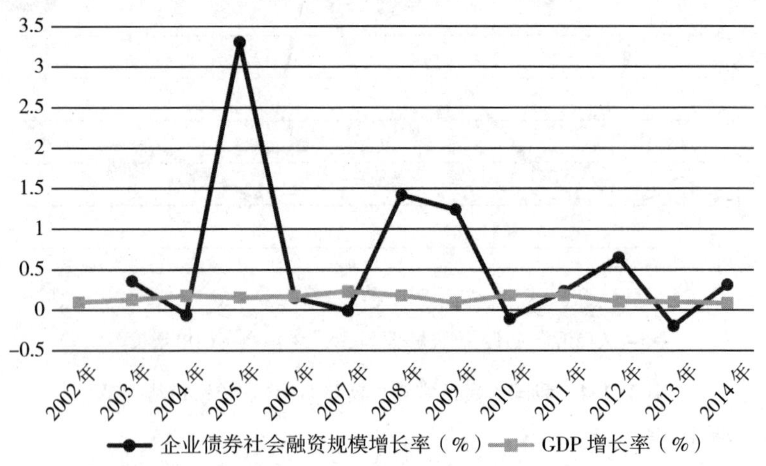

图 2-136　我国企业债券融资规模与 GDP 增长率趋势关系

数据来源:国家统计局

企业债券融资规模相对贷款规模变动幅度影响度较大。2010 年、

2013 年均出现下降，但整体上升趋势同 GDP 一致，两者增长率关系尚不显著，企业债券融资规模增长率变化波动大。峰值分别出现在 2005、2008、2012 及 2014 年，增长率变动逐步趋于稳定。当前我国企业债券市场发展逐步稳定。

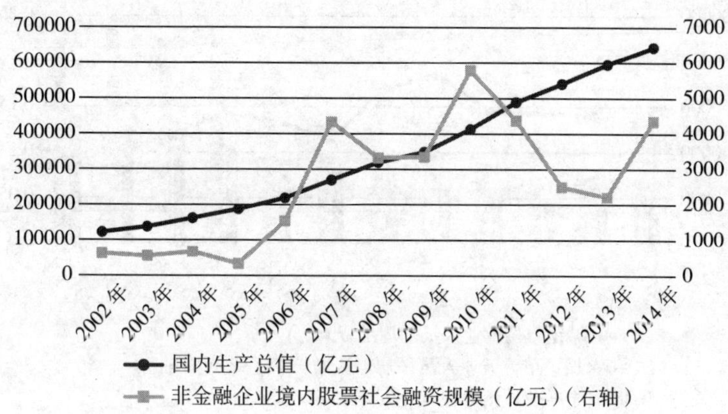

图 2-137　非金融企业境内股票融资规模及 GDP 趋势

数据来源：国家统计局

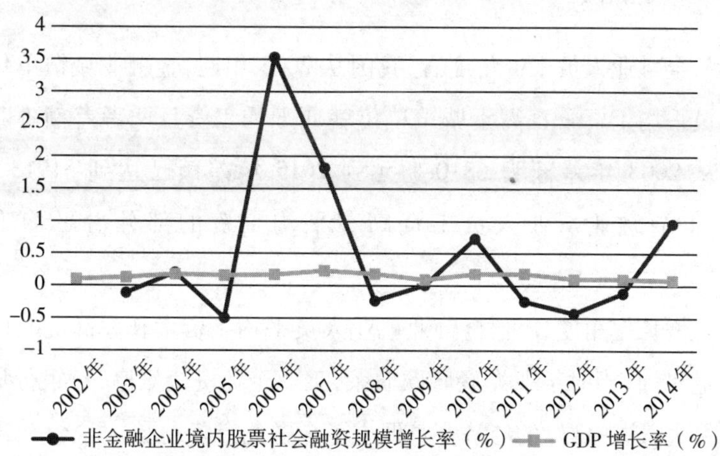

图 2-138　非金融企业境内股票融资规模及 GDP 增长率趋势

数据来源：国家统计局

非金融企业境内股票融资规模相对 GDP 发展趋势波动较大,2005—2007 年快速发展,2010 年后开始下降,2014 年有所回升。两者增长率变动关系交织增长,直接融资增长迎来新的高峰。

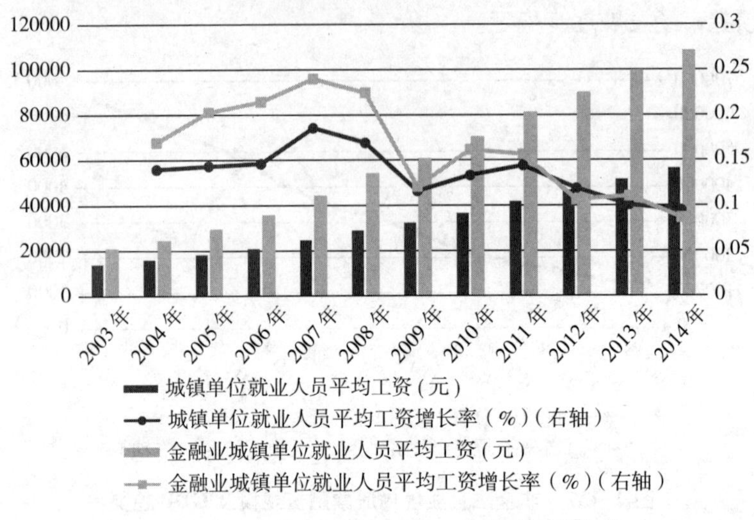

图 2-139 金融业及社会平均工资情况及增长率

数据来源:国家统计局

从金融业人员工资角度看,我国从 2003 年起,金融业城镇单位就业人员平均工资一直高于城镇单位就业平均工资且两者差额不断增加。从 2003 年差额为 6810.1 元到 2015 年差额已达到 51913 元。2015 年金融业从业人员工资高于平均工资的部分占平均工资的 92.1%。

从增长率角度分析,金融业就业人员平均工资增长率高的时段为金融危机前,当时工业发展欣欣向荣,工业企业资金雄厚,对银行贷款需求量大,这一良好的经济背景促进了金融业繁荣发展。

2009 年后,金融业增长率进入下行阶段。一度在 2012 年和 2014 年平均工资增长率低于城镇单位就业人员平均工资,实体经济工业企业进入寒冬,金融业也受到影响,缩减利润,降低员工工资增速。但由于平均工资基数较小,小幅度的增速领先无法对绝对数值产生影响。

(二)银行业发展对行业产值的影响

我国目前经济增长模式是金融发展促进固定资产投资、固定资产投资通过乘数效应进一步促进经济增长的循环增长模式。银行贷款投向各行业,通过影响、调节固定资产投资来实现对经济增长的间接影响。银行业贷款是政府宏观调控的重要而有效的手段。

1. 煤炭开采和洗选业

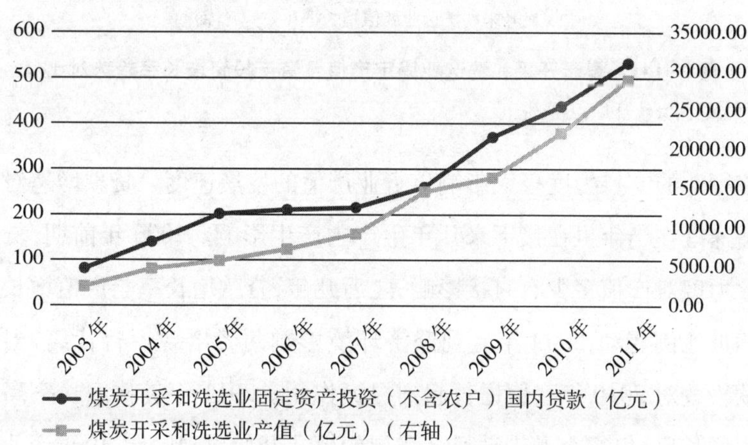

图 2-140 煤炭开采和选洗业产值及贷款投资额趋势对比

数据来源:国家统计局;万德资讯

煤炭开采和选洗业产值和贷款投资额总额变动趋势一致,从 2003 年到 2011 年始终保持增长趋势,由于变动速度不同,两条趋势线未完全吻合。即国内贷款对产值会产生正向影响,但随着经济和金融环境的变化,产生的影响大小每年发生变化。

该行业贷款与产值增长率关系除个别年份均为正相关关系。贷款

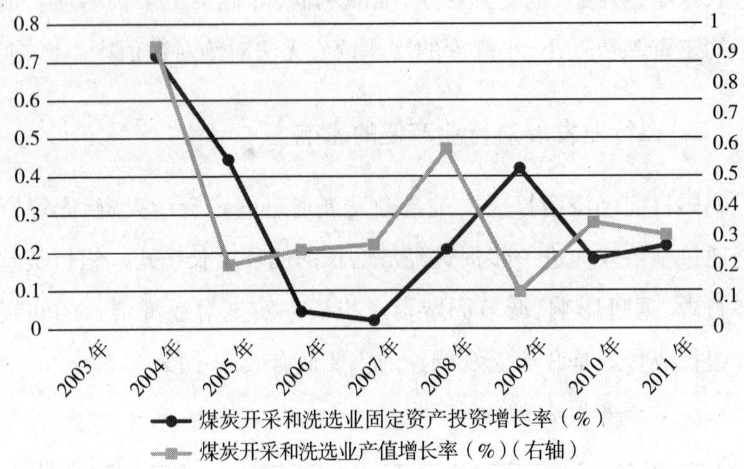

图 2-141　煤炭开采和洗选业固定产值及资产投资增长率趋势对比

数据来源：国家统计局；万德资讯

对该行业的支持力度极大影响该行业产值的发展速度。贷款增速对产值增速既在当年也在接下来几年生产中产生影响。2006 年前期，贷款投放力度对产值多少有直接影响，之后几年，贷款增长率与产值增长率呈相近比例变动，2009 年受到经济环境影响两者出现短暂背离，当年贷款投放对 2010 年产值增长起到提振作用。2011 年贷款增长率高于产值增长率，仅靠金融带动经济发展的模式开始出现问题，由于产业旧疾爆发，调整产业结构成为必要。

2. 石油和天然气开采业、加工、炼焦及燃料加工业

石油和天然气开采、加工、炼焦及燃料加工业固定资产贷款额呈现上升趋势，不同年份增幅略有调整。产值除 2009 年受到宏观经济影响外，其余年份在金融的助推下连年增长，且 2009 年后增势迅猛，增长趋势达到约 40°。

产值增长率连续四年下降，2007 年后产值与贷款增长率出现正相

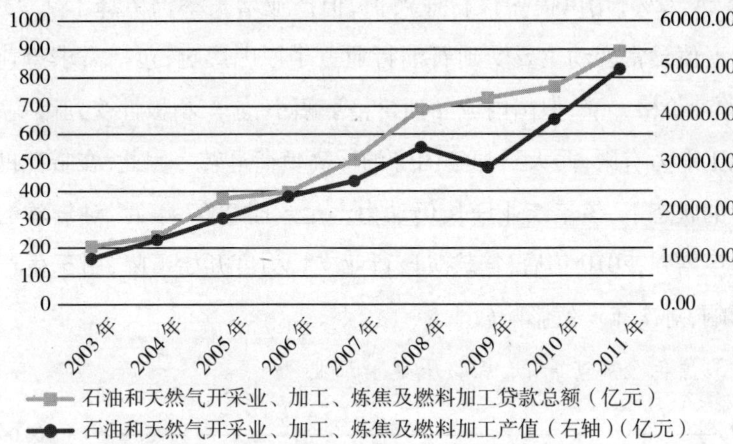

图 2-142　石油和天然气开采业、加工、炼焦及燃料加工业固定产值及资产投资总额趋势对比

数据来源：国家统计局；万德资讯

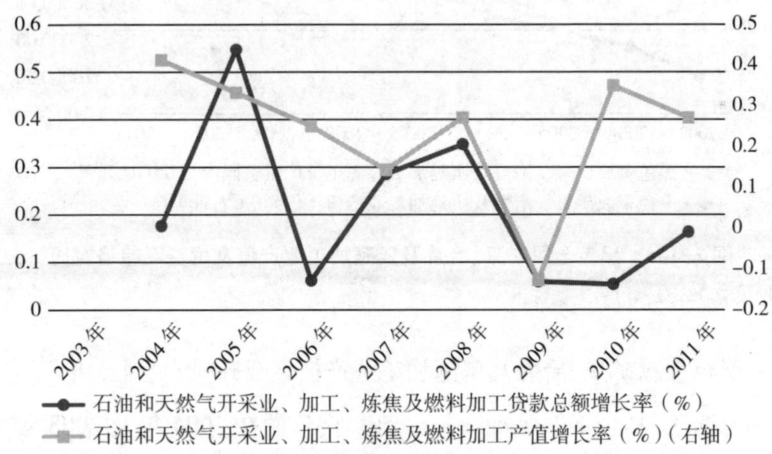

图 2-143　石油和天然气开采业、加工、炼焦及燃料加工业固定产值及资产投资增长率趋势对比

数据来源：国家统计局；万德资讯

关关系，其余年份两者走势关系不明确。以 2005 年为例，贷款额增速高达 54.72%,用以提振该行业产值,但产业增长率仍下降了 7.93%。该年产值异常变动主要受到石油行业三个原因影响,包括需求急速下降;原油价格上涨,但国内成品油价格涨幅小,生产积极性受到影响;原油加工能力有限,两大石油集团炼油厂高负荷运转。因此,在贷款助力产业的状态下,该年产业增长仍动力不足。而 2007 年后,对贷款的依赖程度增强,2010 年后,贷款对该行业支持力度开始下降,由于生产周期影响,对次年产值影响较大。

3. 黑色金属矿采、冶炼及压延加工业

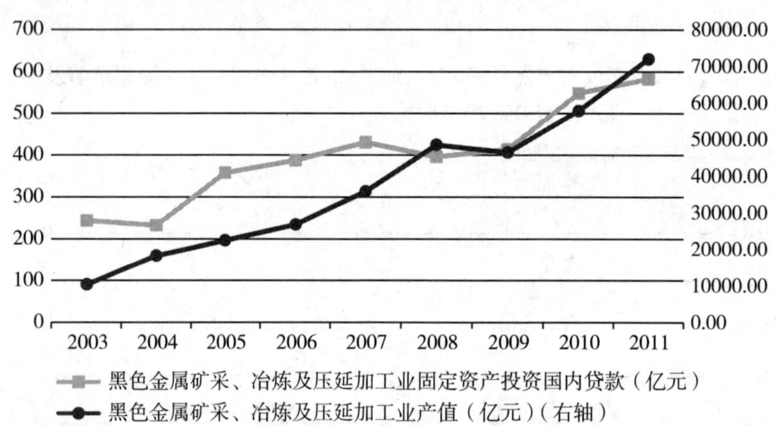

图 2-144　黑色金属矿采、冶炼及压延加工业产值及投资额趋势对比

数据来源:国家统计局;万德资讯

黑色金属矿采、冶炼及压延加工业产值在 2009 年受到经济环境影响稍有回落,其余年份保持增长趋势。贷款额在 2004 年及 2008 年稍有回落,其余年份均为增长趋势。贷款总额的增长与产值增长区间基本一致,2008 年贷款数额的下降对下年产值产生一定影响。

由于产业性质不同,贷款影响、调节固定资产投资影响经济增长存在时滞性。以黑色金属矿采、冶炼及压延加工业为例,该行业贷款与产

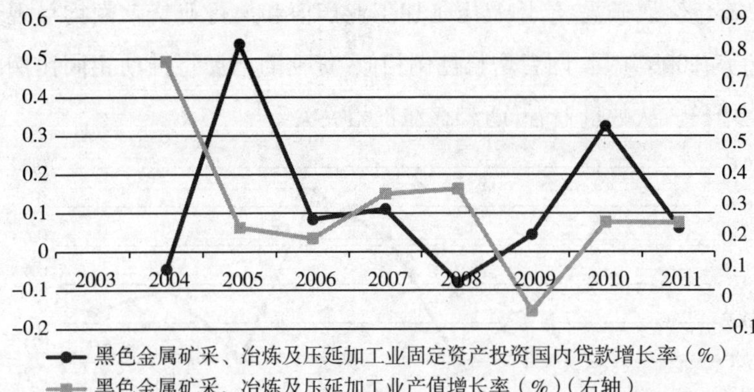

图 2-145 黑色金属矿采、冶炼及压延加工业产值及投资额增长率趋势对比

数据来源：国家统计局；万德资讯

值增长率走势存在相差 1—2 年的正相关关系。以 2005—2010 年关系最为显著。该行业固定资产贷款投放的增长速率推动产值增长的速度。

4. 有色金属矿采、冶炼、压延加工业

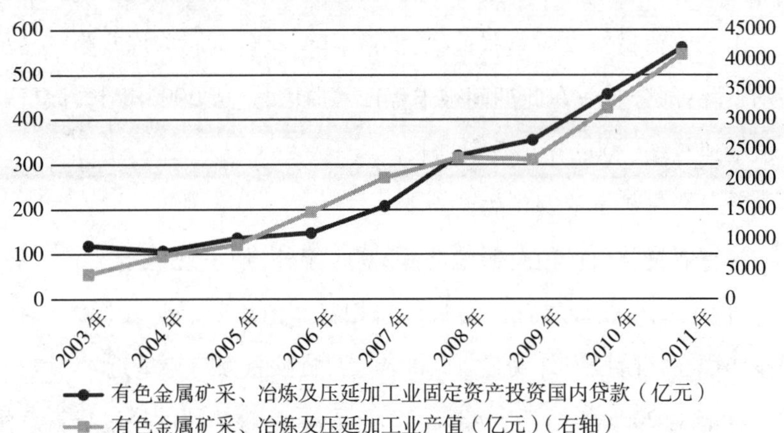

图 2-146 有色金属矿采、冶炼及压延加工业产值及投资额趋势对比

数据来源：国家统计局；万德资讯

有色金属矿采、冶炼及压延加工业产值和该行业贷款额均呈现上升趋势，2008 年后，两者增长比例相似，贷款的增加将推动相同比例的产值增长。从数量上看，两者存在正相关关系。

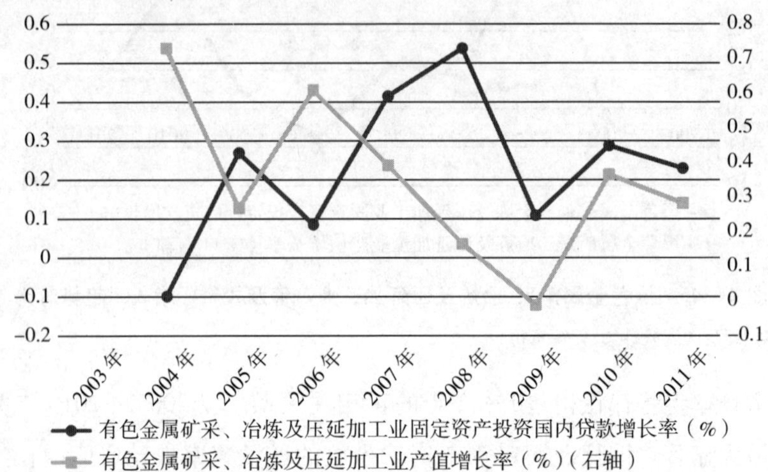

图 2-147 有色金属矿采、冶炼及压延加工业产值及投资额增长率趋势对比

数据来源：国家统计局；万德资讯

由于原辅材料供应紧张；硫酸价格下降，有色金属冶炼及附产品价格均下降；部分企业在此期间被迫停产等原因，造成 2006 年起，该行业产值增速减缓，2009 年出现负增长。

5. 非金属矿采业及矿物制造业

该行业贷款及产值总额趋势除 2005 年外，均呈现稳定上升趋势。2008 年前，该行业贷款总额增长趋势相对产值增长趋势较缓，贷款的提振作用在该阶段格外明显。2008 年后，贷款总额趋势呈近 45°增长，2009 年相对 2008 年增长了 4333. 32 亿元，增长趋势坡度超过贷款总额趋势，因此，伴随着行业产业结构、环境污染等问题暴露，大量贷款注入，对产值的推动力开始减缓。

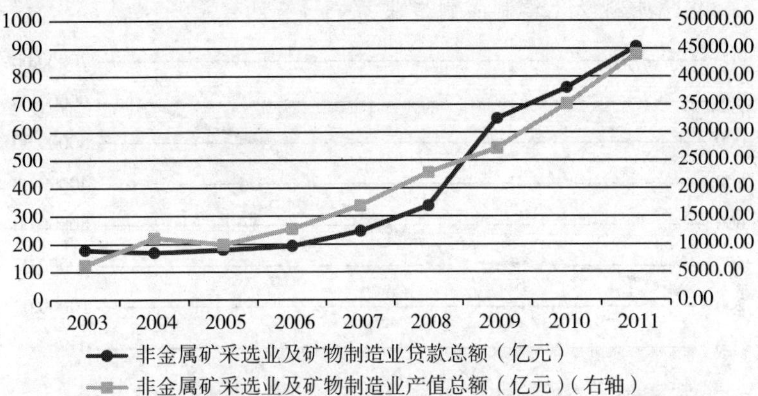

图 2-148 非金属矿采选业及矿物制造业产值及贷款总额趋势对比

数据来源:国家统计局;万德资讯

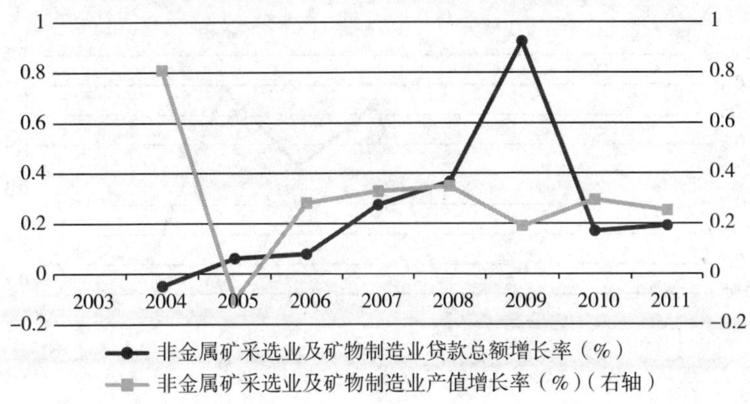

图 2-149 非金属矿采选业及矿物制造业产值及贷款总额增长率趋势对比

该行业产值增长率两次大幅度下跌分别由亚洲金融危机和 2008 年金融危机引起,市场萎缩,利润降低,导致产业产值下降。为协助企业渡过难关,两年贷款增长率均保持上升,两年增长率趋势出现短暂背离。其余年份在贷款增长的助力下,产值和贷款增长率成正相关关系,贷款的增长推动了产值的增加。

6. 化学原料及化学制品制造业

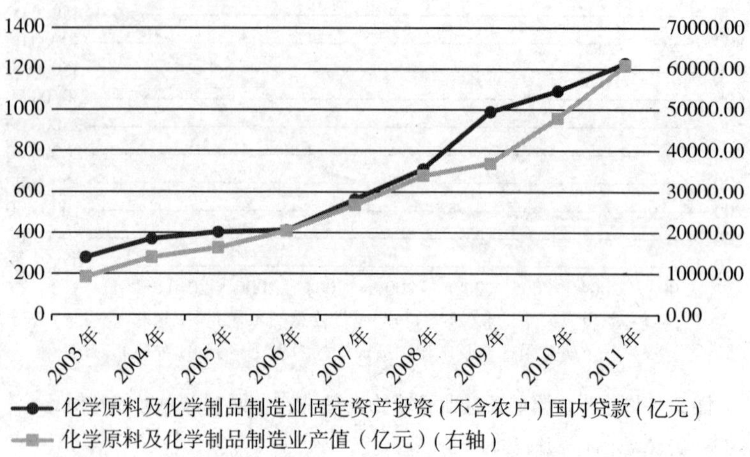

图 2-150 化学原料及化学制品制造业产值及贷款额趋势对比

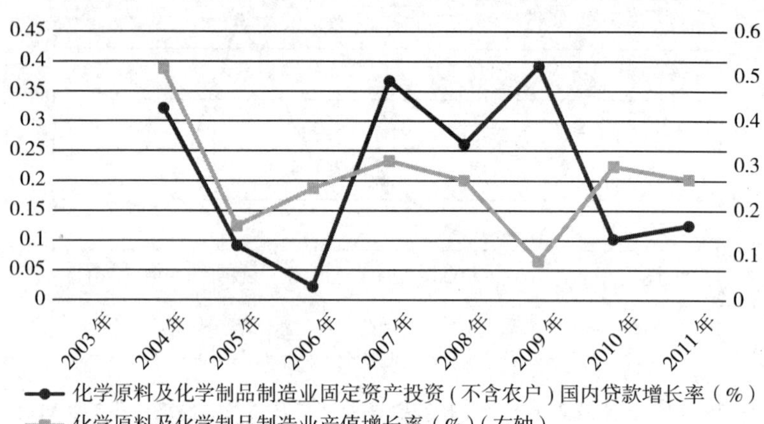

图 2-151 化学原料及化学制品制造业产值及贷款额增长率趋势对比

该行业产值增长率两次下跌也出现在经济危机期间,与非金属行业情况略有区别,2005 年,化工行业贷款增长率同时下降,一方面,贷款对行业起到扶植作用,避免经济硬着陆,另一方面,贷款流向同样对行业前景有充分考虑,因此,在 2005 年收紧银根的货币环境下,贷款在对化工行业未来前景充分考量后，出现了短暂的增长率背离。随着化工行业产值逐步回暖，贷款增长率大幅回升。

第三节　社会资产、权益、利润与金融业的关系

一、社会资产与银行业资产关系分析

资产规模是指企业、自然人、国家拥有或者控制的现有的总资产额或者固定资产额，随着企业的发展，企业的资产规模会有所增加。本部分分别描述国家资产总额及增长率、银行业资产总额及增长和主要工业行业资产总额及增长率，对各行业的资产状况作概览。

（一）社会资产及工业企业总规模分析

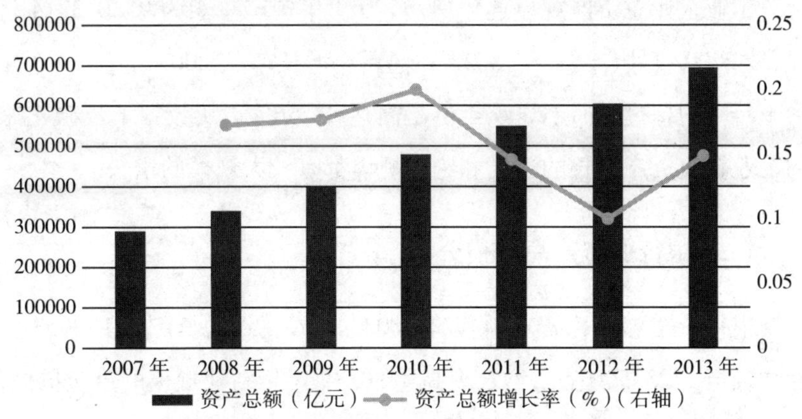

图 2-152　国家资产总额及增长率

数据来源:《国家资产负债表 2014》

根据《国家资产负债表2014》，我国资产总额自2007年起不断增长，全国资产规模不断扩大，增长率在2010—2012年增长幅度较小，其他年份平均增长率约为15%。

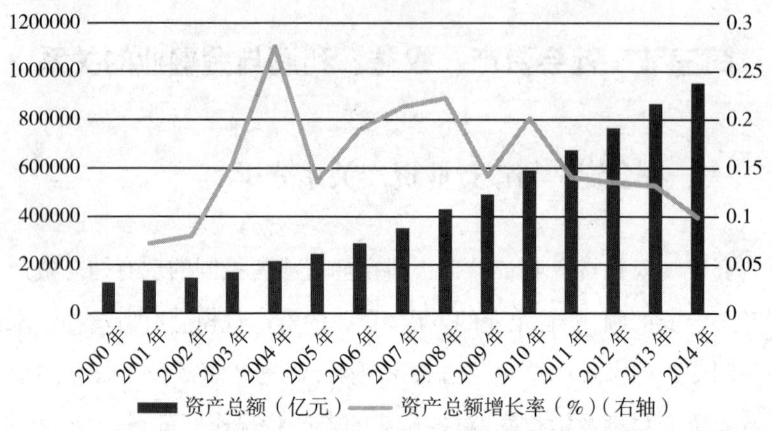

图2-153　我国工业企业资产总额及增长率

数据来源：万德资讯

工业企业总资产规模逐年递增，2014年资产总额为953013.14亿元，较2000年共计增长了862.42亿元。增长率从2003年到2013年的十年间均超过10%，2004年更是高达27.56%。从数据上反映出来的工业企业资产增长的速度和绝对规模都有较大规模的增长。

（二）银行业资产总规模分析

银行业金融机构资产总额自2003年起，逐年增长。从953053亿元增长至1723355亿元，增长率高达80.82%，银行业规模的迅速扩大，表现了金融业的飞速发展。

银行业金融机构资产规模增速在2009年后开始放缓，但规模增长的趋势没有改变，增长率的放缓一方面由于基数较大，另一方面与当前

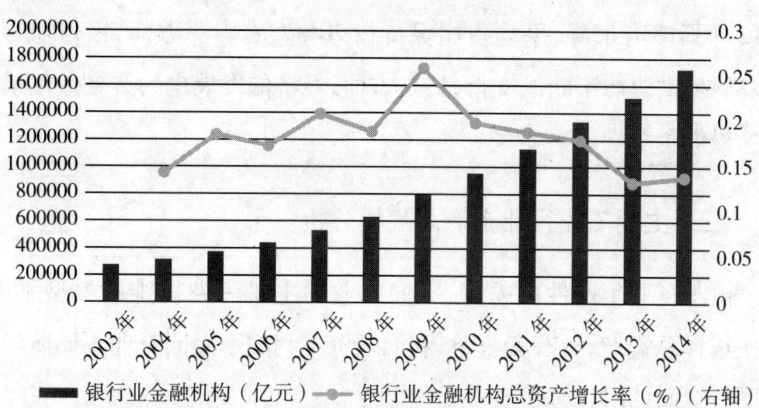

图 2-154 我国银行业金融机构资产总额及增长率

数据来源:《中国银监会年鉴》

的经济环境息息相关。其中,在2014年中国金融500强榜单前15位均被银行业占领,与2013年比,前5名未发生任何变化,分别为中国工商银行、中国建设银行、中国农业银行、中国银行和国家开发银行。

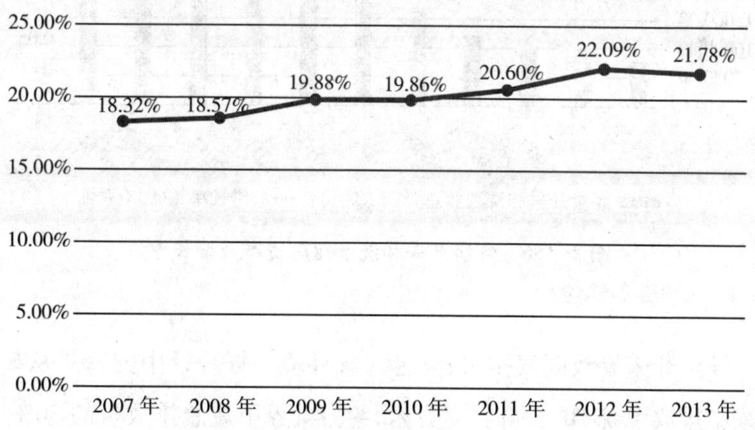

图 2-155 我国银行业资产规模占比

数据来源:《中国银监会年鉴》

2007—2013年,银行业的发展空前繁荣。资产规模的社会占比在

2012年后略有下降，平均占比保持在20%左右。一方面，银行业为经济发展提供源源不断的支持；另一方面，经济的发展也为金融业规模的扩大提供了基础。

（三）主要工业行业资产总规模分析

由于行业生产性质差异，不同行业的主要污染物排放类型不同。依次选择总资产、所有者权益、利润及资本利润率做同行业不同阶段及不同行业间的对比分析。

1. 煤炭开采和洗选业

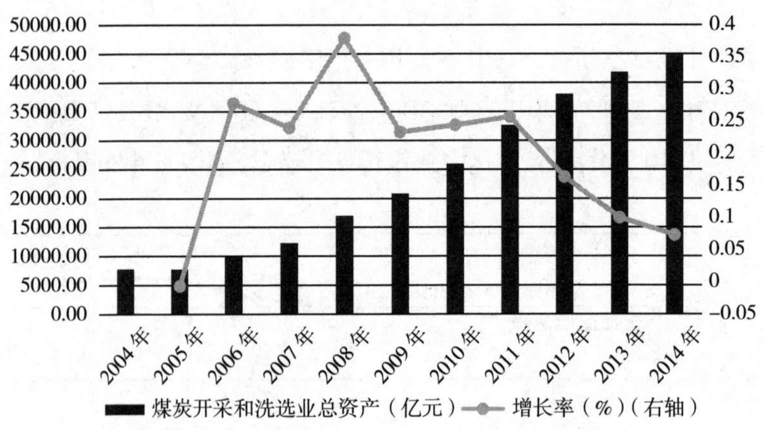

图2-156　煤炭开采和洗选业总资产及增长率

数据来源：《中国统计年鉴》

煤炭开采导致废气排放，危害大气环境。据统计中国每年从矿井开采中排放甲烷70—90亿立方米，约占世界甲烷总排放量的30%，集中回收利用率仅为5%，其余全部排放到大气中。煤炭洗选业主要污染水资源。原煤被入洗将排放出大量的煤泥，将导致水污染、土壤植被及河流水系污染等。

煤炭开采和洗选业资产规模同经济发展和政策导向有极为密切的关系。2008 年经济危机来袭，为保障实体经济规模，国家大力注入资本，当年资产规模增长率高达 37.99%。随着经济复苏，该行业规模进入稳步增长，增长率逐步下降，到 2014 年增长率为 7.29%，占社会总资产规模比重较小。2013 年，该行业资产规模占社会资产规模的 0.6% 左右，比重较低。

综合而言，2011 年前，该行业总资产在通过扩大开采、洗选规模逐年增长，且增长率保持在平均 25%左右。2011 年后，增长率大幅度下降，至 2014 年，平均增长率仅为约 15%。

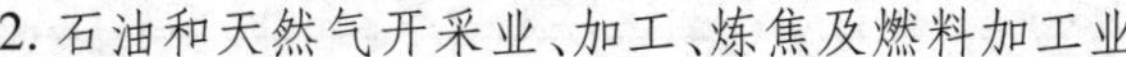

2. 石油和天然气开采业、加工、炼焦及燃料加工业

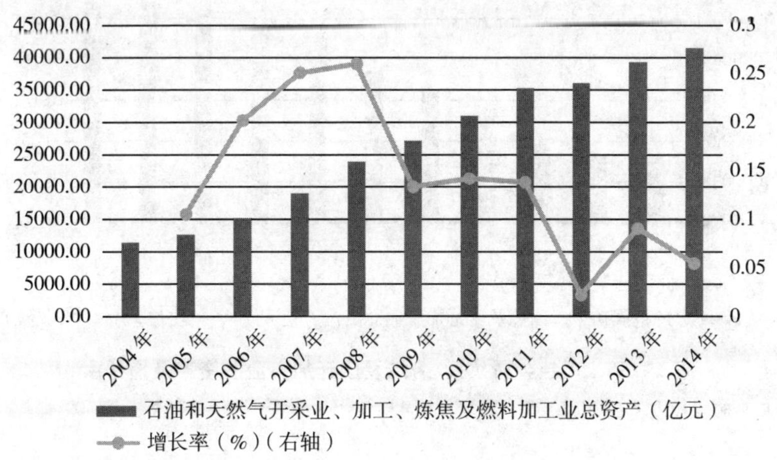

图 2-157 石油和天然气开采业、加工、炼焦及燃料加工业总资产及增长率

数据来源：《中国统计年鉴》

石油对大气和水资源有较大影响。油气的挥发与其他有害气体通过太阳照射形成污染；燃烧也将产生致癌物质和温室效应。对水资源的污染主要表现在污染地下水。

该行业资产总额，2004—2014 年均保持增长趋势。增长率在 2008

年后开始下降，2012 年经历增长率急速下降至 2.23%后，2013 年小幅度回升，2014 年降至 5.47%。石油和天然气开采、加工、炼焦及燃料加工业规模开始收缩，从追求规模经济，到提高生产效率，促进产业结构调整。

综上，2011 年前，石油和天然气开采、加工、炼焦和燃料加工行业资产平均增长率约为 20%左右。2011—2014 年，平均增长率约为 2.44%。可见，该行业作为环境污染行业，盈利极大依赖于自然资源。该行业的生产既产生生态环境外部性，同时产生了社会外部性。

3. 黑色金属矿采、冶炼及压延加工业

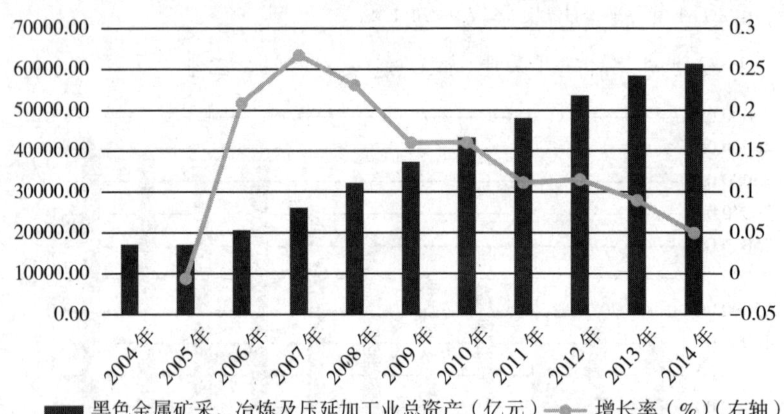

图 2-158　黑色金属矿采、冶炼及压延加工业总资产及增长率

数据来源：《中国统计年鉴》

按企业性质划分，黑色金属矿采、冶炼和压延加工业总资产对环境污染集中表现在废气污染，是我国公布的主要工业废气污染源之一。

黑色金属矿采、冶炼及压延加工业资产规模保持增长趋势，从 2004 年的 17182 亿元增长至 2014 年的 61378.15 亿元。期间，自 2007 年增长率达到 26.71%后，开始逐步下降，行业规模不断扩大的同时，开始出现发展瓶颈，个别年份受政策扶植力度影响较大，增长率有激增现象。2014年,该行业较2004年增长数额为2004年的2.57倍。该行业2013年占社会投资总额的比重为0.84%,但增长率仅为5%。

2011年前,总资产增长率已呈现下降趋势。2011年前,其平均增长率约为17%,2011年后,平均增长率约为9.1%。

4. 有色金属矿采、冶炼及压延加工业

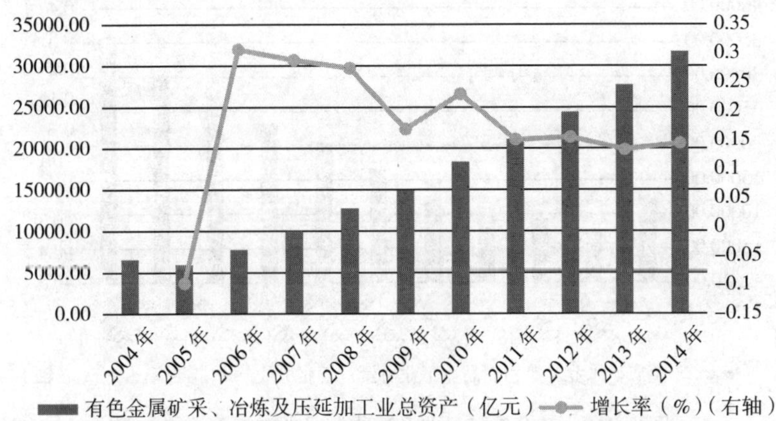

图2-159　有色金属矿采、冶炼及压延加工业总资产及增长率

数据来源:《中国统计年鉴》

有色金属矿采和冶炼分别产生固体废弃物、工业废气,如:工业烟尘、二氧化硫、氮氧化物等。在生产过程中难以避免产生工业废水,污染水资源。

有色金属矿采、冶炼及压延加工业总资产自2005年起即呈现出逐年递增趋势,从5950.59亿元增长至31719.6亿元。在规模不断扩大的同时,增长率出现放缓并下降的趋势。增长率在2008年前相对平稳,2008年后增长率下降幅度近9%,在政策推动下,2013年增长率达到19.45%,至2014年增长率仅为8.66%,低于平均增速。2013年资产规模仅为社会总资产的0.43%。

综上,2011 年前,有色金属行业总资产与 2011 年后总资产增长率变化较小,增长率从 19.5%下降至 14.7%,且仍有继续下降趋势。相对其他行业,该行业受环境污染行业管制影响较小,但 2011 年后,整个行业增长率趋平,发展瓶颈明显。

5. 非金属矿采业及矿物制品业

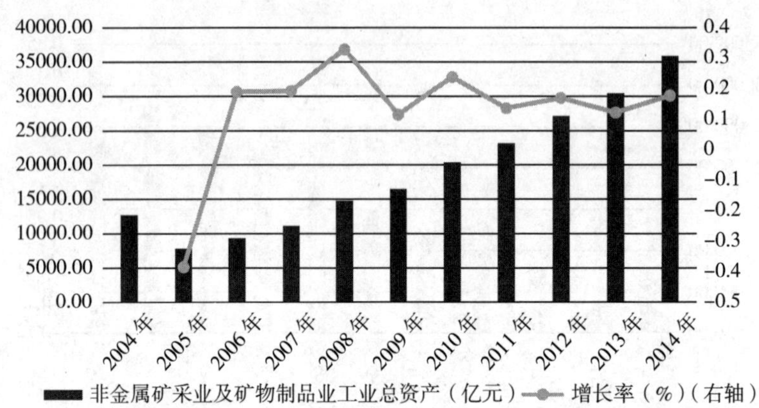

图 2-160 非金属矿采业及矿物制品业总资产及增长率

数据来源:《中国统计年鉴》

该行业生产过程中将对空气、水产生较大影响,生产后矿渣则成为固体废弃物。

非金属矿采业及矿物质品业资产总规模在 2005 年后开始逐步增长,增长率保持小幅度波动,整体上升趋势明显,增长率稳定。2014 年,该行业总资产为 35896.08 亿元,增长率为 17.79%。同社会资产总规模相比,2013 年该行业占比为 0.42%。

该行业发展过程中与环境治理阶段性特征无明显吻合特征。非金属矿采及矿物制品业受到房地产飞速发展影响较大,市场需求量持续增长。然而该行业 2014 年增长率相对 2011 年前平均 20%稍有下降,至 15%左右。因此,环境治理对该行业仍存在一定影响。

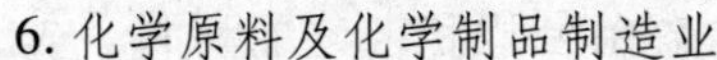
6. 化学原料及化学制品制造业

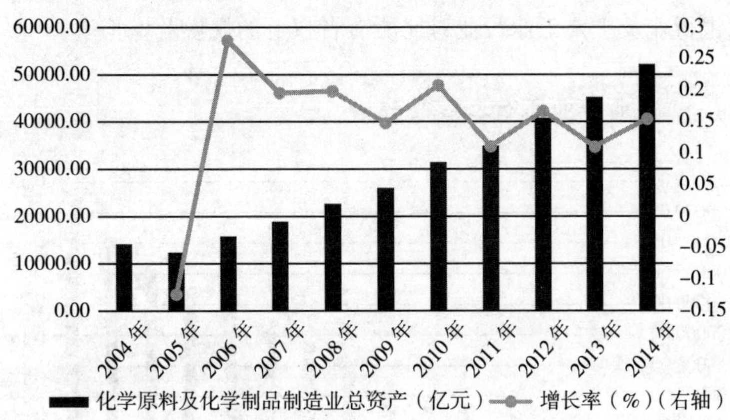

图 2-161　化学原料及化学制品制造业总资产及增长率

数据来源:《中国统计年鉴》

化工产业对环境的污染集中体现在生产后的废渣排放。我国对固体废弃物排放量控制早,且相关工艺,如:压实技术、破碎技术、分选技术和固化处理等技术发展较快,运用范围大。

化学原料及化学制品制造业资产总额自2005年后均逐年增长,增长率保持小幅度波动,平均上涨了15%左右,整体趋势较为稳定。2014年行业资产规模一度扩大至52212.69亿元,当年增长率为15.42%。2013年该行业资产规模占社会资产规模的比重为0.65%。

综上,受益于固体废弃物排放量的有效控制。该行业资产增长率未受到明显影响。2011年以前,该行业资产平均增长率为13%,2011年后,平均增长率为14%。

二、社会所有者权益与银行业所有者权益的分析

所有者权益是指企业资产扣除负债后由所有者享有的剩余权益,

包括实收资本(或股本)、资本公积、盈余公积和未分配利润。本部分选取银行业及主要工业行业对比所有者权益的规模及增长率。

(一)工业企业所有者权益分析

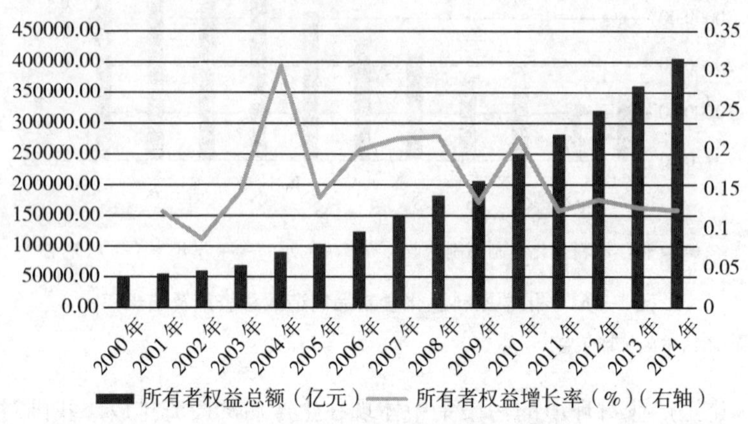

图 2-162 我国工业企业所有者权益总额及增长率

数据来源:万德资讯

我国工业企业所有者权益合计数额逐年递增,2014 年总额达到 405981.71 亿元,该年增长率为 12.38%。整体规模不断扩大,资本投入不断增长。而增长率在 2010 年后开始大幅下降,2011 年较 2010 年增长率下降近 9%,2012 年小幅度回升后开始平稳下滑。所有者权益增长速度下降,将影响未来资本介入工业企业期望。

(二)银行业所有者权益分析

2003—2014 年期间,银行所有者权益不断增长,2014 年已达到 123132 亿元。数值不断增长的同时,增长率呈现明显的阶段性特征。2003—2009 年期间,繁荣增长被经济危机给予沉痛打击,增长率急转下滑,但仍保持在 17.26%。随着金融业持续被看好,为股东带来收入

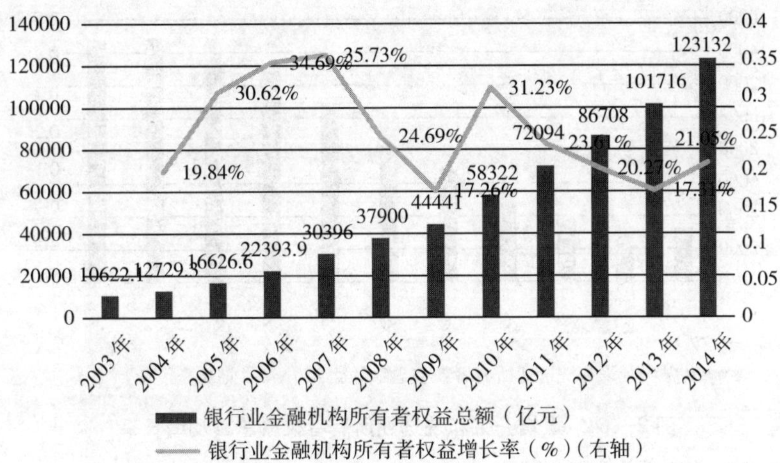

图 2-163　我国银行业金融机构所有者权益总额及增长率

数据来源:《中国银监会年鉴》

的能力稳健,2010 年增长率重回 31.23%,之后几年开始下滑,2014 年再度回暖。近十年来,银行业所有者权益平均增长率为 25.53%。

（三）主要工业行业所有者权益分析

本部分选取六个主要工业行业的所有者权益,描述行业发展状况及权益状况。

1. 煤炭开采和洗选业

煤炭开采和洗选业所有者权益总额连续增长趋势在 2013 年后转为下降,2014 年所有者权益总额为 14832.5 亿元。增长率变化以 2012 年为节点分为 2005—2012 年大幅度增长阶段,平均增长率 25%左右;2012—2014 年小幅度变动阶段,平均增长率为-0.05%左右。

2011 年前,该行业所有者权益增长率平均值为 23%,2011 年后,其所有者权益平均增长率为 8.9%。

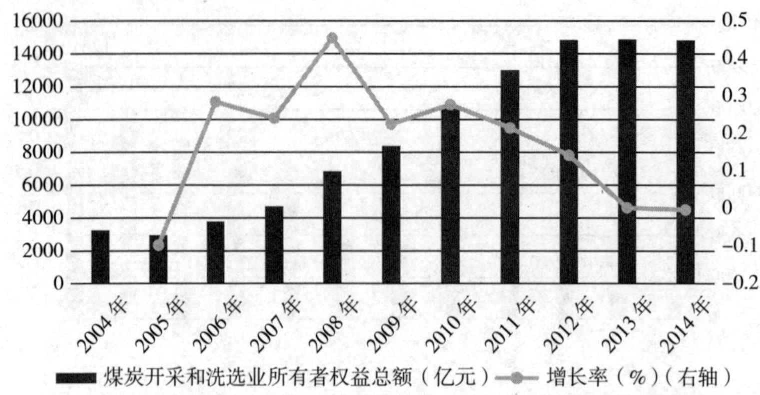

图 2-164　煤炭开采和洗选业所有者权益总额及增长率

数据来源：《中国统计年鉴》

2. 石油和天然气开采业、加工、炼焦及燃料加工业

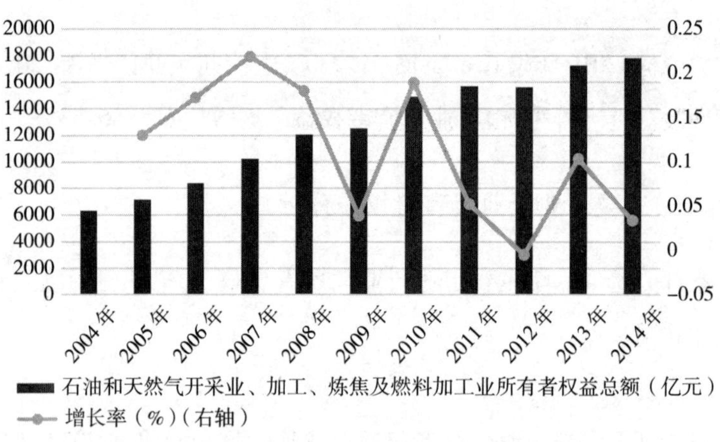

图 2-165　石油和天然气开采业、加工、炼焦及燃料加工业所有者权益总额及增长率

数据来源：《中国统计年鉴》

该行业所有者权益在 2011 年前逐年增长，之后保持稳定趋势。所有者权益的逐步趋稳，结合上述资产规模等表现，该行业发展成熟。2014 年所有者权益总额为 17842. 41 亿元。其增长率波动较大，2009

年受到经济危机影响，增长率为 3. 94%，之后在国家扶植下，增长率回到 18. 95%，但随着资金撤出，2012 年增长率仅为-0. 45%，2014 年增长率为 3. 41%。

该行业 2011 年前增长率约为 15. 5%，受到“两高一剩”企业贷款收紧等影响，2011 年以后平均增长率约为 4. 6%。

3. 黑色金属矿采、冶炼及压延加工业

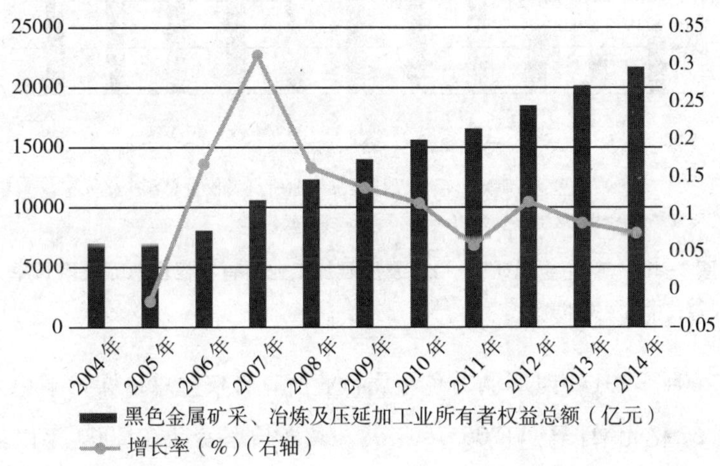

图 2-166 黑色金属矿采、冶炼及压延加工业所有者权益总额及增长率

数据来源：《中国统计年鉴》

黑色金属行业整体呈上升趋势，总量从 7027. 06 亿元增长至 21681. 11 亿元。该行业增速在 2007 年达到 31. 26%的峰值后，开始逐年下跌，2012 年小幅度回升后，继续走低，2014 年增长率为 7. 59%。所有者权益不断上升，但增速逐渐平稳并有下滑趋势，将影响投资者对该行业的预期，未来该行业所有者权益发展可能将面临保持稳定或小幅下降。

该行业受行业发展影响的同时，在不同力度的环境污染管控阶段，表现出下降趋势，2004—2010 年平均增长率为 12. 72%，2011—2014 年平均增长率为 9. 96%。

4. 有色金属矿采、冶炼及压延加工业

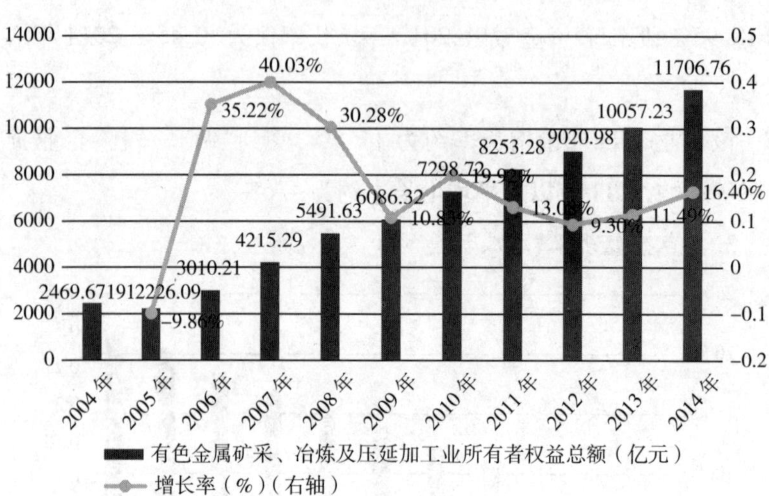

图 2-167　有色金属矿采、冶炼及压延加工业所有者权益总额及增长率

数据来源:《中国统计年鉴》

2004—2014 年期间,有色金属行业所有者权益总量增长平稳。从 2469. 67 亿元增长至 11706. 76 亿元。其增长率变动在 2009 年以前波动较大,2006 年激增后,2007 年增长率达到 40. 03%的峰值,随后下降至 10. 83%。自此,该行业增长率趋于稳定。受到各方面影响,2011 年增长率达到 2005 年后的谷值,为 9. 3%。

在环境污染治理时段,该行业所有者权益分成两个明显阶段。2011 年前,平均增长率为 21. 07%,2011—2014 年平均增长率为 12. 57%。

5. 非金属矿采业及矿物制品业工业

该行业所有者权益从 2005 年开始保持上升趋势,2014 年所有者权益达到 16610. 7 亿元。增长率在 2010 年波动相对明显,整体比较稳定。2011 年在国家政策的大力扶植下,增长率达到 41. 54%后,增长率逐步下降。

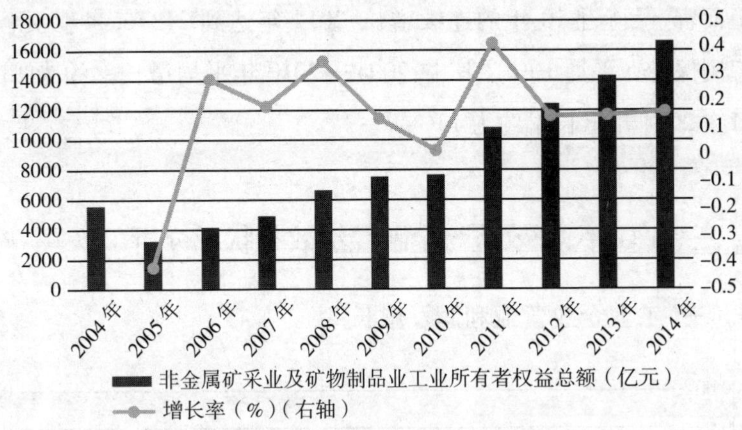

图 2-168　非金属矿采业及矿物制品业工业所有者权益总额及增长率

数据来源:《中国统计年鉴》

2011 年前,该行业平均所有者权益增长率约为 9%,2011 —2014 年平均增长率在 2011 年当年增长率的带动下达到 21. 83%。

6. 化学原料及化学制品制造业

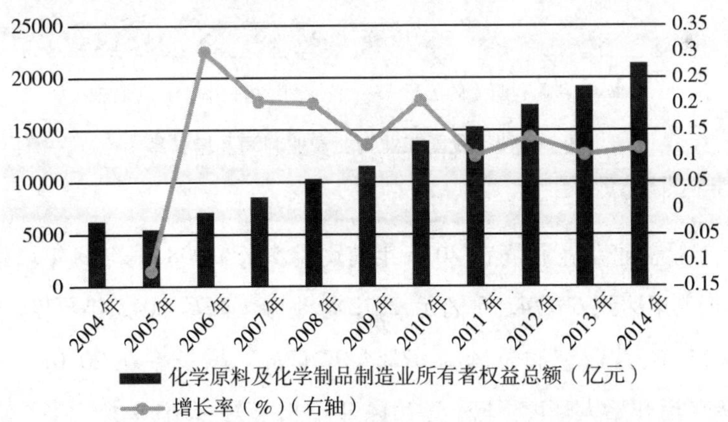

图 2-169　化学原料及化学制品制造业所有者权益总额及增长率

数据来源:《中国统计年鉴》

该行业所有者权益总量及增长率变动趋势均保持相对稳定。从总量上而言,保持近 10 年的连续增长,2014 年达到 21376. 44 亿元。增长率则保持在平均 10%。其中,2005—2010 年平均增长率约为 15%,2011—2014 年增长率约为 13%。

三、产业经济效益与金融经济效益状况分析

(一)工业企业营业利润及增长率

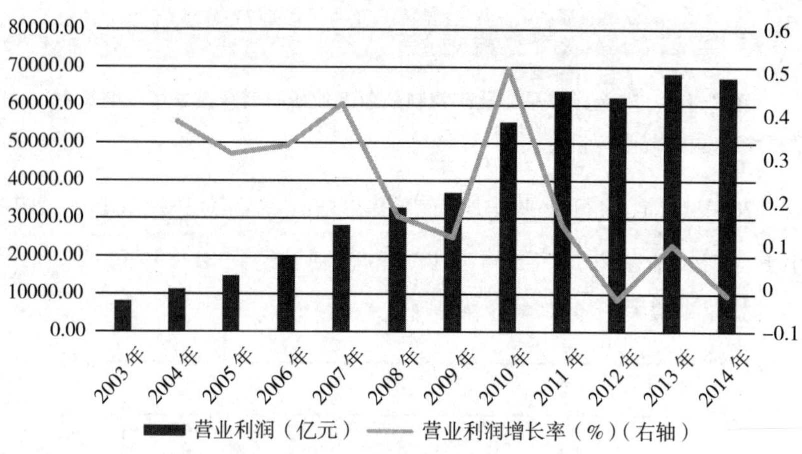

图 2-170 我国工业企业营业利润及增长率

数据来源:万德资讯

工业企业营业利润在 2011 年前逐年增长,2008—2009 年增速较慢,2011 年达到 63774. 16 亿元,2012 年小幅下降后 2013 年再度上升。至 2014 年,营业利润总额为 67254. 92 亿元。增长率在 2010 年达到 50. 96%后开始大幅度下降,至 2014 年增长率为-1. 61%。

(二)银行业利润分析

银行业自 2003 年开始发展迅速,其税前利润增长迅猛,从 332. 8

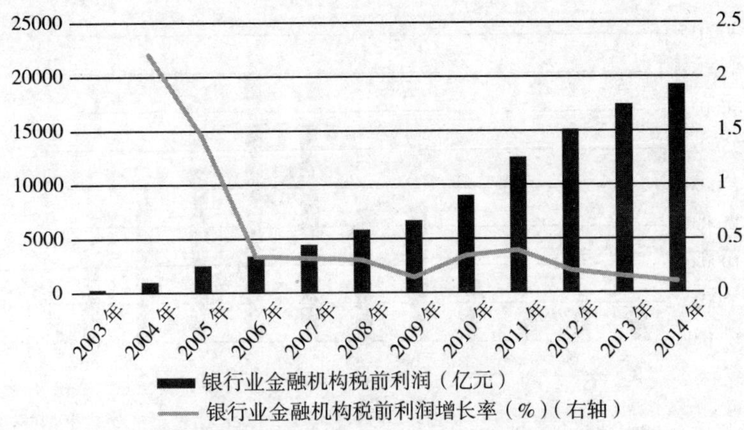

图 2-171　金融机构税前利润及增长率

数据来源:《国家银监局年报》

亿元,增长至2014年的19277.4亿元。增长率在2006年后趋于平缓,但增长率始终保持在平均30%左右。2005—2011年,我国银行业平均销售净利率达到32.05%,与位列第二的证券期货业24.57%和位列第三的生物制药、医药12.77%有明显利率差。2014年增长率为10.51%,银行业利润丰厚,该年在500强企业中占据17席位。

(三)主要工业行业利润分析

1. 煤炭开采和洗选业

该行业利润增长趋势除2009年受经济危机影响小幅度下降外,2011年后下降幅度逐步增大。2011年,利润总额达到4330.82亿元,2014年,该行业利润仅为1028.03亿元。增长率在2011年后接连出现-14.37%、-37.25%和-45.38%负增长。该行业利润大幅下降,2014年利润规模已低于2008年利润水平,且仅为2011年的23.74%。

2011年前,该行业平均利润增长率为32.75%,2011—2014年平

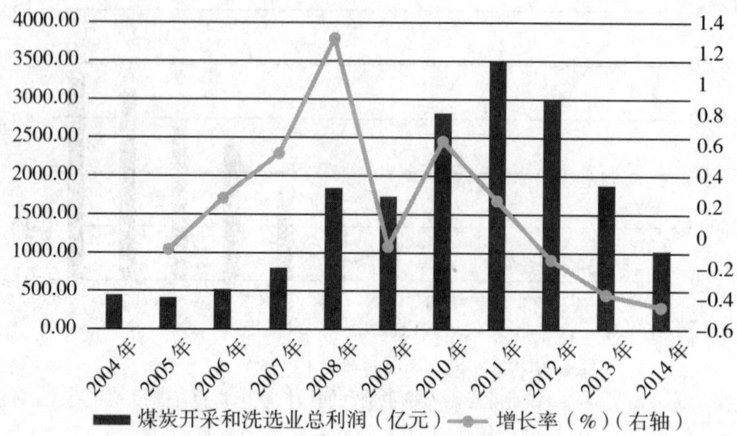

图 2-172　煤炭开采和洗选业总利润及增长率

数据来源:《中国统计年鉴》

均增长率仅为-18.23%。该行业对自然要素依赖性强,环境污染的管控力度对该行业的利润增长起到显著影响。

2. 石油和天然气开采业、加工、炼焦及燃料加工业

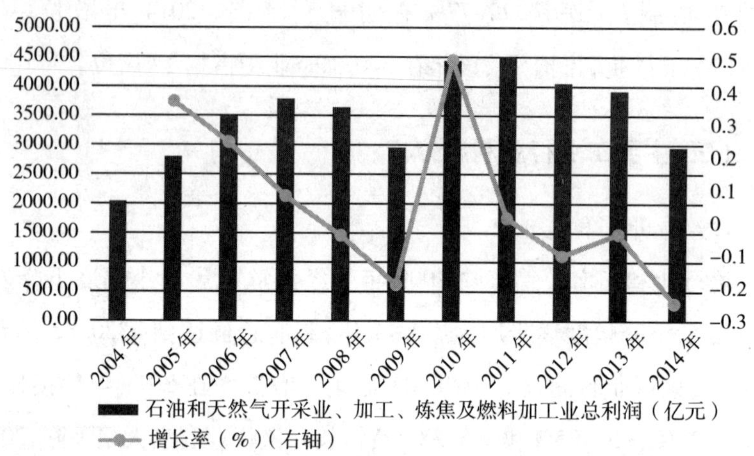

图 2-173　石油和天然气开采业、加工、炼焦及燃料加工业总利润及增长率

数据来源:《中国统计年鉴》

该行业利润增长呈现出阶段性特征。2007 年达到第一个利润高峰,之后受宏观经济环境影响,2009 年下降至 2958. 17 亿元,增长率为-18. 88%。之后,随着经济环境转暖,国家大笔资金提振,该行业在 2010、2011 年迎来利润高峰,增长率在 2011 年一度达到 50. 04%,总额为 4507. 46 亿元。之后行业运行逐步回归市场,利润水平开始继续下跌,2012—2014 年连续三年下降,至 2014 年该行业利润规模为 2954. 7 亿元。

2011 年以前,该行业总利润增长率均值约为 16. 34%,2011—2014 年总利润平均增长率为-9. 105%。该行业与煤炭行业类似,对自然资源依赖强,出现负增长趋势。

3. 黑色金属矿采、冶炼及压延加工业

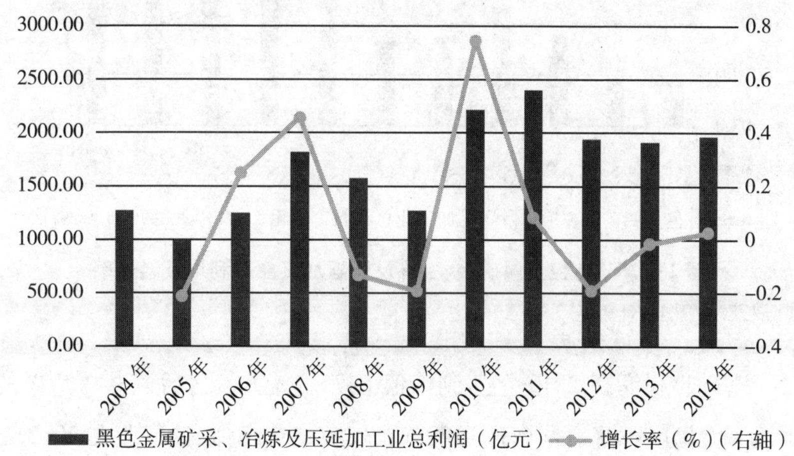

图 2-174 黑色金属矿采、冶炼及压延加工业总利润及增长率

数据来源:《中国统计年鉴》

该行业利润状况表现出明显波动,涨跌未表现出明显趋势。2007、2011、2014 年分别为三个利润相对较高的年份,利润总额分别为 1819. 96 亿元、2403. 53 亿元和 1964. 29 亿元。随着环境恶化、生产结构调整和产能过剩等一系列问题暴露，2014 年，该行业利润增长率仅为 2. 71%。

2011 年前，该行业总利润平均增长率约为 15. 17%，2011—2014 年平均增长率为-2. 42%。虽然 2011 年后，该行业利润保持在 1940 亿元左右，但由于受环境的影响，导致该行业增长率急速下跌，进入负增长阶段，其发展受环境问题制约。

4. 有色金属矿采、冶炼及压延加工业

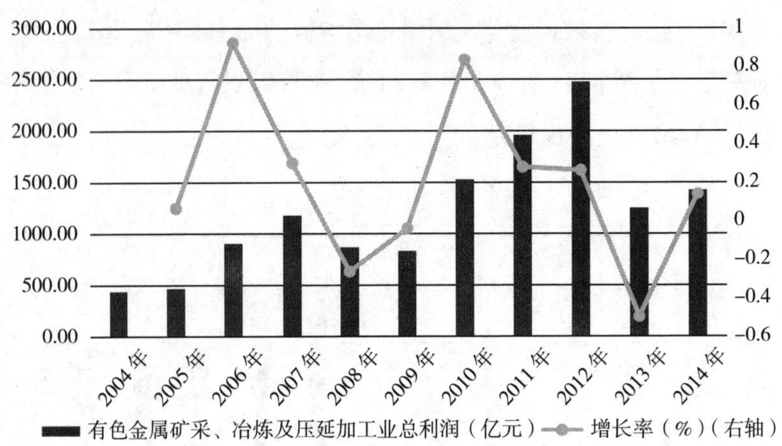

图 2-175　有色金属矿采、冶炼及压延加工业总利润及增长率

数据来源：《中国统计年鉴》

该行业利润在 2012 年达到峰值 2475. 7 亿元，之后以-49. 51%的增长率大幅度下降。同资产和所有者权益走势相似，该行业在 2012 年后利润和规模受到市场价格影响，预期不足，投资疲软。加之技术改革的高转换成本，更新技术带来的改革震痛，都影响该行业的利润状况。以 2014 年为例，该行业利润为 1425. 9 亿元，该年铜、铝价格仍下跌，锌、锡价格已相对稳定，但大幅攀升动力依然不足。

该行业增长率波动幅度较大，2005—2010 年平均增长率为

31.73%,2011—2014年平均增长率为4.75%。

5. 非金属矿采业及矿物制品业工业

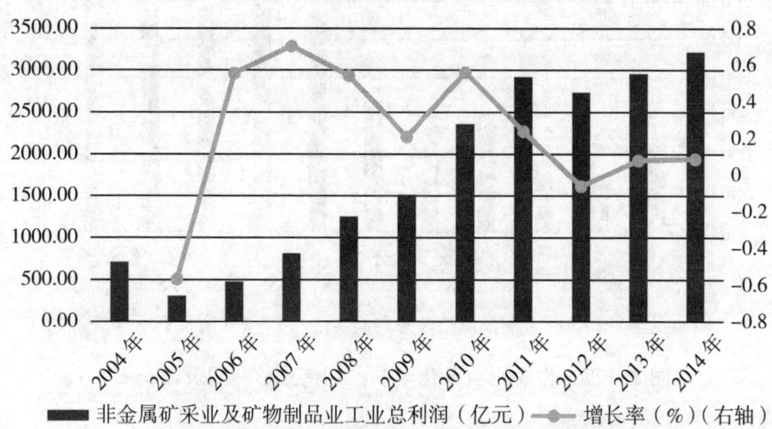

图2-176 非金属矿采业及矿物制品业工业总利润及增长率

数据来源:《中国统计年鉴》

该行业利润在2005—2011年保持稳定增长趋势,该阶段增长率保持在30%左右。2011年后,该行业利润缩水,连续两年下跌后,2014年利润重新增长,当年利润为3216.48亿元,但增长率仅为8.77%。该行业作为房地产建设的原材料供应,随着房地产近年快速发展,也表现出比其他工业行业较强的发展能力。

2005—2010年,该行业总利润增长率平均值约为33.23%,2011—2014年总利润增长率平均值为8.59%。该行业随着自然资源获取受限、环境污染控制严格等影响,总利润增长率也大幅放缓。

6. 化学原料及化学制品制造业

化工产业利润从2004年起保持整体增长趋势,至2011年达到高峰,当年利润3352.17亿元,该阶段增长率呈M型。2012年起,该行业利润开始下降,连续两年下降后,2014年小幅度回升,增长率7.04%,

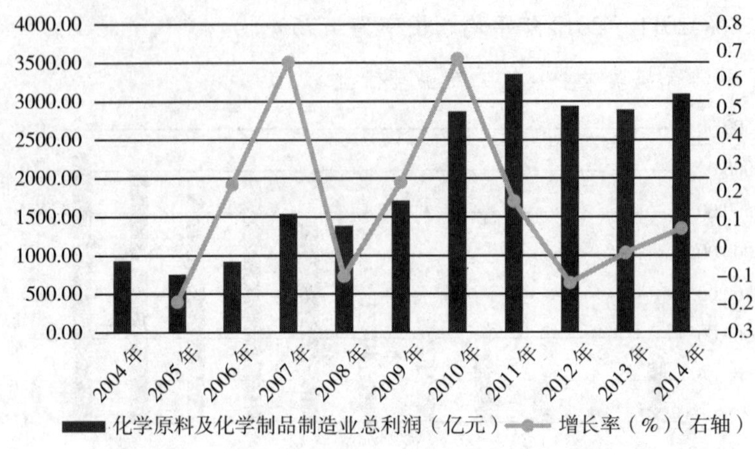

图 2-177　化学原料及化学制品制造业总利润及增长率

数据来源:《中国统计年鉴》

总利润为 3095. 8 亿元。

2005—2010 年,该行业总利润平均增长率为 25. 17%,2011 年后,该行业总利润平均增长率仅为 2. 48%。

（四）银行业与主要工业行业对比分析

随着污染对居民的生活影响日益加深,不仅成为阻碍便利生活的原因,同样是威胁健康安全的隐患。无论是当下雾霾对居民呼吸道和出行的影响,抑或是水资源污染对沿河居民健康的威胁,都使造成环境污染的生产活动的生造成态环境外部性被重视。2011 年前,我国对环境外部性治理尚处在探索阶段,诸多法律法规、指导意见等下发和落实,从多方位试图有效控制工业生产的环境外部性。其中,固体废弃物污染在当前阶段取得了明显收效。2011 年后,二氧化硫污染和废水污染得到了有效防控,并随着技术不断进步,三废规模均得到有效控制。直至 2012 年,工业烟粉尘排放问题尤为突出,并有快速增长趋势,各地采取部分工厂停工、车辆限行等手段减轻烟粉尘对居民生活的影响。

与此相应的，环境污染企业同样表现出相应阶段的社会外部性。如2011年前，大部分高污染、高耗能的工业企业存在较大的社会外部性。资产、收益、资本利润率等指标均高于社会平均水平，并保持高速增长。可以推断，在该阶段，工业污染企业通过攫取自然资源并污染环境获取经济效益。2011年后，环境污染成为重要议题，从监管力度、防控途径、绩效评价等多角度完善立法和标准，使环境污染得到有效控制。工业污染企业既要面对行业发展阶段更替，同时也要为环境污染负起责任。无法从自然环境攫取充分财富的行业开始出现衰退迹象。

为充分比较主要工业行业的效益对环境、社会外部性的影响，在此依照《关于对申请上市的企业和申请再融资的上市企业进行环境保护核查的通知》（环发[2003]101号）和《关于进一步规范重污染行业生产经营公司申请上市或再融资环境保护核查工作的通知》（环办[2007]105号）选取六个重污染行业进行分析对比，分别是煤炭开采和洗选业，石油和天然气开采业、加工、炼焦及燃料加工业，黑色金属矿采、冶炼及压延加工业，有色金属矿采、冶炼及压延加工业，非金属矿采业及矿物制品业工业和化学原料及化学制品制造业。

1. 银行业与主要工业行业的资产对比

通过上述各行业资产数额、增速及占比状况可知，银行业金融机构总资产占社会资产规模大，总体数额高，因此在趋势对比中表现明显，且始终呈现递增趋势。2014年，银行业金融机构总资产已达到1723355亿元。工业企业资产总额同银行业金融机构总资产一样，都呈现出逐年增长的态势，2014年达到953013.4亿元。两者差距在2008年后逐步扩大，由200263亿元增至780353亿元。

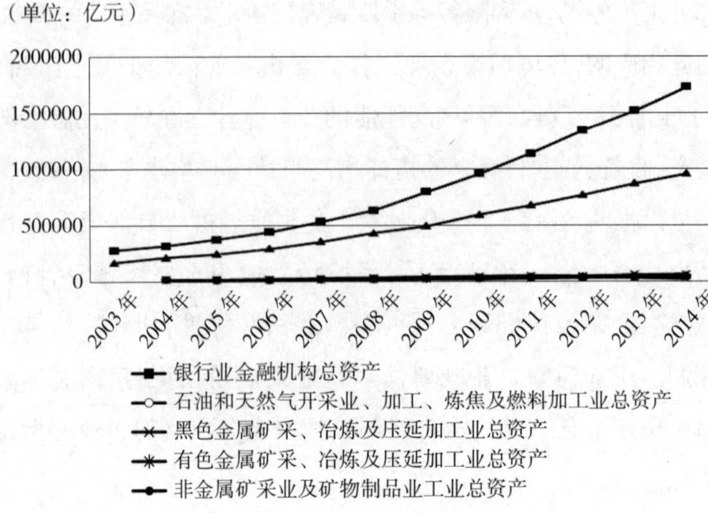

图 2-178 银行业与工业企业及主要行业资产总额趋势对比

数据来源:《国家银监局年报》;《中国统计年鉴》

相较之下,石油和天然气开采业、加工、炼焦及燃料加工业,化学原料及化学制品制造业等六个主要工业行业的总资产数量单个来看均数额较低,整体变化趋势基本稳定,同银行业差距逐年扩大,在数额上与工业企业资产总额的差距也有扩大之势。

图 2-179 展示了我国银行业金融机构与工业企业的资产总额增长率变化趋势图,通过二者的对比可以发现在大多数年份银行业的资产总额增速要快于工业企业。2005—2014 年,银行业金融机构总资产平均增长率约为 16.45%,工业总资产平均增长率为 15.86%。银行业作为工业发展的重要资金提供者,其整体获益要快于工业企业。以 2009 年为例,金融危机之后银行投放大量贷款使得资产快速增长,由于时滞的存在,工业企业的受益在一段时间之后才表现出来。但从 2010 年之后,二者的增长率均呈现出逐年下滑的势头,侧面反映出了高增长的模式难以为继,转变发展方式势在必行。

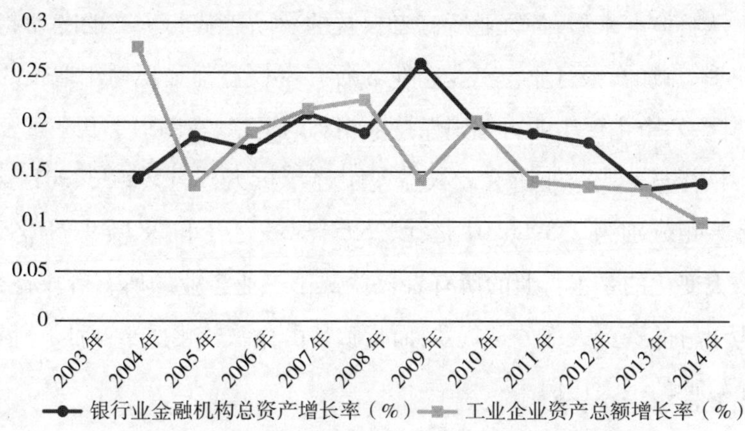

图 2-179 银行业与工业企业资产增长率对比图

数据来源:《国家银监局年报》;《中国统计年鉴》

2. 银行业与主要工业行业的所有者权益对比

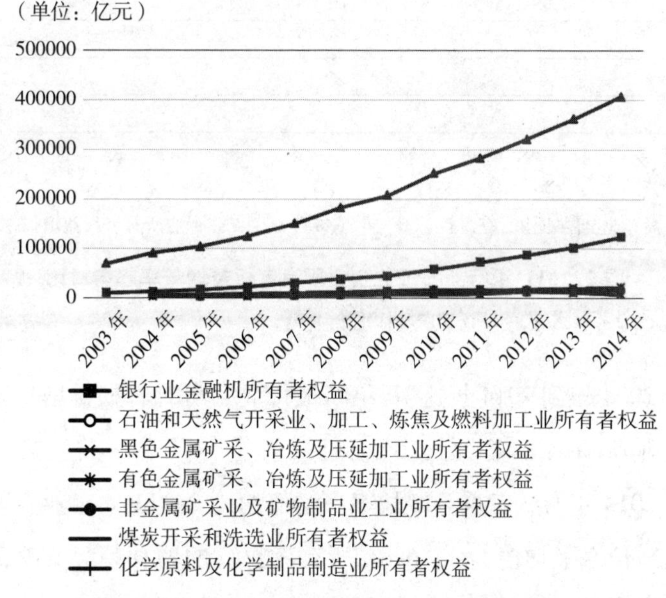

图 2-180 银行业与工业企业所有者权益趋势对比

数据来源:《国家银监局年报》;《中国统计年鉴》

从整体上来看,各行业所有者权益的变动趋势与资产的变动趋势是几乎一致的,银行业与工业企业的所有者权益都呈现逐年增长的势头,其余六个主要工业行业则保持了相对的平稳,在图形上几乎重合。

银行与工业企业所有者权益差距逐年扩大,2012、2013、2014 年,两者差距分别为 233906. 07 亿元、259547. 38 亿元和 282849. 71 亿元。有较大变化的是银行业的所有者权益低于工业企业的所有者权益,是因为银行的资产大部分是贷款,而贷款是由存款转化而来,所以负债占据了资产的绝大比例。

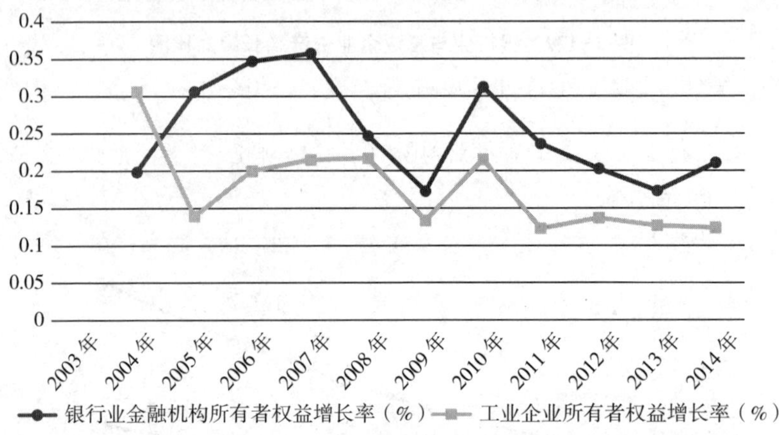

图 2-181　银行业与工业企业所有者权益增长率趋势对比

数据来源:《国家银监局年报》;《中国统计年鉴》

从 2004 年到 2014 年这 10 年间银行业的所有者权益增长率快于工业企业所有者权益增长率,而且二者走势几乎一致。银行业在 2004—2014 年所有者权益增长率平均值约为 25. 12%,工业企业所有者权益增长率平均值为 17. 6%。所有者权益的增长趋势反映出社会资金对银行业和工业发展前景的态度。近年来工业企业增长率放缓,银行业在放缓之后又有上升的苗头,也能在一定程度上看出资金“脱实向虚"的迹象。

3. 银行业与主要工业行业的利润对比

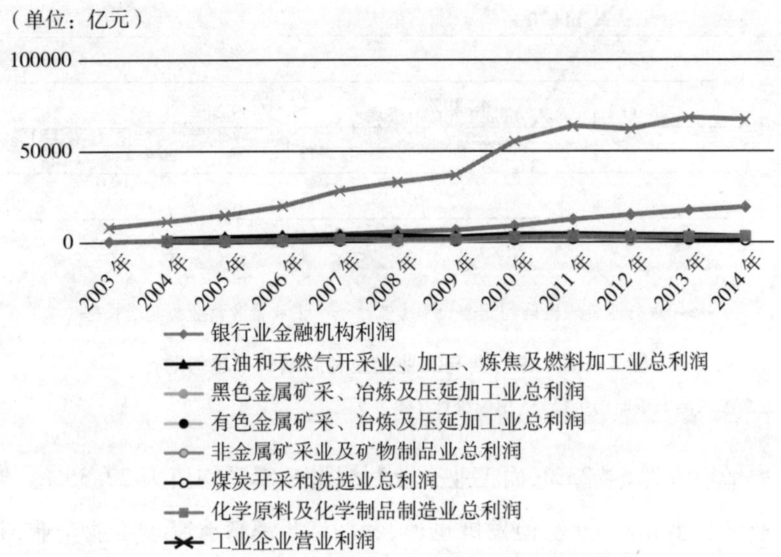

图 2-182 银行业与工业企业利润趋势对比趋势对比

数据来源:《国家银监局年报》;《中国统计年鉴》

同银行业利润持续走高不同,工业细分行业的代表行业普遍利润较为平稳,上升幅度不明显,甚至略有下降。而工业企业整体利润呈现2009年前稳步上升,2010—1011年间在国家大笔资金投入中迎来高速发展,2011年后开始下滑或小幅回升,整体盈利趋势逐步趋平。相较之下,银行业利润增长趋势明显,2013年前均稳步上升,增幅相对稳定,2014年增长趋势稍平缓,但上升趋势不变。

银行业利润增长率在2004—2006年间大幅度高于工业企业,2007年随着经济金融环境状况下降,银行业利润增长率当年低于工业企业,同样,2010年,随着大笔资金注入基础设施建设,该年利润增长率也相对较低。其余年份,银行业利润率始终高于工业企业。银行业利润增

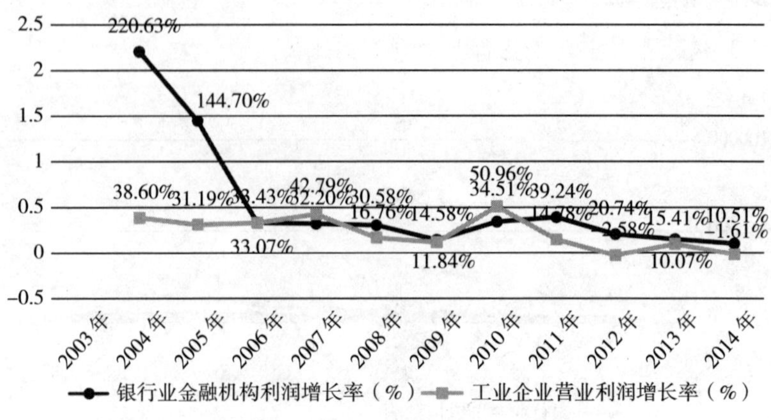

图 2-183　银行业与工业企业利润增长率趋势对比

数据来源:《国家银监局年报》;《中国统计年鉴》

长率平均值为 54. 23%,而工业企业利润增长率平均值为 22. 35%。银行业虽起步相对较晚,但发展迅速,利润增长率普遍高于工业企业,并在数量上保持上升趋势,有较好的回报预期,因此银行业发展前景相对工业企业更为乐观。

(五)银行业与社会的外部性

银行业在客观上促进了经济的发展,也受到经济发展水平的制约,这成为理论和实际情况的共识。除去银行业的贡献,该行业从经济发展中获取的利润情况,也成为对比的焦点。

根据《中国国家资产负债表》提供的数据计算,我国在 2007—2013 年期间,银行业资本利润率始终高于社会平均资本利润率。尤其在 2011 年,银行业资本利润率高出社会平均资本利润率 4. 68%。虽受到工业企业结构问题、库存问题的影响,2012 年之后银行业资本利润率表现出温和向下趋势,但仍保持近 2. 61%的利润率差。可以看出,银

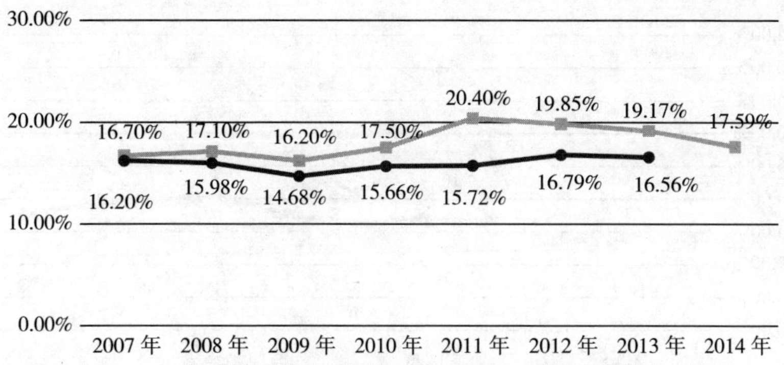

图 2-184　银行及社会平均资本利润率

数据来源:根据《银监会年报》、《中国国家资产负债表》估算

行业作为金融业的主导,也是服务业的重要组成部分,通过贷款与工业企业共同分享利润。当然,在实体经济不景气的时期,银行业的社会平均利润也仅稍微下滑。

因此,为确定企业与银行的权利和义务,需直观按产业划分,依次分析主要行业的资本利润率与社会平均水平和银行业资本利润率水平。判断在共同促进经济发展的同时,权利和义务是否也进行了合理分配。

同时,由于银行业资本利润率与社会资本利润率产生差额,意味着银行业的经营行为将产生一系列外部性影响。本文主要着眼于银行信贷对工业企业的贷款是否对环境状况产生外部性,因此,以主要工业行业为例,分别对比工业行业、社会平均资本利润率和银行业资本利润率的变化。

（六）银行业与工业企业的外部性

1. 煤炭开采和洗选业

从煤炭行业来看,该行业资本利润率在 2007—2012 年高于社会平

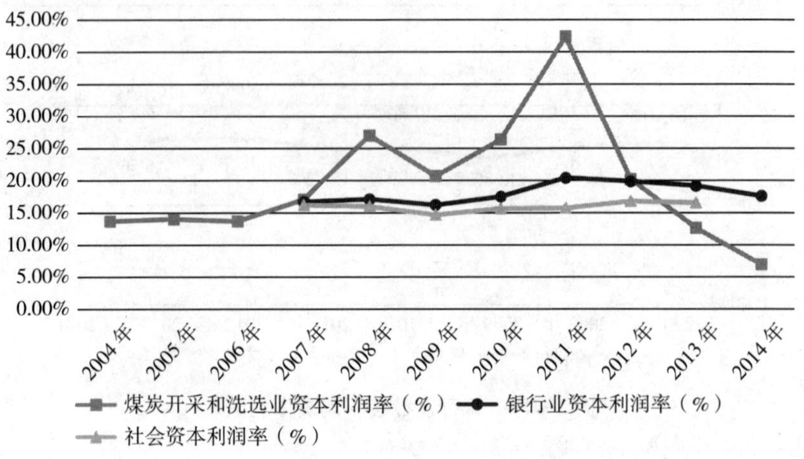

图 2-185 煤炭开采和选洗业、银行业及社会平均资本利润率

数据来源:《银监会年报》;《中国国家资产负债表》;《中国统计年鉴》

均利润率,2011 年甚至一度高出约 27%。在此期间,银行业资本利润率虽高于社会平均利润率,但也低于该行业。因此,该阶段银行贷款流向该企业既可获得丰厚收益,同时也保障了贷款资金的安全性。2012 年后,煤炭行业利润率急速下滑,低于银行及社会平均资本利润率,贷款投向也受到行业前景预期影响。但银行资本利润率仍然保持高于社会平均利润率约 3%—5%的水平。

2. 石油和天然气开采业、加工、炼焦及燃料加工业

石油及天然气开采业、加工、炼焦及燃料加工业资本利润率在 2006 年达到最高值 41. 67%,至 2014 年低于银行利润率,下降到 16. 56%。利润率的变化对行业偿债能力有直接影响,金融危机前,在该行业利润率频繁波动的时期,银行业利润率保持稳定增长,之后虽有所下降,但利润率下降速度低于石油行业。银行业的盈利能力在石油业发生利润滑坡时仍相对稳定。

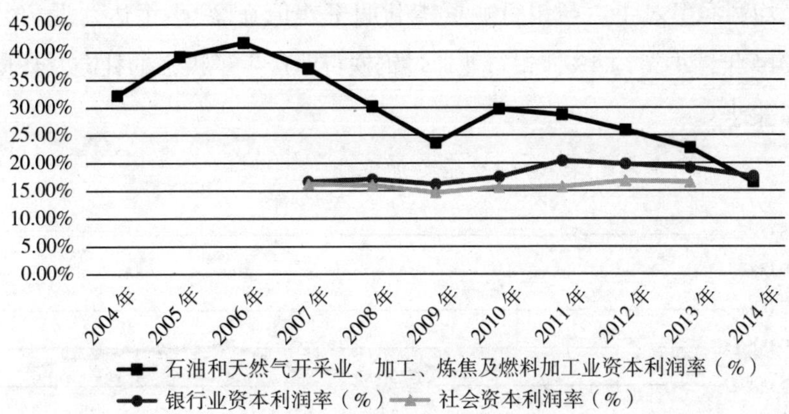

图 2-186 石油和天然气开采业、加工、炼焦及燃料加工业、银行及社会平均资本利润率

数据来源：《银监会年报》；《中国国家资产负债表》；《中国统计年鉴》

3. 黑色金属矿采、冶炼及压延加工业

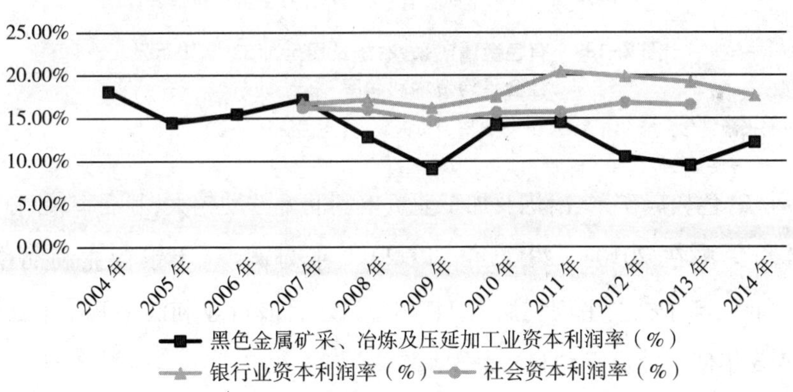

图 2-187 黑色金属矿采、冶炼及压延加工业、银行及社会平均资本利润率

数据来源：《银监会年报》；《中国国家资产负债表》；《中国统计年鉴》

黑色金属矿采、冶炼及压延加工业资本利润率仅在 2007 年高于银行业和社会平均利润率，达到 17.1%，其余年份利润率水平均在社会平均利润率之下。与银行业资本利润率差值在 2009 年达到近 7%，2014 年缩小至约 4%。银行业通过钢铁行业产生了极强的社会及环境外部性。

4. 有色金属矿采、冶炼及压延加工业

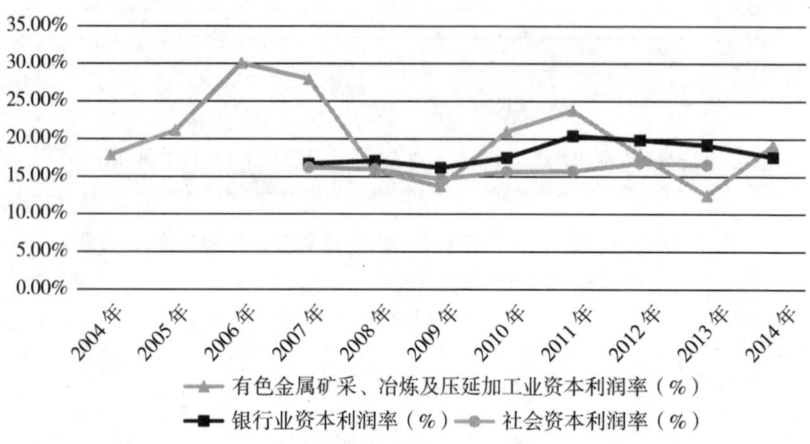

图 2-188　有色金属矿采、冶炼及压延加工业、银行及社会平均资本利润率

数据来源:《银监会年报》;《中国国家资产负债表》;《中国统计年鉴》

有色金属矿采、冶炼及加工业资本利润率波动较大，利润率较高的年份集中在 2010—2011 年。以 2011 年为例，高于银行业利润率 7.11%，高于社会平均利润率 11.79%。之后该行业利润率开始下滑，2013 年低于社会平均利润率 3.42%。

5. 非金属矿采业及矿物制品业工业

非金属行业资本利润率波动大，2010 年达到最高值 30.77%。除 2011 年，其余年份均高于社会平均利润率。与该行业贷款投资比较，贷款增长推进了企业更好地盈利，同时促进了银行业的利润增长。从而使银行通过投资该行业，获得较高的利润率。

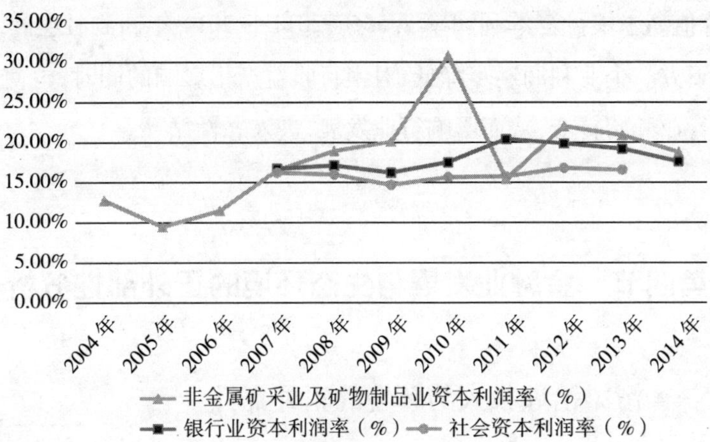

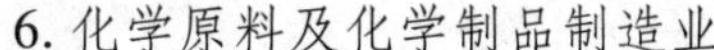

图 2-189 非金属矿采业及矿物制品业、银行及社会平均资本利润率

数据来源：《银监会年报》；《中国国家资产负债表》；《中国统计年鉴》

6. 化学原料及化学制品制造业

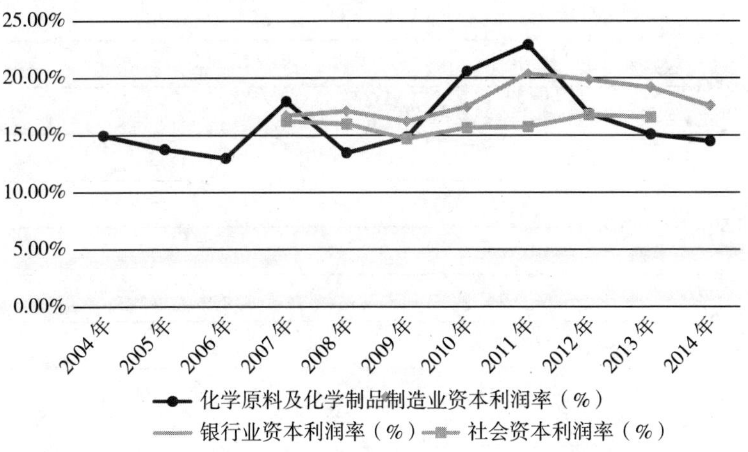

图 2-190 化学原料及化学制品制造业、银行及社会平均资本利润率

数据来源：《银监会年报》；《中国国家资产负债表》；《中国统计年鉴》

化学原料及化学制品制造业资本利润率阶段性特征较明显，2007—2009 年低于社会平均利润率；2009—2011 年该行业利润率激增，峰值高于银行资本利润率2.53%；2011—2014年回到社会平均利润率下方。企业利润逐步降低，对银行收益产生影响的同时，也使银行放贷行业开始转变，从而影响行业发展，进入恶性循环。

第四节　金融业发展与生态环境的正外部性分析

一、污染治理投入与环境的正外部性

金融业对生态环境的最直接影响表现在为环保事业各个环节注资，支持环境治理，减少过度污染企业融资供给，并为生态保护等环境保护相关事业的发展提供金融保障。

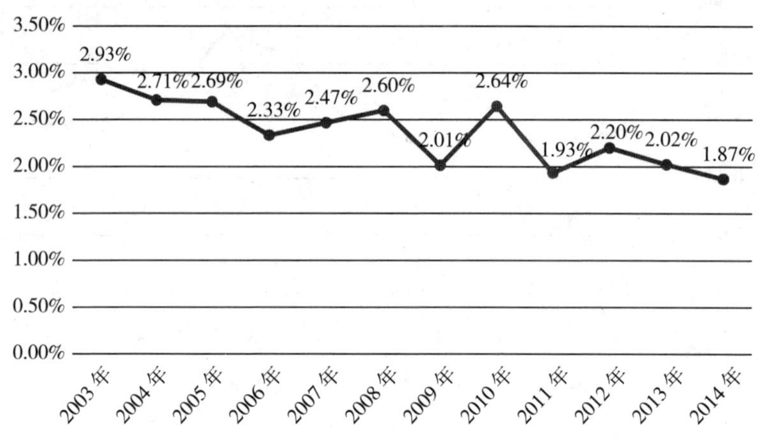

图2-191　环保投入占社会固定资产投资比例

数据来源：国家统计局；《中国环保统计年鉴》

从我国环保总投入占社会固定资产投资比例分析，环保总投入占比仅在个别年份呈现出较高增长率，大体趋势与逐渐增强的环保意识

相左，呈现出下降趋势。从 2003 年起，占比从 2. 93%下降到 2014 年仅为 1. 87%。环保投入在数量上整体不足，同其他固定资产投资相比，在 2003 年达到峰值，占比 2. 93%，对环保投资重视不足，同时没有稳定性和可持续性，受到政策影响较为明显。在政策红利明确或有明确落实任务的年份占比增加明显，否则呈现出疲软或下跌的趋势。

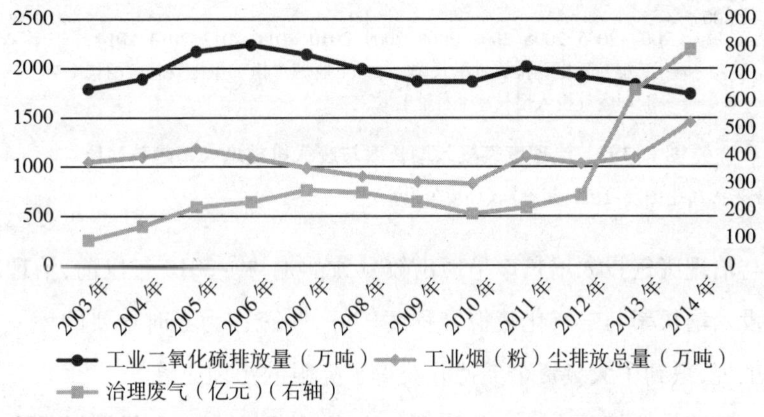

图 2-192 治理废气投入增长率与废气排放趋势对比

数据来源：《中国环境统计年鉴》、《环境公报》

治理废气投入趋势在 2012 年前与工业二氧化硫排放量走势接近，2006—2010 年间，随着治理废气投入增长和《排污费征收使用管理条例》《关于加强燃煤电厂二氧化硫污染防治工作的通知》及《火电厂大气污染物排放标准》等政策先后出台及逐步落实，工业废气排放均有下降趋势。2010 年后，废气排放增长趋势高于治理投入，以工业烟粉尘排放量激增较为明显，治理数额也因此快速增长。

因此，废气治理投入对大气治理有明显的正相关作用，同时，废气治理投入具有一定滞后性，需根据已污染状况进行事后投资和治理。

排放量与治理投入单位不同，因此仅进行增长率趋势对比。由图 2-193 可知，除个别年份出现小幅度背离，二氧化硫、工业烟粉尘排放

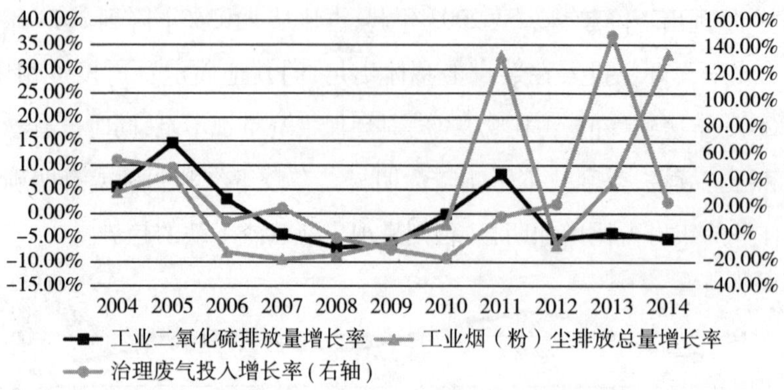

图 2-193　治理废气投入增长率与废气排放增长率趋势对比

数据来源：《中国环境统计年鉴》、《环境公报》

量与治理废气投入增长率呈现出较一致的走势。2010 年以前，治理废气投入增长率与二氧化硫拟合程度较好，脱硫作为当时重要的环境保护工程，得到了大量资金支持并获得了亮眼的治理成果。

随着工业烟粉尘这一新问题的出现，从 2010 年起，投资增长率走势与工业烟粉尘排放量增长率接近。2011 年问题暴露明显，2010—2012 年期间以 148.7%的投资增速，遏制住了工业烟粉尘排放量的增长势头，金融投资的资金到位情况对废气污染治理效果明显。由于基数增大，投资增长率出现下降，但高于绿色信贷 6.46%的增长率，略低于节能环保项目贷款增速 24.06%。工业废气治理是环境治理投入的重点领域，资金到位情况直接影响当年治理效果及未来治理技术的先进程度。投资问题出现在不可持续性上。投资多少仅依赖于过去的环境数据或根据国家当时的政策重点进行，没有稳定和自主的投资意愿及投资行为。

废水治理投入趋势与废水排放量关系体现在较明显的事后治理。随着废水排放量趋势的逐步上升，一旦废水排放量出现下降趋势，投资

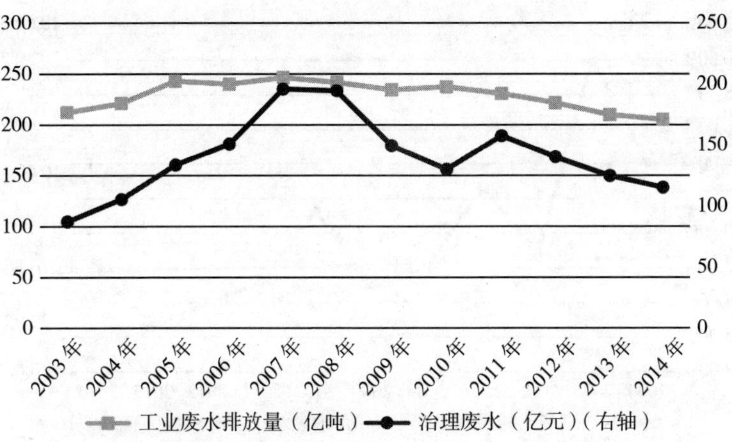

图 2-194　治理废水投入增长率与废水排放趋势对比

数据来源:《中国环境统计年鉴》、《环境公报》

也保持零增长或开始下降,以求寻找最低投入,维持工业废水排放下降趋势。

2010 年,连年减少的废水治理投入,使废水排放量再度出现上升趋势,当年治理投入再度提高。因此,水污染治理投入对污水治理产生正效应,但同废气治理存在相似问题,即先污染后治理,在治理过程中没有明确的投入准绳,仅通过历史依据作为经验法则治理。

工业废水排放增长率与治理工业废水投入增长率趋势吻合程度高,呈明显正相关关系。仅在 2011 年出现了排放增长率下降,治理投资增长率上升的现象。在 2011 年,我国大幅增加基础设施投资,水利项目受益明显。之后随着基础设施建设项目提振的结束,水利投资恢复到与工业废水排放增长率一致变动的趋势。

因此,金融资本介入治理投入将有力推进环境的治理。但金融资本主动介入低效益、高公益性的环境治理项目意愿不强,例如在 2011 年的政策驱动后,一度进入负增长时期,从 2012 年的-11. 03%到 2014

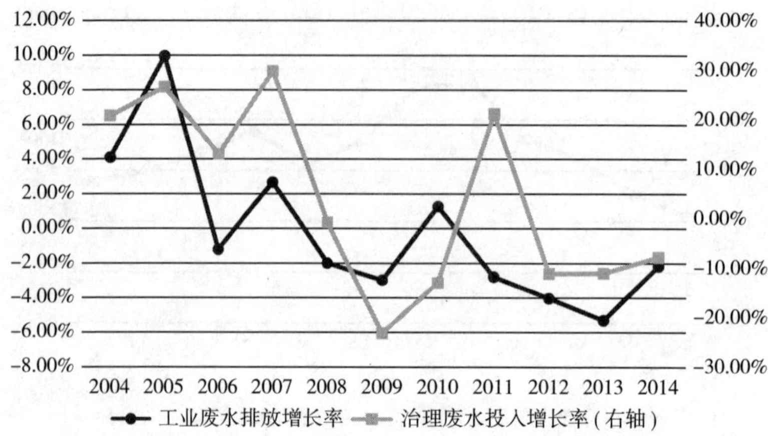

图 2-195 治理废水投入增长率与废水排放增长率趋势对比

数据来源:《中国环境统计年鉴》、《环境公报》

年的-7.75%。在离开政策指引后,甚至投资跌幅于2009年一度高于工业废水排放量变化幅度。完全依赖责任心和道德引导资金介入环境治理行业,无论从理论上还是实践上都表现乏力。

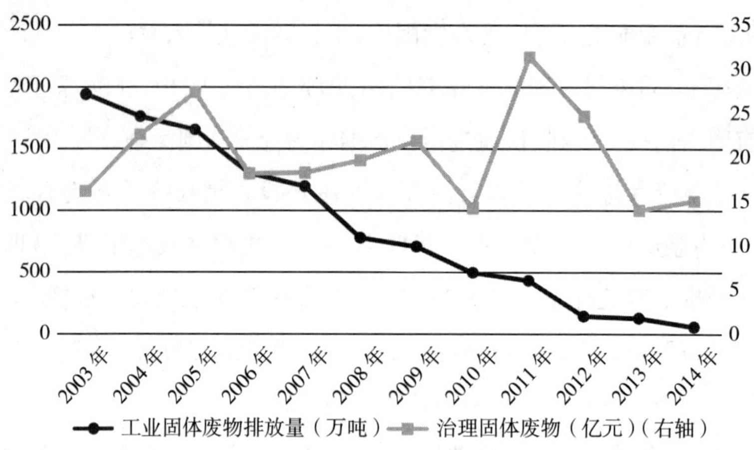

图 2-196 治理固废投入增长率与固废排放趋势对比

数据来源:《中国环境统计年鉴》、《环境公报》

我国工业固体排放量逐年下降趋势的背后，除早在1995年就颁布并逐步完善的《中华人民共和国固体废物污染环境防治法》、2004年出台的《危险废物和医疗废物处置设施项目复核大纲》等一系列早期政策管制外，还有保持上升趋势的治理固体废物的投入费用。2005年，工业固体废物排放治理初见成效，随着投入数额下降，固体废物排放量下降幅度减少，之后投入逐步提高，工业固体废物排放持续下降，2010年再度出现波动，同时为扩大基建投资规模，迫使治理费用三度提高。因此，随着工业固体废物排放量变化趋势幅度变动，治理投入也出现阶段性特征。当前，如何将投入与固体污染排放保持在均衡的状态仍在探索阶段。但可以看出，治理投入作为污染后治理手段，对工业固体排放物有直接影响。

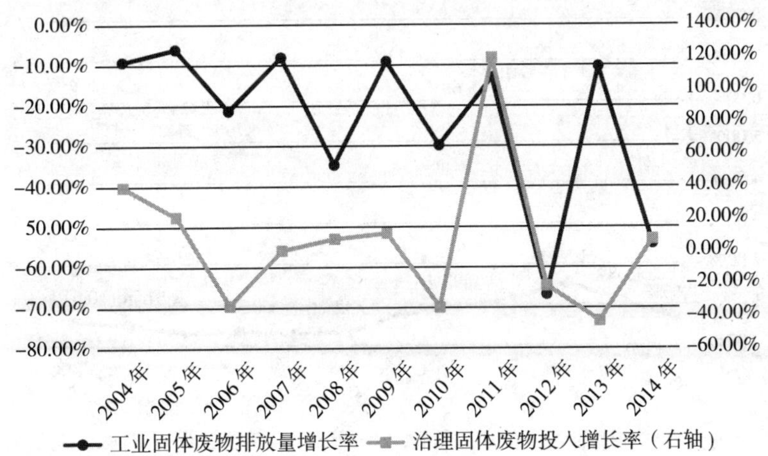

图2-197 治理固废投入增长率与固废排放增长率趋势对比

数据来源：《中国环境统计年鉴》、《环境公报》

工业固体废物排放量增长率整体趋势与治理工业固体废物投入增长率大致相似。结合上文数据，自2004年开始，全国工业固体废物的产生量、综合利用量和处置量均大幅增加，而工业固体废物的贮存量和排放量呈下降趋势。但受到危险废物排放量年度之间的波动较大的影响,工业固体废物排放量增长率波动频繁。与废气和废水治理呈现出相似的问题,2011 年在政策引导下,我国工业固体废物治理投入增长率由前一年的-34.7%跃至 119.58%,随着资金逐步到位,工业固体废物排放量 2012 年增长率下降至-66.7%,接下来随着投资恢复常态,固体污染物排放增长率也回到前期水平。

二、金融业发展与环境污染治理的正外部性

(一)社会融资与环境污染治理投入的关系

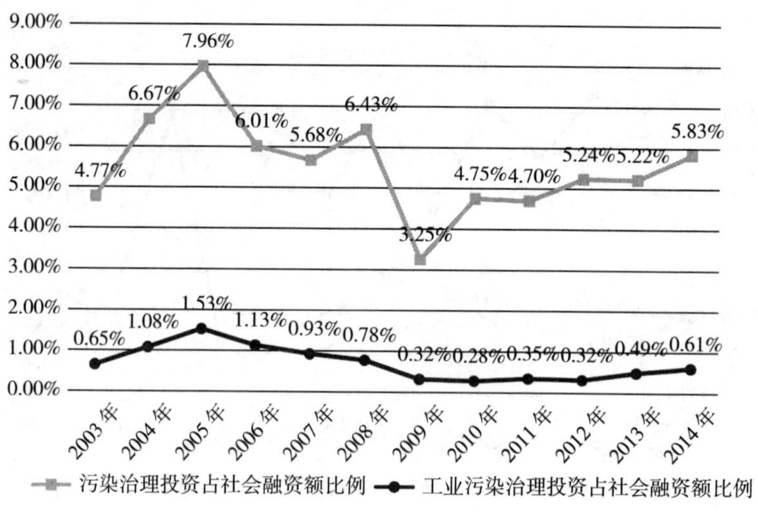

图 2-198　污染治理及工业污染治理投资占社会融资比

数据来源:《国家环境公报》;国家统计局

上文重点分析了我国当前对环境污染治理的投入对环境状况的改善起到了积极的作用。环境污染治理投入中,通过社会融资提供资金的部分仅占 6%左右。最高年份为 2005 年的 7.96%,最低年份为 2009

年仅 3. 25%。工业污染治理，作为环境污染治理的一个部分，其通过社会融资途径筹资并治理环境比例在 2007 年后始终低于 1%。

一方面，环境污染治理投入从实际上改善了环境状况，另一方面，环境污染治理投入主要来源仍是依赖国家财政资金支持，对资金利用途径有待开发，资金利用效率仍需提高。

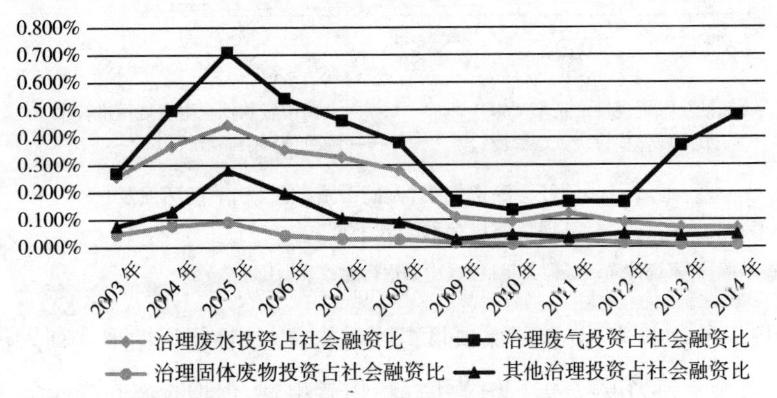

图 2-199　各项污染项目治理投资占社会融资比

数据来源：《国家环境公报》；国家统计局

我国 2003—2014 年环境污染治理中，废气治理居首位，但 2014 年占比仅为社会融资总额的 0. 481%。其中，2012 年后，全国脱硫指标明确，废气污染治理占比达到新高，见图 2-199。

当前我国环境治理投资方向仍依赖于政策导向和强制实施。其他废弃物治理仍需政策的引导。

如图 2-200，社会融资规模、人民币社会融资规模、节能环保贷款余额及绿色信贷余额增长率走势相似，除去 2012—2013 年，节能环保贷款计算口径调整，导致极端值出现，因此，趋势分析将以此时间节点分成两部分。

2012 年以前，节能环保项目贷款余额增速高于人民币贷款社会融

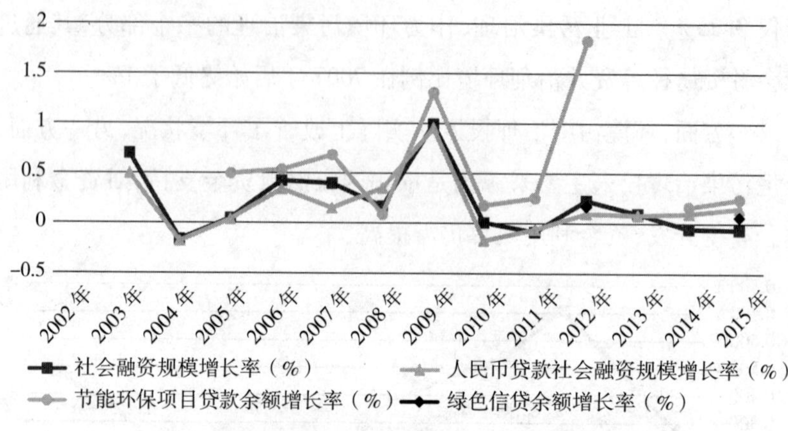

图 2-200 社会融资规模、人民币贷款规模、节能环保及绿色信贷余额增长率

数据来源：国家统计局；《银监会年报》；《中国银行业社会责任报告》

资规模的增长率，节能环保项目得到重视，以硬性指标的形式列入任务，资金支持力度较大。2012 年绿色信贷出现，但增长率在当年低于其他三项指标增长率，因此，对于生态项目支持力度稍显不足。

（二）企业债券融资与环境污染治理关系

节能环保贷款发展趋势与企业债券社会融资规模相比，2011 年前，两者趋势相似，均匀速上升。2011 年后，节能环保贷款激增一年后，对该指标计算口径进行调整。调整后的节能环保贷款总额增长趋势开始落后于企业债券融资总额。相比企业债券发展趋势，随着污染企业环保标准更加严格，绿色信贷标准日益完善，节能环保贷款的发展规模和速度均落后于债券。

发展加速的债券作为融资途径被更多企业认可的同时，也为绿色金融助力。2015 年 10 月 13 日，中国农业银行在伦敦市场同时发行了以人民币、美元计价的双币种绿色债券，总计规模 10 亿美元，是首个中

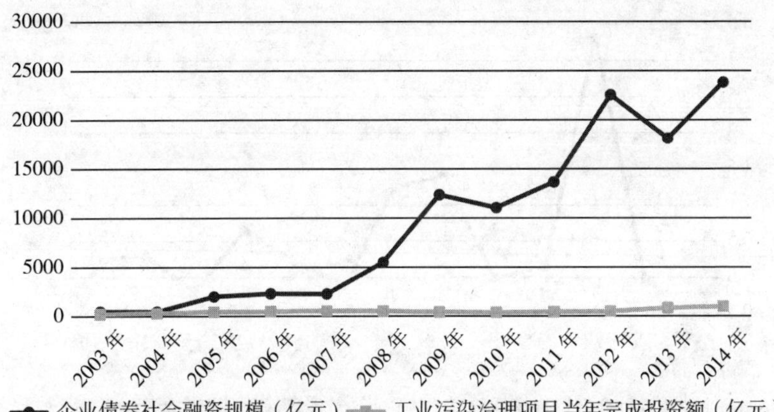

图 2-201　企业债券社会融资规模和工业污染治理项目投资趋势对比

数据来源：国家统计局；《中国银行业社会责任报告》

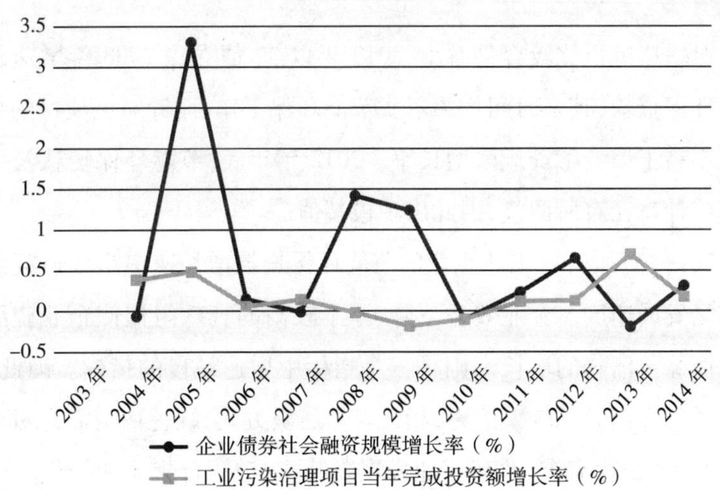

图 2-202　企业债券社会融资规模和工业污染治理项目投资增长率趋势对比

数据来源：国家统计局；《中国银行业社会责任报告》

资银行发行的绿色债券。因此，金融方式的多样化，为治理环境污染、发展生态环境项目提供了资金支持和保障。

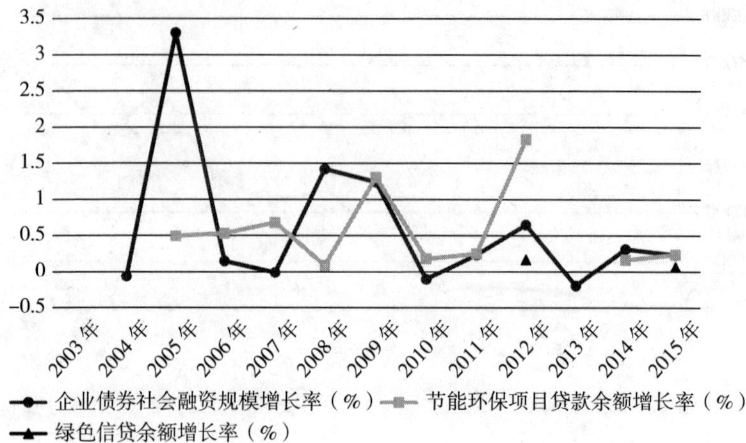

图 2-203　企业债券融资社会规模、节能环保贷款及绿色信贷增长率对比

数据来源：国家统计局；《中国银行业社会责任报告》

对增速进行比较容易看出，2013 年以前，债券除 2008 年增速超过节能环保贷款，其余时间均为落实节能环保工作，而针对该项目的贷款增长率高于债券融资规模增长率。2012 年年底，节能环保贷款及绿色信贷统计口径有所调整，因此出现极端值。

2013 年后，针对工业企业的节能环保贷款增长速率难以追赶上债券市场发展速度。企业效益下降，原本较高的贷款门槛使企业望而却步。而绿色信贷的增长率则是三个指标中增速最慢的指标。因此，绿色信贷发展仍具备较大潜力，相比其他融资方式，绿色信贷需针对当前形势，满足企业需求，改善企业发展现状，主动为合规企业提供合理贷款价格，承担其生态、社会责任。

（三）股票市场与环境污染治理关系

节能环保贷款总额趋势在 2012 年经过数据调整后恢复平稳增长。与非金融企业境内股票社会融资规模增长趋势相比，2008 年后，节能

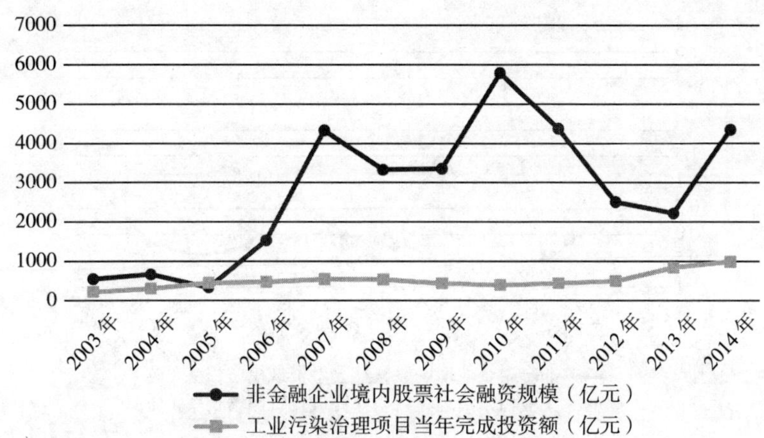

图 2-204　非金融企业境内股票融资规模与工业污染治理完成投资额对比

数据来源:国家统计局;《中国银行业社会责任报告》

环保贷款发展更快,且两者差距不断扩大。由此,我国节能环保项目贷款发展快于非金融企业境内股票融资规模,但同时反映,我国目前金融市场发育仍需完善,对各类融资渠道的利用尚且不足,为生态环保提供的融资产品也相对单一,还需继续完善金融投融资渠道、模式、产品等,构建一个更健康的金融市场作为生态环境投融资的支撑。

直接融资与间接融资市场相辅相成,从两者增长率角度看,均呈现波动较大的趋势。相对股市融资大起大落,节能环保贷款总额相对稳定,仍是企业较为普遍的融资方式,尤其在金融市场受挫的 2008—2009 年期间,节能环保项目贷款增长率达到前期峰值。2012 年调整统计口径后,节能环保项目投资余额增长率负增长达 55.18%。之后两项指标增长率呈正相关,且比例相似。

与以上两项指标对应,绿色信贷增长率在 2012 年高于股票融资增长率,低于节能环保贷款增长率,2015 年三者增速最低。绿色信贷融资发展速度相对其他融资方式较慢,仍有发展余地。

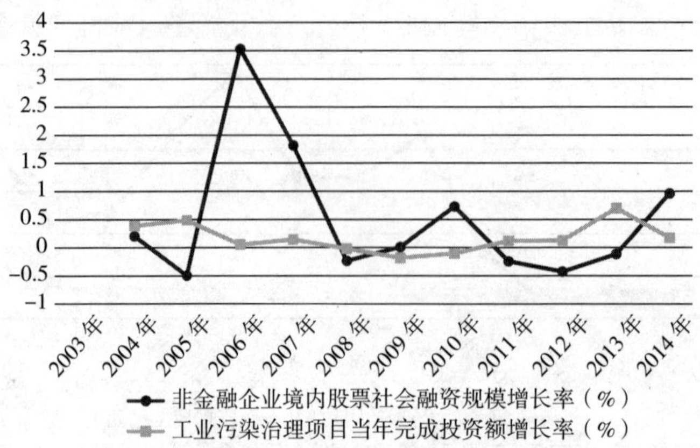

图 2-205　非金融企业境内股票融资规模与工业污染治理完成投资额增长率对比

数据来源：国家统计局；《中国银行业社会责任报告》

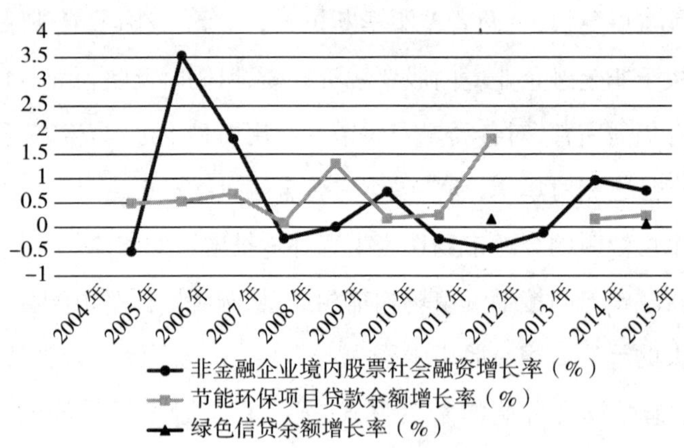

图 2-206　非金融企业境内股票社会融资规模、节能环保贷款及绿色信贷增长率对比

数据来源：国家统计局；《中国银行业社会责任报告》

根据图 2-206，口径调整前，2006—2008 年及 2010—2011 年，非金融企业境内股票社会融资增长率高于节能环保项目贷款余额增长率。2012 年，绿色信贷余额增长率为 16.9%。口径调整后，企业股票社会融资增长率虽相较前期偏低，但仍高于节能环保项目贷款余额及绿色信贷余额增长率。

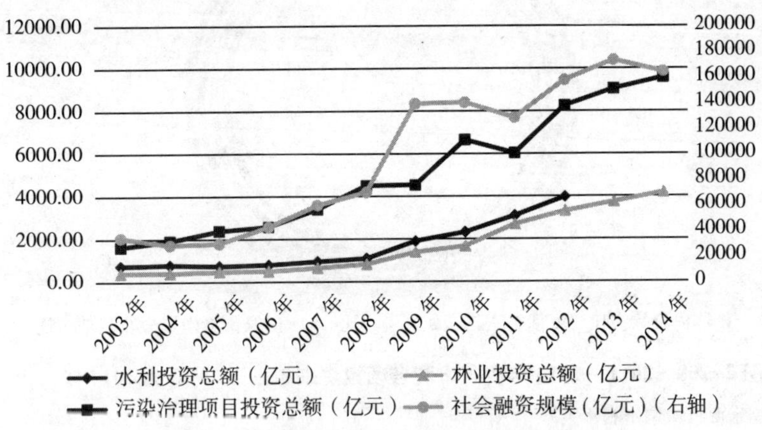

图 2-207 社会融资规模及生态环境治理投资额趋势

数据来源：《中国水利年鉴》；《中国林业年鉴》；《国家环境报告》；国家统计局

三、金融业发展与生态环境治理的正外部性

同社会融资规模增长趋势相比，污染治理投资总额除 2008—2010 年期间相对落后，其余年份与社会融资规模增长趋势相近。林业及水利投资总额趋势走势相似，均呈现逐年上升趋势，尤其在 2009 年后，上升速度加快。但生态环境投资中的林业及水利投资仍低于污染治理投资力度，同时发展较慢，低于社会融资规模增长。

（一）水利投资结构

水利投资主要来源除国家预算投资外，还有国内贷款、债券和外资等途径。其中，占比最大的投资方式为国内贷款。根据《中国水利年

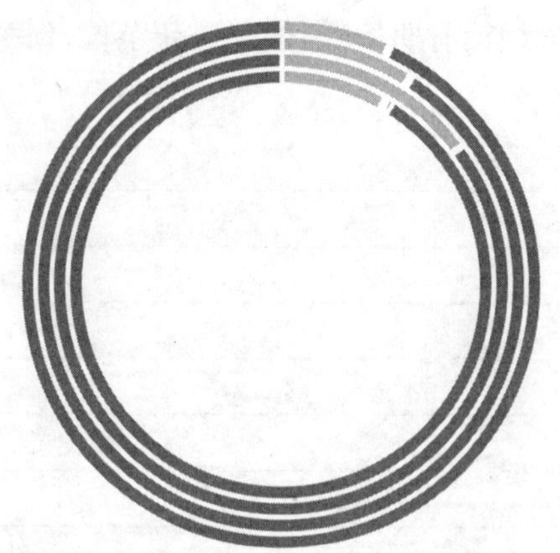

图 2-208 2011—2014 年我国水利各项投资来源占比(外环为 2014 年占比)

数据来源:《中国水利年鉴》

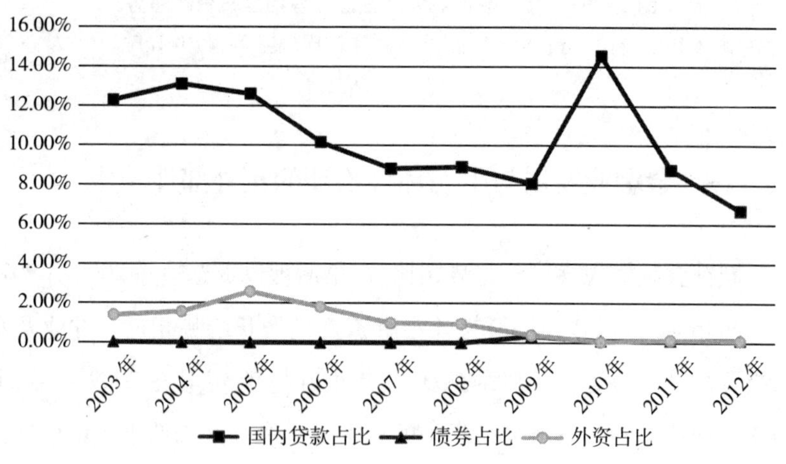

图 2-209 我国水利主要投资项目占比

数据来源:《中国水利年鉴》

鉴》数据显示,2014 年国家预算资金及其他筹资占比高达约 93%。通过对我国水利行业投融资总量和投融资结构来看,水利行业中市场主体的投融资作用远未很好发挥。

经济和金融的高速发展,我国居民储蓄、市场主体等存在大量闲置资金,这将为市场机制进行水利行业投融资提供重要的、规模较大的资金来源。然而,我国水利行业投融资体制中,针对市场主体参与水利行业建设的相关途径和渠道还未成熟,可能受到投融资途径、相关平台、产品缺失、安全性不足等问题的限制,无法自由参与水利行业投融资体系。目前,对于水利行业投融资引入市场资金方面,仍需出台更为细致的政策法规,为相关投融资平台的建立提供政策支持和制度保障。

(二)林业投资结构

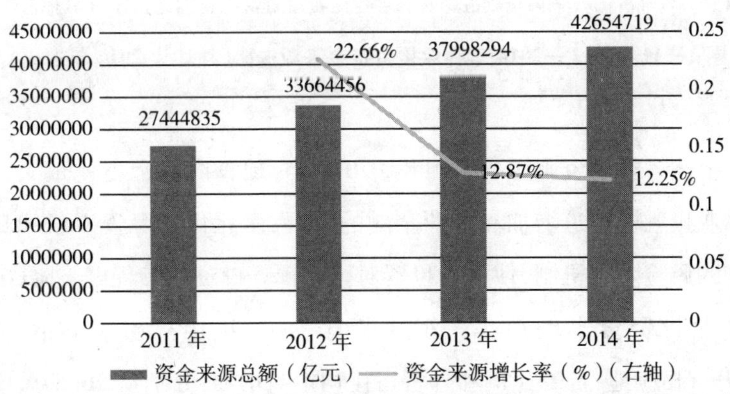

图 2-210 我国林业当年资金来源总额及增长率

数据来源:《中国统计年鉴》

近年来,林业投资资金来源趋向于多元化,包括国家投资、国内贷款、债券、外资、自筹等形式。受到林业生长周期限制,林业投资具有周期长、风险大、收益不稳定等特征,因此,林业投资仍对国家投资依赖较大。

林业投资金额自 2011 年起呈现出逐年增长趋势,至 2014 年已投资 42654719 元,增长率达到 12. 25%,除去上年结余,当年投资金额为

41772493 元，其中，以国家预算资金投入比重最大，达到 17279475 万元，债券投资比重最小，为 1534 万元。

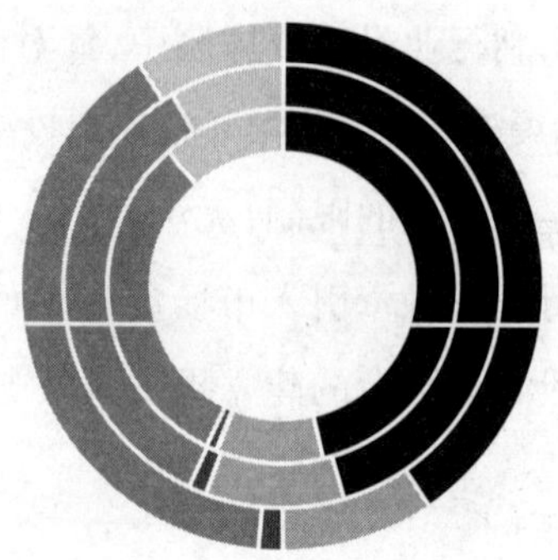

图 2-211　2012—2014 年林业投资资金来源占比（外环为 2014 年占比）

数据来源：《中国统计年鉴》

上述各类融资来源中，2011—2014 年，预算内资金占比最大。随着林业投融资渠道增加和林业金融的发展，多元化的筹资手段和日益丰富的风险防控机制，使林业投资对国家预算投资依赖程度下降，激发了林业投资资本的活力。2014 年比 2011 年预算资金占比减少 6.97%，相应地，自筹比例和外资占比均不断增加，分别从 26.87%增加至 39.3%和从 0.83%增长至 1.49%。

第五节　银行业发展与生态环境的正外部性分析

一、绿色信贷与环境的正外部性

节能环保贷款和绿色信贷的投放均对环境产生影响。就废气排放

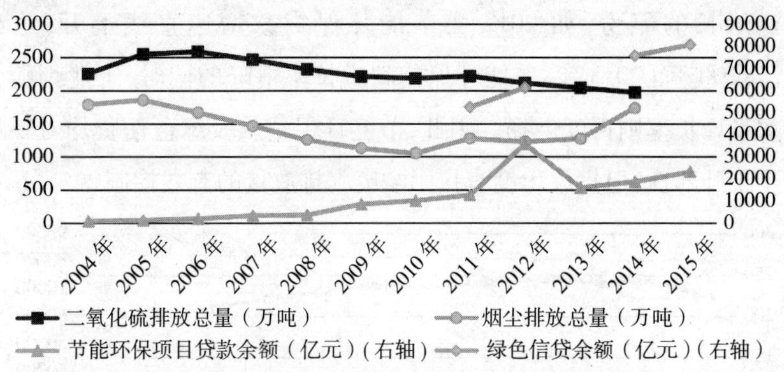

图 2-212 节能环保贷款、绿色信贷与废气排放关系

数据来源：《中国环境统计年鉴》；《环境公报》

一项对比，2012 年节能环保贷款增长，既控制住二氧化硫排放量，同时抑制了工业烟粉尘的上扬趋势。之后随着节能环保贷款项目贷款余额的下降，工业烟粉尘排放量自 2013 年起开始上升。

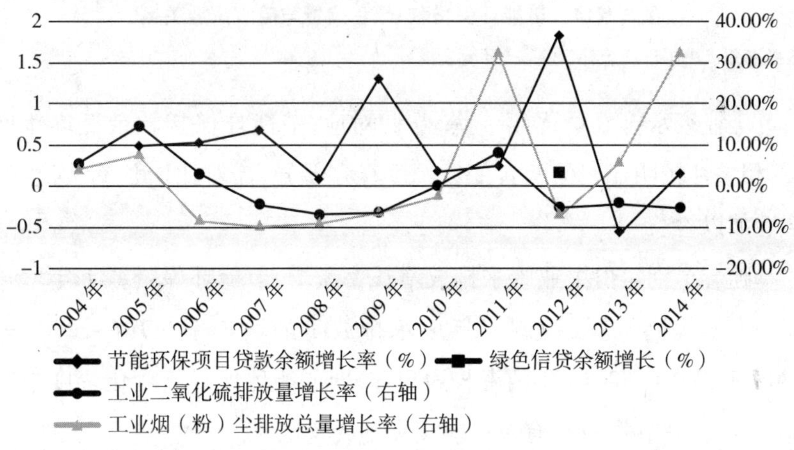

图 2-213 节能环保贷款、绿色信贷与废气排放增长率关系

数据来源：《中国环境统计年鉴》；《环境公报》

节能环保贷款项目投资增长率、工业烟（粉）尘排放增长率和二氧化硫排放增长率存在明显的滞后关系。在工业烟粉尘及二氧化硫排放快速增长的年份，如 2012 年节能环保贷款增速直线上升，达到 182.82%。而 2013 年，节能环保贷款增长率下降的同时，工业烟粉尘排放量增长率则再度上扬。因此，节能环保贷款及绿色信贷均对环境产生正外部性，但投放力度直接影响废气排放量的有效控制。

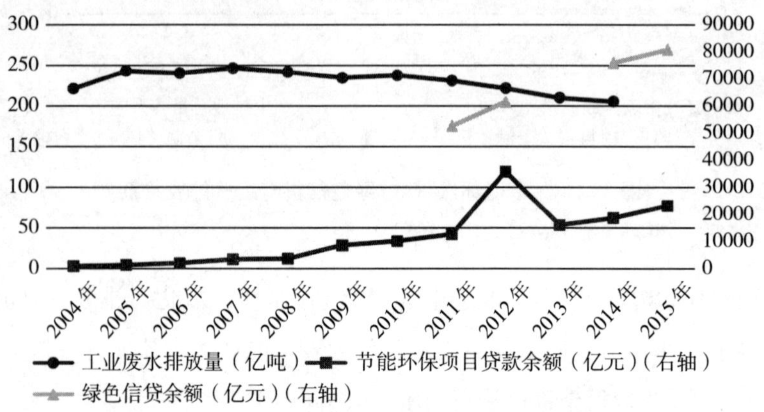

图 2-214 节能环保贷款、绿色信贷与废水排放关系

数据来源：《中国环境统计年鉴》;《环境公报》

工业废水排放量逐年下降，与此对应，节能环保贷款余额逐年增长，相关性较明显。但两者变动幅度存在差异，需对比增长率，对正外部性加以检验。

随着个别年份工业废水排放增长率激增，节能环保贷款下年增长率则大幅提高，有效控制当年废水排放量的增长率。其中，2007—2008 年、2013—2014 年两者较为吻合，即节能环保贷款变化幅度与废水排放变化幅度一致，有效控制废水排放变化。

固体废弃物排放逐年下降，由 2004 年 1762 万吨下降至 2014 年 59.38 万吨，用于推进其下降的投入则逐年增长，2015 年达到 23200 亿元。节能环保贷款的投放，为固体废弃物排放量下降提供了资金支持。

2011 年以前，节能环保贷款余额的增长幅度变化直接影响当年工

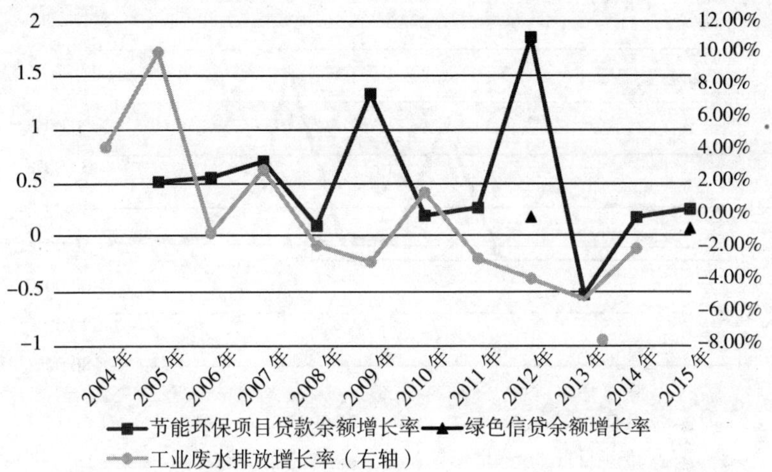

图 2-215　节能环保贷款、绿色信贷与废水排放增长率关系

数据来源:《中国环境统计年鉴》;《环境公报》

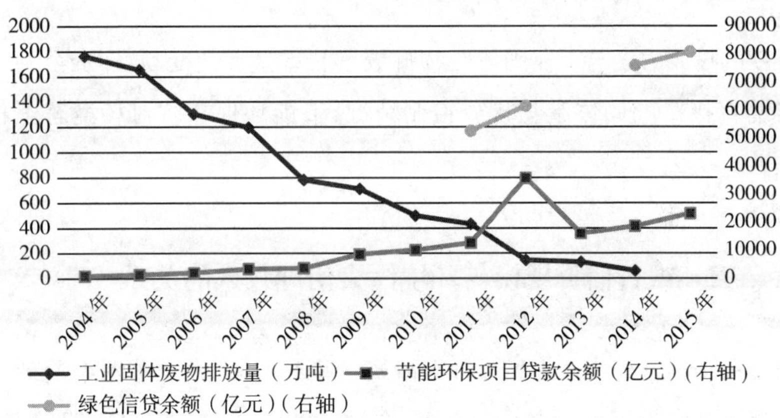

图 2-216　节能环保贷款、绿色信贷与固体废弃物排放关系

数据来源:《中国环境统计年鉴》;《环境公报》

业固体废弃物排放量变化率,两者上升或下降走势吻合度高。2012年,随着节能环保贷款增长率大幅度提高,对固体废弃物排放量控制力度增大,固体废弃物排放增长率达到-66.7%。在之后年份,节能环保

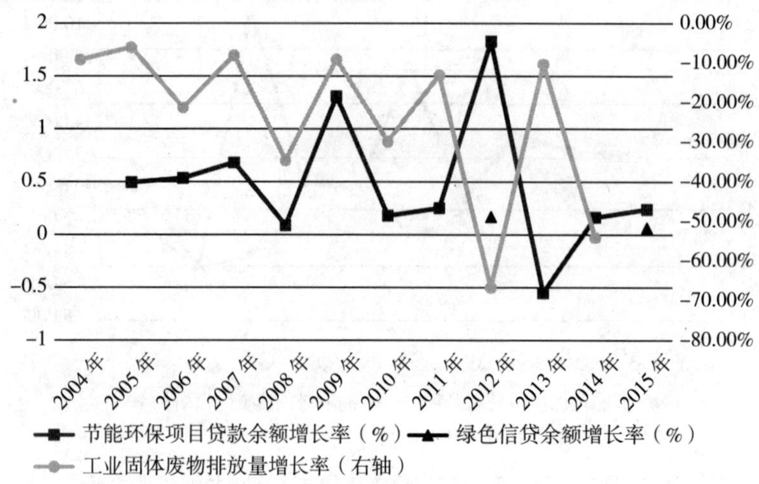

图 2-217 节能环保贷款、绿色信贷与固体废弃物排放增长率关系

数据来源:《中国环境统计年鉴》;《环境公报》

贷款的投放力度与工业固体废物排放增长率呈反向变动,即资金到位情况直接影响固体废物排放控制情况,节能环保贷款对环境有正相关性。

二、银行信贷规模与环境污染治理投入的关系

社会融资规模及人民币社会融资规模走势相似,工业污染治理项目当年完成投资额为如图 2-218 右轴,2008—2012 年呈下降趋势,2012 年以后逐年上升,整体走势在 2012 年后超过人民币贷款及社会融资规模,2014 年投入达到 997.7 亿元,与社会融资规模和贷款融资比重较低。

我国 2003—2014 年年末贷款余额呈逐年增长,2009 年增速较快,至 2014 年,年末贷款余额为 81.68 万亿元。相较之下,节能环保项目

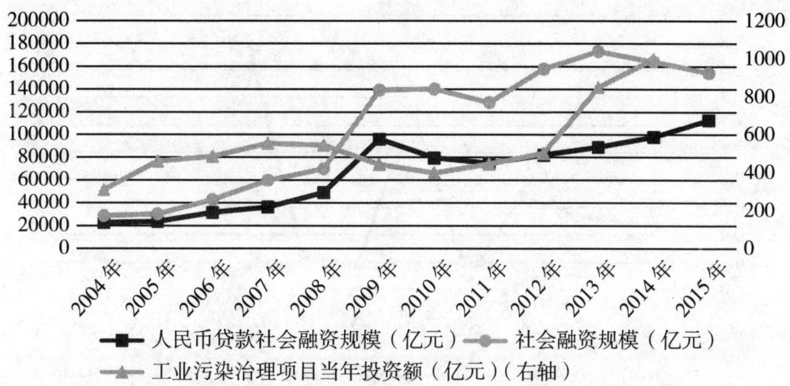

图 2-218 人民币贷款、社会融资及工业污染治理项目当年投资额趋势对比

数据来源：国家统计局；《银监会年报》；《国家环境报告》

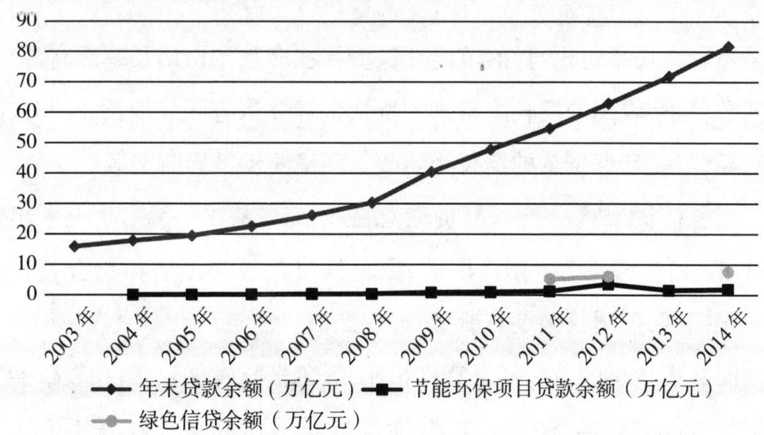

图 2-219 年末贷款余额、节能环保项目贷款余额及绿色信贷余额趋势对比

数据来源：国家统计局；《银监会年报》；《社会责任报告》

贷款余额数额较少，根据上文可知，由于全面脱硫的落实，2012 年节能环保投入较多，之后几年逐步恢复 1.5 万亿元左右。绿色信贷起步较晚，但发展较快，2011 年起余额已超过节能环保贷款余额，至 2014 年达到 7.59 万亿元。

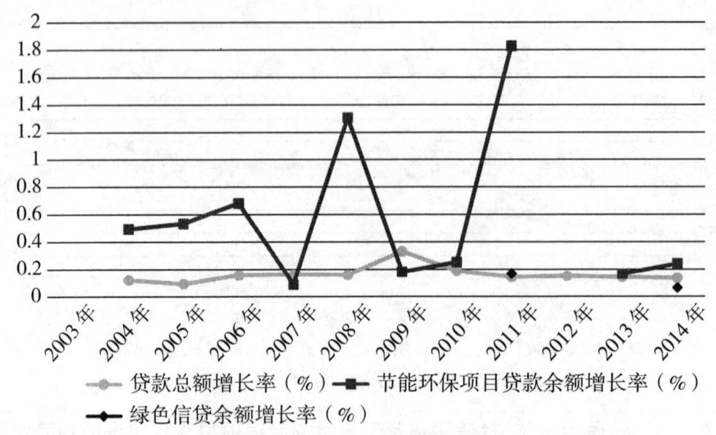

图 2-220　贷款总额、节能环保贷款及绿色信贷余额增长率对比

数据来源:国家统计局;《银监会年报》;《社会责任报告》

三者增长率对比可知,节能环保贷款在多数年份增长率最高,但由于基数较小,较高的增长率带来的贷款余额并未有明显增长。同时,波动明显,节能环保贷款的增长受到政策环境驱动的影响显著。

绿色信贷余额增长率与贷款总额增长率基本一致,2014 年相较 2011 年,相对增长率下降。因此,绿色信贷投放力度整体符合贷款总额变化幅度,但增长幅度有所下降。

同起步较早的节能环保贷款相比,绿色信贷发展较快,相较节能环保贷款占比平均高 5%左右。节能环保贷款增长率在较高年份达到 5. 68%,绿色信贷占比最低年份 2014 年为 9. 29%。

虽节能环保项目贷款和绿色信贷均可以对环境污染治理和生态环境建设起到积极作用。但从增长率而言,没有与信贷总额增长率同步,占余额比重仍较低。

工业污染治理项目完成额增长率增速在 2011 年以前低于污染治理项目总投资增长率,表现出该阶段污染治理项目投资多用于“三同时”项

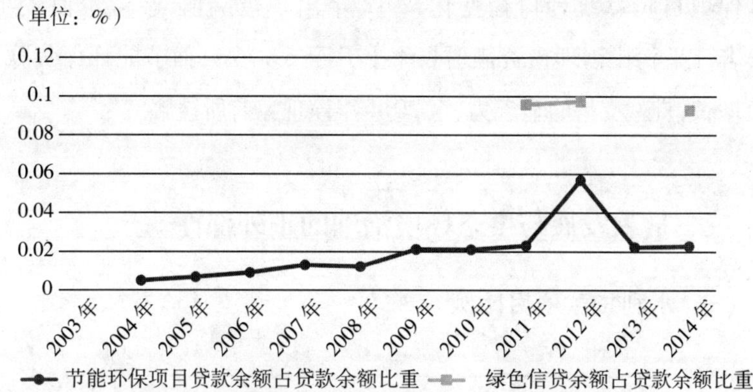

图 2-221　节能环保贷款及绿色信贷占贷款余额比重

数据来源：国家统计局；《银监会年报》；《社会责任报告》

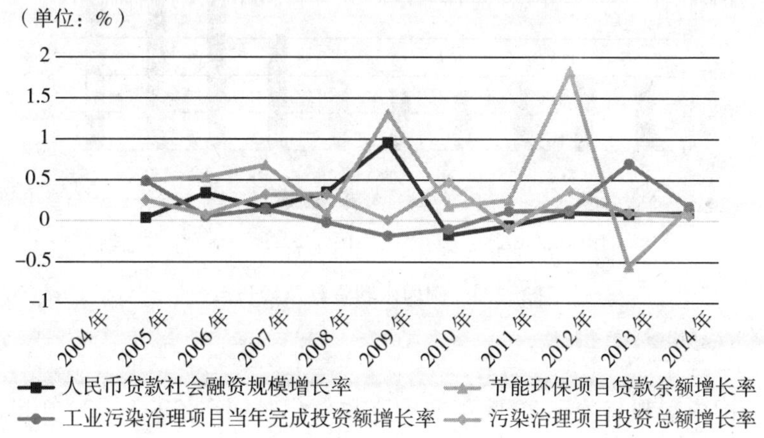

图 2-222　人民币贷款、节能环保贷款、工业污染治理及污染治理总投资额增长率对比

数据来源：国家统计局；《中国环境统计年鉴》

目环保工程或城市环境基础设施建设，对工业污染治理投资比重较少，2011 年，工业污染治理投资增长率高于污染治理项目投资增长率及人民币贷款增长率，工业污染物治理成为污染治理项目的投资重点。随着节能环保项目贷款统计口径变化，2012 年出现极端值，参考价值较小。2013 年工业污染治理投资额增长率上升至 69.76%，而节能环保贷款出现负增长，贷款支持略显乏力，至 2014 年该现象有所缓解。

三、贷款发展与生态环境治理的正外部性

（一）水利贷款项目比例

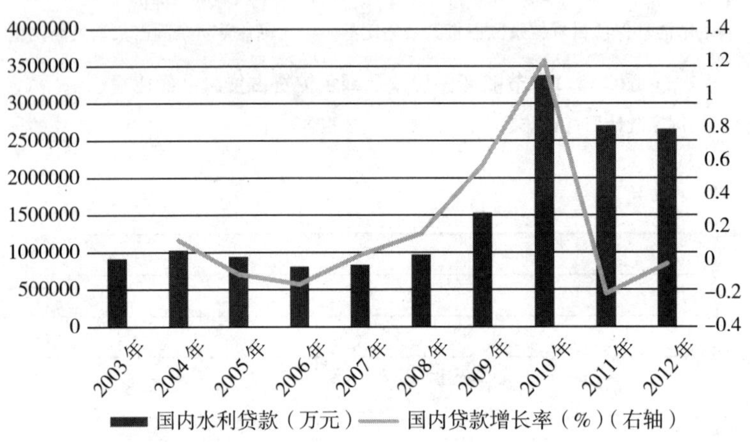

图 2-223　国内水利贷款及增长率

数据来源:《中国水利年鉴》

国内水利贷款在 2006 年前投资数额相对稳定，2007—2010 年保持上升趋势，且增长率逐步增加，以 2010 年 3374355 万元为最高值，当年增长率达到 120.75%。

在金融危机影响下，国家增加内需，自 2009 年起增加基础设施投资，水利作为重要的基础设施建设之一，水利贷款金额进入快速增长阶段。尤其在 2010 年提出《中共中央国务院关于加大统筹城乡发展力度，进一步夯实农业农村发展基础的若干意见》突出抓好水利基础设

施建设，加大对农田水利建设的支持力度，拓宽水利建设基金筹资渠道；大幅度增加中央和省级财政小型农田水利设施建设补助专项资金规模。各大银行纷纷响应国家政策，如中国农业发展银行总行下发《关于做好2010年农田水利贷款工作的意见》，明确了中国农业发展银行加大农田水利建设信贷支持力度的重点领域，要求增强农田水利贷款管理的针对性，严格防控信贷风险。

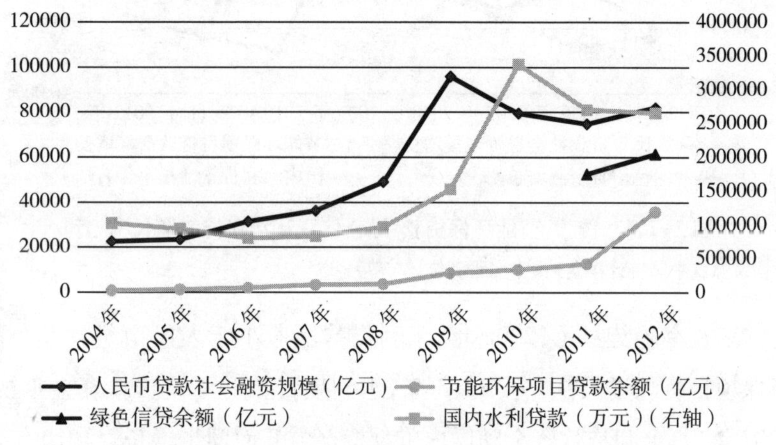

图2-224　贷款、节能环保贷款、绿色信贷及水利贷款趋势

数据来源：《中国统计年鉴》；《中国水利统计年鉴》

由于《中国水利统计年鉴》可查数据至2012年，因此该部分分析时间节点选择2004—2012年。

人民币国内贷款和水利贷款总额趋势呈正相关性，2010年由于基础建设内需增加，水利贷款总额发展趋势快于人民币贷款总额，该年贷款提供稍显不足，之后水利投资回落，与人民币贷款走势相符。

可查数据中，2011—2012年绿色信贷总额发展趋势快于水利贷款，水利贷款总额仍需增长，其增长趋势才可与绿色信贷和节能环保项目贷款趋势同步。水利作为基础设施建设的功能更多被投资，污水治

理等项目贷款重视程度有待提高。

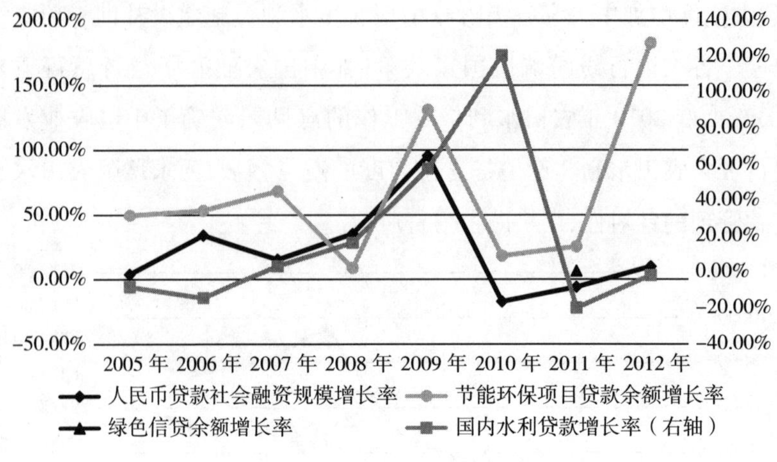

图 2-225　贷款、节能环保贷款、绿色信贷及水利贷款增长率趋势

数据来源:《中国统计年鉴》;《中国水利统计年鉴》

增长率趋势显示,2006 年,水利贷款增速小于人民币贷款及节能环保项目贷款增长率,为-14.36%,水利项目相对不被贷款资金重视。2007 年后,水利贷款资金随国内贷款资金上升而同步增长。2010 年水利投资经历了一次大幅度增长,与贷款规模和节能环保项目贷款余额增长率下跌形成鲜明对比,水利公益性凸显,发挥其作为环境基础设施建设的作用,扩大内需。2011—2012 年,水利增速均低于绿色信贷增长率和人民币贷款增长率。一方面由于 2010 年投资数额大,增速计算基数较大,异常增速难以维系;另一方面,作为绿色信贷的组成部分,水利贷款无法与绿色信贷增速一致,对水利贷款重视程度低于其他组成部分。

（二）林业贷款项目比例

此外,2013 年和 2014 年林业国内贷款投资占比均位列第三,两年

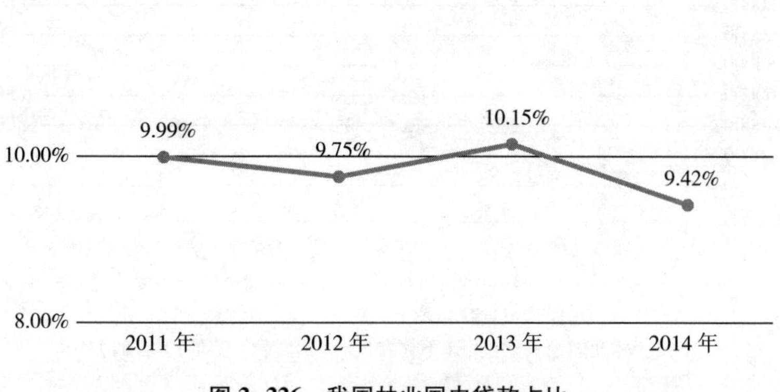

图 2-226 我国林业国内贷款占比

数据来源:《中国统计年鉴》

国内贷款比例分别达到 10.15%和 9.42%。银行业主要通过国内贷款形式为林业注资,考虑到林业的公益性,林业国内贷款提供了较多优惠和量身定制的投资方案。如 2016 年 5 月,国家开发银行与广西省相关林业部门积极探索林业产业与扶贫工作相结合,累计签订广西国家储备林基地项目合同 16.13 亿元,投放信贷资金 14.68 亿元,支持范围涉及 14 个设区市 72 个县区,覆盖区内 29 个连片特殊困难地区。

当前林业国内贷款占比仍有提升空间,由于林业贷款期限长、风险高、估值难及抵押少等问题,导致林业投资在商业银行贷款中易被较高门槛阻挠。因此,针对林业的绿色信贷的落实和金融产品创新是当前林业投资的重要需求。

通过对比林业固定投资、人民币贷款、节能环保贷款和绿色信贷余额总量趋势,林业固定资产贷款总额与人民币贷款规模走势吻合,2014 年规模上升趋势高于人民币贷款余额,对林业扶植力度大,是重点投资方向。同年,节能环保项目贷款余额趋势发展慢于贷款及林业投资贷款总额。一方面表现出对节能环保项目支持力度稍显不足,另一方面

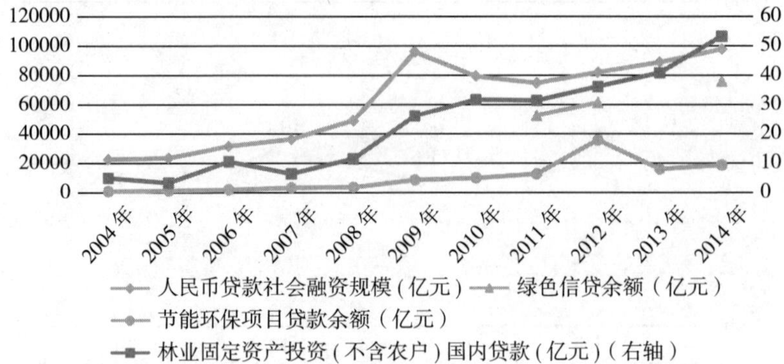

图 2-227 贷款、节能环保贷款、绿色信贷及林业贷款趋势

数据来源:《中国统计年鉴》;《中国林业统计年鉴》

表现出环境治理重心由原本的污染治理转移到林业生态环境建设。

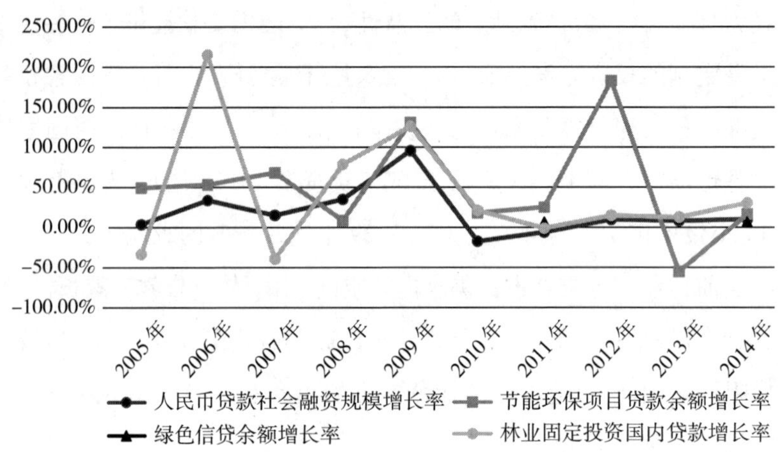

图 2-228 林业贷款与人民币贷款、节能环保及绿色信贷增长率对比图

数据来源:《中国统计年鉴》;《中国林业统计年鉴》

通过对比林业固定投资、人民币贷款、节能环保贷款和绿色信贷余额增长率,判断不同环境污染背景下,各类投资情况增长速度是否吻合当前提倡绿色环保及可持续发展的投资方向。

如图 2-228 所示,2005—2007 年、2008—2010 年,节能环保贷款增长率高于人民币贷款社会融资规模增长率,属于节能环保贷款较快发展的时期。该阶段林业投资增速一度高达 215. 22%,对林业发展提供了较大比例的贷款支持。

综上,当前生态产业投资结构和污染治理投资结构均主要仰赖于国家拨款或贷款,银行业在金融业具有举足轻重的地位。各银行应支持生态环保产业,践行生态文明建设的国家政策,为生态环保产业提供绿色信贷或提供金融产品优惠,以满足生态环保项目融资需求,解决融资期限长、抵押质押贷款难、贷款数额需求大等问题。其他金融产品虽日益成熟,但未给予生态环保产业足够的关注,生态金融产品创新不足。

随着绿色债券等产品的推广,金融业开始主动调动更充分的资金,利用市场因素支持生态环境的发展。在接下来的发展中,应合理利用各类金融产品特性加以组合,使创新绿色金融产品特性与生态环保产业需求一致,为生态环保产业发展注入资金血液。

第六节 社会融资状况与生态环境负外部性分析

社会融资通过多种途径,运用各类金融产品为经济发展注入生机和动力。不同的社会融资方式投入的资金,也将通过企业发展的过程,对生态环境产生直接或间接的影响。本部分选择社会融资总额、非金融企业债券融资规模、股票市场融资规模及人民币贷款规模分别与生态环境及生态环境治理状况对比,分析社会融资总额及各类融资类型规模增长与生态环境变化的关系,从而对金融业对生态环境的负外部性进行纵览。

由于本报告主要分析银行业金融行为的生态效应，因此，人民币贷款规模与生态环境关系将以独立部分叙述及分析。

一、社会融资规模与环境产生的负效应

（一）社会融资规模与废气排放量关系

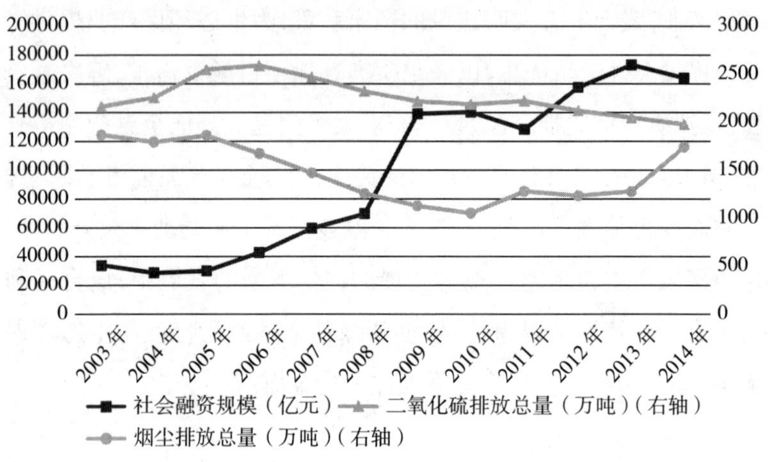

图 2-229　社会融资规模与废气排放趋势对比

数据来源：国家统计局；《国家环保公报》

社会融资规模在2006年以前和二氧化硫排放总量存在正相关关系，2006年后，针对火力发电、煤炭等行业，实施《关于加强燃煤电厂二氧化硫污染防治工作的通知》及《火电厂大气污染物排放标准》（GB13223—2003）等政策，我国开始有效脱硫治理，对废气排放防控力度加大，废气排放量趋势开始下跌。随着投资不断增加，二氧化硫得到控制的同时，烟粉尘排放量开始增长。

2010年后，三者趋势关系不明显，烟粉尘排放量趋势高于其他两者。因此，在排除国家政策、行政手段等干预的前提下，社会融资对大

气存在负效应。尤其在 2011 年全面脱硫治理开始，二氧化硫得到控制的同时，疏于治理的工业烟粉尘排放则随着投资和生产规模轴的扩大，呈现上升趋势。

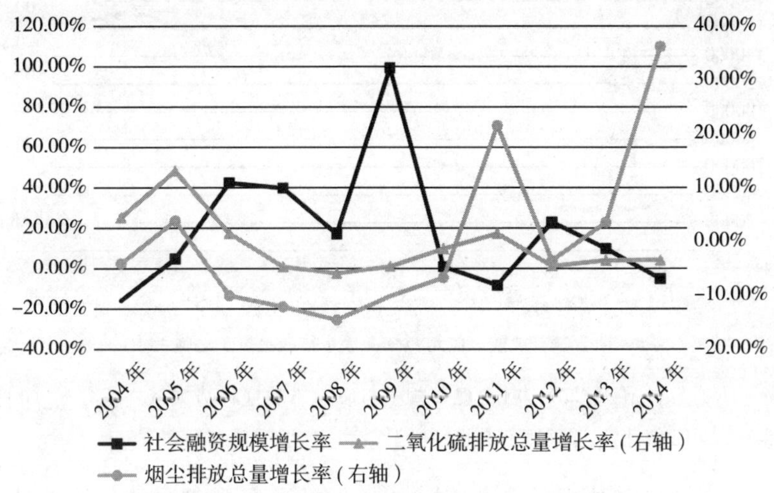

图 2-230　社会融资规模与废气排放增长率趋势对比

数据来源：国家统计局；《国家环保公报》

社会融资规模增长率 2005 年前与废气排放量增长率拟合度高，随着防治投入增长，2006 年后，社会融资增长率上升的同时，废气排放量增长率持续下降。2009 年社会融资因基础设施建设投入较高，为特殊值。但随着 2009 年巨大的融资投入生产中，当年开始，烟粉尘排放量增长率开始出现上升趋势。2011 年，激增至 21.57%。融资规模增长率 2010 年下降后，烟粉尘排放量直接影响二氧化硫排放量增长势头。但 2012 年融资规模增长率的小幅度增长，和烟粉尘排放量的第二次激增存在时间上的一致性，而二氧化硫则受到 2012 年 1 月 1 日实施新的《火电厂大气污染物排放标准》计划的影响，收严了二氧化硫排放限值，增设了汞及其化合物控制指标，增长率得到持续性控制。

（二）社会融资规模与废水排放量关系

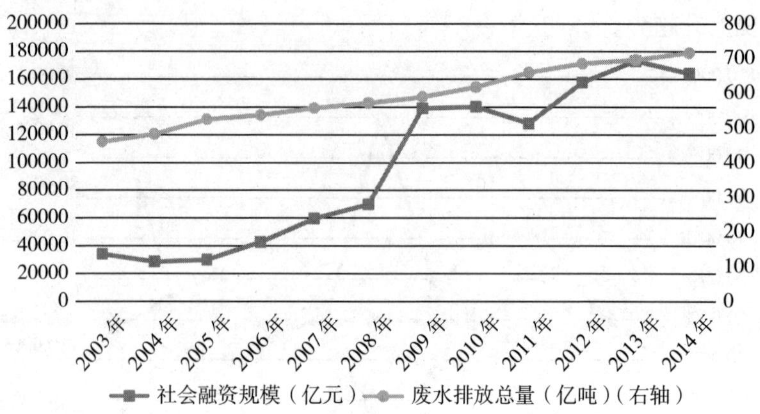

图 2-231　社会融资规模与废水排放量趋势关系

数据来源:国家统计局;《国家环保公报》

废水排放总量逐年增长,对应年份的社会融资总量整体上升的同时,部分年份出现波动。社会融资规模与废水排放总量正相关关系明显,因此,社会融资规模扩大,投入实体经济的资金增长,对废水排放产生直接影响。社会融资规模对水体产生负效应。

随着社会融资规模增长率个别年份的激增,废水排放量也在资金逐步融入经济生产中 1—2 年后表现出增长率大幅度提高。如 2009 年,社会融资规模增长率达到 99. 28%,大量资金介入基础建设等生产一线,废水排放量增长率也从 2009 年起开始增长,至 2011 年达到 6. 79%后开始下跌。因此,社会融资规模的增长速度对废水排放增长率产生影响,即社会融资规模存在环境负效应。

（三）社会融资规模与固体废物排放量关系

固体废物排放是我国较早开始治理的项目。1995 年 10 月 30 日

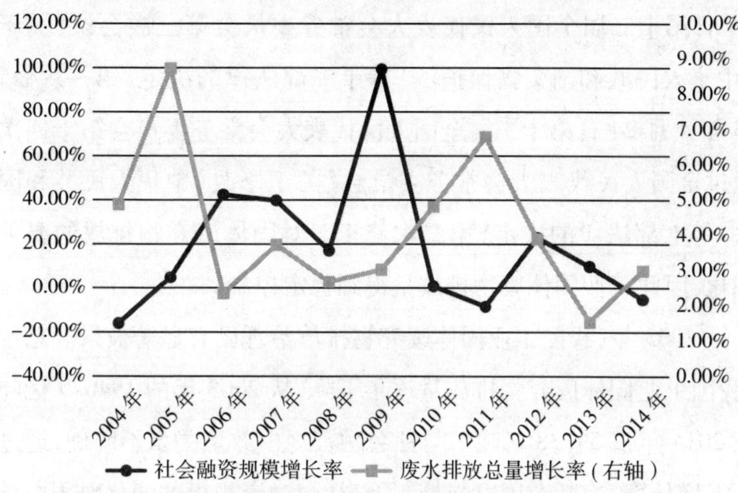

图 2-232　社会融资规模与废水排放量增长率趋势关系

数据来源:国家统计局;《国家环保公报》

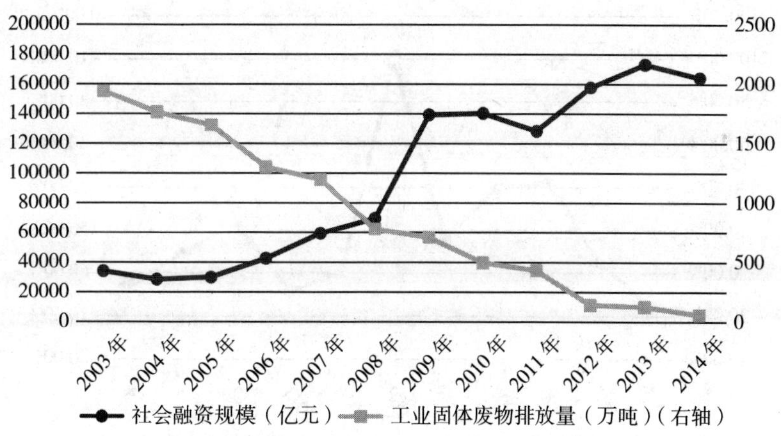

图 2-233　社会融资规模与固体废弃物排放量趋势对比

数据来源:国家统计局;《国家环保公报》

第八届全国人民代表大会常务委员会第十六次会议通过《中华人民共和国固体废物污染环境防治法》,期间不断完善,经历 2004 年 12 月 29 日第十届全国人民代表大会常务委员会第十三次会议修订;2013 年 6

月29日第十二届全国人民代表大会常务委员会第三次会议《关于修改〈中华人民共和国文物保护法〉等十二部法律的决定》第一次修正；2015年4月24日第十二届全国人民代表大会常务委员会第十四次会议通过全国人民代表大会常务委员会《关于修改〈中华人民共和国港口法〉等七部法律的决定》第二次修正。对固体废弃物排放的要求不断细化，因此工业固体废物排放量得到稳定控制。

至2003年，我国工业固体废弃物排放治理已有显著效果。总量上看，我国工业固体废弃物排放量逐年下降，从2003年的1940.9亿吨下降至2014年仅59.38亿吨。与社会融资规模数量关系不明确，通过对比两者增长率，判断在国家强控制下，社会融资规模的变化对固废排放量变化产生的影响。

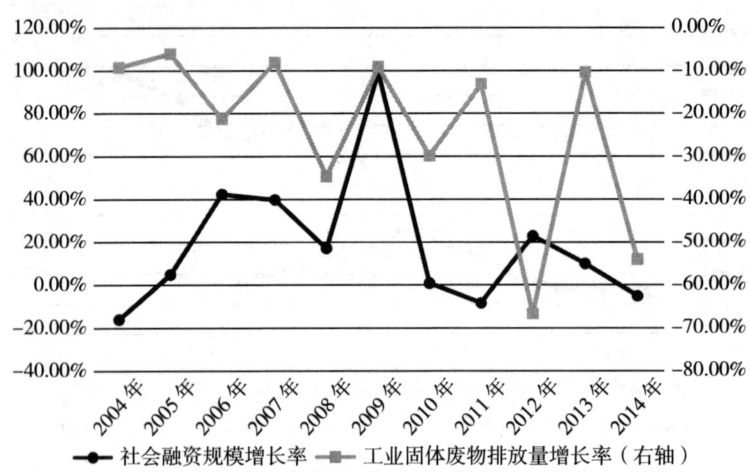

图2-234　社会融资规模与固体废弃物排放量增长率趋势对比

数据来源：国家统计局；《国家环保公报》

随着《中华人民共和国固体废物污染环境防治法》、《医疗废物管理条例》、《全国危险废物和医疗废物处置设施建设规划》、《废弃危险化学品污染环境防治办法》等法律法规相继出台，工业固体废弃物排放量得到有效控制。而社会融资规模变化对工业固废的影响集中表现在增长率的变化上。以2009年变化率吻合最为突出，且2009年的大幅度融资规模上涨，对工业固体废弃物增长率产生持续影响。

二、企业债券融资与环境产生的负效应

（一）企业债券融资规模与废气排放量的趋势

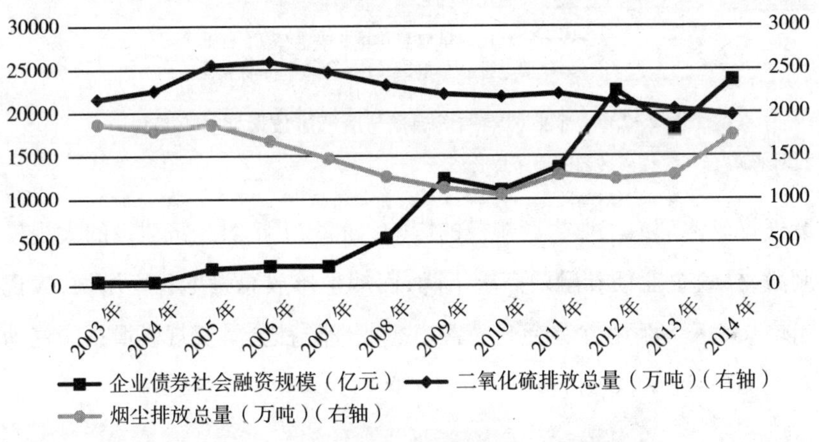

图2-235 企业债券融资规模与废气排放量趋势

数据来源：国家统计局；《国家环保公报》

同社会融资规模与废气排放量趋势相似，对二氧化硫的大力控制，使其2011年后总量上与企业债券融资规模产生背离。但企业债券与工业烟粉尘分别在2009—2011年和2013—2014年两个阶段总量趋势几乎一致。企业债券社会融资规模对废气排放存在负效应影响。

企业债券社会融资规模增长率与二氧化硫、工业烟粉尘排放总量增长率对比，三者总体变动方向一致，但由于个别阶段国家政策调整对

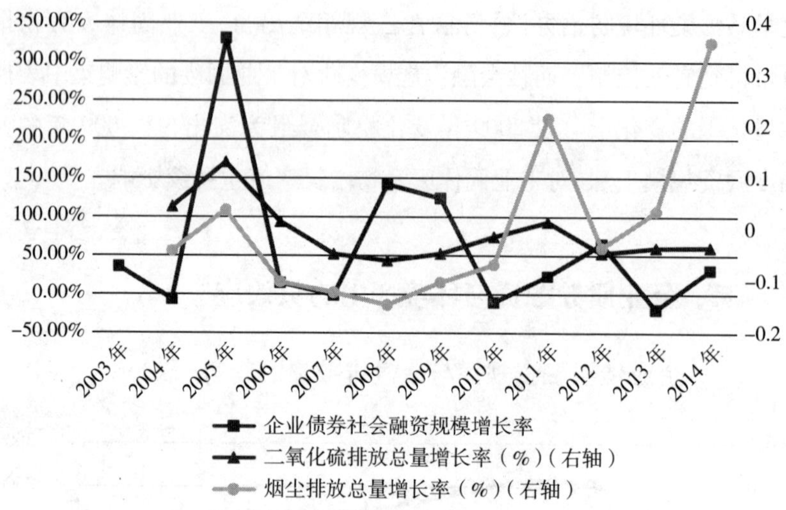

图 2-236 企业债券融资规模与废气排放量增长率趋势

数据来源：国家统计局；《国家环保公报》

废气排放治理或工业生产规模的影响，如 2011 年对经济建设的大规模刺激，导致企业债券融资需求下降，而烟尘排放总量增长率激增，表现出增长率变动存在个别年份背离。企业债券社会融资规模增长的变动对气体环境产生负外部性。

（二）企业债券融资规模与废水排放量的趋势

企业债券社会融资规模总量与废水排放总量整体变动趋势与上一节中社会融资总规模趋势相似，即两者均呈现上升趋势，但上升比例不一致，个别年份存在一定程度背离。存在负外部性，具体影响程度仍需对比两者增长率变动。

如图 2-228 所示，企业债券融资规模增长率与废水排放总量增长率总体趋势吻合。除个别年份投资数额激增外，生产周期需要逐步反映对环境的影响外，其余年份增长与下跌趋势均相对明显。即企业社

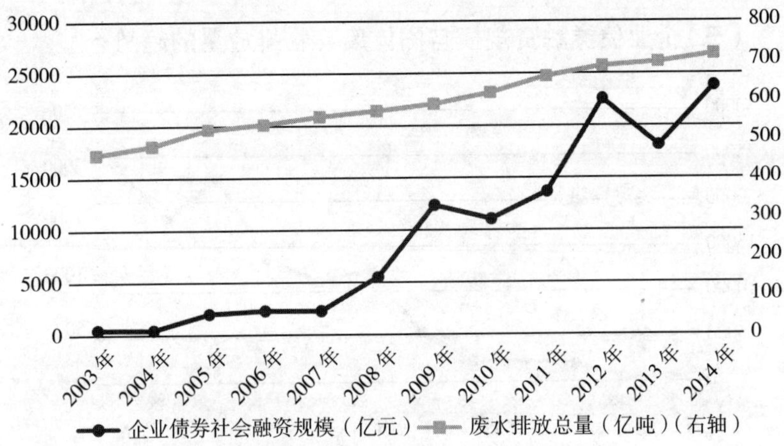

图 2-237　企业债券融资规模与废水排放量趋势对比

数据来源：国家统计局；《国家环保公报》

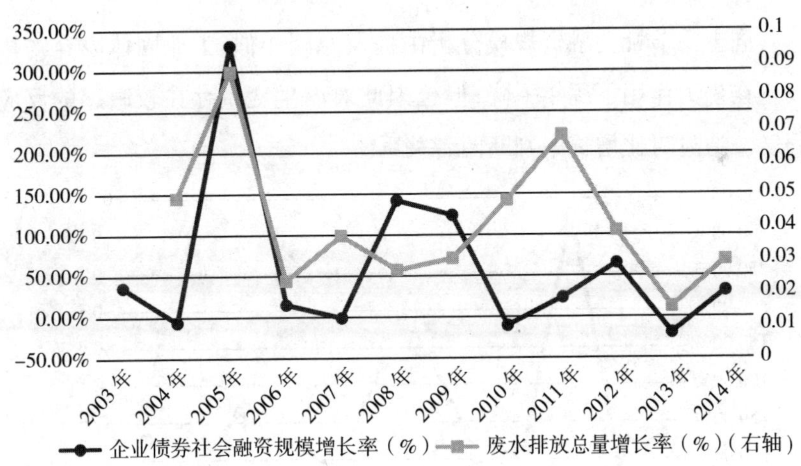

图 2-238　企业债券融资规模与废水排放量增长率趋势对比

数据来源：国家统计局；《国家环保公报》

会融资规模增长率与废水排放增长率变动存在正相关关系，而企业社会融资规模对水体环境存在较大的负效应。

（三）企业债券融资规模与固体废弃物排放量的趋势

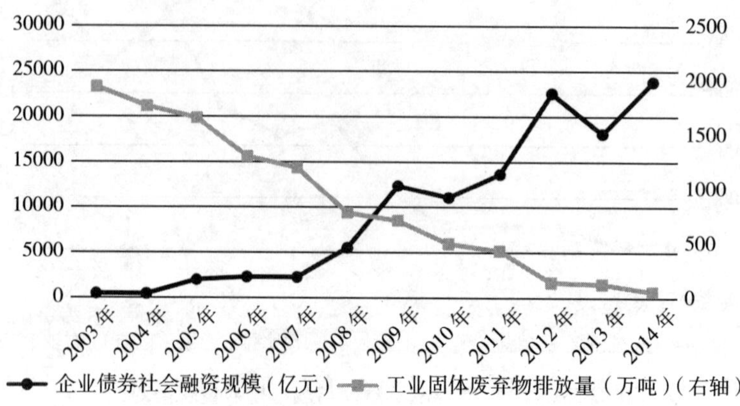

图 2-239　企业债券融资规模与固体废弃物排放量趋势

数据来源：国家统计局；《国家环保公报》

同上一节社会融资规模分析中提及原因相似，工业固体废弃物排放量在外力作用下逐年下降，但也因此对内生变量存在较敏感的反应程度。通过对比增长率判断两者关系。

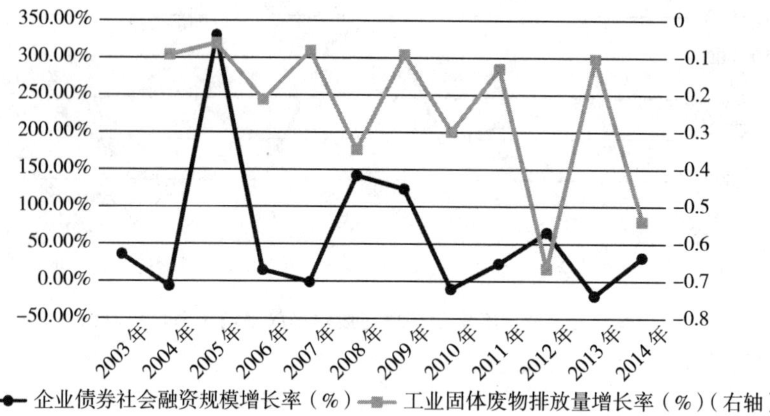

图 2-240　企业债券融资规模与固体废弃物排放量增长率趋势

数据来源：国家统计局；《国家环保公报》

自2003年开始,企业债券社会融资规模增长率呈现不稳定波动,个别年份一度出现负增长,与工业固体废物排放增长率变化波动相关性不明显,因此,企业债券的变动对工业固体废物排放量的变化带来的相关性关系不明显。

三、非金融企业境内股票市场与环境污染关系

(一)非金融企业境内股票市场融资规模与废气排放的关系

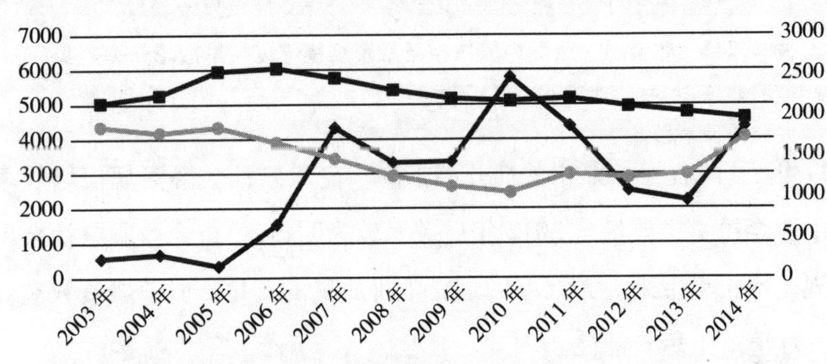

图2-241 非金融企业境内股票市场融资规模与废气排放趋势

数据来源:国家统计局;《国家环保公报》

与融资总规模与债券相比,股票融资规模与废气排放趋势变动关系不够明显。与上市融资企业性质有一定关系,通过对比三者增长率关系进行进一步分析。

股票市场融资增长率与二氧化硫增长率变动自2006年后呈现一定相关性,由于国家治理影响,2006年当年治理效果显著,煤炭开采和洗选业二氧化硫排放量下降了6.5万吨。虽有个别年份排放量有小幅度回升,但整体下降的趋势已逐步形成,脱硫技术、行业也形成体系。

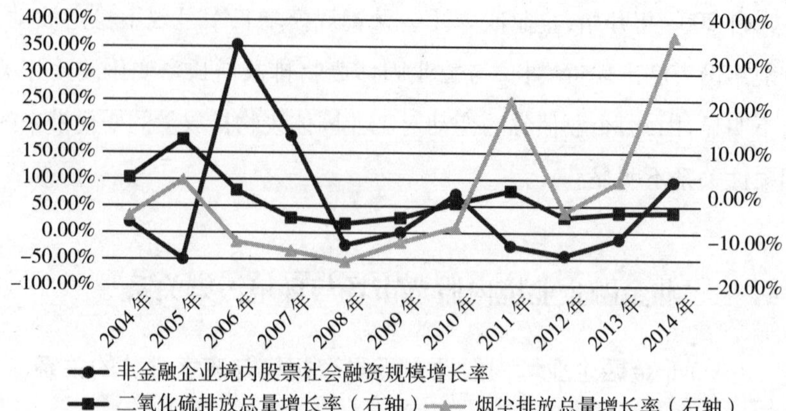

图 2-242 非金融企业境内股票市场融资规模与废气排放增长率趋势

数据来源：国家统计局；《国家环保公报》

2011 年后，两者增长率相关性开始下降。而股票社会融资规模增长率与工业烟粉尘排放量自 2012 年后关系较为明显，单位企业股票社会融资规模增长率带来更大幅度的烟粉尘排放量的变化。股票融资数额对大气环境产生负外部性。

（二）非金融企业境内股票市场融资规模与废水排放的关系

非金融企业境内股票社会融资规模除个别年份下降外，整体呈现上升趋势。废水排放总量呈逐年递增，因此，两者存在较高的相关性关系。

通过对比股票市场融资规模增长率与废水排放量增长率，可以明显看出，2004—2014 年间，两者存在较明显的相关性。股票社会融资规模增长率提高后，随着股票融资资金介入生产、流通系统，将增加废水排放量，使废水排放增长率逐步上升。因此，股票融资规模对水体污染存在负外部性。

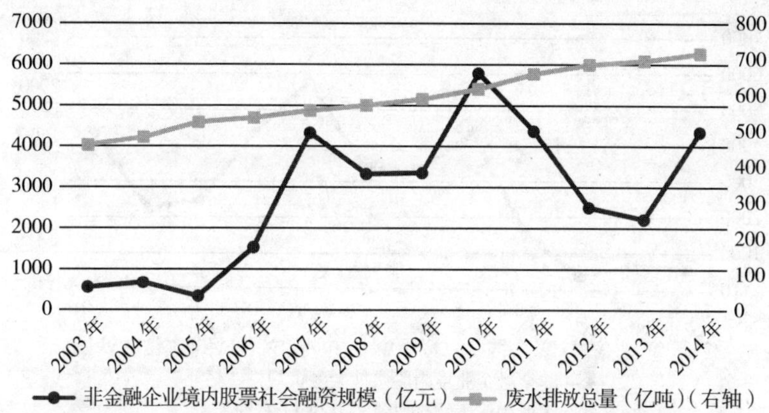

图 2-243　非金融企业境内股票市场融资规模与废水排放趋势

数据来源：国家统计局；《国家环保公报》

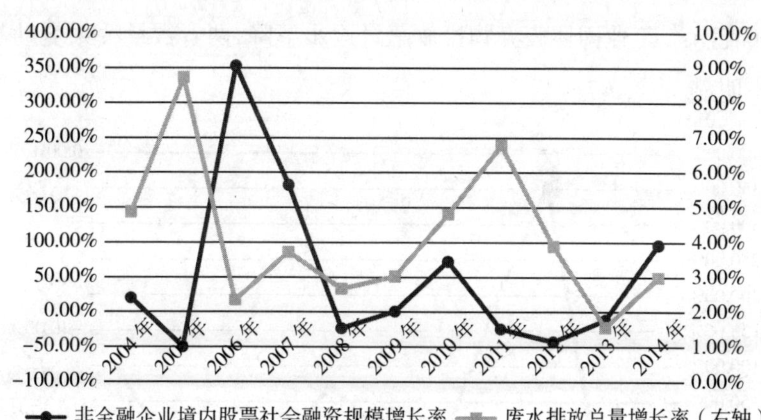

图 2-244　非金融企业境内股票市场融资规模与废水排放增长率趋势

数据来源：国家统计局；《国家环保公报》

（三）非金融企业境内股票市场融资规模与固体废物排放的关系

非金融企业境内股票社会融资规模变动呈现不稳定趋势，2010 年达到峰值为 5786 亿元，随后三年下降至 2219 亿元，2014 年回升至

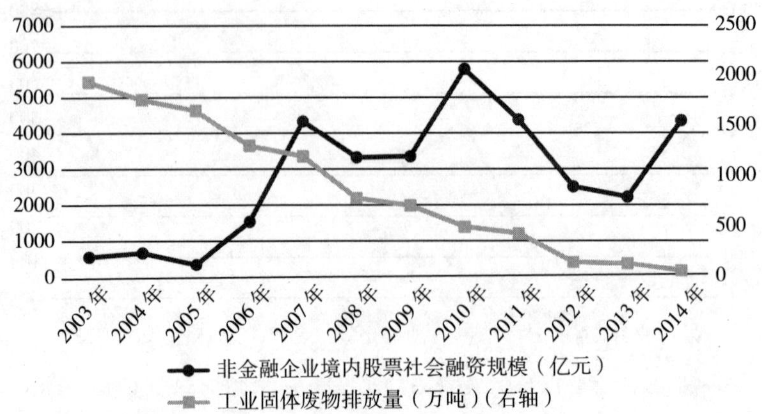

图 2-245 非金融企业境内股票市场融资规模与固体废物排放趋势

数据来源：国家统计局；《国家环保公报》

4350亿元。工业固体废弃物排放总量逐步下降，两者数量关系变动趋势不明显。

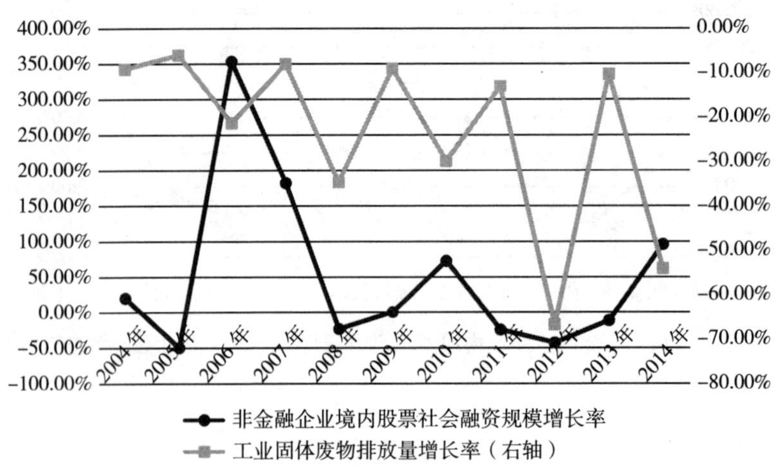

图 2-246 非金融企业境内股票市场融资规模与固体废物排放增长率趋势

数据来源：国家统计局；《国家环保公报》

如图 2-246 所示，两者增长率在部分年份上升或下降呈现出较为一致的走势。即股票市场融资规模的变化对固体废弃物排放的变动幅度产生一定影响,但是否存在直接负效应,仍需要继续探讨。

第七节　银行信贷状况与生态环境负外部性分析

一、银行信贷与废气排放的关系

人民币贷款余额 2003 年起逐年增长,至 2014 年达到 867868 亿元,与二氧化硫和工业烟粉尘排放量趋势关系显著性不足。

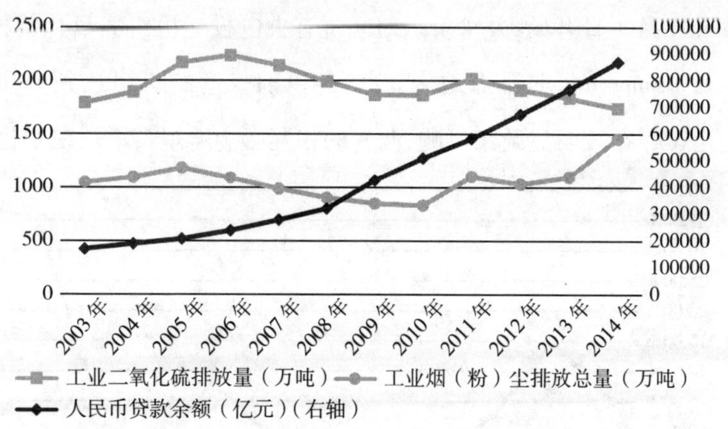

图 2-247　银行信贷对废气排放总量趋势

数据来源:国家统计局;《国家环保公报》

大致分为 3 个区间,2003—2005 年三者呈现同步增长趋势,2005—2010 年,废气排放得到趋严的控制,贷款与废气排放量呈反向变动;2010—2011 年,生产规模的突然扩大,导致废气排放与贷款数额趋势再度吻合,2011—2013 年,二氧化硫和工业烟粉尘治理再度从严;2013 年后,工业烟粉尘排放量与贷款量走势呈正相关,成为主要的废气排放问题。

在 2005—2010 年废气排放趋严阶段和 2014 年二氧化硫持续得到有效控制期间,由于多项脱硫政策法规的逐步颁布和落实,工业二氧化硫排放量得到有效控制,如 2002 年 1 月国家有关部门发布《二氧化硫污染控制技术政策》;同年 9 月国务院检查批准“两控区”“十五”计划;2003 年 7 月 1 日起实施的《排污费征收使用管理条例》;2003 年 10 月 30 日,国家环境保护总局《关于加强燃煤电厂二氧化硫污染防治工作的通知》;2004 年 1 月 1 日,《火电厂大气污染物排放标准》(GB13223—2003)实施,对火电厂二氧化硫排放制订了更加严格的标准;2012 年 1 月 1 日实施新的《火电厂大气污染物排放标准》计划;2014 年 1 月 1 日开始,要求重点地区所有火电投运机组氮氧化物排放量达到 100mg/m^3,非重点地区 2003 年以前投产的机组达到 200mg/m^3。由于存在较明显政策影响,两者的相互影响需观察增长率变化。

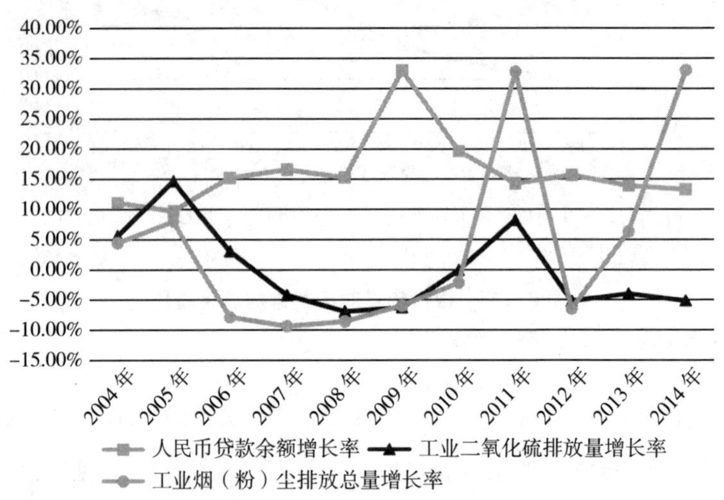

图 2-248 银行信贷对废气排放增长率趋势

数据来源:国家统计局;《国家环保公报》

人民币贷款余额的增长在2008年后与二氧化硫增长率关系较为明显。随着贷款增长率提高,二氧化硫的增长率受其影响有明显同方向变化。工业烟粉尘排放量增长率在2011年以前与贷款增长率存在一定同向变化的关系,2012年后直线上涨。人民币贷款余额增长率的变化对废气排放增长率有较明显的影响。

二、银行信贷与废水排放的关系

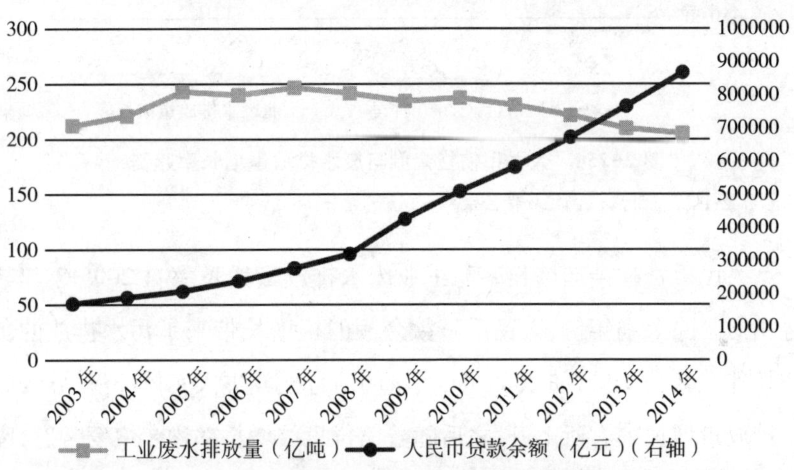

图2-249 人民币信贷余额与废水排放量趋势

数据来源:国家统计局;《国家环保公报》

从总体趋势来看,工业废水排放量较为平稳,2010年后呈现逐年下跌趋势。而人民币贷款余额自2003年起逐年增长。以2010年为阶段分割点,两者整体趋势在2010年前存在相关性,2010年后反向变动。于该年国务院及中共中央颁布的《关于加快培养和发展战略性新兴产业的决定》和《中共中央关于制定国民经济和社会发展第十二个五年规划的建议》中强调加强各类污染治理,加大防控力度等内容对信贷资金的审批和引导产生了一定影响。

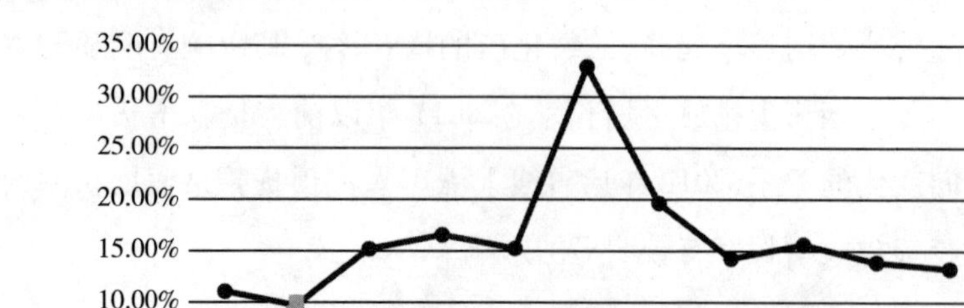

图 2-250 人民币信贷余额与废水排放量增长率趋势

数据来源：国家统计局；《国家环保公报》

人民币贷款余额增长率与工业废水排放量增长率自 2005 年起趋势相似。除个别年份，人民币贷款余额的正增长带来了污水排放的负增长外。其余年份，如 2009 年，大量的信贷投放进入实体经济，导致废水排放量增长率有所上升，之后随着信贷投放增长率逐步恢复常态，废水排放增长率也逐步回归稳定。因此，人民币贷款余额的变化与废水排放量的变化存在趋势上的吻合。人民币贷款的变化将为水体污染带来负外部性影响。

三、银行信贷与固体废弃物排放的关系

2003 年—2014 年期间，人民币贷款余额逐年增长，从 169771 亿元增长值 867868 亿元。同期工业固体废物排放量在治理下阶段性下跌，

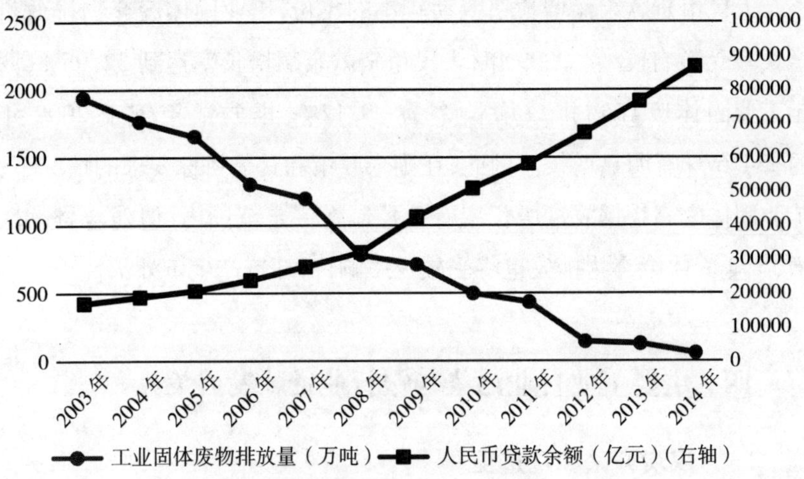

图 2-251 银行信贷与固体废弃物排放量趋势

数据来源：国家统计局；《国家环保公报》

约三年左右一个周期，前两年保持平稳，第三年大幅下降。对比排放总量趋势外，图 2-251 比较两者增长率关系。

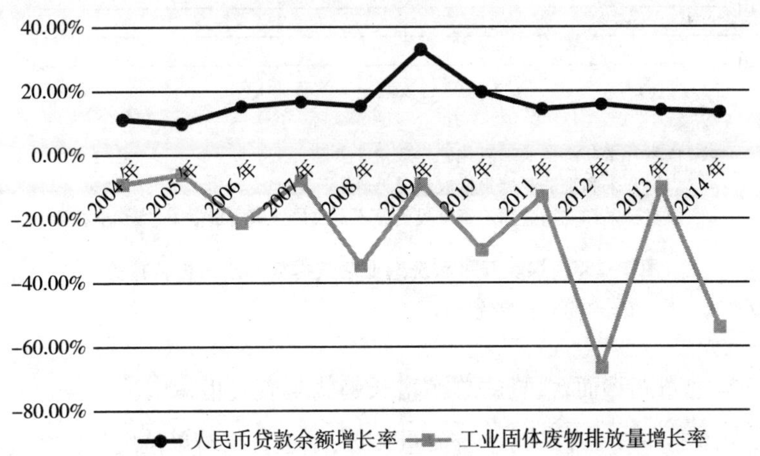

图 2-252 银行信贷与固体废弃物排放增长率趋势

数据来源：国家统计局；《国家环保公报》

人民币贷款余额增长率变动较小的年份，工业固体废弃物排放量增长率受影响较小。2009 年，人民币贷款余额增长率达到 32. 95%，同年工业固体废弃物排放增长率为 -9. 12%，排放量相较于 2008 年的-34. 67%有明显增长。因此，在国家政策和具体目标要求的情况下，工业固体废弃物排放量增长率有效控制在一定范围内，但随着贷款激增，工业固体废弃物排放也将受较大影响，对环境产生负外部性。

四、主要工业行业污染与银行业贷款发展关系

（一）煤炭开采和洗选业

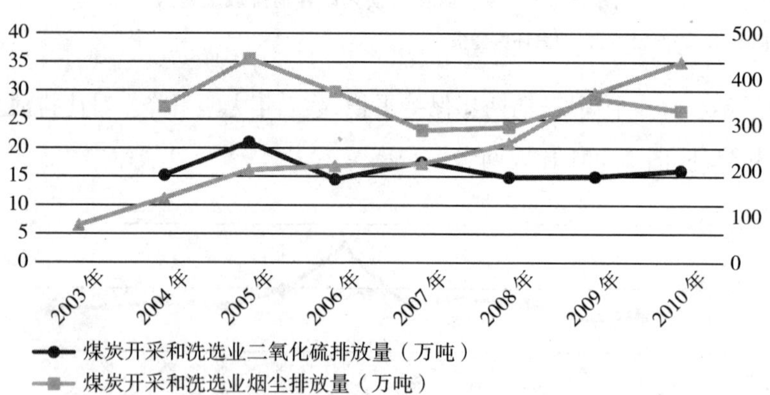

图 2-253 煤炭开采和洗选业废气排放及国内贷款趋势

数据来源：《中国统计年鉴》；国家统计局

就总量趋势而言，贷款总额增长趋势与废气指标增长趋势稍有区别，整体走势与工业烟粉尘排放量接近，单位贷款对单位废气排放的影响，需分析废气指标与贷款总额增长率之间的关系，以判断单位贷款变化是否对该产业废气排放量增长率产生影响。

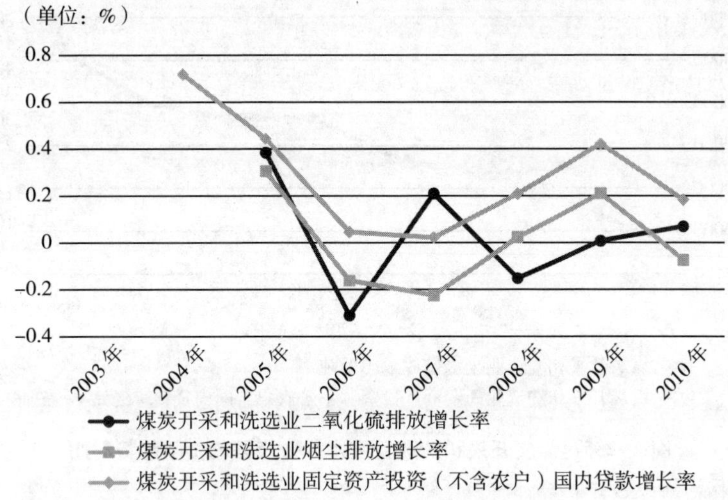

图 2-254 煤炭开采和洗选业废气排放及国内贷款增长率趋势对比

数据来源:《中国统计年鉴》;国家统计局

如图 2-252 所示,贷款增长率与烟粉尘排放量增长率呈明显正相关关系。即贷款的增长推动该产业生产,在生产过程中排放相应数量的工业烟粉尘。在另一项废气排量指标中,贷款的增长对二氧化硫增长率也产生了推动作用,由于行业特征,2003 年 10 月 30 日,国家环境保护总局发布《关于加强燃煤电厂二氧化硫污染防治工作的通知》、2004 年 1 月 1 日《火电厂大气污染物排放标准》(GB13223—2003),均对火电厂二氧化硫排放制订了更加严格的标准。2007 年及 2010 年,二氧化硫防控未出台相关严格政策,因此,贷款的增长带动了更大比例的二氧化硫排放增长。综上,贷款的增长速度将对废气排放速度产生正相关影响。

就总量趋势而言,该行业废水排放量与贷款总额存在正相关关系,从 2003—2010 年始终保持稳定增长。其中,2004—2008 年水污染排放量趋势相对稳定,因其受到国务院、环保总局、发改委等部门发布的

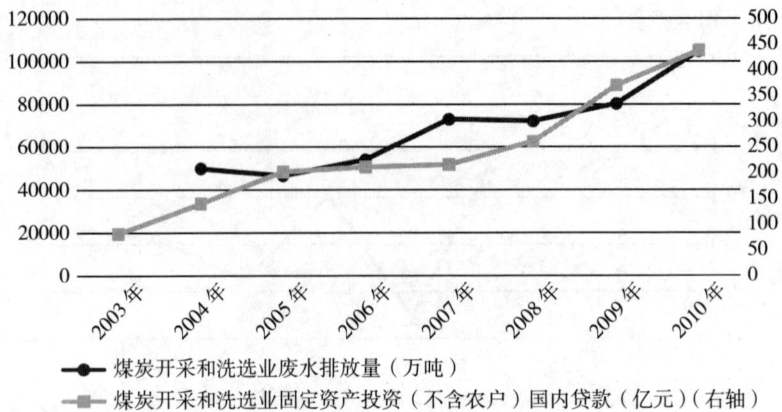

图 2-255 煤炭开采和洗选业废水排放及国内贷款趋势对比

数据来源:《中国统计年鉴》;国家统计局

《国民经济和社会发展第十一个五年规划纲要》和《全国城镇污水处理及再生利用设施建设“十一五”规划》等政策法规影响,得到控制,上升趋势相对平缓。因此,由于不同年份增长速率不同,两者的关系仍需要进行增长率对比。

煤炭行业废水排放量增长率 2007 年达到 35.2%的最高值,当年,《国家环境保护规划》明确要求在钢铁、电力、化工、煤炭等重点行业推广废水循环利用,努力实现废水少排放或零排放。2008 年废水排放率即出现负增长。随着贷款增长率提高,带动生产规模扩大,废水排放量相应增长。2010 年,由于前期贷款投入生产,存在一定生产周期,因此 2010 年两者增长率出现短暂背离。除政策要求、国际经济环境等因素影响外,贷款对废水排放量产生相应影响。

固体废物排放量与贷款投入总量趋势相反。即资金投入生产,扩大生产规模,虽固体废物产生量随生产规模增加,但由于末端处理技术先进,固体废物循环利用率高,因此,排放量反而呈现逐年递减趋势。

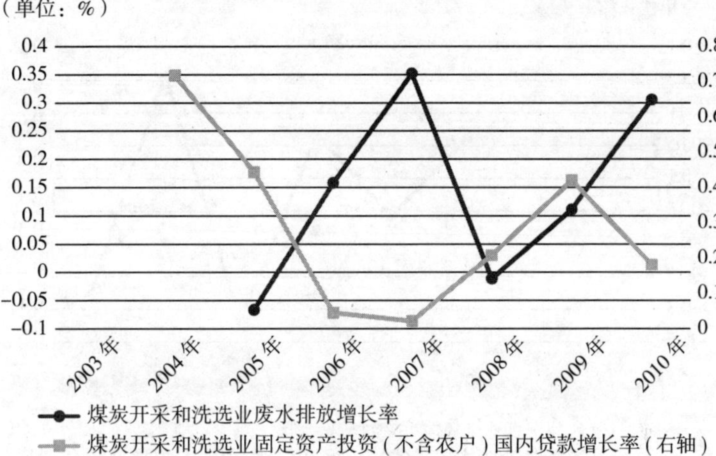

图 2-256　煤炭开采和洗选业废水排放及国内贷款增长率趋势

数据来源:《中国统计年鉴》;国家统计局

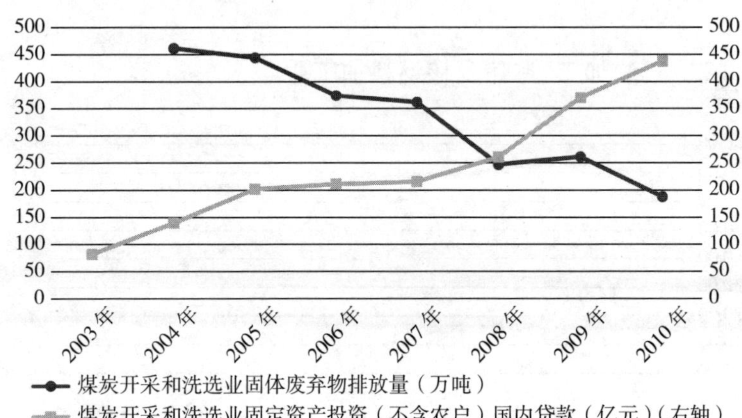

图 2-257　煤炭开采和洗选业固体废弃物排放及国内贷款趋势

数据来源:《中国统计年鉴》;国家统计局

固体废物排放量与贷款额之间虽呈现反向变动关系,但贷款的增减速率对固体废弃物排放量变化产生相应影响。除 2007—2008 年外,其余年份随着该行业贷款量增减,固体废物排放量增减也发生相应变动。

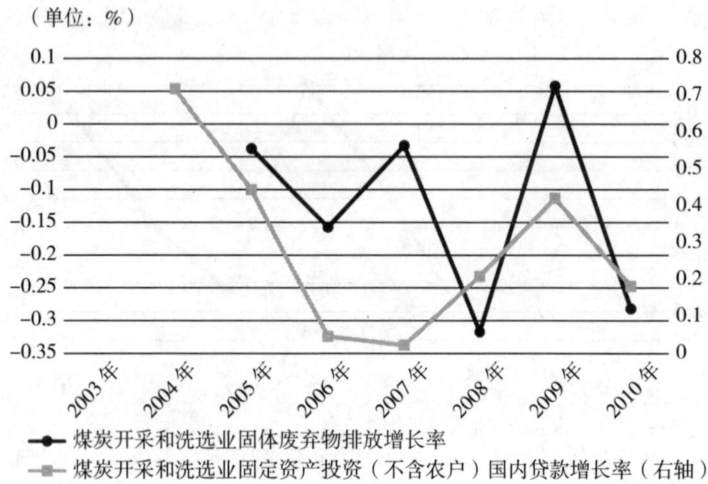

图 2-258 煤炭开采和洗选业固体废弃物排放及国内贷款增长率趋势

数据来源:《中国统计年鉴》;国家统计局

（二）石油加工、炼焦及核燃料加工业

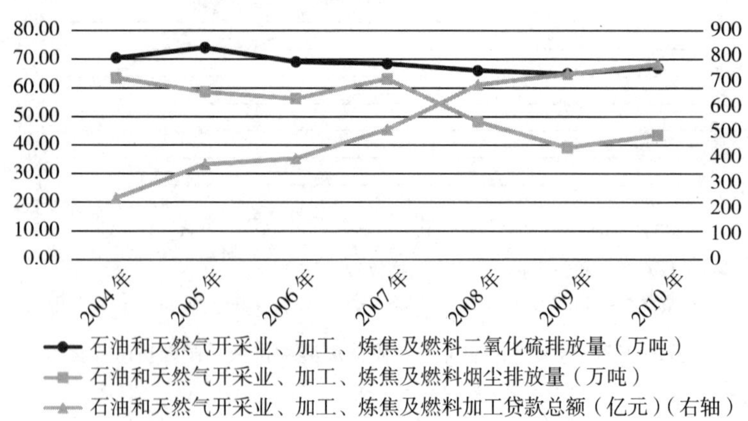

图 2-259 石油加工、炼焦及燃料加工废气排放及国内贷款趋势

数据来源:《中国统计年鉴》;国家统计局

该行业贷款总额 2005—2007 年与该行业工业烟粉尘排放总量趋

势相似,2009—2010年趋势与二氧化硫排放及工业烟粉尘排放量走势一致。其余年份相关关系较弱,每一笔贷款对废气排放量的影响仍需分析增长率变化。

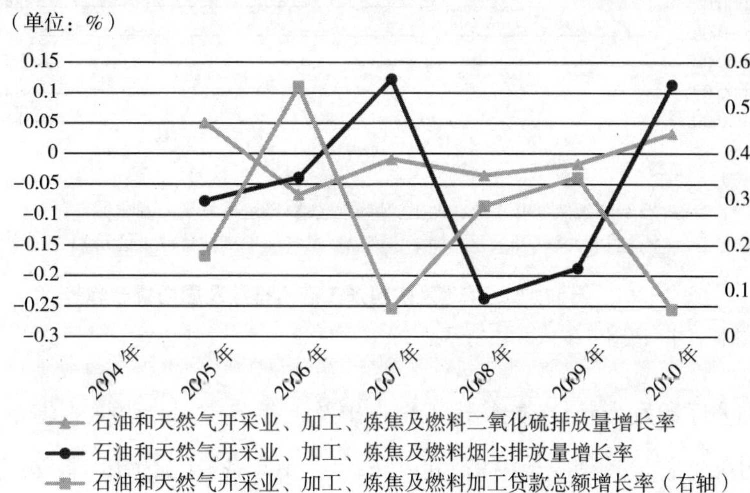

图2-260 石油加工、炼焦及燃料加工废气排放及国内贷款增长率趋势

数据来源:《中国统计年鉴》;国家统计局

从增长率变动趋势来看,贷款增长率对废气排放量增长率影响不仅仅体现在当年,还有货币投入生产后大约一年仍受到影响。2006年贷款增速上升至54.72%,工业烟粉尘排放量增长率在2007年呈45°上升趋势;2007年贷款增长率回落,相应2008年烟粉尘排放量下降;贷款增长率在2007—2009年增长,2008—2010年烟粉尘排放量增长率加速。该行业二氧化硫排放增长率相对稳定,大体走势与贷款增长率同样存在一年的时间差。

石油行业废水排放总量与贷款总额变动趋势除2009年受到世界经济环境的影响生产规模减小外,其余年份两者均为上升趋势。

2009年,国务院召开了节能减排工作领导小组第三次会议,国务

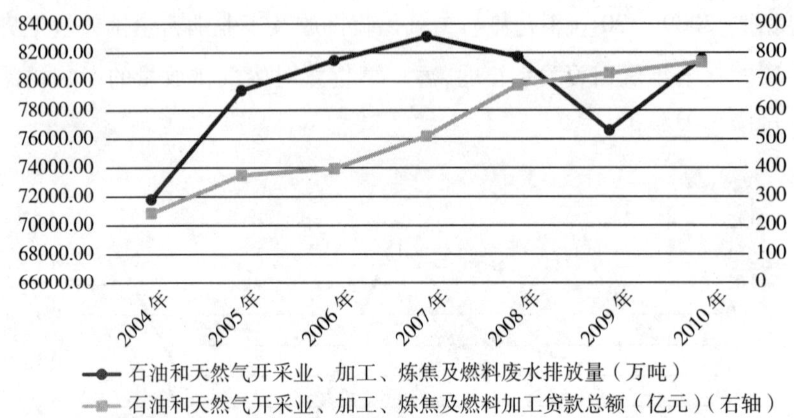

图 2-261 石油加工、炼焦及燃料加工废水排放及国内贷款趋势

数据来源:《中国统计年鉴》;国家统计局

院办公厅印发当年《节能减排工作安排及上年各省、自治区、直辖市主要污染物总量减排考核结果》和2009年上半年各省、自治区、直辖市主要污染物排放量指标公布,对问题突出的部分地区和企业公开通报,责令限期整改或予以经济处罚等。以上措施均有效控制了废水排放量,当年废水排放量大幅下降,与贷款总额产生短暂背离趋势。

该行业固定资产投资增长率与废水排放增长率无明显关系,即信贷数额的变动,对该行业废水排放量增长率变化影响较小。个别年份呈反向变动,与该行业的性质、生产规模等相关。

该行业固体废物排放量趋势逐年递减,尤其自2009年起,在国务院文件及“十一五”规划硬性指标的推动和督促下,2009年较2008年减少48.08万吨,2010年下降额0.52万吨,相应下降趋势较缓。2009年,国务院出台国办发48号文件,助力节能减排落实,对上半年节能减排效果加以总结,并根据问题企业状况提出惩罚、警示等措施,随着政策落实,2010年排放总量仍保持下降,与当年该行业贷款增长率下降、

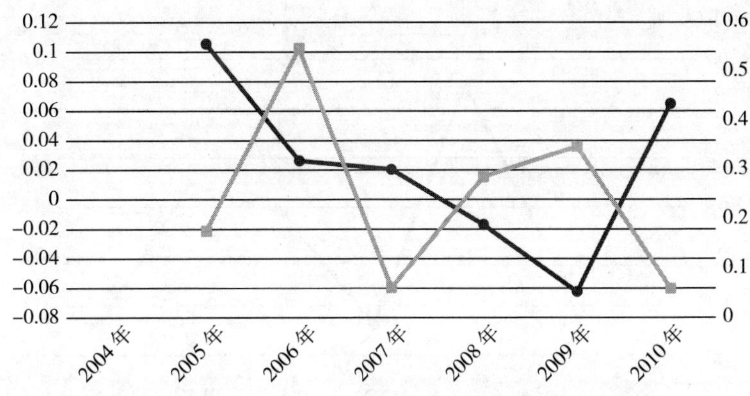

图 2-262　石油加工、炼焦及燃料加工废水排放及国内贷款增长率趋势

数据来源:《中国统计年鉴》;国家统计局

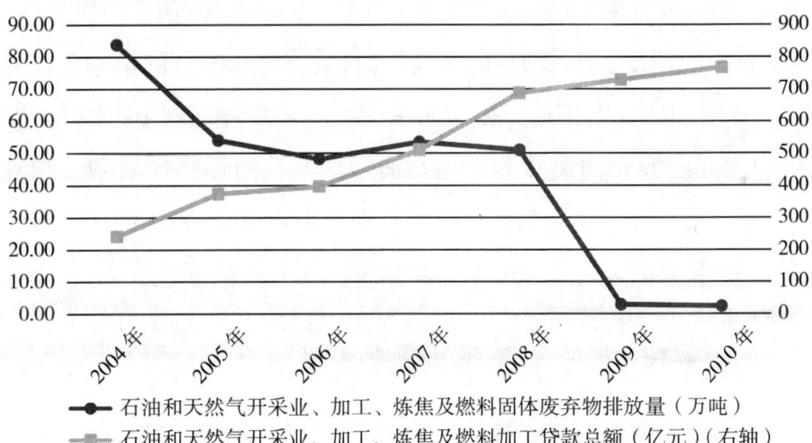

图 2-263　石油加工、炼焦及燃料加工固体废弃物排放及国内贷款趋势

数据来源:《中国统计年鉴》;国家统计局

产业生产规模下降、淘汰排放不达标企业有关。

前期贷款增长率上升带动该行业生产规模扩大,相应固体废弃物排放量增长率持续增长,2007 年,由于环境仍处于粗放型管理阶段,固

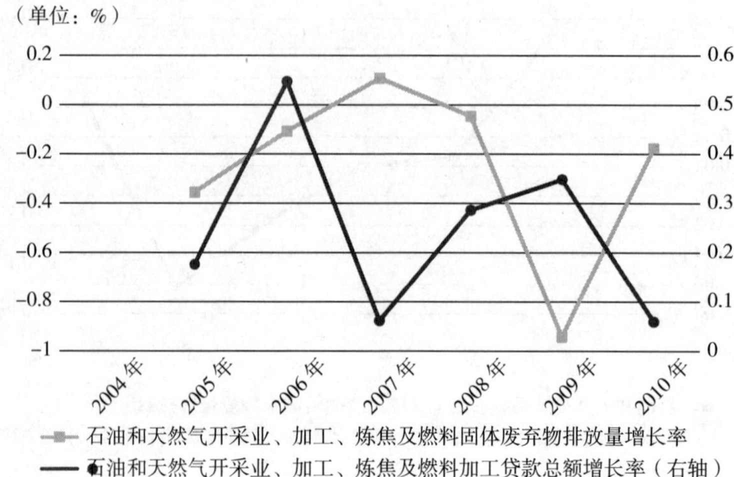

图 2-264　石油加工、炼焦及燃料加工固体废弃物排放及国内贷款增长率趋势

数据来源:《中国统计年鉴》;国家统计局

体废弃物处理技术不够成熟,继续提高,贷款增长率下降影响生产规模,但未对固体废物排放产生实质性影响。2008 年,我国印发并开始落实《海洋废弃物倾倒费和海洋石油勘探开发超标排污费的使用规定》,对石油行业固体废物排放量增长率产生直接影响,也因此与贷款增长率产生背离。

（三）黑色金属矿采、冶炼、压延加工业

该行业贷款总额与二氧化硫排放量趋势基本一致,2010 年以前与工业烟粉尘排放总量趋势正相关关系不明确,到 2010 年,该行业贷款金额趋势增至 30°,同期二氧化硫排放量因黑色金属行业生产特性增势趋平,工业烟粉尘排放量上升趋势增强。

该行业废气排放两项指标增长率与国内贷款增长率对比呈现正相关关系。二氧化硫增长率在 2010 年以前,与贷款增长率趋势相同,比

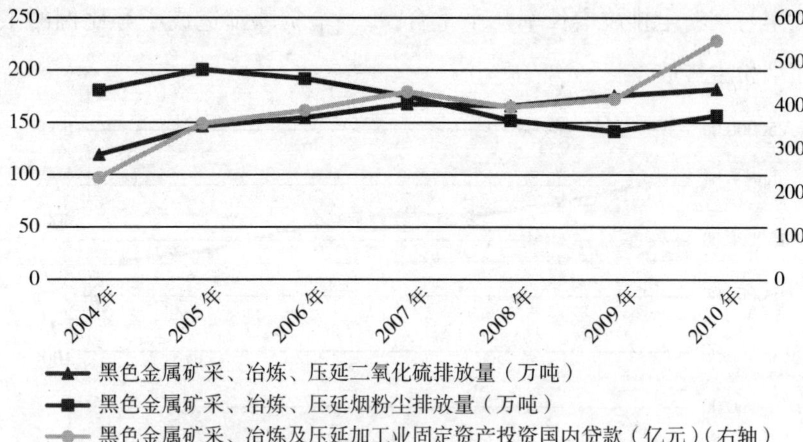

图 2-265 黑色金属矿采、冶炼、压延加工业废气排放及国内贷款趋势

数据来源:《中国统计年鉴》;国家统计局

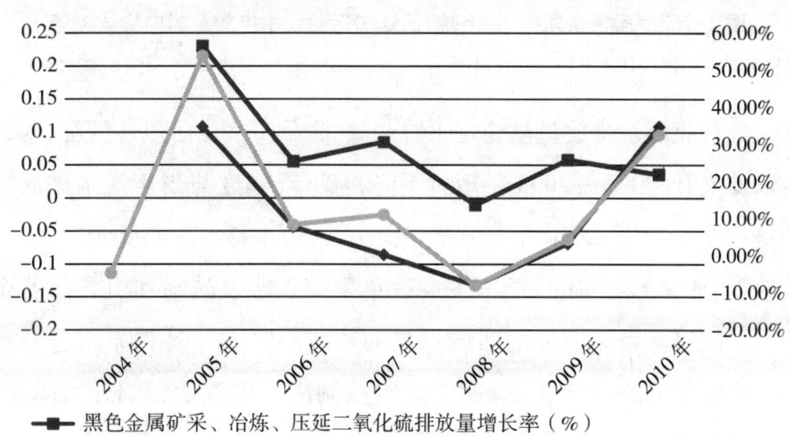

图 2-266 黑色金属矿采、冶炼、压延加工业废气排放及国内贷款增长率趋势

数据来源:《中国统计年鉴》;国家统计局

例相似,单位贷款造成的二氧化硫污染成比例增长;工业烟粉尘排放量在 2008 年以前,增长率低于贷款增长率,2008 年起,整个行业贷款增长率与烟粉尘排放增长率几乎重合，每一笔贷款都造成了等比例的工业烟粉尘排放。

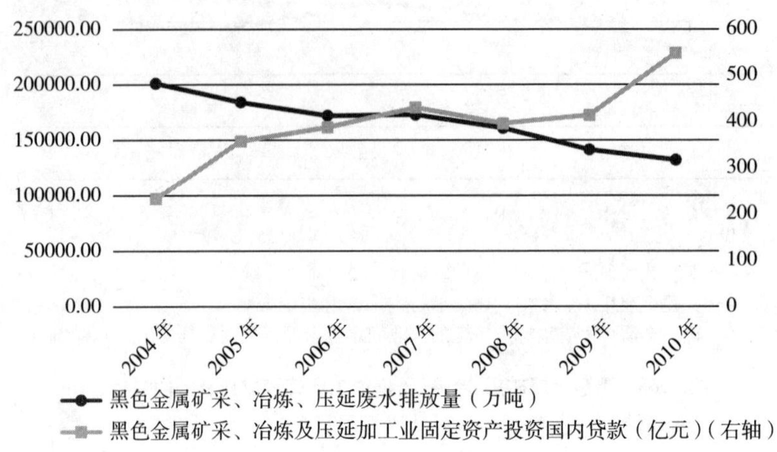

图 2-267　黑色金属矿采、冶炼、压延加工业废水排放及国内贷款趋势

数据来源：《中国统计年鉴》；国家统计局

该行业污水排放量呈稳定下降趋势，贷款呈现出阶段性特征，2007年以前上升，2007—2008年短暂下降，且下降幅度与当年污水排放量趋势相似，2008—2010年贷款额继续上升，废水排放量则受到2011年发改委、环保部发布的《国家发展改革委关于印发鼓励和引导民营企业发展战略性新兴产业的实施意见的通知》和《关于环保系统进一步推动产业发展的指导意见》明文规定控制废水排放量影响。因此，两者的影响与关联需对比增长率。

与贷款增长率相比，废水增长率变动滞后约两年时间，与贷款增长率保持一致。贷款投放速率2005年达到最高值，废水排放增长率受其行业生产周期等因素影响，在2007年达到峰值，颁布《国家环境保护"十一五"规划》和《全国城镇污水处理及再生利用设施"十一五"规划》后，随着各政策逐步落实，污水排放增长率急速下跌，至2009年增

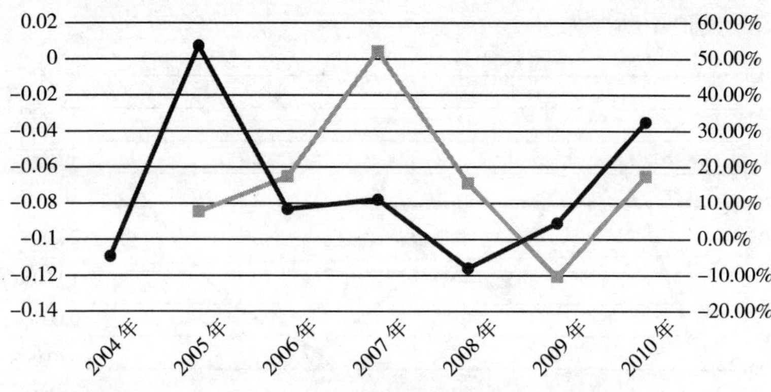

图 2-268 黑色金属矿采、冶炼、压延加工业废水排放及国内贷款增长率趋势

数据来源:《中国统计年鉴》;国家统计局

长率下跌至 12.08%。贷款增长率至 2008 年达到-8%,废水排放量增长率 2009 年迎来大幅度下跌。

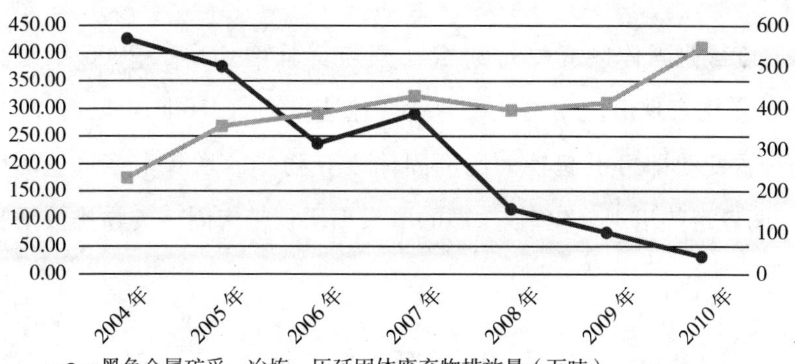

图 2-269 黑色金属矿采、冶炼、压延加工业固体废弃物排放及国内贷款趋势

数据来源:《中国统计年鉴》;国家统计局

贷款总额增势在 2007 年打断,下跌两年后再度上升。该行业固体废物排放量下降趋势在 2006 年中止,一年上升期后继续下行趋势。两

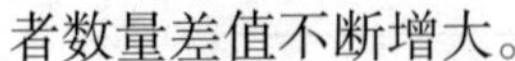

者数量差值不断增大。

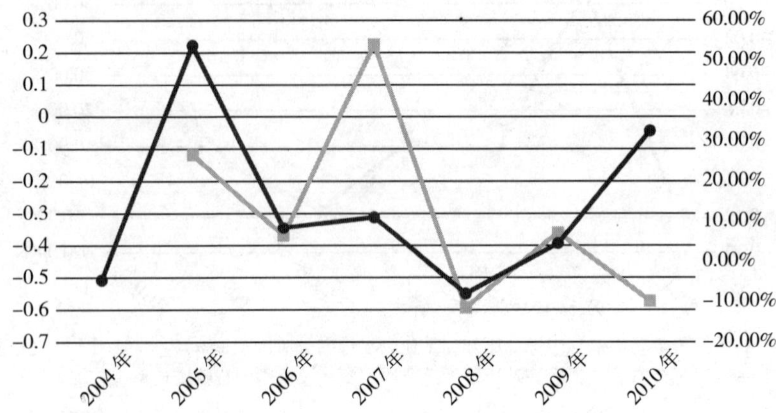

图 2-270　黑色金属矿采、冶炼、压延加工业固体废弃物排放及国内贷款增长率趋势

数据来源:《中国统计年鉴》;国家统计局

该行业固体废弃物排放增长率与贷款增长率从 2006 年起至 2009 年均表现出正相关关系。就变化速度而言,2006 年以后,小比例贷款变动即可引起较大比例固体废弃物排放增长率变动。2010 年,两者走势出现分化,贷款额的增长率增长带来固体废物排放增长率下降。

（四）有色金属矿采、冶炼及压延加工业

该行业贷款额逐年上升。二氧化硫自 2007 年开始下跌,走势存在一定波动,烟粉尘排放量呈下降趋势。三者之间变动情况根据图 2-272 增速对比。

有色矿采、冶炼及压延工业贷款及废气增长率走势除 2008 年走势

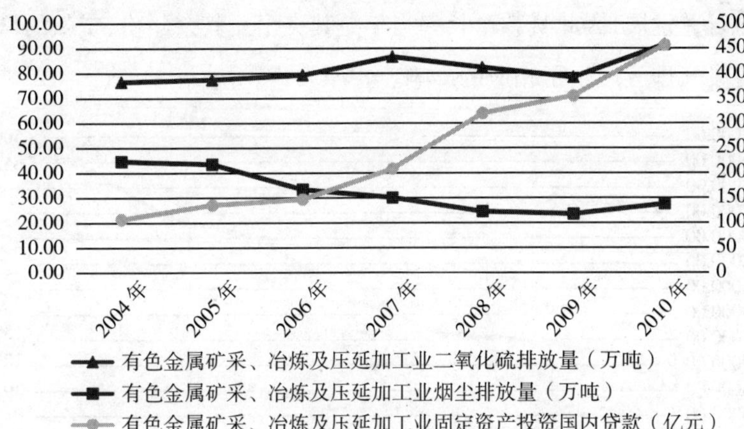

图 2-271 有色金属矿采、冶炼及压延加工业废气排放及国内贷款趋势

数据来源:《中国统计年鉴》;国家统计局

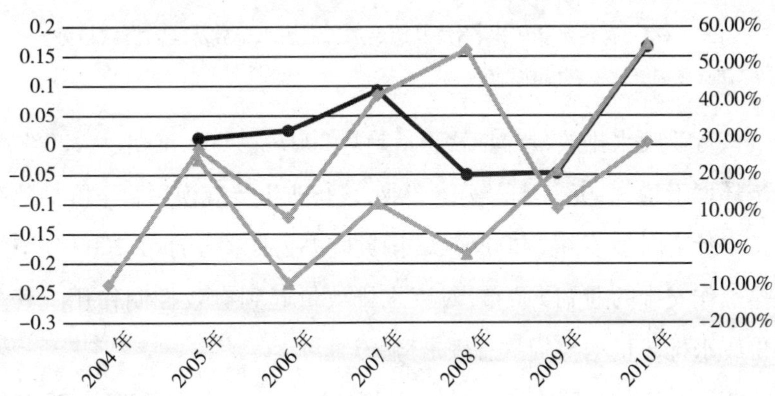

图 2-272 有色金属矿采、冶炼及压延加工业废气排放及国内贷款增长率趋势

数据来源:《中国统计年鉴》;国家统计局

呈反向外,其余年份均成正相关关系。2008 年,由于经济危机影响,原料价格及运输成本上升,产品价格下降,为维持经济发展,依靠贷款提振该行业发展，因此贷款增长率当年尤其突出。其余年份，贷款的增长均对废气排放产生了相应的影响。

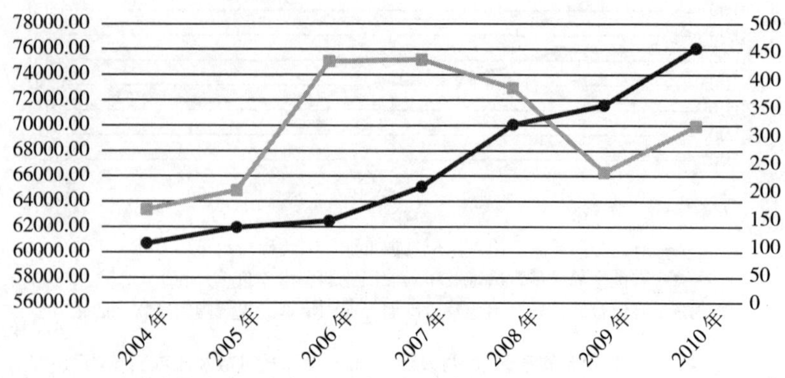

图 2-273 有色金属矿采、冶炼及压延加工业废水排放及国内贷款趋势

数据来源：《中国统计年鉴》；国家统计局

该行业废水排放量与贷款总量趋势 2007—2009 年相反。2008 年经济环境不景气，资金注入实体产业，该行业生产规模短暂下降导致废水排放量暂时性下降。2009 年，《国务院办公厅关于印发 2009 年节能减排工作安排的通知》颁布，对废水排放量起到有效控制作用。其余年份废水排放量均与贷款总额走势一致。

该行业贷款与废水排放量增长率除去个别年份，如 2006—2008 年产生短暂背离外，其余年份呈现出正相关趋势。对该行业的贷款，直接推动了生产规模的扩大，导致废水排放量增长率同步上升。因此，单位贷款对该行业废水排放存在推动作用。2006—2008 年由于所处行业面临经济环境调整和《国民经济和社会发展第十一个五年规划纲要》中提及的排污硬性治理双重影响，贷款额增长率上升对该阶段废水排放量影响较小。

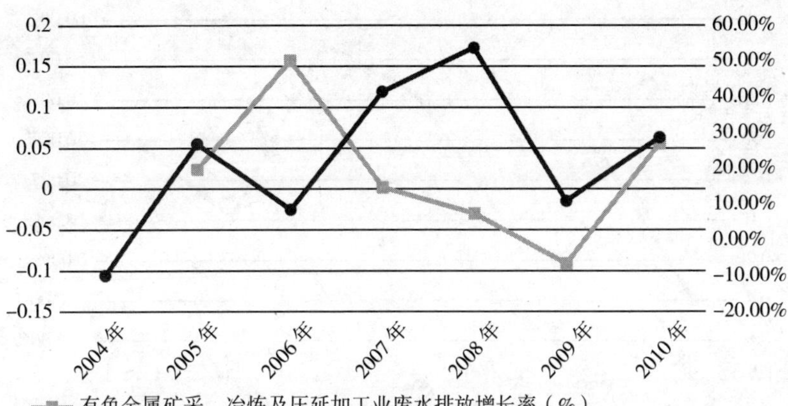

图 2-274　有色金属矿采、冶炼及压延加工业废水排放及国内贷款增长率趋势

数据来源:《中国统计年鉴》;国家统计局

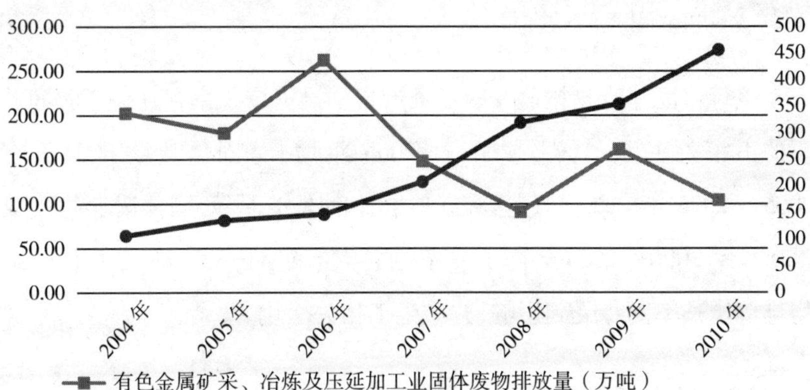

图 2-275　有色金属矿采、冶炼及压延加工业固体废物排放及国内贷款趋势

数据来源:《中国统计年鉴》;国家统计局

该行业固定资产投资国内贷款额增长趋势明确,固体废物排放总量趋势波动频繁。2006 年和 2009 年排放量上升,其余年份均呈现下降趋势。两者关系仍需增长率确认关系。

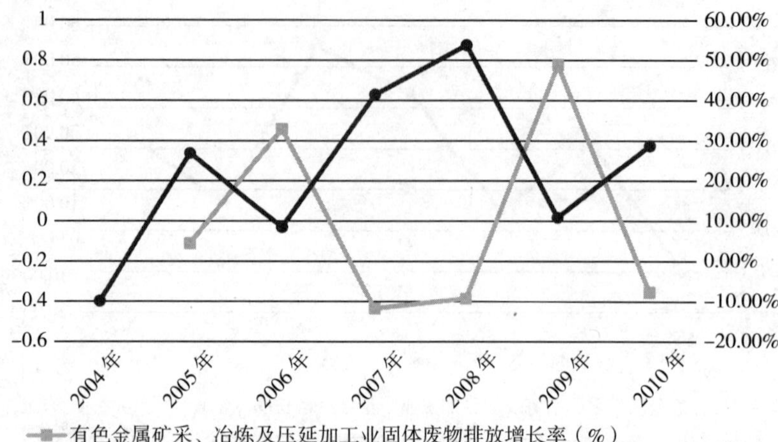

图 2-276 有色金属矿采、冶炼及压延加工业固体废物排放及国内贷款增长率趋势

数据来源:《中国统计年鉴》;国家统计局

该行业固体废物排放及固定资产贷款投资增长率存在一年时间差距的正相关关系。贷款 2004—2005 年增长,固体废物排放量在 2005—2006 年出现相似走势,贷款增长率次年下降,固体废弃物排放量增长率 2006—2007 年同步下降。随着贷款增长率变动,后期固体废物排放增长率同步受到影响,并产生正相关变化。

(五)非金属矿采业及矿物制品业工业

该行业贷款总额趋势与其废气排放量的趋势关系不明确,2007 年以前,与二氧化硫排放总量趋势相似。之后迎来全面脱硫时期,针对钢铁、电解铝、水泥等 9 种主要工业行业重点治理,受其影响,该行业废气排放与贷款投入均出现背离情况。单位贷款对废气排放量的影响仍需分析增长率变动关系。

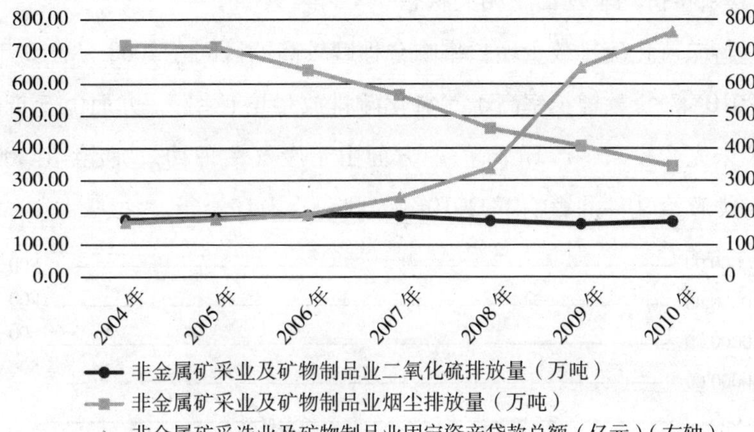

图 2-277　非金属矿采业及矿物制品业工业废气排放及国内贷款趋势

数据来源:《中国统计年鉴》;国家统计局

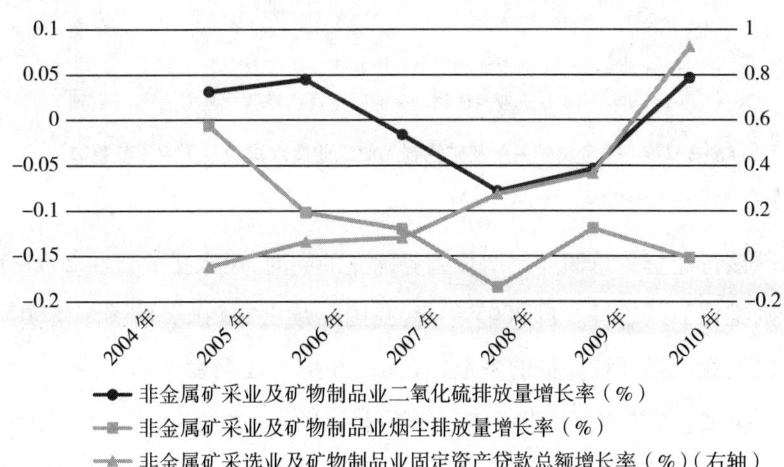

图 2-278　非金属矿采业及矿物制品业工业废气排放及国内贷款增长率趋势

数据来源:《中国统计年鉴》;国家统计局

该行业单位贷款额变动对工业烟粉尘排放量产生相似比例的影响,除2010年,贷款增长率伴随该行业工业烟粉尘排放量增长率下降外,其余年份均呈现出正相关状态。

与二氧化硫排放量增长率吻合程度较高的区间在2008—2010年。至2010年,贷款增长率高于二氧化硫排放量增长率,一方面由于贷款资金未完全投入生产环节;另一方面由于废气治理功效突出,在2009年各类政策文件的影响下,2010年减排仍在有序进行。

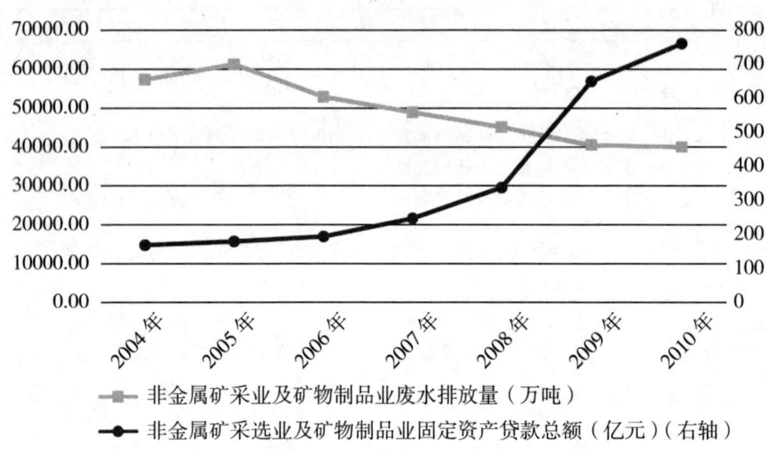

图2-279 非金属矿采业及矿物制品业工业废水排放及国内贷款趋势

数据来源:《中国统计年鉴》;国家统计局

该行业贷款总额连年增长趋势确立的同时,废水排放量在2005年后则维持下跌趋势。自2005年起,我国陆续发布《国务院关于落实科学发展观加强环境保护的决定》、《国民经济和社会发展第十一个五年规划纲要》、《2009年节能减排工作安排》等一系列政策,推动国家废水排放总量不断下降。两者涨跌速度不同,相比之下,废水排放量下跌趋势缓于贷款总额变化趋势。

该行业固定资产贷款与废水排放量增长率趋势相关性有1—2年错位,由于投资进入生产领域并产生效益存在误差,因此贷款2005—2007上升趋势与废水排放量增长率一致;为协助企业渡过金融危机带

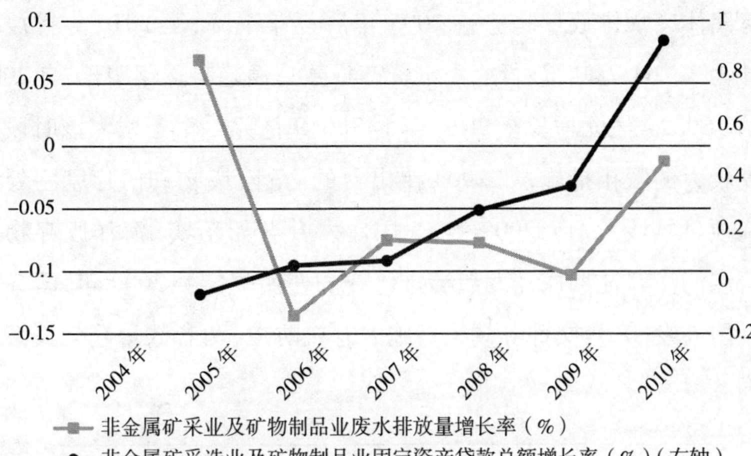

图 2-280　非金属矿采业及矿物制品业工业废水排放及国内贷款增长率趋势

数据来源:《中国统计年鉴》;国家统计局

来的实体经济难关,2009 年贷款总额上升,但废水排放增长率稍有下降,其余年份走势呈正相关关系。贷款总额的增长速率对该行业废水排放量增长率产生影响。

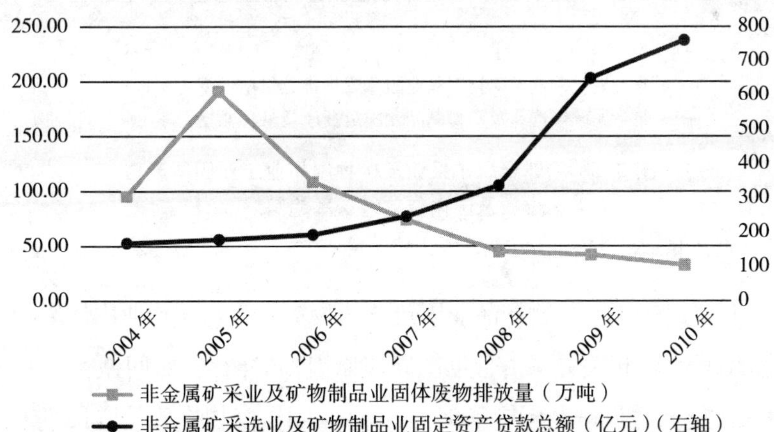

图 2-281　非金属矿采业及矿物制品业工业固体废物排放及国内贷款趋势

数据来源:《中国统计年鉴》;国家统计局

固体废物排放量趋势自2005年后逐年下降，至2010年排放量合计为32.64万吨，该行业固定资产贷款总额趋势逐年增长，自2004年的169.27亿元增长至2010年的760.9亿元。由于国家该时段内力度较大的限排措施，如2004年出台的《危险废物和医疗废物处置设施项目复核大纲》；2008年，我国印发并开始落实《海洋废弃物倾倒费和海洋石油勘探开发超标排污费的使用规定》；2009年，国务院出台国办发48号文件等政策措施的有效防控，两者数量趋势关系不明确。

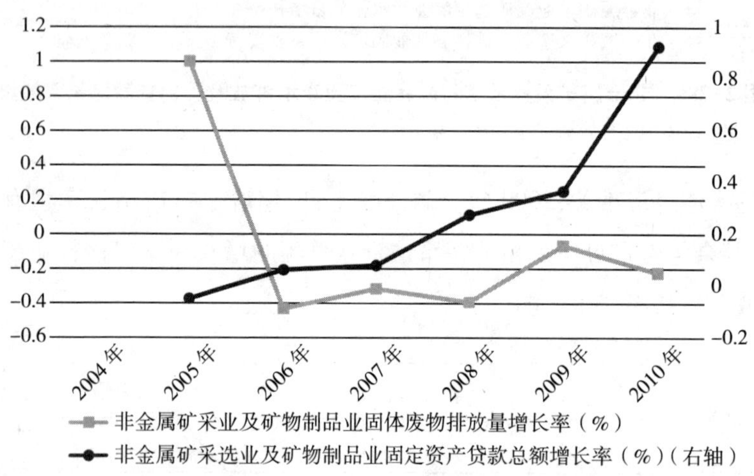

图2-282 非金属矿采业及矿物制品业工业固体废物排放及国内贷款增长率趋势

数据来源：《中国统计年鉴》；国家统计局

非金属矿采及矿物制品业固定资产投资贷款与该行业固体废物排放量增长率正相关关系由于生产周期原因，同样存在时间差。2005—2008年贷款增长率走势与2006—2009年固体废物排放量增长率走势存在正相关关系。该年内，贷款的增长速度变动引起该行业固体废物排放增长。

(六)化学原料及化学制品制造业

化学原料及化学制品制造业贷款总额变动趋势整体向上,工业废气排放总量两项指标变动趋势相似,但三者之间总量走势仅个别年份相似,2009 年后,该行业二氧化硫和工业烟粉尘排放总量趋势与固定资产投资贷款总额几乎一致,可以推断,贷款总额的增长带动废气排放量的增长,但贷款增长幅度对废气排放量的影响仍需分析增长率的变动情况。

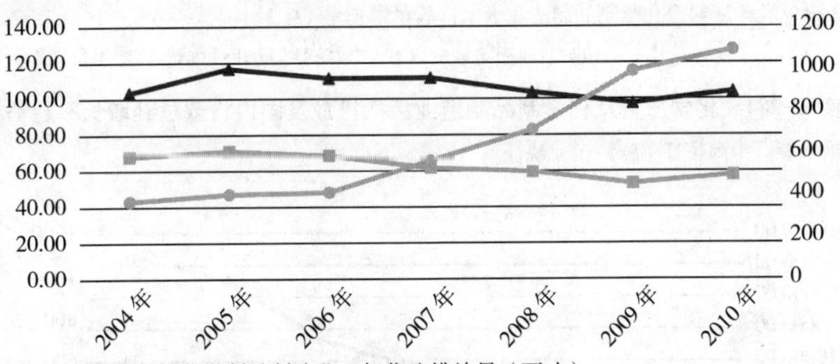

图 2-283 化学原料及化学制品制造业废气排放及国内贷款总额趋势

数据来源:《中国统计年鉴》;国家统计局

该行业贷款投资增长率与二氧化硫排放量增长率除 2010 年外,均呈正相关关系。该行业固定资产贷款增长率与次年工业烟粉尘排放量增长率走势一致。贷款增长对工业废气排放起到推动和加速的作用。

该行业固定资产投资额 2006 年总量趋势呈 30°上升,2009 年起贷款总量增势放缓。与此对应年份的该行业废水排放总量 2005 年及 2010 年呈现增长趋势,其余年份表现出不匀速下降趋势。两者变动速

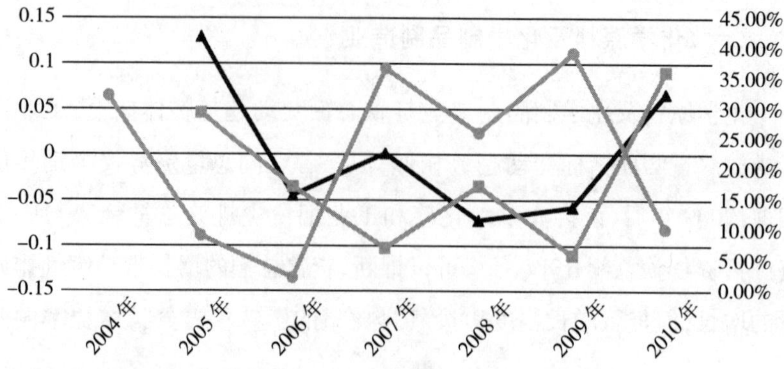

图 2-284　化学原料及化学制品制造业废气排放及国内贷款总额增长率趋势

数据来源:《中国统计年鉴》;国家统计局

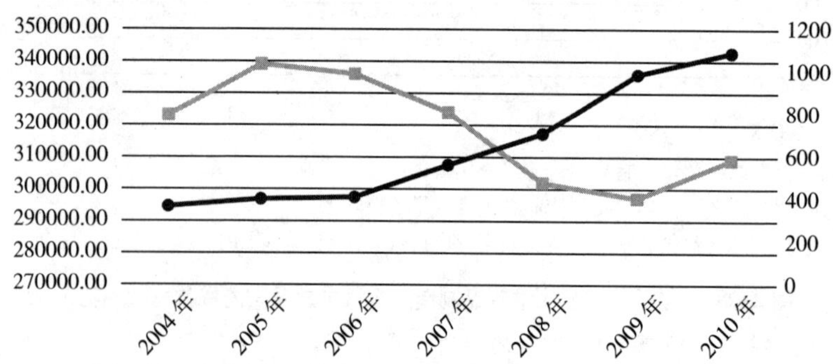

图 2-285　化学原料及化学制品制造业废水排放及国内贷款总额趋势

数据来源:《中国统计年鉴》;国家统计局

度关系需进一步讨论。

该行业贷款增速变化趋势与废水排放量增长趋势相比,除去 2007 年和 2010 年外,其他年份两者走势呈现正相关关系。大部分年份,贷

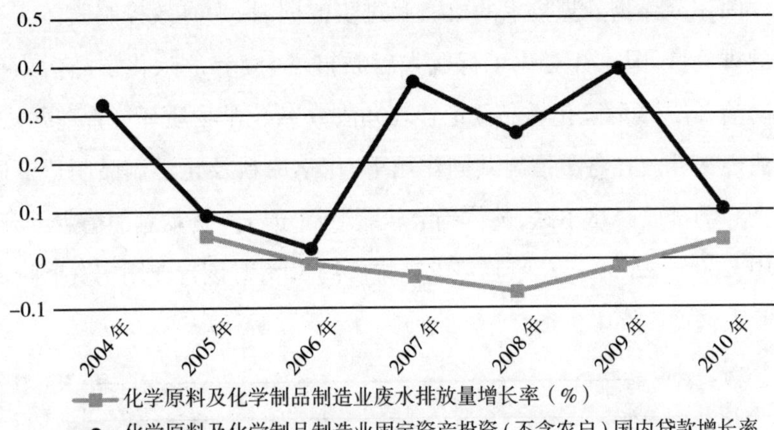

图 2-286　化学原料及化学制品制造业废水排放及国内贷款增长率趋势

数据来源:《中国统计年鉴》;国家统计局

款投入的增长,推动了废水排放的增长或阻碍了其下降,个别年份受到政策或生产规模等因素的影响,固定资产投资贷款的增长依旧伴随废水排放量增长率的下降。

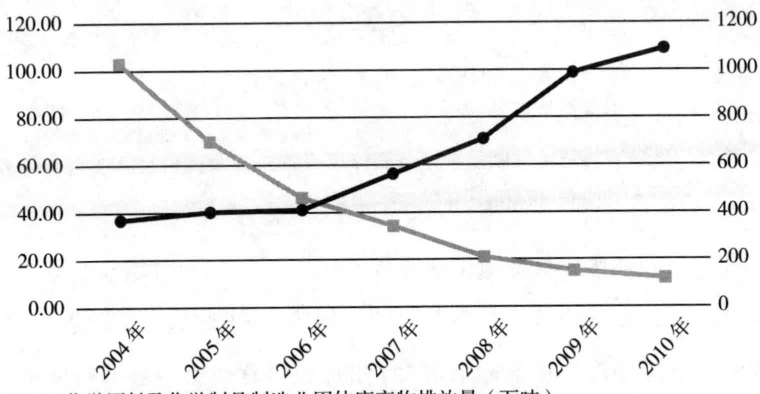

图 2-287　化学原料及化学制品制造业固体废弃物排放及国内贷款趋势

数据来源:《中国统计年鉴》;国家统计局

固体废弃物处理技术的成熟和进步的同时，为有效控制固体废弃物的排放量，国家针对化工行业先后颁布了《废弃危险化学品污染环境防治办法》《危险化学品登记管理办法》《新化学物质环境管理办法》等法规文件。在各类措施共同作用下，化学原料及化学制品制造业固体废弃物排放总量下跌，整体趋势较缓。固定资产贷款总额稳定上升，其中，2006—2009 年总量趋势上升幅度约 30°，对该行业固定资产贷款数额大幅度提高。

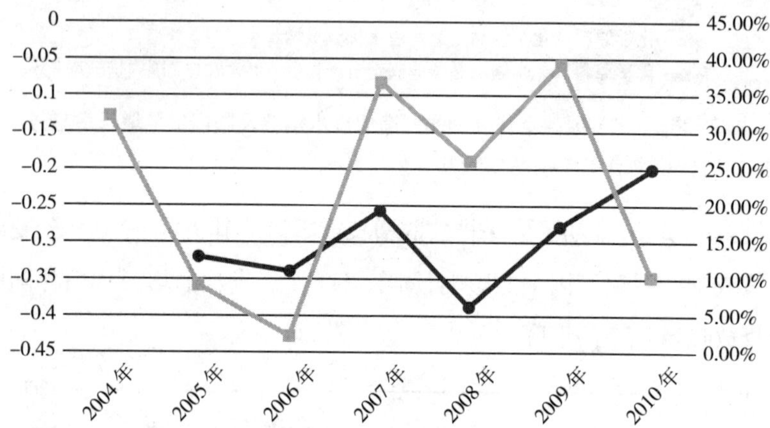

图 2-288　化学原料及化学制品制造业固体废弃物排放及国内贷款增长率趋势

数据来源：《中国统计年鉴》；国家统计局

该行业固体废物排放量增长率除 2010 年外，与贷款增长率呈正相关关系。即贷款的快速增长引起行业固体废弃物排放增长率的加速增长或减少下降幅度。贷款的数额变化的快慢，有效影响着该行业固体废弃物排放的力度。

第三章

基于关系论的中国绿色信贷分析

第一节 概 述

一、信息来源与数据构成

(一)数据来源与局限性

事物的认识来源于该事物信息量及信息质量的状况。遗憾的是,由于我国当前绿色信贷制度的不完善,没有对绿色信贷信息的披露进行强制性的制度措施,导致绿色信贷信息的披露是有限的,特别是权威性的绿色信贷信息更加缺乏。所以,我们对绿色信贷的描述只能局限于现有的信息,客观地说,难以避免不完整性、不客观性、不深入性,使其暂且只能流于形式,流于表面性的认识。这需要绿色信贷相关制度的完善与积极的改革。

为保证报告绿色信贷状况信息的真实性、完整性和合规性,本书我们把绿色信贷信息的来源渠道主要锁定为银行业协会和各政策性银行、商业银行及合作组织性质银行所发布的社会责任报告、年度报告与少量该行的新闻报道材料。银行的绿色信贷、绿色运营相关信息的部分出自其发布的社会责任报告,部分来自银行的年度报告。数据整理来自银行社会责任报告,按照指标进行分类。

(二)数据构成

本报告绿色信贷部分数据分为总量数据和结构数据,总量数据反映绿色信贷总体发展状况,结构数据反映某一方面的基本状况。力图通过总量与结构数据全面地反映银行业绿色化的基本状况。

报告主要反映了信息披露状况、绿色信贷状况、制度建设状况、“两高一剩”状况、绿色运营状况及绿色金融产品状况。各部分数据说明如下：

信息披露状况数据。银行业绿色信贷信息披露状况是以 2007 年到 2015 年为时间基准进行的，包括银行业数据、国有银行数据、股份制银行数据、地方性银行数据。

绿色信贷数据。数据的完整度计算以 2007 年到 2015 年为基准，看每个指标各银行公布了多少数据，以此为基础进行计算。

制度建设状况数据。意图从整体涵盖各家银行制度建设情况，从制度层面衡量银行绿色化的基础标准。在判断银行是否符合这些制度的时候，标准设定得相对宽松，银行社会责任报告中明确提出的制度的包含在内。

“两高一剩”状况数据。报告对社会责任报告中的“两高一剩”数据进行挖掘，通过其公布的“两高一剩”行业贷款数据可以判断该银行基本建立了“两高一剩”行业名单管理制度和信贷环保审查制度。

绿色运营部分。各银行社会责任报告中披露的内容主要有绿色运营的数据、绿色运营的制度规定和事例说明。报告在统计各银行绿色运营披露情况时，将提及绿色运营的都算作有绿色运营状况披露，完成银行总体上绿色运营披露状况的说明之后，对那些数据齐全、制度较为完善的银行进行了详细分析。

绿色金融产品部分。该部分统计口径是社会责任报告中披露的绿色信贷、绿色债券等相关产品，按时间序列进行统计，对每家银行的产品从 2007 年开始统计，并假设出现的产品在以后的年度中会连续出现，这样就能展现出银行绿色金融产品的丰富度变化趋势图。

二、分析标准

(一)分析标准

分析标准一般是指衡量事物的准则,是某一事物科学、技术和实践经验的总结。银行绿色化状况的认定,基础是绿色化标准的认定。然而,绿色信贷虽然在我国发展的历史已有十几年,但绿色信贷所涉及分析与评价标准问题并未解决,分析其原因有以下两点。

一是我们的绿色金融的基础理论并未建立,我们对绿色信贷的理解分歧较大,站在工具论的角度,与站在目标论的角度,对绿色信贷绩效评价标准的建立是截然不同的。

二是对银行业绿色信贷标准的制定由谁来完成至今没有结论。本报告认为,绿色信贷的标准必须取得社会大众的认可,正如前文所述,绿色涉及公众的社会利益,银行业绿色化状况,不应由银行业自己认证,而是交给社会认证,因为社会大众是生态环境利益改善的受益者,所以社会大众拥有银行业绿色化的认定权。银行业绿色化标准应为社会的权威部门颁布,获得社会的认可。否则以目前我们所掌握的绿色信贷信息,我们无法对银行业绿色信贷的状况进行客观、公正和完整的状况描述与分析。

(二)描述与分析方法

绿色信贷政策分解法。对环保部、发改委与人民银行和银行业监管部门所出台的绿色信贷政策与制度进行分解,从中找出绿色信贷政策和制度及实务所应执行的关键内容与环节,并把其作为分析与评析银行业实施绿色信贷政策与制度的标准。本方法的基准是各级政府所发布的各项政策与制度，其评价的依据是分解出的细化政策与制度。其优势是通过绿色政策与制度状况的分析，对银行业落实状况进行分析。其缺点是，在分析的标准与制度设计上，没有创新与改革，只对已有的政策和制度的落实进行解析与评价，不利于绿色信贷的长期发展。

绿色信贷实施标杆法。通过将各银行绿色信贷相关政策、制度、操作实务状况与已存在的较好银行进行对比，以寻求不断改善银行绿色信贷活动、提高银行业生态环境效益的方法。其主要目的是找出差距，寻找不断改进的途径。其方法是对同类活动或同类产品配置中绩效最为显著的组织或机构进行研究，以发现最佳绿色信贷实践，并将它们运用到全员分析的过程。最佳环境进行分析通常有三类：内部标杆分析、竞争对手标杆分析和通用标杆分析。

绿色信贷发展历史分析法。运用发展、变化的观点分析银行业绿色信贷实施的具体状况的分析方法。目的是通过对银行业绿色信贷发展、变化的分析，把绿色信贷发展的不同阶段加以联系和比较，弄清绿色信贷发展的真实状况与实质，揭示其发展趋势。如绿色信贷数据部分，数据的完整度计算是以 2007 年到 2015 年为基准，看每个指标各银行公布了多少数据，以此为基础进行计算。

披露分析法。进行报告做的是披露状况的描述，包括数据披露率、数据完整度、制度完善率等方面，不进行好与坏的评价，而是基于客观的标准，实事求是进行现状描述，旨在将中国银行业的“绿色化”现状从多个角度进行阐述，让读者能够清楚地看到我国银行业整体上承担环境责任、践行绿色金融、打造绿色银行的状况。

三、撰写本部分的几点说明

本报告银行业绿色化状况部分是中国绿色信贷发展近10年状况的描述及基于我们建立的部分标准的评定，一是我们在整理各银行社会责任报告、选取数据和材料的过程中，我们力求完整和准确。二是由于工作量大，部分银行社会责任报告中记录的素材比较模糊等客观原因以及笔者自身水平所限，难免存在尚不完善的地方，希望能够得到广大读者、业内专家学者的指正。三是本报告对于银行绿色化这一主题进行探索式研究，尚有需要进一步完善之处，由于资料主要来源于各银行的社会责任报告，在收集原始资料的时候，主要是通过各银行的官方网站进行查找和下载，发现部分银行的报告存在缺失的现象，这对报告的研究造成了一定的影响。

第二节　中国绿色信贷发展的现状

从1995年算起，中国的银行业绿色信贷经历21年的发展历程。从仅仅落实国家环保政策与控制环境风险逐步进入对生态环境系统建设的支持，绿色信贷的理念、制度、机制、措施正逐渐从概念阶段走向发展成长的轨道。

一、银行业绿色化基本状况

（一）绿色信贷理念的深入。经历21年的发展，绿色发展的理念正在逐步深入到每一个银行人的心中,成为银行人信贷的基本指南与约束。与生态环境协同发展,不对生态环境产生破坏,支持生态环境的建设,正日益成为银行业人士的共识与思想基础。可以说银行业已初步具备绿色化发展的基础。

(二)信贷环境风险管理逐步转化为具体行动。具体表现为环评许可和排污许可证成为贷款的必要条件。环评是项目通过政府许可的必要条件,而今它正成为银行业贷款的前提,成为环境政策与金融政策配合的切入点;排污许可证是企业排放行为的政府许可,是对企业环境保护设施及运行状况的认可,此项制度把企业环境行为与金融机构贷款行为进行结合,成为环境管理制度与金融管理制度的融合,成为约束企业环境行为的重要工具。

(三)生态环境改善与建设成为金融发展的一部分。伴随生态环境改善与危害对信贷资金需求的增加,生态环境领域的金融需求正逐步纳入银行业贷款的支持范畴。林业贷款、水利贷款、生态维护贷款、环保贷款、节能贷款、新能源贷款成为银行业贷款的一部分,银行业成为生态环境建设资金的重要来源之一。

(四)银行业绿色管理系统正在完善。面对生态文明建设成为国家战略的重要构成,面对银行业市场的变化与竞争的加剧,面对社会对银行业履行社会责任的呼声,银行业也在通过系统制度的不断完善,以求在未来的竞争中夺得优势。银行业内部的绿色制度正在从虚面实,成为银行业制度建设的重要构成。

二、绿色信贷重要政策回顾

我们认为我国的绿色信贷政策正处于初期阶段。绿色信贷发展程度如何,取决我们未来给绿色信贷发展的政策空间的大小。绿色信贷相关的政策应与环境保护要求和生态文明建设的需要紧密的配合,绿色信贷落实需要绿色信贷相关政策的突破。

(一)启蒙阶段政策

1995 年原国家环保总局与中国人民银行分别发布了《关于贯彻信贷政策与加强环境保护工作有关问题的通知》和《关于运用信贷政策促进环境保护工作的通知》,这一政策的出台可以看作是“绿色信贷”政策的雏形。该政策要求金融机构在借贷的同时要考察企业生产行为对环境的潜在影响。如果对企业生产行为的评估不符合绿色生产的标准,那么该企业就很难或者不能得到相应贷款;如果企业生产行为符合绿色生产标准,那么政策鼓励金融企业对其贷款并提供相应的利率优惠政策。

1996 年国务院出台了《关于环境保护若干问题的决定》,要求对所有改扩建项目进行环保评估,坚决控制新污染、禁止转嫁废物污染,同时还要求制订鼓励和优惠政策,大力发展环境保护产业;对于生产技术先进、环保污染少的产业给予投资优惠政策。从国家的层面提出投融资过程中落实环境保护政策的基本要求。

2004 年 4 月 30 日,国家发改委、中国人民银行、银监会联合发布了《关于进一步加强产业政策和信贷政策协调配合控制信贷风险有关问题的通知》(发改产业[2004]746 号),要求各人民银行分支机构、各商业银行机构加强信贷中的环境审批以及优化信贷投向。

2005 年国务院出台了《关于落实科学发展观加强环境保护的决定》,要求各金融机构以科学发展观指导自身信贷行为。科学发展观成为指导银行业信贷行动的基本思想与宗旨,成为环境政策与银行业绿色信贷结合的与统一行为的着力点。

2005年12月,国务院授权发改委会同国务院有关部门制订了由鼓励、限制和淘汰三类目录组成的《产业结构调整指导目录》,并规定这一目录是政府引导投资方向,管理投资项目,制定和实施财税、金融、土地、进出口等政策的重要依据。

(二)成长阶段政策

2007年国务院出台了《节能减排综合性工作方案》要求各地方政府、人民银行要控制高耗能、高污染行业过快增长,各大商业银行充分利用金融杠杆来促进产业结构调整,积极推进节能环保和低碳循环经济产业的信贷管理制度及金融产品的创新。

2007年7月12日,为落实国家环保政策法规、推进节能减排、防范信贷风险,我国出台了《关于落实环境保护政策法规防范信贷风险的意见》。该政策的出台主要要求各大政策性银行、商业银行在贷款审批中重点考虑企业的环保与社会责任情况。同时还要求各商业银行与环保机构积极沟通绿色信贷信息,对于环保部公布的环保违规企业禁止新增任何形式的信贷支持。

2008年,环保部与银监会签订了信息共享协议,同时环保部还与中国人民银行合作,将企业的环境绩效信息纳入中国人民银行征信系统,并和中国人民银行联合下发《关于规范向中国人民银行征信系统提供企业环境违法信息工作的通知》。

2009年3月,中国人民银行、中国银监会联合发布了《关于进一步加强信贷结构调整促进国民经济平稳较快发展的指导意见》、《关于全面落实信贷政策进一步完善信息共享工作的通知》,之后环境保护部印发了《关于贯彻落实抑制部分行业产能过剩和重复建设引导产业健康发展的通知》。之后,我国出台了《关于进一步做好金融服务支持重点产业调整振兴和抑制部分行业产能过剩的指导意见》,该意见要求金融机构应加大对低碳循环经济的信贷供给;对于环保考核不达标的产业实行信贷管制。

三、绿色信贷制度建设

(一)业务制度建设

2012 年 2 月 24 日,银监会发布了《关于印发绿色信贷指引的通知》(银监发[2012]4 号),要求金融机构要更大程度地支持绿色低碳经济的发展,提高自身绿色信贷服务水平,加强绿色信贷能力建设。同年,中国银监会根据监管政策与产业政策相结合的要求,推动银行业、金融机构以绿色信贷为抓手,积极调整信贷结构,有效防范环境与社会风险,更好地服务实体经济,促进经济发展方式转变和经济结构调整,制定了《绿色信贷指引》。

2013 年,国务院出台《国务院关于加快发展节能环保产业的意见》(国发[2013]30 号),要求在节能环保产业领域大力发展绿色信贷,积极创新金融产品和服务。同年,银监会印发了《关于绿色信贷工作的意见》(银监办发[2013]40 号)等文件,要求银行业金融机构进一步完善绿色信贷政策制度体系,建立绿色信贷统计制度,完善绿色信贷考核评价体系。建立健全信息共享机制,推动银行业金融机构加强与行业主管部门的沟通联系,主动了解产能过剩行业准入等信息,及时掌握淘汰落后产能、环境违法、土地和岸线管理违规等企业名单,并纳入信贷管理。

2013 年 7 月,银监会要求各政策性银行、国有商业银行、股份制商业银行、邮政储蓄银行按境内分支机构汇总“绿色信贷统计表”报送银监会统计部,“绿色信贷统计表”包括两张报表:环境、安全等重大风险企业信贷情况统计表、节能环保项目及服务贷款情况统计表。旨在收集填报机构绿色信贷数据,反映各机构绿色信贷实施成效。

2015 年 1 月,银监会与发改委联合出台《能效信贷指引》,从能效项目特点、能效信贷业务重点、业务准入、风险审查要点、流程管理、产品创新等方面,提出具有可操作性的指导意见,通过专业化、针对性的业务创新和风险管控要求,为银行业金融机构提升产业服务水平提供指导和帮助。在这一阶段,我国对于绿色信贷做出了一定的努力与探索,出台了相关的执行政策与评价指标,但是由于金融产品缺乏创新,环保成本与金融机构之间的利益博弈,以及不同行业的环境风险评估与具体信贷风险指标的规划中还存在缺位,一些信贷政策的实践落实仍有障碍。

(二)配套制度建设

2011 年银监会印发了《关于全面总结节能减排授信工作及做好绿色信贷相关工作的通知》(银监办发[2011]60 号),要求各监管部门、部分金融机构完善绿色信贷统计监测制度,并推进环境与社会风险评价机制的建立;同时还要求各政策性银行、国有商业银行、股份制商业银行和邮政储蓄银行根据经营发展战略与业务需要确定绿色信贷业务的主要负责部门,进一步鼓励银行业金融机构推行绿色信贷,促进节能减排和产业结构调整。

2014 年 12,银监会印发了《绿色信贷实施情况关键评价指标》,其中包括定性评价指标和定量评价指标。定性评价指标的主要内容包括:(1)在组织管理层面涵盖董事会职责、高级管理层职责和归口管理,目标是确保绿色信贷战略的实施从高层到基层都有专人负责、部门归口管理并配备相应资源;(2)在政策制度及能力建设层面,包括制定政策、分类管理、绿色创新、自身表现、能力建设五个部分来提升自身环境和社会政策的表现;(3)在流程管理中包含尽职调查、合规审查、授信审批、合同管理、资金拨付管理、贷后管理、境外项目管理七个部分;(4)在内控管理与信息披露中包含内控检查、考核评价、信息披露三个部分,加强对绿色信贷的内控检查与考核评价;(5)在监督检查部分要求银行机构定期向银监会汇报绿色信贷动态。

定量评价指标主要包括核心指标:支持及限制类贷款情况,以及可选指标:机构的环境和社会表现、绿色信贷培训教育情况、与利益相关方的互动情况。同时,银监会还制定了"应制定信贷政策的行业目录"、涉及"两高一剩"行业参考目录。

第三节　银行业绿色信贷信息披露状况

分析来源于信息,因而信息披露是分析银行业绿色信贷发展状况的基础环节,本部分之所以成为中国银行业绿色信贷发展状况分析的第一部分源于以下几点。

一是绿色信贷是社会的环境利益与银行业的经济利益的结合。如上文所述,环境利益是公共利益,银行业对社会公共利益的贡献,不应取决银行业自身的评价,而是源于社会大众对银行业行为的认可。所以银行业关于绿色信贷信息的披露就成为分析银行业绿色信贷发展状况真实分析的基础,如果银行对绿色信贷的相关信息拒绝披露,或披露不足以反映银行业绿色信贷状况,绿色信贷的执行部分就成为空谈。

二是绿色信贷报告的客观、公正及效果、程度，都取决于信息来源的客观、公正和信息量的规模。我们的任务就是对银行业绿色信贷状况的信息进行收集、整理和公布，让社会对银行业绿色信贷的状况进行客观、公正和完整的评价。

虽然银监会和环保部等部门出台了许多政策要求银行机构履行社会责任，践行保护环境的义务，并且对其开展的绿色贷款业务进行披露。但在实际操作层面，银行业以商业秘密的名义，对绿色信贷的信息不公开，不接受社会的查询，仍是常态。

一、银行业社会责任报告总体披露状况

2007 年，上海银监局制定发布《上海银行业金融机构企业社会责任指引》，指出银行业金融机构应主动践行市场主体应尽的社会责任，维护股东、员工、金融消费者等利益相关者的合法权益，促进经济、社会与环境的可持续发展。2007 年 5 月，中国建设银行发布了《2006 年企业社会责任报告》，成为四大国有商业银行中首家发布社会责任报告的银行。2007 年 8 月 28 日，交通银行在董事会下增设社会责任委员会，这在所有的上市中资公司中是首家，显示出交通银行对企业社会责任的深刻理解，实现从公司治理架构上完善社会责任机制的实质跨越。在 2008 年，银行业社会责任运动逐渐走向高潮，包括工行、中行、交行等大型商业银行也相继发布了各自的《企业社会责任报告》。

商业银行社会责任报告是银行业执行社会责任状况的信息披露，绿色信贷状况是银行业社会责任报告的一部分，是我们在当前的形势下，能够获取银行业绿色信贷信息的主要途径，因而商业银行社会责任报告的公布状况，就成为本次报告信息获取的主要来源或权威性来源。

单从商业银行社会责任报告披露的角度,依然有大量的银行并未披露社会责任报告,或者在社会责任报告中披露的内容实质性意义不强,故而在分析之前,对各银行社会责任报告的披露状况进行鸟瞰式梳理是非常有必要的,也是下文进行分析的基础和铺垫。本报告统计的各银行社会责任报告主要来源渠道为银行的官方网站,辅之以网络公开信息进行整理。

二、按性质划分的银行业金融机构社会责任报告披露情况

从不同性质的银行分析,将我国的银行分为政策性银行、国有商业银行、股份制银行、城商行和邮政储蓄银行这五个层次,对每个层次的银行社会责任的披露情况进行统计,得到每个层次银行的社会责任报告披露率,如表 3-1 所示。披露率的计算方法为披露社会责任报告的银行家数占该层次银行总数的比例。

表 3-1　不同性质银行社会责任报告的披露率

	银行数量	披露报告的银行数量	披露率
政策性银行	3	3	100%
国有商业银行	5	5	100%
邮政储蓄银行	1	1	100%
股份制银行	12	11	91.67%
城商行	132	33	25%

资料来源:各银行社会责任报告

由图 3-1 可得,3 家政策性银行和 5 家国有商业银行的社会责任报告披露率都在 100%。邮政储蓄银行作为单独的一家银行,披露

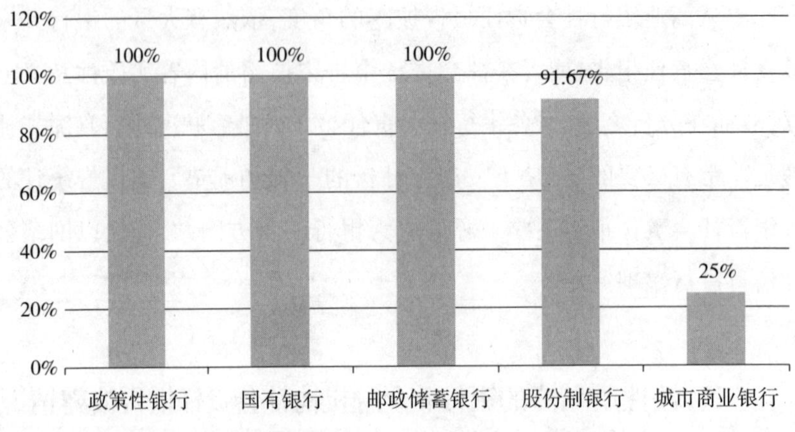

图 3-1 不同性质银行社会责任报告的披露率

了 2013 和 2014 年的社会责任报告,所以报告披露率达到 100%。12 家股份制银行中有 11 家披露了社会责任报告,恒丰银行的报告在公开方式下没有被找到,因此,报告披露率为 91.67%。132 家城市商业银行仅有 33 家对社会责任报告进行了公开披露,披露率只达到 25%。

表 3-1 是对不同层次的银行社会责任发布率进行了总体的评价,下面对每个层次中的具体情况进行了更为细致的论述。

表 3-2 政策性银行社会责任报告披露完整度

	报告的公布年份	披露报告年份个数	报告披露完整度
国家开发银行	2007—2014	8	88.89%
中国进出口银行	2011—2015	5	55.56%
中国农业发展银行	2013—2014	2	22.22%

资料来源:银行社会责任报告

虽然银行披露了社会责任报告,但是报告披露时间的前后顺序也

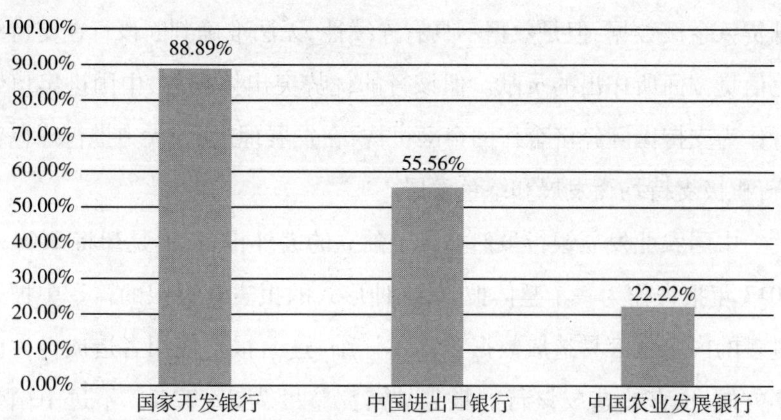

图 3-2 政策性银行社会责任报告披露完整度

反映了银行在社会责任方面的作为和他们的成果。政策性银行中，国家开发银行披露社会责任报告时间长度为 2007 年到 2014 年，没有公开披露 2015 年的报告，信息更新略落后一些。但是，国家开发银行的报告内容比较丰富，通过理论与实践案例结合，运用数据来证明执行效果。社会责任绩效中的数据分类简介清楚地展示了国家开发银行对社会责任做出的贡献，支持节能环保和提供绿色信贷的数据更是说明国家开发银行在推进绿色金融发展过程中的地位和影响力。

与国家开发银行 2007—2014 年的报告披露完整度相比，中国进出口银行与中国农业发展银行报告披露情况稍有不足。

在信息披露中，中国进出口银行的社会责任是作为年度报告的一部分同时向公众发布的，没有形成独立的表外报告，并且在时间顺序上滞后，报告的披露完整度仅为 55. 56%，该行直到 2011 年才披露支持绿色信贷数据相关信息，但是数据分类并不明晰，将新能源、高端装备制造、节能环保等三大战略性新兴产业相提并论，并没有清楚地描述该行在支持绿色信贷方面的贡献。虽然 2014 年报告中明确了支持节能减排贷款余额数据，但是数据不具有连续性，无法准确判断该行在支持绿色信贷方面所作出的贡献。但该行的优势突出体现在，中国进出口银行作为支持国际经济合作的金融机构，在发展理念上，大力推行绿色信贷，积极支持均衡发展和绿色发展。

中国农业发展银行虽然披露了独立的表外报告，但是却将2004—2013年报告作为一个整体披露，这种形式的报告在有限的篇章中披露过多的内容就容易造成数据披露不详细，这给报告使用者造成极大的不方便，也直接造成该行的报告披露完整度为22.22%。不过中国农业发展银行认真贯彻国家政策，致力于开展绿色信贷，大力支持生态环境建设，推进低碳节约运营。根据已公布的报告内容来看，中国农业发展银行支持绿色信贷的力度在不断增加。

表3-3　邮政储蓄银行报告披露完整度

银行名称	报告的公布年份	报告数量	披露完整度
中国邮政储蓄银行	2013—2014	2	22.22%

由于邮政储蓄银行只公布了2013、2014两年的报告，报告公布的内容中对于该行支持绿色信贷、节能环保、低碳发展做出了详细的介绍，并给出有力的数据资料。但是，该行在统计期内的报告披露完整度仅为22.22%，仅有的两年报告并不能体现出该行在社会责任方面的贡献及未来的发展趋势与展望，所以，该行应该增加公布报告的时间长度。

表3-4　国有商业银行报告披露完整度

	报告的公布年份	披露报告年份个数	披露完整度
中国工商银行	2007—2015	9	100.00%

续表

	报告的公布年份	披露报告年份个数	披露完整度
中国农业银行	2008—2015	8	88.89%
中国银行	2008—2015	8	88.89%
中国建设银行	2006—2015	9	100.00%
交通银行	2006—2015	9	100.00%

资料来源:银行社会责任报告

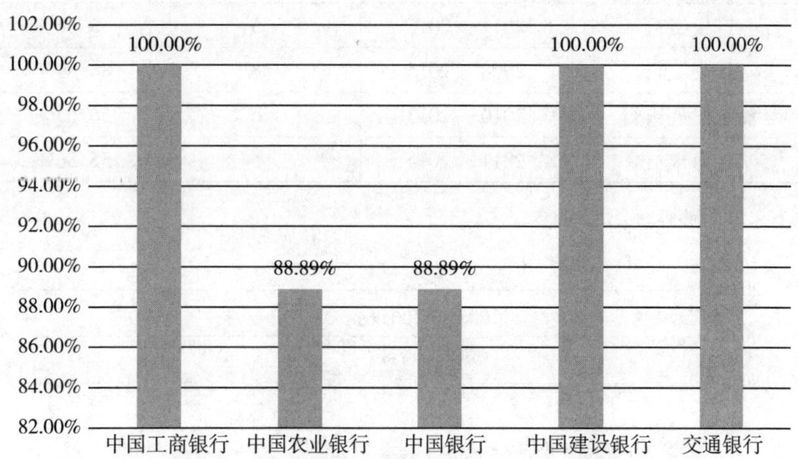

图 3-3 国有商业银行社会责任报告披露完整度

在国有银行报告披露中,中国建设银行和交通银行报告披露时间从 2006 年至 2015 年,中国工商银行报告披露时间为 2007 年至 2015 年,满足统计期内的披露要求,100%的报告披露完整度直接反映了银行内部对社会责任的重视程度及较大的执行力度。相比较而言,中国农业银行和中国银行的报告披露时间稍微滞后,从 2008 年至 2015 年,报告披露完整度为 88.89%。但总体来看,国有商业银行在社会责任报告披露完整度统计中表现优秀。

表 3-5 股份制银行报告披露完整度

	报告的公布年份	报告数量	披露完整度
中信银行	2008—2015	8	88.89%
光大银行	2010—2015	6	66.67%
华夏银行	2012—2015	4	44.44%
民生银行	2007—2015	9	100.00%
招商银行	2007—2015	9	100.00%
兴业银行	2008—2015	8	88.89%
广发银行	2011—2015	5	55.56%
平安银行	2008—2015	8	88.89%
浦东发展银行	2010—2015	6	66.67%
渤海银行	2011—2015	5	55.56%

资料来源:各银行社会责任报告

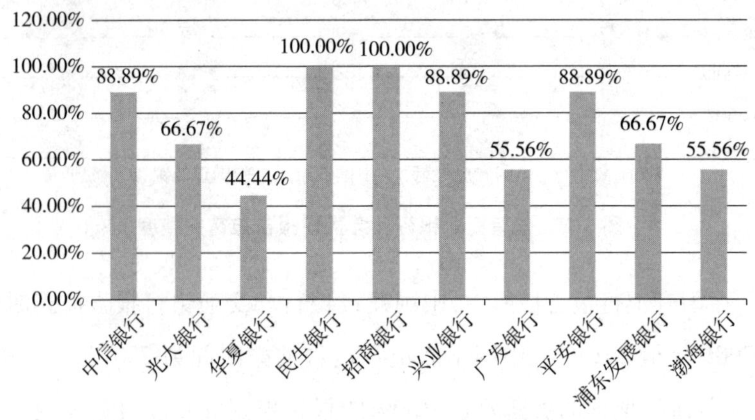

图 3-4 股份制银行社会责任报告披露完整度

数据来源:各银行社会责任报告

在披露报告的股份制银行中,民生银行与招商银行报告披露完整度达到 100%,紧随其后的是中信银行、兴业银行、平安银行,披露时间为2008年至2015年，披露完整度达到88.89%，其中兴业银行董事会在2008年6月通过《关于申请加入赤道原则的议案》。10月31日，兴业银行成为国内首家宣布承诺采纳赤道原则的金融机构，开始运用国际化思维和国际惯例落实银行社会责任，更好履行对环境和资源的责任。其他股份制银行虽然没有像兴业银行一样宣布承诺采纳赤道原则，但是部分股份制银行也在自觉遵循赤道原则的规定，按照赤道原则的要求去约束自己内部的经营管理，为支持中国的绿色金融发展贡献自己的力量。披露完整度最低的是华夏银行，报告披露时间为2012年至2015年，开始发布社会责任报告的时间较晚，其披露完整度仅为44.44%。

三、按区域划分的银行业金融机构社会责任报告披露状况

由于政策性银行、国有商业银行和大部分股份制银行的经营范围覆盖到全国各个地区，按其总行所在地划分区域难免有失偏颇，故而很难将其归入任何的省份，这些规模较大、业务范围较广泛的银行也大多按规定披露社会责任报告，因此在统计的时候将其略过，仅对城市商业银行的披露状况进行统计。

表3-6 各省市自治区城市商业银行社会责任报告披露率

区域	披露率
北京市	100%
天津市	0
河北省	9.09%
山西省	16.67%

续表

区域	披露率
内蒙古自治区	25%
辽宁省	0
吉林省	0
黑龙江省	50%
上海市	100%
江苏省	75%
浙江省	50%
福建省	25%
江西省	20%
山东省	14. 29%
河南省	20%
湖北省	50%
湖南省	50%
广东省	40%
广西壮族自治区	33. 33%
海南省	0
重庆市	50%
四川省	15. 38%
贵州省	50%
云南省	0
陕西省	50%
甘肃省	50%
青海省	0
宁夏回族自治区	50%
新疆维吾尔自治区	0

资料来源:各银行社会责任报告数量

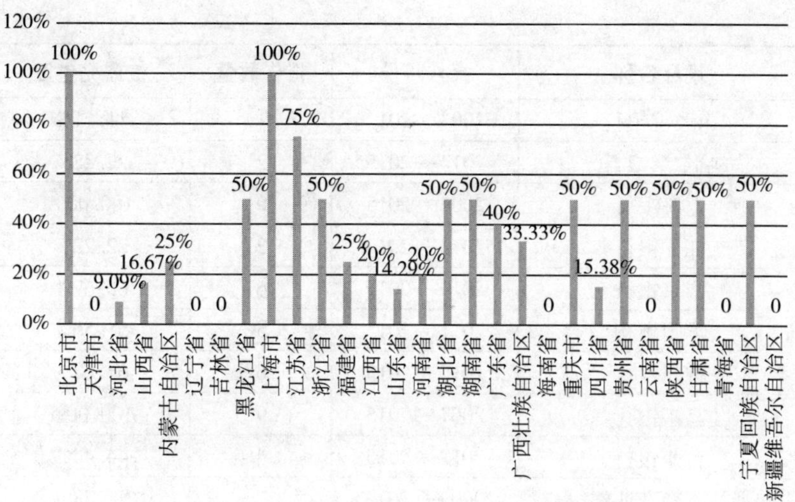

图 3-5　各省城市商业银行社会责任报告披露率

按区域划分的城商行在社会责任报告披露率中出现较大差异,北京市和上海市达到 100%,分别为北京银行和上海银行。其次是江苏省,报告披露率达到 75%,江苏省披露社会责任报告的银行有江苏银行、南京银行和苏州银行,报告都更新到 2015 年,75%的披露率说明江苏省的城商行在社会责任方面给予较多的关注。报告披露率为 50%的省份有 9 个,其余银行的披露率在 10%—40%之间,处于较低的层次。而天津市、辽宁省、新疆维吾尔自治区等 7 个省市自治区披露率均为 0。

表 3-7　城市商业银行社会责任报告披露完整度

银行名称	报告年份	报告数量	披露完整度
北京银行	2008—2015	8	88. 89%
河北银行	2010—2015	3	33. 33%
晋城银行	2010—2014	5	55. 56%

续表

银行名称	报告年份	报告数量	披露完整度
内蒙古银行	2003—2012	1	11.11%
哈尔滨银行	2014—2015	2	22.22%
上海银行	2007—2015	9	100.00%
江苏银行	2013—2014	2	22.22%
南京银行	2010—2015	6	66.67%
苏州银行	2011—2015	5	55.56%
杭州银行	2010—2015	6	66.67%
嘉兴银行	2007—2015	9	100.00%
台州银行	2012—2015	4	44.44%
浙江泰隆商业银行	2009—2015	7	77.78%
湖州银行	2008—2015	8	88.89%
浙江民泰商业银行	2010—2015	6	66.67%
宁波银行	2008—2015	8	88.89%
厦门国际银行	2011—2015	5	55.56%
江西银行	2013、2015	2	22.22%
齐鲁银行	2014	1	11.11%
青岛银行	2014—2015	2	22.22%
郑州银行	2013—2015	3	33.33%
汉口银行	2010—2015	6	66.67%
华融湘江银行	2014	1	11.11%
珠海华润银行	2012—2015	4	44.44%
东莞银行	2013—2015	3	33.33%
柳州银行	2010—2013	3	33.33%
重庆银行	2014—2015	2	22.22%
德阳银行	2009—2014	5	55.56%
绵阳市商业银行	2012—2015	3	33.33%
贵阳银行	2015	1	11.11%
西安银行	2010—2012	3	33.33%

续表

银行名称	报告年份	报告数量	披露完整度
兰州银行	2014	1	11. 11%
宁夏银行	2008—2015	8	88. 89%

资料来源:各银行社会责任报告

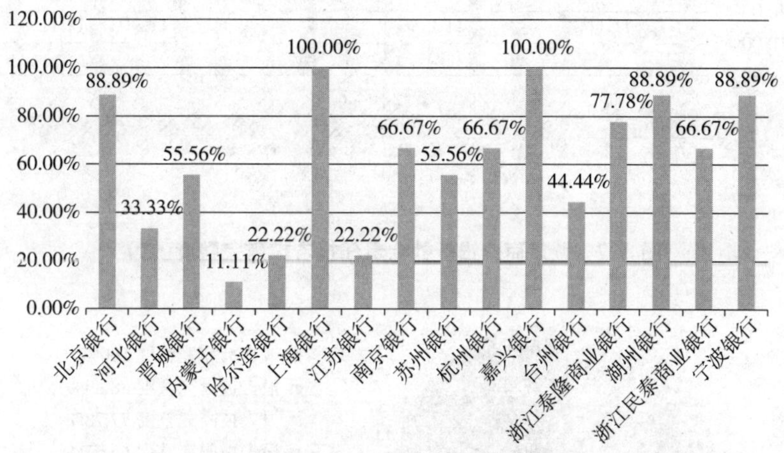

图 3-6　城市商业银行社会责任报告披露完整度(一)

在统计各城商行报告发布率时,有的银行官网上发布了社会责任报告,但是存在无法下载的情况,例如杭州银行 2011 年报告无法下载,宁夏银行 2014 年报告无法下载。在计算披露完整度时将无法下载报告的年份也视作其公布了社会责任报告。

虽然有 33 家城商行披露了社会责任报告,但是银行的报告披露完整度参差不齐,表现优秀的上海银行和嘉兴银行,报告披露完整度为 100%,完成了统计期内报告披露的要求。其次是北京银行、浙江湖州银行、宁夏银行及宁波银行,报告披露时间为 2008—2015 年,披露完整度为 88. 89%。只披露了一年的报告,报告披露完整度为 11. 11%的银

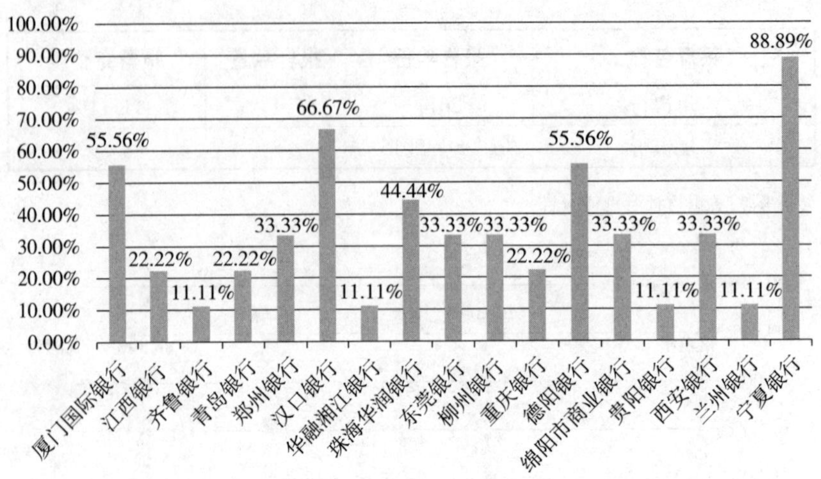

图 3-7 城市商业银行社会责任报告披露完整度（二）

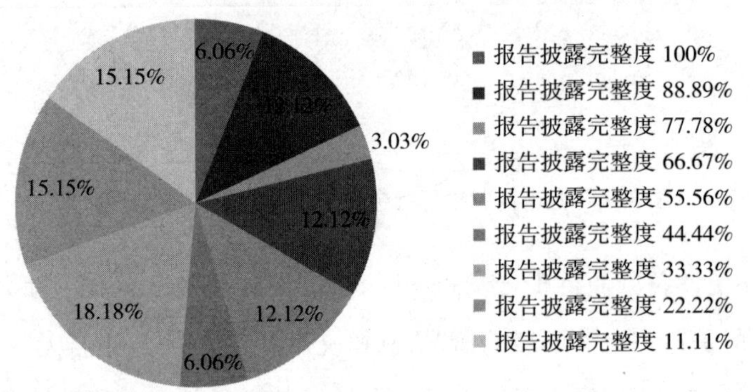

图 3-8 不同披露完整度的城商行占比分布图

行数量为 5 家，分别是内蒙古银行、齐鲁银行、华融湘江银行、贵阳银行及兰州银行。内蒙古银行是将 2003 年至 2012 年的银行状况汇集到一个集中报告中进行披露，统计口径认为披露报告数量为 1。

总体来看，城商行的社会责任报告披露程度不尽如人意，他们对于国家政策要求的社会责任执行状况不到位，各地监管部门应该对此现象加以关注，并作出相应的改善措施，力求城商行社会责任披露全覆盖，各银行社会责任报告披露完整度能大幅提高。

四、按年份划分银行业金融机构社会责任报告披露状况

表 3-8 不同年份各银行披露社会责任报告总量统计

时间	数量
2007	8
2008	17
2009	19
2010	28
2011	33
2012	39
2013	43
2014	46
2015	40

注：中国农业发展银行 2004—2013 年为一个报告，内蒙古银行 2003—2012 年为一个报告，河北银行 2010—2015 年共分为 3 个报告进行数量统计。官网无法下载的报告统计在内。

由图 3-9 可以看出，按照时间序列，披露社会责任报告的银行数量持续在增长，由 2007 年的 8 家银行增长至 2014 年的 46 家，2015 年稍有回落降到 40 家，主要原因在于城商行中一部分银行只披露了一年的报告，也有部分银行虽然连续披露了几年的报告，但是最新的报告没有更新到 2015 年，造成了报告披露数量在 2015 年出现下滑。

大部分披露了报告的银行采用的是表外单独发布报告即发布独立的社会责任报告的形式，体现了银行对社会责任的认识逐渐加深。通过书面报告的形式向利益相关方传递相关信息的主动披露意识不断增

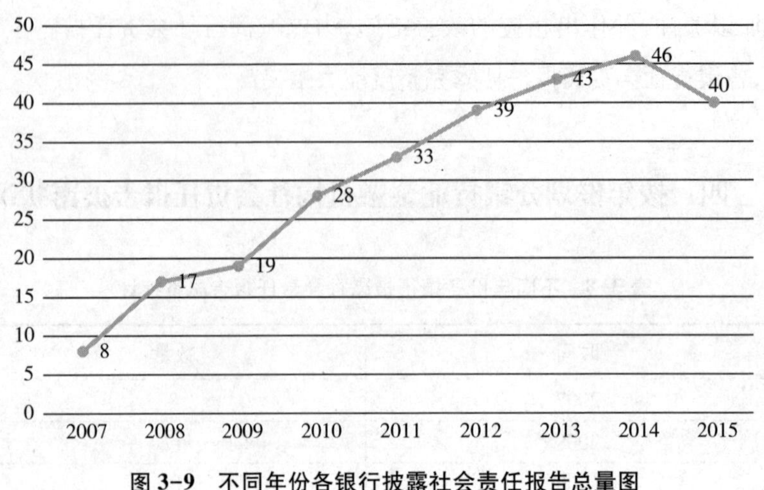

图 3-9 不同年份各银行披露社会责任报告总量图

强。根据报告的发布情况来看,虽然开始发布社会责任报告的银行数量在不断增长,但是部分银行社会责任报告发布存在间断的情况。较好的代表为国有商业银行与股份制银行,这两种性质的银行中不仅大多较早开始发布社会责任报告,并且能够每年连续发布。

相对而言,在发布社会责任报告的主动性和积极性方面较差一些的是部分城商行。有部分城商行的社会责任报告披露时间较晚,而且多家银行的社会责任报告只披露一到两年,没有代表性,也无法体现出他们在社会责任方面的执行效果。在报告披露时间上,大部分城商行的报告不能持续披露到 2015 年,没有反映他们在社会责任践行方面最新的成果,这也是当地监管部门急需监察并解决的问题。

值得欣慰的是,依然有在社会责任报告披露工作中比较出色的城商行为整个同层次银行树立了学习的标杆。例如上海银行报告披露时间为 2007—2015 年、北京银行披露时间为 2008—2015 年,这两家银行属于城商行中的翘楚,社会责任报告内容丰富,披露时间长度具有连续性。

第四节 银行业绿色信贷制度与方案建设状况

一、各银行绿色信贷制度建设情况

（一）绿色信贷制度设计评价标准依据

1. 基于国家绿色信贷政策的设计。自 2007 年以来的各项绿色信贷政策及绿色信贷相关制度的要求，我们对商业银行绿色信贷应建立的相关制度进行分解，目的在于引导银行主动投身于环境保护产业，支持我国的产业结构优化调整，化解产能过剩工作，充分运用信贷杠杆，采取支持、限制、压缩、退出等策略，有效地推进绿色信贷建设，引导绿色信贷工作与国家绿色政策的衔接与配合。

2. 基于标杆行的绿色信贷制度设计。一是根据国家的绿色信贷政策，各银行出台了许多的文件，从银行自身的情况出发制定了相关的政策和制度，诸如交通银行的绿色信贷标识制度，兴业银行的环境风险管理制度等都在落实《绿色信贷指引》具体制度时具有创新性和标杆性的作用。二是在各银行的绿色信贷相关制度设计中，给出的标准比较多、比较细致，更多的是一种指引和参考，需要归纳和总结。

3. 基于实践中各银行普遍采用的政策和制度，我们设计了 7 个比较重要、使用比较普遍的制度，作为评价各商业银行在绿色信贷制度设计的进程和内容评价的标准，借此可以反映各银行的绿色信贷政策和制度落实的状况。

（1）绿色信贷准入制度，即环保准入门槛约束，这是最基础的制度，其中也包含了环保一票否决制等制度。坚持对不符合节能减排要求的项目予以否决，对环保违法企业实行严格的限贷、停贷和收贷举措。

(2)绿色信贷标识制度将银行的客户进行分类，根据开户的环境行为状况分为不同的级别，根据客户的绿色级别给予不同的授信额度和时间。目的是通过对开户环境行为的分级，鼓励客户主动控制自身的环境行为，引导客户在环境行为中进行环境效益的选择。

(3)信贷环保审查制度。环保审查是银行业优化客户的基础。信贷环保审查就是对拟发放贷款的企业进行信息调查与评估，对其融资用途进行核查与确认，进而对客户的环境保护行为进行认证，信息调查与评估的目的是为银行业差别化的绿色授信政策的实施做准备工作。

(4)环境风险跟踪管理制度。客户的生态环境行为是动态的，银行业为保证自身的利益不受到环境风险的威胁，就必须对客户的生态环境行为进行跟踪与预警。信贷跟踪与责任追究制度体现的是银行对每一笔绿色信贷都要做好贷前、贷中和贷后审查，建立起重大风险报告机制，密切关注每一笔绿色贷款的流向和使用情况，在客户发生重大环境和社会风险事件时，及时采取相关的风险处置措施。

(5)绿色差别化授信制度。差别化的信贷政策是优先将信贷资源向节能环保、新能源、低碳减排领域重点倾斜。对授信企业和新建项目有保有压、区别对待，严格控制高耗能、高排放、资源消耗型、产能过剩企业。

(6)“两高一剩”制度建设。该制度是银行业对国家产业政策和环境政策的具体落实，是银行业执行绿色信贷政策状况的具体体现。“两高一剩”行业名单管理制度，根据国家监管部门给出的分类，结合银行自身的信贷政策,将“两高一剩”行业进行界定,在放贷时要将企业是否属于“两高一剩”行业进行评判,作为是否授信以及授信额度的重要参考依据。从某种意义上说,这本质上是一种“黑名单”制度。

(7)环境风险管理标准,即信息调查与环境风险评估。是银行在决定发放贷款时要建立符合国家监管部门要求和自身经营风险偏好与承受能力的管理标准,对企业面临的环境风险进行详细的调查与评估。环境风险管理是指根据环境风险评价的结果,按照恰当的法规条例,进行一定程度规避风险的费用和效益分析,确定可接受风险度和可接受的损害水平,决定适当的管理措施并付诸实施。从根本上讲,环境风险的管理过程是权衡经济、社会发展与环境保护之间相互关系,根据现有经济、社会、技术发展水平和环境状况做出的综合决策过程。

这些制度能够从整体上涵盖各家银行制度建设情况,从制度层面来讲,是衡量银行绿色化的基础标准。在判断银行是否建立了这些制度的时候,标准设定得相对宽松,银行社会责任报告中明确提出建立了的制度包含在内,此外,未明确提及的,通过对其社会责任报告公布数据、文件和政策的理解判断银行是否在执行层面建立了相关制度。例如,通过其公布的“两高一剩”行业贷款数据可以判断该银行基本建立了“两高一剩”行业名单管理制度和信贷环保审查制度。

(二)银行业绿色信贷制度建设状况分析

按照报告设定的标准,我们对各层次银行的绿色信贷制度建设状况进行总结与描述。我们采用完善率方式进行总结。其公式为:

绿色信贷度建设完善率=绿色信贷制度建设状况/绿色信贷制度标准

1. 政策性银行绿色信贷制度建设完善率

表 3-9 政策性银行制度完善率

	绿色信贷准入制度	绿色信贷标识制度	信贷环保审查制度	信贷跟踪与责任追究制度	差别化授信制度	“两高一剩”行业名单管理制度	环境风险管理标准	制度完善率
国家开发银行	√	—	√	√	√	√	—	71.43%
中国农业发展银行	√	—	√	—	—	√	—	42.86%
中国进出口银行	√	—	√	√	√	√	√	85.71%

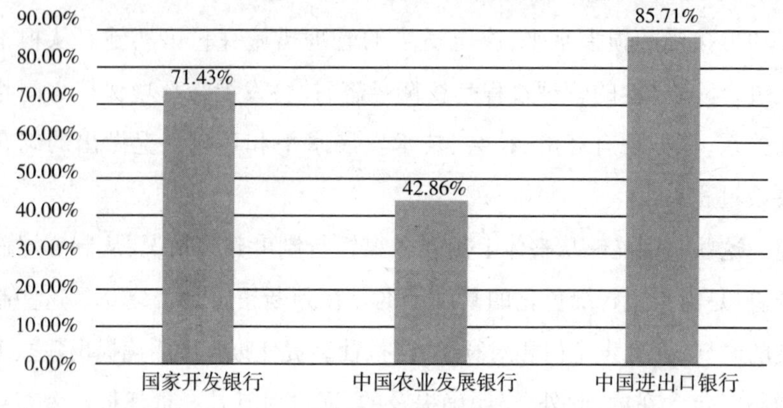

图 3-10 政策性银行制度完善率

在政策性银行群体中，国家开发银行是开展绿色信贷业务遥遥领先的银行，但在其社会责任报告中披露的制度建设部分更多的是文件，有关制度没有非常明确地提及。中国农业发展银行与中国进出口银行相比之下文件和制度描述更少。但是按报告的标准得出的中国进出口银行的制度披露率却高于国家开发银行，这可能多少与实际情况不相符合。从这个角度看，极有可能未明确提及的制度在公布的文件中会有所体现。只是统计工作更深一步难度较高，故而我们也建议银行在发布社会责任报告时能够清晰、明确地将制度和政策进行披露。总体上说,在制度的披露率上,政策性银行尚需提高。

2. 邮政储蓄银行制度完善率

表 3-10 邮政储蓄银行制度完善率

	绿色信贷准入制度	绿色信贷标识制度	信贷环保审查制度	信贷跟踪与责任追究制度	差别化授信制度	"两高一剩"行业名单管理制度	环境风险管理标准	制度完善率
邮政储蓄银行	√	—	√	—	√	√	√	71.43%

邮政储蓄银行的制度完善率为 71.43%,其制度建设基本涵盖了绿色信贷的各个方面。

3. 国有商业银行的制度完善率

表 3-11 国有商业银行的制度完善率

	绿色信贷准入制度	绿色信贷标识制度	信贷环保审查制度	信贷跟踪与责任追究制度	差别化授信制度	"两高一剩"行业名单管理制度	环境风险管理标准	制度完善率
中国工商银行	√	√	√	√	√	√	√	100%
中国农业银行	√	—	√	√	√	√	—	71.43%
中国银行	√	—	√	√	√	√	√	85.71%
中国建设银行	√		√	√	√	√	√	85.71%
交通银行	√	√	√	√	√	√	√	100%

国有银行的绿色信贷制度建设是比较完善的,在本报告的评价标准下,中国工商银行和交通银行制度完善率为 100%,另外三个国有银行未建立明确的绿色信贷标识制度,导致制度完善率略有降低。不过

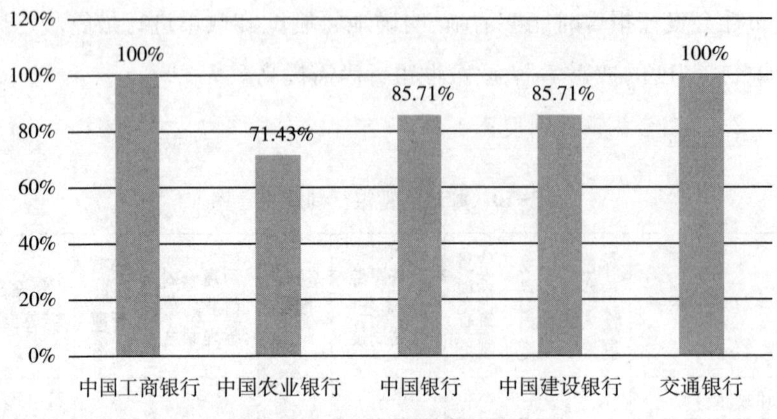

图 3-11　国有银行制度完善率

整体上在制度建设方面是比较完善的。

4. 股份制银行绿色信贷制度完善率

表 3-12　股份制银行制度完善率

	绿色信贷准入制度	绿色信贷标识制度	信贷环保审查制度	信贷跟踪与责任追究制度	差别化授信制度	"两高一剩"行业名单管理制度	环境风险管理标准	制度完善率
渤海银行	√	—	√	√	√	√	√	85.71%
广发银行	√	—	√	√	√	√	√	85.71%
华夏银行	√	—	√	√	√	√	√	85.71%
浦发银行	√	√	√	√	√	√	√	100%
兴业银行	√	—	√	√	√	√	√	85.71%
招商银行	√	√	√	√	√	√	√	100%
光大银行	√	—	√	√	√	√	√	85.71%
民生银行	√	—	√	√	√	√	√	85.71%
平安银行	√	—	√	—	√	—	—	42.86%
中信银行	√	—	√	√	√	√	√	85.71%
浙商银行	√	—	√	—	√	√	—	57.14%

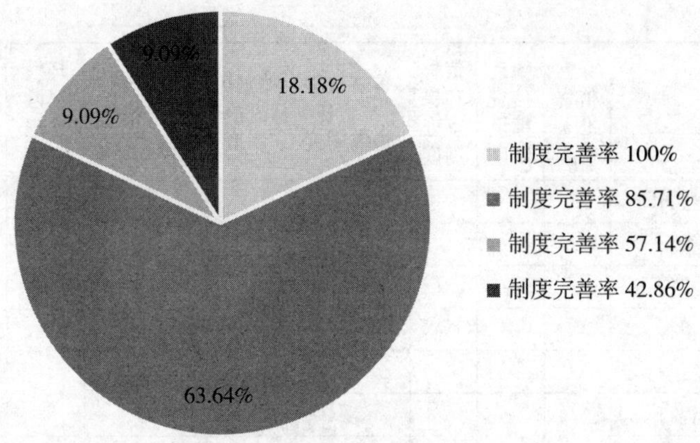

图 3-12 股份制银行制度完善率占比图

股份制银行群体中,平安银行的制度完善率为 42. 86%,是制度完善率相对较差的银行。平安银行在绿色保险领域参与度较高,相关业务要多于绿色信贷,在政策和制度的建设上稍显不完善。浙商银行略高于平安银行,制度完善率为 57. 14%。招商银行和浦发银行是股份制银行中高制度完善率的代表。其余 7 家银行的制度完善率均为 85. 71%,占比达到 63. 64%。股份制银行的制度完善率总体上是非常不错的,尚有欠缺的是绿色信贷标识制度。

5. 城市商业银行绿色信贷制度完善率

表 3-13 城市商业银行制度完善率

	绿色信贷准入制度	绿色信贷标识制度	信贷环保审查制度	信贷跟踪与责任追究制度	差别化授信制度	"两高一剩"行业名单制管理	环境风险管理标准	制度完善率
北京银行	√	—	√	√	√	√	—	71. 43%
厦门国际银行	√	—	√	√	√	—	—	57. 14%
兰州银行	√	—	√	—	√	√	—	57. 14%

续表

	绿色信贷准入制度	绿色信贷标识制度	信贷环保审查制度	信贷跟踪与责任追究制度	差别化授信制度	“两高一剩”行业名单制管理	环境风险管理标准	制度完善率
柳州银行	√	—	—	—	√	√	—	42.86%
贵阳银行	√	—	√	—	—	√	—	42.86%
河北银行	√	—	√	—	√	—	—	42.86%
郑州银行	√	—	√	—	√	—	—	42.86%
哈尔滨银行	√	—	—	—	—	√	—	28.57%
汉口银行	√	—	√	√	—	√	√	71.43%
华融湘江银行	√	—	√	—	—	√	—	42.86%
江西银行	√	—	√	—	—	—	—	28.57%
内蒙古银行	√	—	—	—	—	—	—	14.29%
宁波银行	√	—	√	—	√	√	√	71.43%
宁夏银行	√	—	√	—	—	√	—	42.86%
晋城银行	√	—	—	—	√	—	—	28.57%
西安银行	√	—	√	—	√	—	—	42.86%
上海银行	√	—	√	√	√	√	√	85.71%
重庆银行	√	—	√	√	—	√	—	57.14%
东莞银行	√	—	√	—	√	√	√	71.43%
珠海华润银行	√	—	√	√	√	√	√	85.71%
江苏银行	√	—	√	—	—	—	—	28.57%
南京银行	√	—	—	—	√	—	—	28.57%
苏州银行	—	—	—	—	—	—	—	0
齐鲁银行	√	—	—	—	√	—	√	42.86%
青岛银行	√	—	√	—	—	—	—	28.57%
德阳银行	√	—	√	√	√	—	√	71.43%
绵阳银行	√	—	—	—	—	—	—	14.29%
杭州银行	√	—	√	—	—	—	—	28.57%
湖州银行	√	—	—	—	√	√	—	42.86%
民泰银行	√	—	√	—	√	—	—	42.86%
台州银行	√	—	—	—	—	—	—	14.29%

续表

	绿色信贷准入制度	绿色信贷标识制度	信贷环保审查制度	信贷跟踪与责任追究制度	差别化授信制度	“两高一剩”行业名单制管理	环境风险管理标准	制度完善率
泰隆银行	√	√	√	√	√	—	—	71.43%
嘉兴银行	√	—	—	—	√	—	—	28.57%

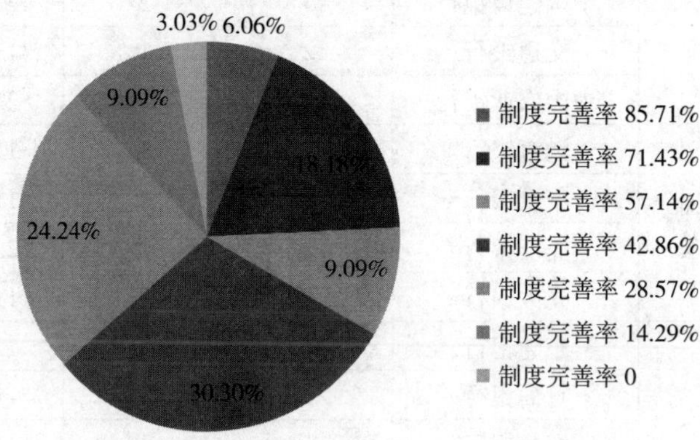

图 3-13 城市商业银行制度完善情况统计图

城市商业银行相对来说在制度建立与政策执行方面要相对滞后，尚无完善率达到 100%的银行。完善率在 85.71%的银行仅占整体的 6.06%，大部分城商行的制度完善率集中在 28.57%到 42.86%之间，可以看到城市商业银行的制度建设仍不完善且水平参差不齐。

二、绿色信贷工作方案建设状况

该部分工作方案的范围涉及绿色信贷工作与服务、节能减排、低碳环保、绿色办公与绿色采购等诸多方面，总体上方案的个数并不多，但包含的范围比较广泛。表 3-14 对各银行的工作方案进行了披露和梳理。

表 3-14 披露工作方案的银行的方案披露率

	披露工作方案的银行名称	披露数量	披露年份	工作方案披露率
政策性银行	国家开发银行	5	5	55.56%
邮政储蓄银行	邮政储蓄银行	1	1	11.11%
国有银行	中国建设银行	3	2	22.22%
	交通银行	2	1	11.11%
	中国农业银行	2	2	22.22%
股份制银行	渤海银行	1	1	11.11%
	华夏银行	1	1	11.11%
	浦发银行	2	2	22.22%
	光大银行	1	1	11.11%
城商行	东莞银行	1	1	11.11%
	青岛银行	1	1	11.11%
	湖州银行	1	1	11.11%
	北京银行	1	1	11.11%
	郑州银行	1	1	11.11%
	汉口银行	1	1	11.11%

资料来源:各银行社会责任报告

注:工作方案披露率是各银行披露工作方案的年份数量除以 9(2007—2015)。

工作方案是对未来要做的重要工作做最佳安排,并具有较强的方向性、导向性的筹划,是各银行落实绿色信贷政策和制度的具体方案。各银行在安排绿色信贷工作时提前做出完善的工作方案会达到事半功倍的效果。由图 3-14 可得,各银行的工作方案披露率呈现两极分化,披露率最高的是国家开发银行,达到 55.56%,该行在 2007 年发布了《国家开发银行污染减排贷款工作方案》,2014 年发布了《绿色信贷工作方案》等,都对该行支持绿色信贷及发展绿色金融工作提供了极大

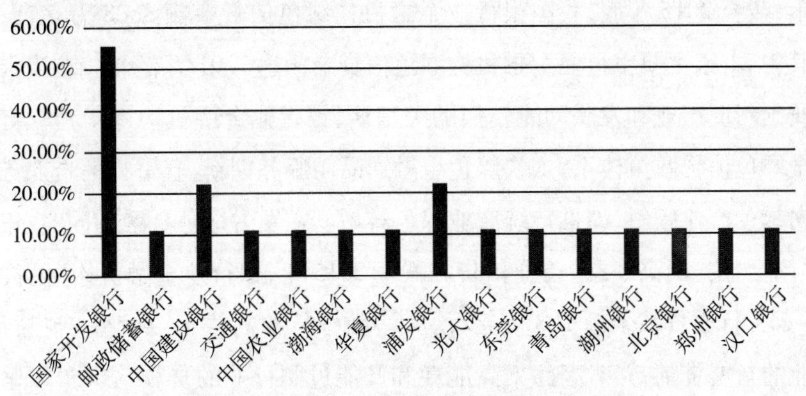

图 3-14　披露工作方案的银行的方案披露率

的帮助。中国建设银行和交通银行分别发布了两年的工作方案,披露率为 22. 22%。其中,中国建设银行在 2008 年发布了《关于加强中国建设银行节能减排授信管理工作的方案》,2015 年发布了《中国建设银行绿色信贷实施方案》,浦发银行在 2007 发布了《绿色信贷综合服务方案》《2013 年度结构调整方案》。其余 12 家银行分别发布了一年的工作方案,发布率仅为 11. 11%。银行对于制定工作方案的重视程度不高,容易引起工作目标不明确的问题,所以各银行应该对制定合适的工作方案引起重视。

第五节　银行业绿色信贷业务实施状况分析

一、银行业绿色信贷业务实施现状

中国银行业协会发布的《2015 年度中国银行业社会责任报告》显

示，截至 2015 年底，我国银行业金融机构绿色信贷余额 8.08 万亿元，其中 21 家主要银行业金融机构绿色信贷余额达 7.01 万亿元。在当前我国新旧产业和发展动能转换的关键期，银行业金融机构逐步建立健全绿色信贷政策体系，加快绿色金融产品与服务创新，着重将信贷业务向绿色产业倾斜，助推传统产业绿色转型。在发力绿色金融的同时，银行业严控“两高一剩”行业信贷。截至 2015 年，银行业金融机构“两高一剩”行业贷款余额 1.8 万亿元，大多数银行控制住了“两高一剩”行业的新增贷款，并对高污染高能耗和产能过剩行业的贷款请求予以坚决清退和果断拒绝。

各家商业银行在其社会责任报告中载入的绿色信贷数据基本可以分为两大类——支持类贷款和退出类贷款。基于数据的可比性，支持类贷款主要体现在绿色信贷余额的变化即银行对绿色环保企业的支持上，有的银行也同步给出每年的绿色贷款新增额以及具体到各个行业、各个绿色项目的贷款数据，能够比较清楚地看到绿色信贷的投向。即便是缺少明细账户的银行也大多给出了绿色信贷余额的总数。退出类贷款跟支持类贷款的情况相似，总数体现在“两高一剩”行业贷款余额上，部分银行也会同步披露具体的“两高一剩”行业退出状态以及该类贷款余额的年内变化趋势。从一家银行践行绿色信贷理念的角度上来看，绿色信贷余额应该是逐年上升的状态，并且增速应不慢于银行贷款余额的增长。而“两高一剩”贷款余额应该呈现逐年递减的状态，就是说银行对节能环保行业的支持力度要增大，对高污染、高能耗、产能过剩的行业贷款要逐步退出，严控增量，履行银行业的社会责任。下面将从五个层次的银行对绿色信贷的增加与“两高一剩”行业的退出两个角度进行分析。

二、银行业绿色信贷业务发展状况

(一)政策性银行

政策性银行包括国家开发银行、中国进出口银行和中国农业发展银行,从绿色信贷的开展情况来看,国家开发银行在业务方向、业务规模、数据披露等方面都处于领先者地位。而反观其他的两家政策性银行,数据披露工作并不成系统,而且年份并不完整,在做比较的时候可能很难得出有效的结论,故而对这一部分的阐述分银行进行。在做分析之前,为了明晰各银行的数据披露情况,有必要先统计银行的数据披露完整度。

表 3-15 政策性银行绿色信贷数据披露完整度

	披露数据年度数量	绿色信贷数据披露完整度
国家开发银行	7	77.78%
中国进出口银行	2	22.22%
中国农业发展银行	3	33.33%

绿色信贷是指利用信贷手段促进节能减排的一系列政策、制度安排及实践。绿色信贷数据则是证明银行在支持绿色金融发展方面的最直观的表现。数据披露完整度则表现了银行支持绿色信贷的执行情况。在政策性银行中,国家开发银行的数据披露完整度是最高的,达到77.78%,而且国家开发银行绿色信贷投向分类明确,与项目案例结合证明了其在支持绿色信贷方面的决心与执行力度。中国进出口银行与中国农业发展银行报告披露时间较短,数据披露完整度也较低,中国进出口银行仅为22.22%,中国农业发展银行为33.33%。

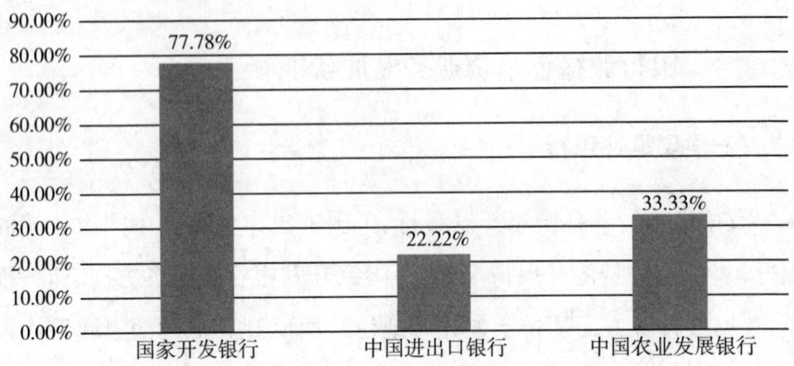

图 3-15　政策性银行绿色信贷数据披露完整度

1. 国家开发银行

表 3-16　国家开发银行绿色信贷数据

年份	绿色信贷贷款当年发放额（亿元）	同比增长	占全行贷款当年发放额的百分比	绿色信贷余额（亿元）	同比增长	全行贷款余额（亿元）	绿色信贷贷款余额占全行贷款余额的百分比
2006	469			1358		20176	6.73%
2007	693			2038	50.07%	22617	9.01%
2008	988	42.57%	8.40%	2761	35.48%	28986	9.80%
2009	1390	40.69%	8.10%	3318	20.17%	37084	8.95%
2010	2320	66.91%		4965	49.64%	45097	11.01%
2011	2281	-1.68%		6583	32.59%	55259	11.91%
2012	2491	9.21%		8453	28.41%	64176	13.17%
2013	1962	-21.24%		8945	5.82%	71483	12.51%
2014							
2015	1919			15700			

资料来源:《国家开发银行社会责任报告》(2008—2014)

上表数据是国家开发银行关于绿色信贷总数的数据，包括绿色信贷贷款当年发放额和绿色信贷余额以及他们的增长率和在总贷款中的占比两大部分。

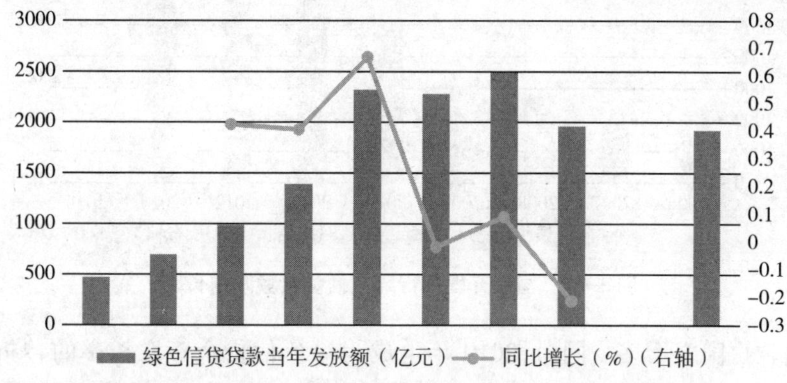

图 3-16 国家开发银行绿色信贷当年发放额及增长率

2006—2010 年，绿色贷款发放额呈现出较高的增长态势，之后绿色贷款的发放额保持在较高的水平，2012 年达到 2491 亿元，为近几年的一个高点，2013 年降到 2000 亿元以下。2015 年的贷款发放额为 1919 亿元。

从同比增长来看，2011 年是一个拐点，从之前的高速增长变为负增长，可见，国家开发银行的绿色贷款发放额不再快速增加，这可能与绿色产业的市场容量关系密切，新增贷款止步不前的成因很可能是符合条件的行业和企业没有增加，以及国家开发银行授信标准比较严格共同造成的。

绿色信贷余额从数量上来看是逐年增加的，同时绿色信贷余额占全行贷款余额的比重也在稳步小幅上升。绿色信贷余额在 2009 年之前的增速有个逐年递减的阶段。2010 年绿色贷款余额迅速增加，同比增长 49. 64%，原因是金融危机后国家进行货币投放，流向绿色产业的

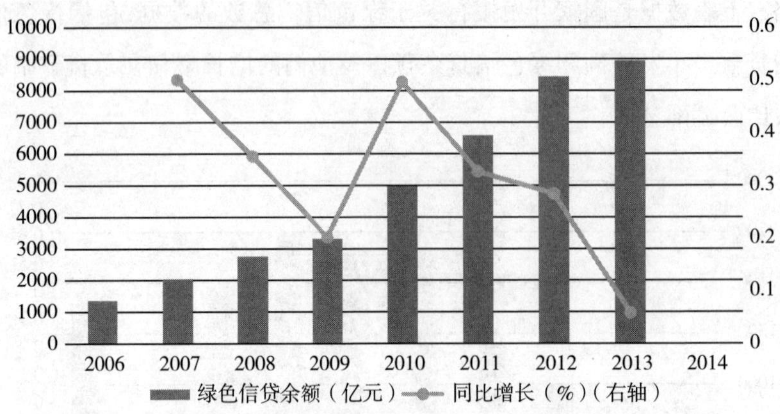

图 3-17 国家开发银行绿色信贷余额及增长率

贷款也随之增多。同时，2010 年也成为绿色信贷余额增长率的转折点，从 2011 年开始，绿色信贷余额的增长率开始放缓，到 2013 年几乎不再增加。到 2015 年，国家开发银行的绿色信贷余额超过了 1.57 万亿，达到了相当大的规模。

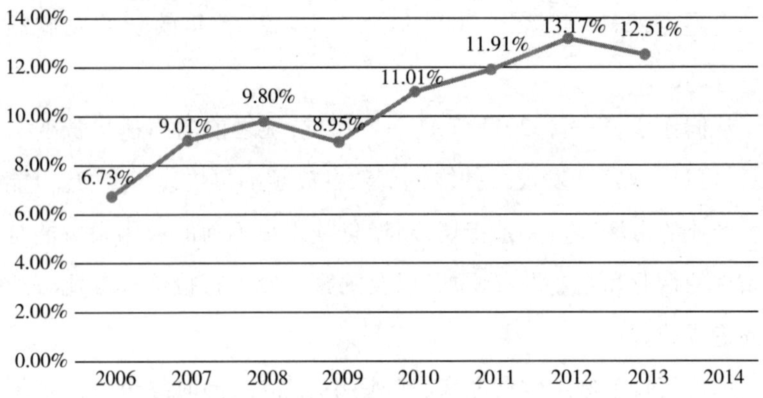

图 3-18 国家开发银行绿色信贷贷款余额占全行贷款余额的百分比统计图

国家开发银行绿色信贷余额占全行贷款余额的比重除了 2009 年

略有下滑之外，其他时间都是在不断的增长，最终由 2006 年的 6.73% 增长至 2013 年的 12.51%。说明国家开发银行的绿色信贷规模逐渐增长，支持低碳、环保企业信贷的力度越来越大。

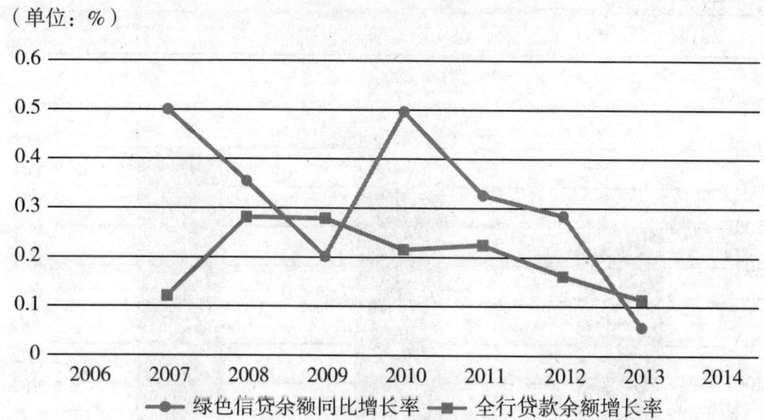

图 3-19 国家开发银行绿色信贷余额增长率与全行贷款余额增长率的比较

由图 3-19 可以看出国家开发银行绿色信贷余额增长率总体来看要比全行贷款余额增长率快，2009 年和 2013 年低于全行贷款余额增长率，可能是由于国家开发银行对环保企业评判标准较为严格，导致符合标准的企业数量减少，进而引起绿色信贷增长率的降低。从大趋势上看，国家开发银行的绿色信贷余额和总贷款余额都呈现出增长减缓的迹象。

2. 中国农业发展银行

表 3-17 中国农业发展银行的绿色信贷余额数据

年份	绿色信贷年末贷款余额（亿元）	绿色信贷余额占全行贷款余额的比重
2012	505	2.31%

续表

年份	绿色信贷年末贷款余额(亿元)	绿色信贷余额占全行贷款余额的比重
2013	650	2.59%
2014	699	2.47%

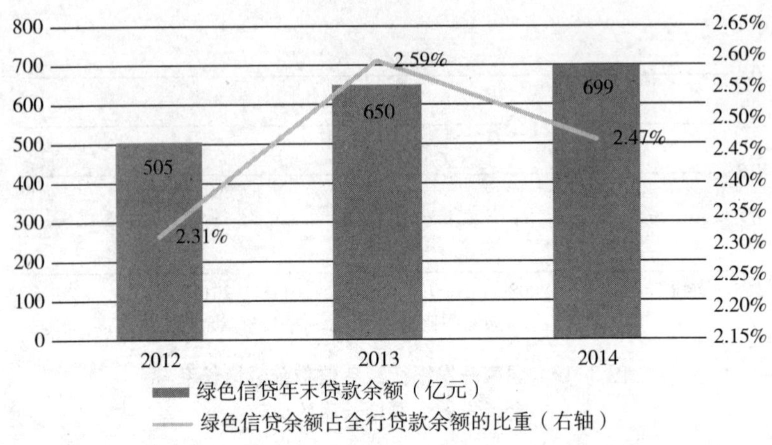

图 3-20　中国农业发展银行的绿色信贷余额数据

中国农业发展银行公布了 2012 年到 2014 年的绿色信贷数据，绿色信贷年末贷款余额呈现出逐年递增之势，但增长率有所放缓，2013 年增长率为 28.71%，2014 年的增长率仅为 7.54%。绿色信贷余额占全行贷款余额的比重在 2014 年也回落到 2.47%。

2013 年中国农业发展银行的绿色信贷余额为 650 亿元，有 78.77%集中在支持节能环保领域，16.92%为能源综合利用占款，另外还有极少的部分存在于循环经济试点和废弃物资源利用、节能减排领域。

3. 中国进出口银行

中国进出口银行发布的社会责任报告中关于绿色信贷的数据非常

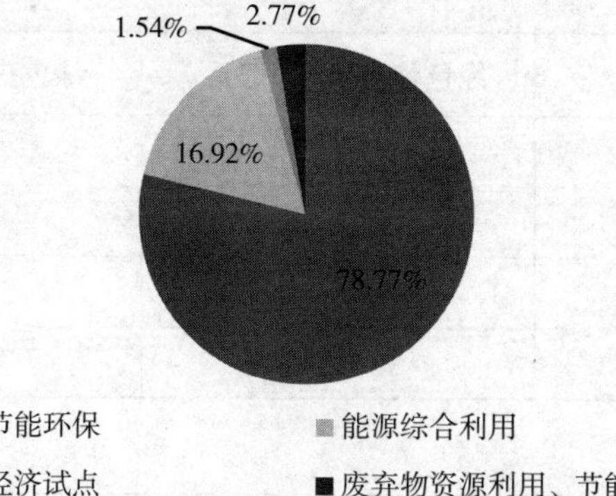

图 3-21　2013 年中国农业发展银行绿色贷款结构图

零散，涉及支持类贷款的有重点行业节能减排贷款余额从 2011 年的 806.45 亿元增长到 2012 年的 1000 亿元，还有节能减排贷款、新能源贷款余额由 2012 年的 74 亿元增长到 2013 年的 84 亿元。

（二）邮政储蓄银行

表 3-18　邮政储蓄银行绿色信贷数据披露完整度

	数据数量	绿色信贷数据披露完整度
邮政储蓄银行	4	44.44%

邮政储蓄银行的绿色信贷数据披露年份为 2011 年到 2014 年，数据披露完整度为 44.44%。根据前述资料可得，邮政储蓄银行只披露了 2013 年和 2014 年的报告，但是 2013 年报告中披露了 2011 年和 2012 年的数据，其中 2011 年、2012 年和 2013 年的数据为邮政储蓄银行支持环保及节能减排项目的贷款结余，2014 年的数据为该行支持绿色信贷的余额。

表 3-19　邮政储蓄银行绿色信贷余额及绿色信贷余额增长率

年份	绿色信贷余额(亿元)	绿色信贷余额增长率
2011	271. 8	—
2012	533. 4	96. 25%
2013	426. 09	-20. 12%
2014	548. 82	28. 80%

图 3-22　邮政储蓄银行绿色信贷余额及绿色信贷余额增长率

邮政储蓄银行的绿色信贷余额总体呈现上涨趋势,由 2011 年的 271. 8 亿元增长至 2014 年的 548. 82 亿元,增长了 101. 92%。但是信贷余额增长率呈现较大波动,由 2012 年 96. 25%断崖式坠落至 2013 年的-20. 12%,随后增长至 28. 80%。总而言之,邮政储蓄银行在绿色信贷方面的支持力度有待提升。

(三)国有商业银行

国有商业银行是我国银行体系中的重要组成部分,国有商业银行历史悠久、实力雄厚、分支机构众多,是银行业的主力军,也应当成为履行社会责任的重要力量。

表 3-20 国有商业银行绿色信贷数据披露完整度

	数据数量	绿色信贷数据披露完整度
中国工商银行	6	66.67%
中国农业银行	3	33.33%
中国银行	8	88.89%
中国建设银行	9	100.00%
交通银行	7	77.78%

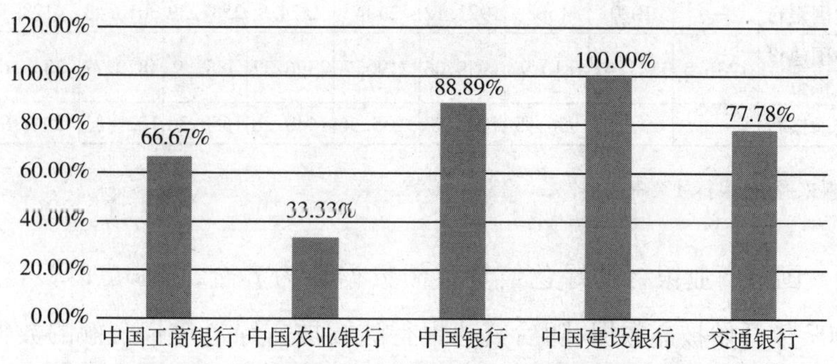

图 3-23 国有商业银行绿色信贷数据披露完整度

在信贷数据披露完整度统计图中可以看到中国建设银行数据披露最为全面，达到 100%，中国银行从 2008 年开始披露数据，数据完整度达到 88.89%，虽然交通银行的报告披露时间为 2006 年到 2015 年，但是却在 2009 年的报告中才开始披露绿色信贷相关数据，数据披露完整度为 77.78%。中国工商银行报告披露时间为 2007 年至 2015 年，数据披露时间为 2010 年至 2015 年，数据披露完整度为 66.67%。中国农业银行更是如此，从 2008 年开始披露报告，却从 2013 年才开始公布绿色信贷数据。报告披露时间与报告中披露数据的时间长度不符说明了各银行虽然披露了报告，但是关于支持绿色信贷的工作执行情况并不明朗，甚至有几家银行只是列举了迎合国家政策的理论工作，实际执行并没有到位。对此,各银行需要有针对性地进行修正。

表 3-21 国有商业银行绿色信贷余额

单位:亿元

	2007	2008	2009	2010	2011	2012	2013	2014	2015
中国工商银行	—	—	—	5074	5904	5934	5980	6553	7028
中国农业银行	—	—	—	—	—	—	3304. 2	4724. 47	5431
中国银行	—	1020	1503	1921. 12	2494	2274. 8	2587. 59	3010. 43	4123. 15
中国建设银行	1236. 5	1541. 43	1810. 97	1958. 06	2190. 7	2396. 37	4883. 9	4870. 77	7335. 63
交通银行	—	—	956. 13	1022. 93	1235. 36	1440. 28	1658. 36	1524. 31	2047. 95

资料来源:各银行社会责任报告

国有商业银行的绿色信贷余额数据较为齐全,中国建设银行从2007年开始披露数据,随后其他银行陆续披露绿色信贷余额的数据,披露数据最晚的是中国农业银行,仅有三年的数据。中国工商银行的指标名称为绿色经济领域合计贷款余额,而交通银行的指标由于在其社会责任报告中并未直接给出绿色信贷余额的数据,故而采用支持节能减排授信余额代替。

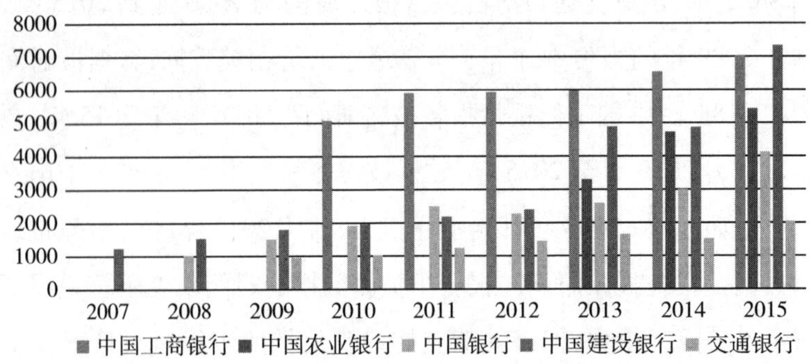

图 3-24 国有商业银行绿色信贷余额对比图

图 3-24 是对数据表格的图形化描述，旨在更加清楚明确地帮助读者看到银行间披露数据时间的早晚和银行间的差距。从披露数据的时间上来看，最早给出绿色信贷余额具体数据的银行是中国建设银行，中国银行紧随其后，最晚的是中国农业银行。这与银行的性质以及主要的贷款投向关系密切。不论是节能环保产业还是“两高一剩”产业大多数集中在第二产业，故而以三农业务为主的中国农业银行较晚参与也在情理之中。

通过图 3-24 也可以看到银行间的数据对比。从 2012 年以后的数据来看，中国工商银行领跑，其次是中国建设银行、中国农业银行、中国银行，交通银行处于末位。在 2015 年，中国建设银行的绿色信贷余额超越中国工商银行，跃居国有商业银行第一位。

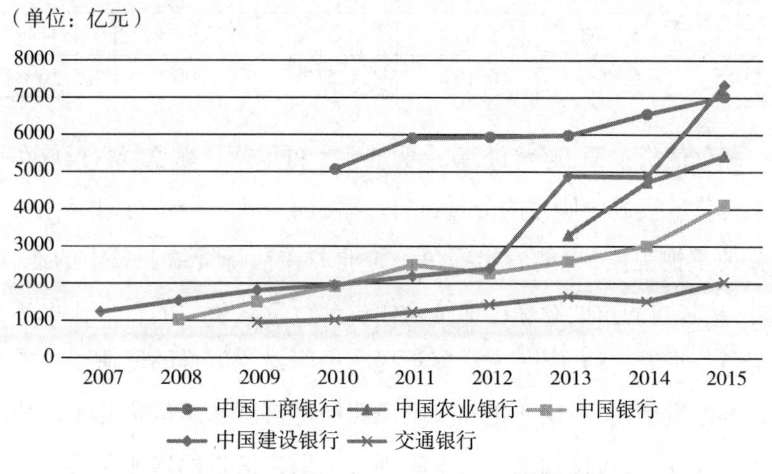

图 3-25　国有商业银行绿色信贷余额趋势图

图 3-25 的作用主要是从时间的角度来看各个银行绿色信贷余额的历史变化，并且也可以看到每个银行间绿色信贷余额数值差额的变化。从时间上来说，各银行共同的特征是绿色信贷余额的数值都呈现

逐年上升的态势。这说明国有商业银行绿色信贷业务有较好的发展，逐渐得到各个银行的重视。增幅最大的是中国建设银行，在2015年超过中国工商银行跃居五家银行的第一位。

表3-22 绿色信贷余额占全行贷款余额的百分比

	中国工商银行	中国农业银行	中国银行	中国建设银行	交通银行
2007	—	—	—	3.90%	—
2008	—	—	3.23%	4.46%	—
2009	—	—	3.06%	3.88%	5.20%
2010	7.47%	—	3.39%	3.45%	4.57%
2011	7.58%	—	3.93%	3.51%	4.82%
2012	6.74%	—	3.89%	3.19%	4.89%
2013	6.03%	4.57%	3.40%	5.69%	5.08%
2014	5.94%	5.83%	3.55%	5.14%	4.44%
2015	5.89%	6.10%	4.51%	7.00%	5.50%

绿色信贷余额占全行贷款余额的比重可以衡量绿色贷款投放在整个银行贷款投放中所占的分量，可以从侧面反映一个银行对绿色信贷业务的重视程度，也能看出绿色信贷业务在银行贷款业务中的地位。此外，从时间的角度看绿色信贷余额占全行贷款余额的百分比也能看出绿色信贷增速的变化，占比逐年提高说明绿色信贷的增速要快于全行总的信贷增速，占比变化不大则说明绿色信贷和总信贷几乎以相同的速度在变化，占比如果逐年下降则表示绿色信贷的增速落后于银行信贷的增速。

从国有商业银行历年的信贷余额占贷款余额的百分比可以看出各家银行绿色信贷变化的趋势。中国工商银行是国有商业银行中绿色信贷余额占比最高的银行，但其绿色信贷余额占比有下降之势。中国建

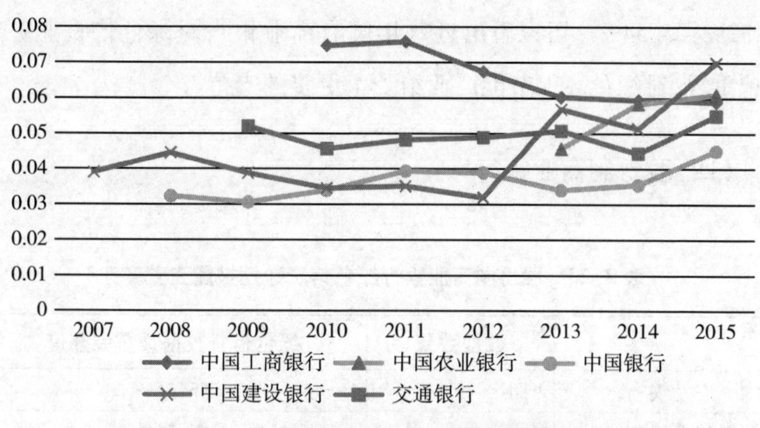

图 3-26　绿色信贷余额占贷款余额的比例

设银行的绿色信贷余额占比在保持了六年的徘徊之后开始迅速上升，并在 2015 年一跃成为占比最高的国有商业银行。中国农业银行、中国银行和交通银行的绿色信贷余额占贷款余额的比例则相对平稳。

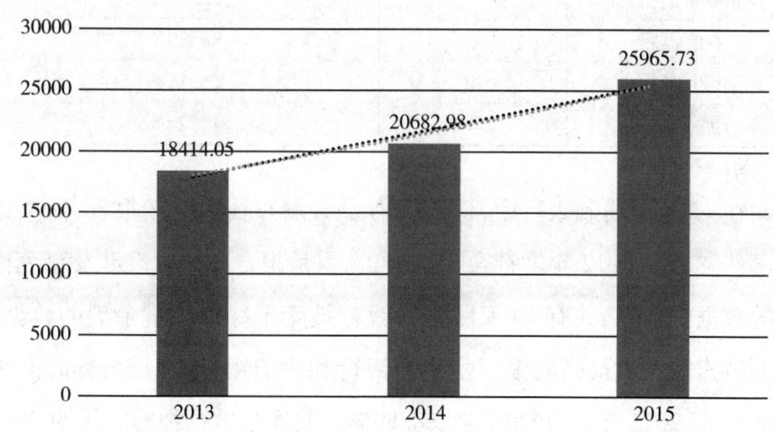

图 3-27　国有商业银行绿色信贷余额总计

国有商业银行从 2013 年到 2015 年数据完整，这三年的国有商业银行绿色信贷余额总计的变化如图 3－27 所示。从 2013 年的 18414.05 亿元增长到 2015 年的 25965.73 亿元，两年的增长率分别是

12.32%、25.54%。可以看出近些年国有商业银行对绿色信贷业务越来越重视，对绿色环保节能产业给予了更多的支持。

（四）股份制商业银行

表 3-23　股份制商业银行绿色信贷数据披露完整度

	数据数量	绿色信贷数据披露完整度
广发银行	5	55.56%
华夏银行	4	55.56%
浦发银行	4	44.44%
兴业银行	3	33.33%
招商银行	8	88.89%
光大银行	4	44.44%
平安银行	2	22.22%
中信银行	8	88.89%
民生银行	1	11.11%
渤海银行	4	44.44%

在 12 家股份制银行中，恒丰银行没有发布社会责任报告，浙商银行虽然发布了 2012 年度社会责任报告，但是报告中并没有涉及绿色信贷的数据。所以，共有 10 家股份制银行披露了绿色信贷余额的数据。数据披露完整度最高的银行是招商银行和中信银行，数据披露时间为 2008 年至 2015 年，完整度达到 88.89%。其次是数据披露时间为 2010 年至 2014 年的广发银行和披露时间为 2011 年至 2015 年的华夏银行，数据披露完整度为 55.56%。而数据披露完整度最低的是民生银行，只有 11.11%，民生银行只披露了 2015 年的数据，但是民生银行的报告披露时间段为 2007 年至 2015 年，报告中着重披露了该行对绿色信贷

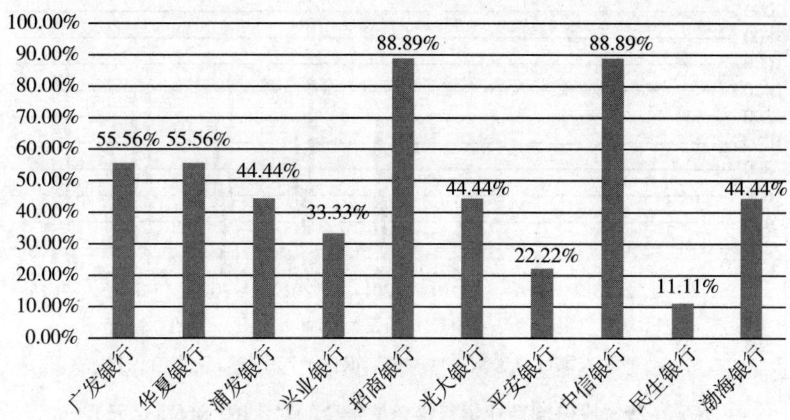

图 3-28 股份制银行绿色信贷数据披露完整度

的理论支持与绿色运营相关状况，并着重提出了用于绿色采购的金融，并没有直接提出用于绿色信贷项目的数据。

表 3-24 股份制商业银行绿色信贷余额

单位：亿元

	2007	2008	2009	2010	2011	2012	2013	2014	2015
广发银行	—	—	—	48.19	58.91	45.97	47.14	41.62	—
华夏银行	—	—	—	—	170.87	365.93	346.6	394.4	399.6
浦发银行	—	—	—	—	—	1503.59	1521.04	1563.74	1717.85
兴业银行	—	—	—	—	601.27	705.9	654.88	—	—
招商银行	—	249.28	398.2	462.51	1014.23	1095.47	1163.72	1509.47	1535.03
光大银行	—	—	—	—	—	321.93	326.77	347.61	387
平安银行	—	—	—	—	—	—	128.97	—	173.01
中信银行	—	92.65	149.96	161.14	183	189.6	207.64	251.73	236.96
民生银行	—	—	—	—	—	—	—	—	114.04
渤海银行	—	—	—	—	—	29	44.7	66.41	112.897

资料来源：各银行的社会责任报告

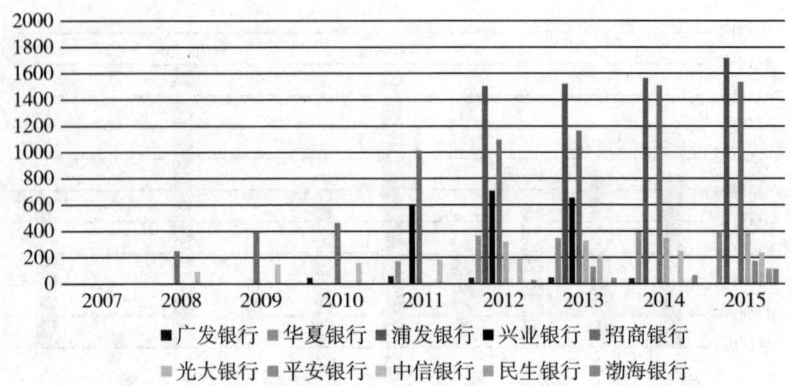

图 3-29 股份制商业银行绿色信贷余额对比图(单位:亿元)

从披露数据的时间上来看,早在 2008 年,招商银行和中信银行就对绿色信贷余额在其社会责任报告中进行了列示。随后各家银行陆续公布数据,到 2013 年,除民生银行未在社会责任报告中给出绿色信贷余额的数据之外,其余 9 家均给出了相关数据。从数额上来看,浦发银行、招商银行与兴业银行占据了绝对的优势。股份制银行虽不及国有银行实力雄厚,但绝大多数都是上市公司,业务范围较广,地域分布上也大多遍及全国,在履行社会责任方面担负着不可推卸的责任。数据是现状的反应,结合各股份制银行发布的社会责任报告,从目前绿色信贷业务的发展现状来看,股份制银行群体中已经开始分化。以浦发银行和兴业银行为代表的一批开展绿色信贷业务早、投入的力量多的银行已经形成较大的领先优势,在绿色信贷规模、制度建设、产品研发等方面遥遥领先。其他的银行存在重视程度不够、起步较晚的状况,已经处于相对落后的地位。

浦发银行绿色信贷业务同其他股份制银行绿色信贷余额相比遥遥领先。同样领跑的还有兴业银行。招商银行增长势头最好,且较早开展绿色信贷业务,中信银行也是较早参与绿色信贷业务的银行之一。

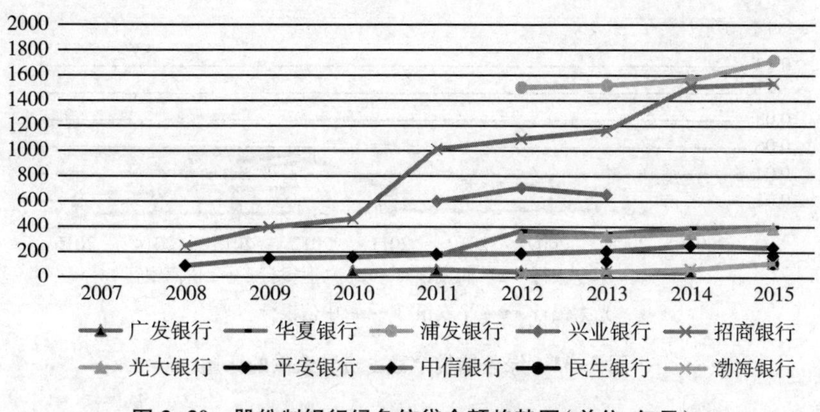

图 3-30 股份制银行绿色信贷余额趋势图(单位:亿元)

从趋势的视角来分析,各个股份制银行的绿色信贷余额普遍没有明显的上升趋势,处于比较稳定的状态,新增贷款和回收贷款形成了对冲,在余额的变化上显得比较微小,这也说明银行投入节能环保、环境治理等领域的力度还不够大。

表 3-25 部分股份制银行绿色信贷余额占总贷款余额比例表

	华夏银行	浦发银行	兴业银行	招商银行	光大银行	平安银行	中信银行
2007	—	—	—	—	—	—	
2008	—	—	—	2.85%	—	—	1.39%
2009	—	—	—	3.36%	—	—	1.41%
2010	—	—	—	3.23%	—	—	1.27%
2011	2.79%	—	6.12%	6.18%	—	—	1.28%
2012	5.08%	9.74%	5.74%	5.75%	3.15%	—	1.14%
2013	4.21%	8.61%	4.83%	5.30%	2.80%	1.52%	1.07%
2014	4.20%	7.71%	—	6.00%	2.68%	—	1.15%
2015	3.74%	7.65%	—	5.44%	2.56%	1.42%	0.94%

基于贷款余额数据的可得性,对 7 家股份制银行的绿色信贷余额

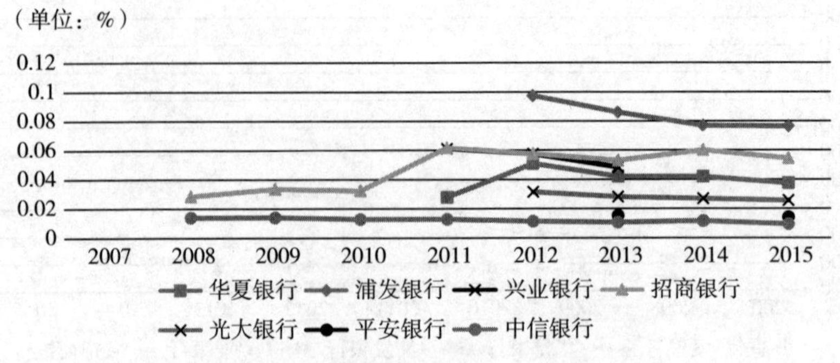

图 3-31　绿色信贷余额占贷款余额的比重

占银行总贷款余额的比重数据做成折线图。从历年占比的数据可以看出绿色信贷余额的增速与总贷款余额的增速持平的居多。招商银行的绿色信贷余额呈现出震荡增多的态势；浦发银行的绿色信贷余额在总贷款余额中的占比有下降的迹象，但依然是占比最高的股份制银行，彰显出浦发银行强大的绿色信贷业务实力；光大银行从 2011 年到 2015 年是先提高后逐渐减小的情况。

（五）城市商业银行

根据统计，我国城市商业银行有 132 家，其中发布社会责任报告的银行有 33 家，在社会责任报告中载明绿色信贷余额数据的仅有 19 家银行。城市商业银行规模相对更小，故而其绿色信贷业务数量上与政策性银行、国有商业银行和股份制银行相比显得比较小。

需要注意的是，首先，由于统计口径不一样，各家银行的叫法也存在一定差异，可能存在一定误差；其次，对于采纳的有疑问的数据也进行了说明，再次，由于银行数量比较多，难以放入同一个表格，故而选择将城商行的数据分为两个表格进行列示，第二个表格的银行给出的数据比较少，不成体系，难以作图描述，仅对数据进行了列示和简单说明。

个别银行统计口径及标准存在特殊性,难以统一。处理方式如下:泰隆银行的报告中并未直接给出绿色信贷余额的数据,所以选择用节能减排领域贷款余额代替,数据存在偏小的可能性,但考虑到节能减排是绿色信贷中非常重要的组成部分,基于准确性原则,针对泰隆银行,本报告使用"节能减排领域贷款余额"代替"绿色信贷余额"统计项目;柳州银行的统计口径为节能环保领域贷款余额,而绿色信贷的项目和范围比较有限,故而进行单独列示;宁波银行用节能环保行业贷款余额表示绿色信贷余额。

表 3-26　城市商业银行绿色信贷数据披露完整度

单位:亿元

	数据数量	绿色信贷数据披露完整度
北京银行	4	44.44%
厦门国际银行	6	66.67%
江苏银行	4	44.44%
南京银行	4	44.44%
哈尔滨银行	4	44.44%
上海银行	7	77.78%
宁波银行	5	55.56%
东莞银行	3	33.33%
泰隆银行	3	33.33%
杭州银行	3	33.33%
贵阳银行	2	22.22%
郑州银行	2	22.22%
河北银行	1	11.11%
青岛银行	2	22.22%

续表

	数据数量	绿色信贷数据披露完整度
德阳银行	3	33.33%
兰州银行	2	22.22%
柳州银行	1	11.11%
重庆银行	1	11.11%
汉口银行	1	11.11%

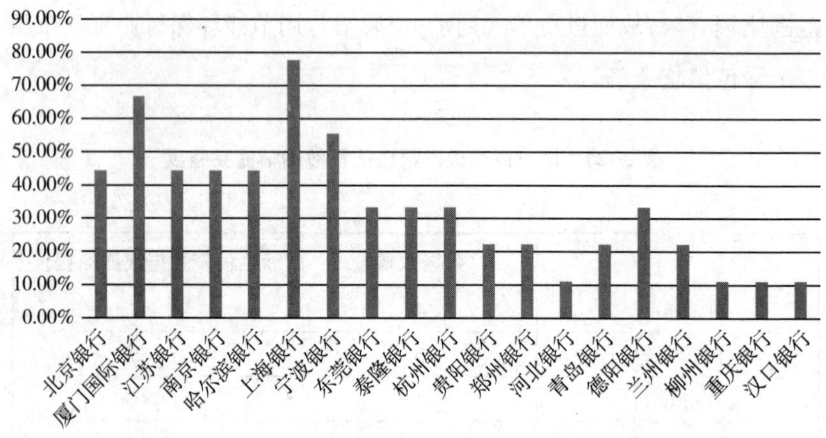

图 3-32 城市商业银行绿色信贷数据披露完整度

统计资料显示 132 家城商行中有 33 家银行公布了社会责任报告，在这些银行中仅有 19 家银行公布了绿色信贷相关数据。但是各银行公布数据的完整度截然不同，数据披露完整度为 77.78%的银行是上海银行，居于最高位置。数据披露完整度最低的银行有 4 家，分别为河北银行、柳州银行、重庆银行及汉口银行，完整度仅为 11.11%，表明只有一年报告披露了绿色信贷相关数据。绿色信贷数据缺失导致公众无法对银行在支持绿色信贷方面的工作效果进行监督，也无法准确判断银行在环保方面的责任履行情况。

表 3-27 城市商业银行绿色信贷余额统计(一)

单位:亿元

	北京银行	福建厦门国际银行	江苏银行	南京银行	哈尔滨银行	上海银行	宁波银行	东莞银行	泰隆银行	杭州银行
2007	—	—	—	—	—	—	—	—	—	—
2008	—	—	—	—	—	—	—	—	—	—
2009	—	—	—	—	—	12.33	—	—	—	2.89
2010	—	0.81	—	—	—	18.09	—	—	—	6.53
2011	—	1.22	46.04	—	—	19.83	5.0358	—	11.56	7
2012	100	3.29	58.69	32.6	4.27	21.36	5.3485	—	—	—
2013	109.85	3.51	70.19	40.8	8.02	33.04	15.8378	2.3523	30.05	—
2014	180	4.81	140	93	5.69	27.32	16.1277	0.627	11.15	—
2015	260	6.82	—	123.93	7.52	36.1	17.1933	1.1952	—	—

表 3-27 城市商业银行绿色信贷余额统计表(二)

单位:亿元

	贵阳银行	郑州银行	河北银行	青岛银行	德阳银行	兰州银行	柳州银行	重庆银行	汉口银行
2007	—	—	—	—	—	—	—	—	—
2008	—	—	—	—	—	—	—	—	—
2009	—	—	—	—	—	—	—	—	—
2010	—	—	—	—	—	—	6.8	—	—
2011	—	—	11.38	—	—	—	—	—	—
2012	—	—	—	—	0.93	1.92	—	—	60.64
2013	—	—	—	—	1.27	—	—	—	—
2014	58.38	1.41	—	19.58	1.33	3.07	—	52.87	—
2015	75.68	5.38	—	26	—	—	—	—	—

由于银行数量较多,对城市商业银行的数据分成了两个表格,上面

表格所列银行由于数据过少,难以看出历史趋势,故而未作进一步处理,仅将数据进行列示。

北京银行的绿色信贷余额从2012年到2015年是一个大幅度增长的过程,在城市商业银行这一群体中规模最大。江苏银行与南京银行也是在绿色信贷领域迅速扩张,绿色信贷余额已过百亿。上海银行和厦门国际银行虽然在数据的绝对值上比较小,但也呈现出稳步增长的态势,并且都是较早开展绿色信贷业务的银行。

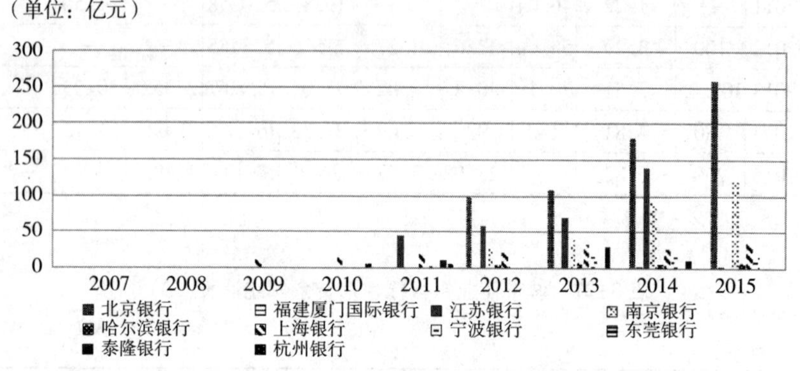

图3-33　部分城市商业银行绿色信贷余额图

城市商业银行的绿色信贷余额与政策性银行、国有商业银行和股份制银行相差甚远,数量最多的北京银行的绿色信贷余额也仅仅是百亿级别,厦门国际银行、东莞银行和杭州银行的绿色信贷余额不足十亿元。

总体上看,虽然数额上存在较大差距,但大部分城市商业银行的绿色信贷余额逐年增长的态势比较明显。具体来看,仅有东莞银行和泰隆银行没有显现出连续增长的迹象。北京银行、江苏银行和南京银行的增长趋势非常明显,在绝对的数额上也遥遥领先,彰显出了他们对绿色信贷领域较大的关注和参与力度。

综上所述,由于每一个层次的银行规模、性质、在经济中扮演的角

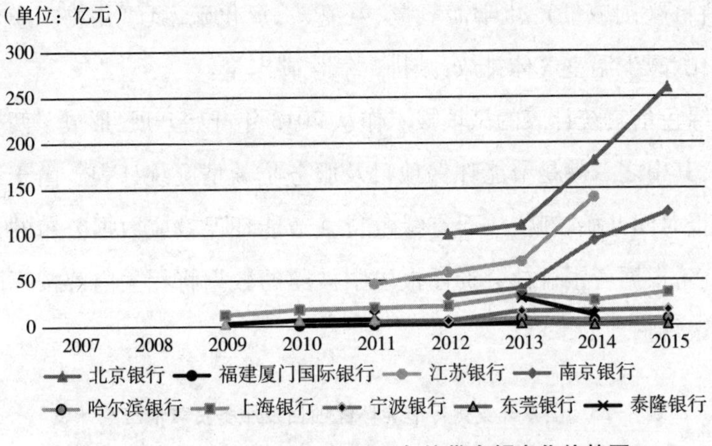

图 3-34 部分城市商业银行绿色信贷余额变化趋势图

色、自身定位等方面有着较大的不同，其实力、特色、优势往往也有较大的差异。故本报告分不同的层次进行阐述和对比，依次对政策性银行、国有商业银行、股份制银行、城市商业银行的绿色信贷状况进行说明和比较。

比较结果表明，不同类型的银行由于职能、规模等原因的差异，在绿色信贷发展层次和水平上存在较大差距，但是从大的趋势上来说，绝大多数的银行都越来越重视绿色信贷，在政策上对绿色项目予以支持，在业务上更加往绿色业务倾斜。

三、银行业绿色贷款的节能减排效应

《“十二五”节能减排规划》及《“十二五”节能减排综合性工作方案》列出了节能减排量的 7 个指标。节能减排量要求公布 7 项指标：标准煤（节能量）、二氧化碳当量、化学需氧量、氨氮、二氧化硫、氮氧化物、节水等。其中节能量总量控制目标：标准煤。四项主要污染物总量控制目标(削减量):化学需氧量、氨氮、二氧化硫、氮氧化物。应对气候变化、减少温室气体排放:减排二氧化碳当量。

绿色信贷统计表的试填报工作从2013年开始开展,形成了两个统计表,其中之一就是节能环保项目及服务贷款情况统计表。由于统一试填报时间开始较晚,故而有绿色贷款节能环保效应数据公布的银行并不多,根据各银行社会责任报告中披露的数据将相关内容按不同层次的银行整理如下。

表3-28 国家开发银行节能环保项目及服务贷款情况统计表

时间	减排标准煤(万吨)	减排二氧化碳(万吨)	减排COD(万吨)	减排氨氮(万吨)	减排二氧化硫(万吨)	减排氮氧化物(万吨)	节水(万吨)
2008	—	—	—	—	70.5	—	—
2013	6580	17447	—	—	—	99	—
2014	2240	5870	—	—	—	—	—

表3-29 邮政储蓄银行节能环保项目及服务贷款情况统计表

时间	减排标准煤(万吨)	减排二氧化碳(万吨)	其他
2014	277.71	666.51	—

表3-30 国有商业银行节能环保项目及服务贷款情况统计表

	时间	减排标准煤(万吨)	减排二氧化碳(万吨)	减排COD(万吨)	减排氨氮(万吨)	减排二氧化硫(万吨)	减排氮氧化物(万吨)	节水(万吨)
中国建设银行	2014	1969.58	4653.39	14.23	1.33	13.08	1.62	89.91

续表

	时间	减排标准煤（万吨）	减排二氧化碳（万吨）	减排COD（万吨）	减排氨氮（万吨）	减排二氧化硫（万吨）	减排氮氧化物（万吨）	节水（万吨）
中国银行	2013	634.43	1516.61	19.55	1.99	3.26	—	3112.41
交通银行	2013	638.2	1213	15.8	1.8	6.5	1	131.2
	2015	622.9	1409.5	11.7	0.9	1.6	0.3	833.6

表 3-31 股份制银行节能环保项目及服务贷款情况统计表

	时间	年减少CO2排放量（万吨）	节约标准煤的使用量（万吨）	年减排化学需氧量（COD）（万吨）	年综合利用固体废弃物（万吨）	年节水量（万吨）	年减排二氧化硫（万吨）	年减排污染物（万吨）
华夏银行	2013	—	126.82	—	—	—	—	—
	2014	322.2	155.07	—	—	—	—	—
兴业银行	2008	1373.1	324.42	—	—	—	—	—
	2009	3178.04	1039.74	43.91	47.25	—	—	—
	2010	5165.08	1871.41	76.84	673.76	4389.1	—	—
	2011	6397.48	2231.06	83.89	816.26	9563.56	—	—
	2012	6683.47	2316.03	88.65	1501.29	25579.06	—	—
	2013	6868.76	2344.34	90.12	1504.39	25579.06	—	—
	2014	6879.93	2351.62	123.47	1701.79	26229.06	—	—
	2015	7161.99	2553.86	138.74	1729.04	28565.06	—	—
招行银行	2013	695.74	312.54	12.16	—	1721.6	8.76	—
	2014	939.1	4104.04	9.18	—	2718.39	8.76	—
	2015	940.3	389.55	19.89	—	683.89	4.54	—
光大银行	2013	—	48.78	4.14	—	4.32	—	74.37
	2014	75.25	31.12	—	—	83.17	—	—
	2015	62.59	25.38	—	—	77.37	—	—

续表

	时间	年减少CO2排放量（万吨）	节约标准煤的使用量（万吨）	年减排化学需氧量（COD）（万吨）	年综合利用固体废弃物（万吨）	年节水量（万吨）	年减排二氧化硫（万吨）	年减排污染物（万吨）
平安银行	2006	0.82	—	—	—	—	—	—
	2007	1.02	—	—	—	—	—	—
	2008	1.08	—	—	—	—	—	—
	2013	0.29	—	—	—	—	—	—
	2014	0.68	—	—	—	—	—	—
	2015	0.63	—	—	—	—	—	—

表 3-32　城市商业银行节能环保项目及服务贷款情况统计表

	时间	节省标准煤（万吨）	减排二氧化碳（万吨）	减排化学需氧量（吨）	减排氨氮（吨）	减排二氧化硫（吨）	减排氮氧化物（吨）	节水（万吨）
江苏银行	2013	37.85	90.47	—	—	—	—	253.18
	2014	—	160.41	—	—	—	—	—
南京银行	2015	26.63	12.89	2297	174	1260	6400	53
台州银行	2012	—	2	—	—	—	—	—
	2013	—	2.63	—	—	—	—	—
	2014	—	3.3	—	—	—	—	—
华融湘江银行	2014	2.02	1.21	1000.07	76.93	2554.17	—	90.48

四、“两高一剩”行业退出情况

（一）政策性银行

政策性银行对“两高一剩”行业贷款的信息披露可以说几乎是空

白。三家银行的社会责任报告中对“两高一剩”的退出没有进行数据描述,仅有中国进出口银行在2012年给出了其“两高一剩”贷款余额占全行贷款余额的比例为1%,也难以看出有明显趋势,因此也无法进行银行间的比较。

(二)国有商业银行

国有商业银行公布的数据中,“两高一剩”行业的贷款余额这一指标数据严重不足,难以形成对比,其他指标也没能形成共有的可比的标准。对于“两高一剩”行业贷款的退出只能根据现有的数据对每个银行分别阐述。

表3-33　国有商业银行“两高一剩”行业数据披露完整度

	公布数据年份	数据披露完整度
中国工商银行	2	22.22%
中国银行	4	44.44%
中国建设银行	3	33.33%
中国农业银行	4	44.44%
交通银行	6	66.67%

资料来源:各银行社会责任报告

国有银行中“两高一剩”行业数据披露完整度最高的为交通银行,披露数据年份为6年,完整度为66.67%。中国银行和中国农业银行都公布了4年的数据,完整度都达到44.44%,中国工商银行数据公布较少,仅有2年数据披露,披露完整度为22.22%。

国有银行数据完整度表现了银行对“两高一剩”行业退出状况的反馈情况,数据完整度的表现并不让人满意,国有商业银行在贯彻国家

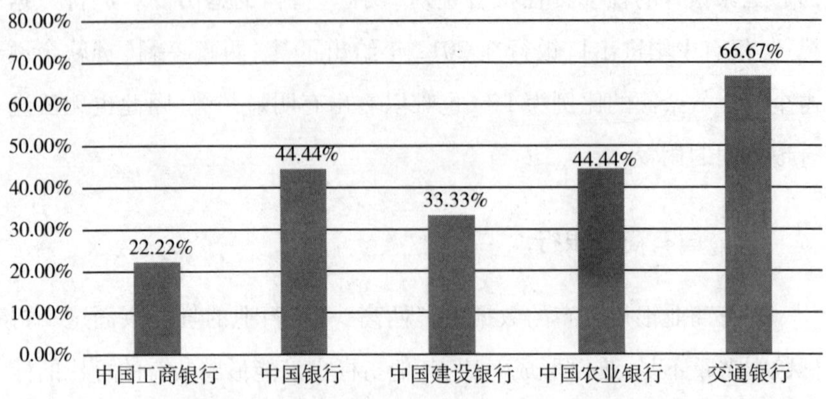

图 3-35 国有银行数据“两高一剩”披露完整度

政策，坚决退出“两高一剩”行业贷款方面的执行状况有些差强人意。

此外，在披露数据方面，限制类贷款退出的数据统计口径差别较大，难以放在一起进行比较，本着严谨求是的精神，将国有商业银行社会责任报告中提及的“两高一剩”数据一一列出，并分银行逐一进行分析。

表 3-34 国有商业银行“两高一剩”行业相关指标数据统计

单位：亿元

	中国工商银行	中国农业银行		中国银行	中国建设银行	交通银行
指标名称	产能过剩行业贷款余额在公司贷款总额中的占比	“两高一剩”行业贷款余额（亿元）	退出“两高一剩”行业金额（亿元）	“两高一剩”行业贷款余额（亿元）	“两高”行业退出额（亿元）	“两高一剩”行业贷款余额（亿元）
2007	—	—	—	—	—	—
2008	—	—	—	—	644.59	—
2009	—	—	—	—	767.24	726.01
2010	2.79%	—	129	—	1045.53	881.34
2011	2.74%	—	444	—	—	822.31

续表

	中国工商银行	中国农业银行		中国银行	中国建设银行	交通银行
2012	—	—	—	5231.91	—	834.06
2013	—	5112	—	5142.46	—	721.85
2014	—	5216	—	4983.22	—	737.82
2015	—	—	—	5118	—	—

中国工商银行列出了产能过剩行业贷款余额在公司贷款总额中的占比,2010 年为 2.79%、2011 年为 2.74%;中国农业银行全行"两高一剩"行业贷款余额在 2013 年和 2014 年分别是 5112 亿元和 5216 亿元,退出"两高一剩"行业金额给出了 2010 年和 2011 年的数据,分别是 129 亿元和 444 亿元;从现有的披露数据来看,中国工商银行和中国农业银行退出"两高一剩"行业贷款的状况并不理想,难度较大。

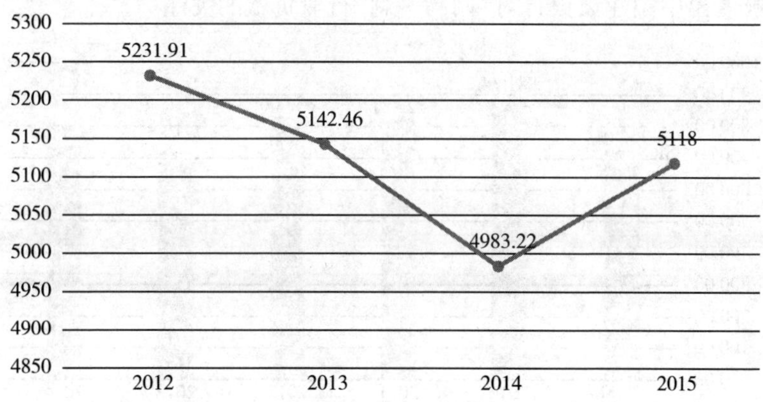

图 3-36　中国银行"两高一剩"行业贷款余额(亿元)

中国银行"两高一剩"行业贷款余额从 2012 年到 2014 年是逐年下降的,从 5231 亿元减少到 4983 亿元。然而 2015 年"两高一剩"行业的贷款余额又回到 5118 亿元,相比 2014 年增长了 2.7%。

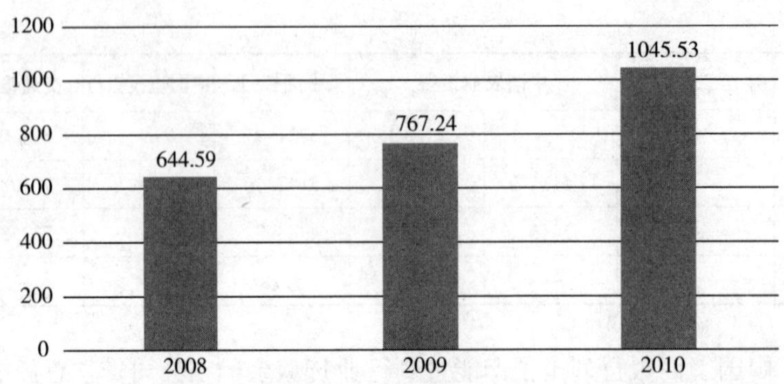

图 3-37 中国建设银行“两高”行业退出额(亿元)

中国建设银行给出的“两高一剩”贷款数据是“两高”行业的退出额,从其公开披露的数据中可以得到2008年到2010年三年的“两高”行业退出贷款数,2009年和2010年的“两高”行业退出额增长率分别为19.03%、39.27%,退出额的增多以及退出速度的加快在一定程度上能够看出中国建设银行对“两高一剩”行业贷款的关注。

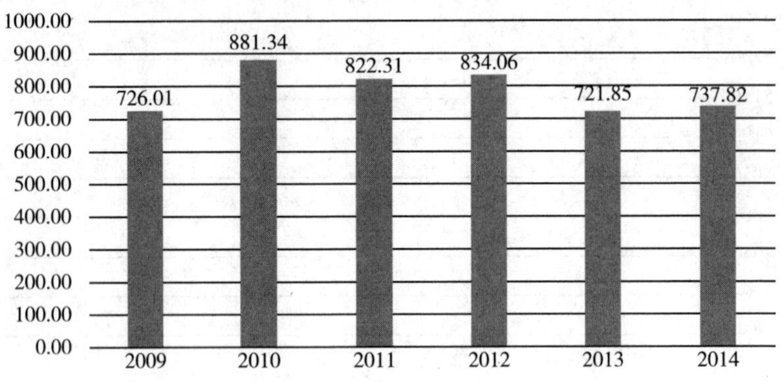

图 3-38 交通银行“两高一剩”贷款余额(亿元)

交通银行给出了近六年的“两高一剩”行业贷款余额占比,结合其贷款余额的数据,可以看出,从2009年的18380亿元增长到2014年的34317亿元,增长了86.7%。“两高一剩”行业贷款从3.95%下降到

2.15%，虽然表面上看，“两高一剩”行业贷款余额占比在不断下降，但绝对的数额并没有明显地减少。

其他的国有商业银行由于指标的统计难以形成一致性，数据也存在缺失的部分，在此不再逐一说明。

（三）股份制银行

表 3-35 股份制银行“两高一剩”行业数据完整度

	公布数据年份	数据披露完整度
广发银行	5	55.56%
华夏银行	3	33.33%
浦发银行	7	77.78%
兴业银行	5	55.56%
招商银行	7	77.78%
光大银行	6	66.67%
平安银行	3	33.33%
中信银行	7	77.78%

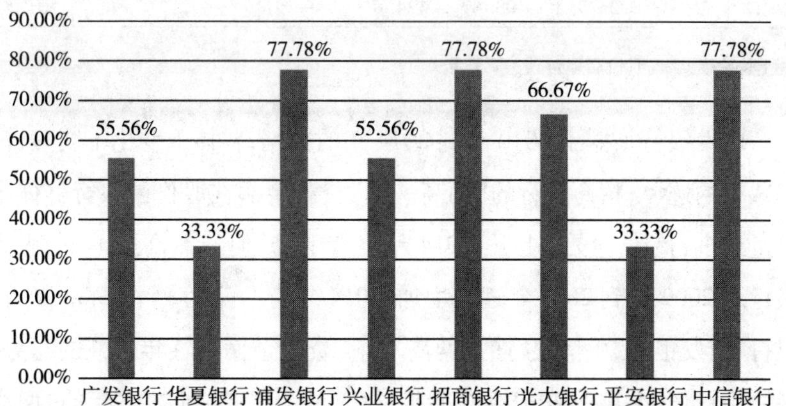

图 3-39 股份制银行“两高一剩”行业数据披露完整度

股份制银行的“两高一剩”行业数据披露程度与国有商业银行相似,浦发银行、招商银行与中信银行的数据披露完整度达到77.78%,占据股份制银行的顶端位置。披露率最低的为平安银行和华夏银行,仅为33.33%。“两高一剩”行业贷款额数据变化趋势表现了银行坚决退出污染行业、贯彻信贷准入制度和一票否决制的决心。

表3-36　股份制银行“两高一剩”行业贷款余额表

单位:亿元

	广发银行	华夏银行	浦发银行	兴业银行	招商银行	光大银行	平安银行	中信银行
2007	—	—	—	—	—	—	—	—
2008	—	—	—	—	1206.52	—	—	—
2009	—	—	597.43	503.3	1197.73	232.66	—	882.3
2010	184.47	—	444.4426	492.06	1353.15	332.98	—	891.83
2011	211.82	—	520.6841	—	1526.85	361.46	436.51	870.43
2012	196.48	—	518.55	—	1339.83	377.31	555	676.55
2013	212.34	274.72	497.83	387.38	1689.14	394.16	604	633.45
2014	204.7	233.85	460.32	391.58	1376.48	301.49	—	492.19
2015	—	232.13	403.89	424.8	—	—	—	501.8

资料来源:整理自股份制银行社会责任报告

广发银行披露了2010年到2014年的数据,整体上变化不明显,没有减少的迹象;招商银行的“两高一剩”贷款余额在股份制银行群体中数量最多,整体上波动上升,2014年略有下降,但依然高居不下;光大银行从2009年到2013年逐年增加,2014年有一个大幅的下降。华夏银行、浦发银行、中信银行的“两高一剩”贷款余额是逐年递减的态势;兴业银行2011年和2012年的数据缺失,从2013年到2015年的“两高一剩”贷款余额有逐年增加的势头。

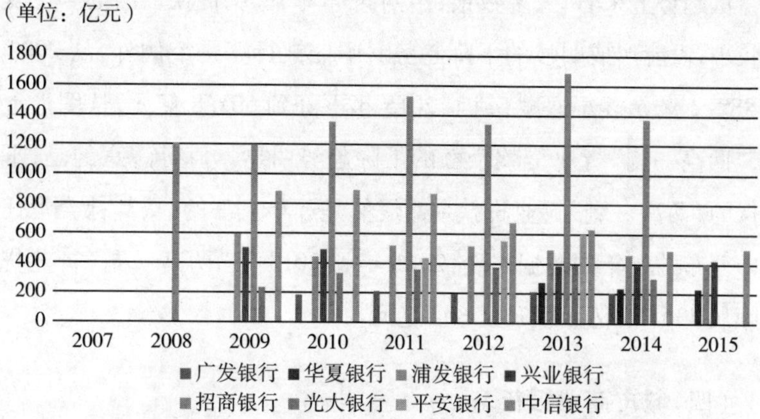

图 3-40 股份制银行“两高一剩”行业贷款余额图

从“两高一剩”行业贷款余额的数据上看，招商银行是最多的，自有数据披露以来，“两高一剩”行业贷款就一直在千亿级别以上，相对来说“两高一剩”行业贷款余额规模较小的银行为广发银行和华夏银行。

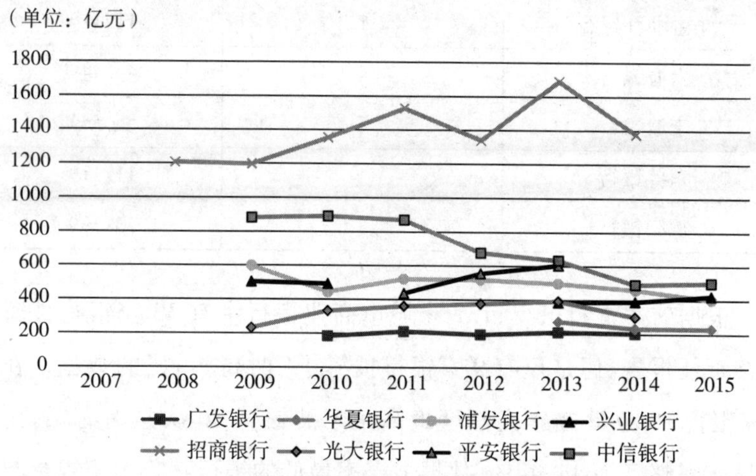

图 3-41 股份制银行“两高一剩”行业贷款余额变化趋势图

从趋势上来看,大多数银行"两高一剩"行业贷款余额的年度变化比较小,没能形成明显的下降趋势。中信银行算是个例外,从2009年的882.3亿元逐年递减,到了2015年下降到501.8亿元,从图形上来看,"两高一剩"行业贷款余额的下降趋势明显。值得注意的是,平安银行的"两高一剩"行业贷款余额居然是逐年上涨的,从其社会责任报告中公布的三年的数据来看,2011年到2013年"两高一剩"行业贷款余额从436.51亿元攀升至604亿元。

(四)城市商业银行

表3-37 城市商业银行"两高一剩"行业数据完整度

	公布数据年份	数据披露完整度
厦门国际银行	3	33.33%
兰州银行	2	22.22%
贵阳银行	2	22.22%
华融湘江银行	1	11.11%
上海银行	4	44.44%
宁波银行	5	55.56%
东莞银行	1	11.11%
德阳银行	3	33.33%

根据前述资料可得,132家城市商业银行中有33家银行披露了社会责任报告,但是仅有9家银行披露了"两高一剩"的数据。在这9家银行中,数量披露完整度最高是宁波银行,其次是上海银行,数据披露完整度为44.44%,数据披露率最低的银行是哈尔滨银行与华融湘江银行,只披露了1年的数据,数据披露完整度为11.11%。总

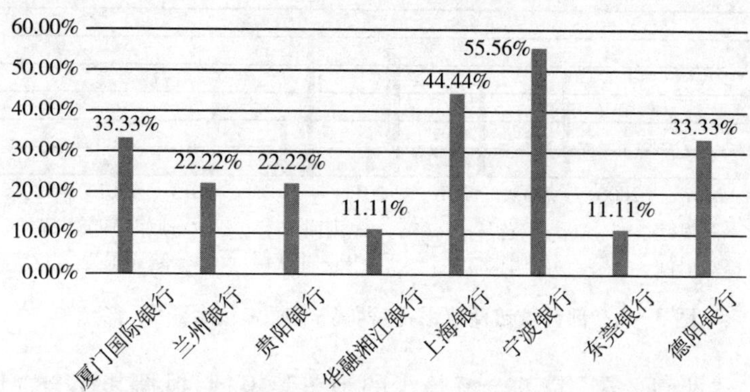

图 3-42 城市商业银行"两高一剩"行业数据披露完整度

体来看,城市商业银行在"两高一剩"行业的数据披露状况仍有待改善。

表 3-38 部分城市商业银行"两高一剩"贷款余额

单位:亿元

	上海银行	宁波银行	德阳银行	厦门国际银行	兰州银行	贵阳银行	华融湘江银行	东莞银行	哈尔滨银行
2007	—	—	—	—	—	—	—	—	—
2008	—	—	—	—	—	—	—	—	—
2009	38.86	—	—	—	—	—	—	—	—
2010	35.26	—	—	8.55	—	—	—	—	—
2011	43.92	51.78	—	14.7	—	—	—	—	—
2012	49.46	28.72	4.67	18.66	7.5377	—	—	0.79	—
2013	—	26.41	3.78	—	—	—	—	0.61	—
2014	—	31.38	2.09	—	5.885	18.59	4.7	—	—
2015	—	19.26	—	—	—	13.17	—	—	5.53

从"两高一剩"贷款余额的数量上来看,上海银行和宁波银行的"两高一剩"贷款余额在披露该数据的城市商业银行中是最多的两家

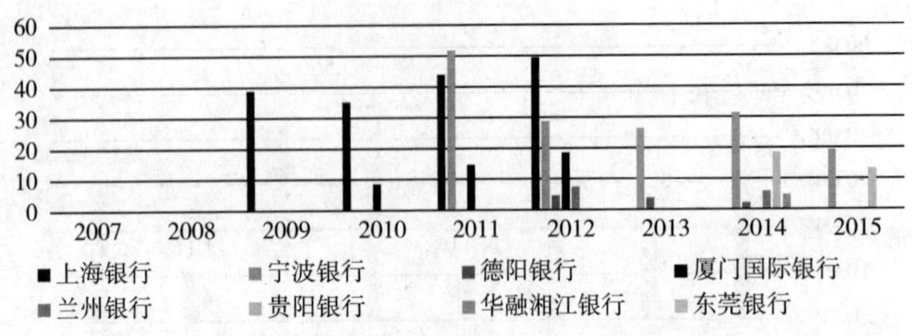

图 3-43　部分城市商业银行“两高一剩”贷款余额图（亿元）

银行。“两高一剩”贷款余额最少的是东莞银行，根据其社会责任报告，2013 年“两高一剩”贷款余额仅有 0.61 亿元。“两高一剩”贷款余额的大小受到银行规模、银行业务方向、信贷政策影响，会出现较大差距。

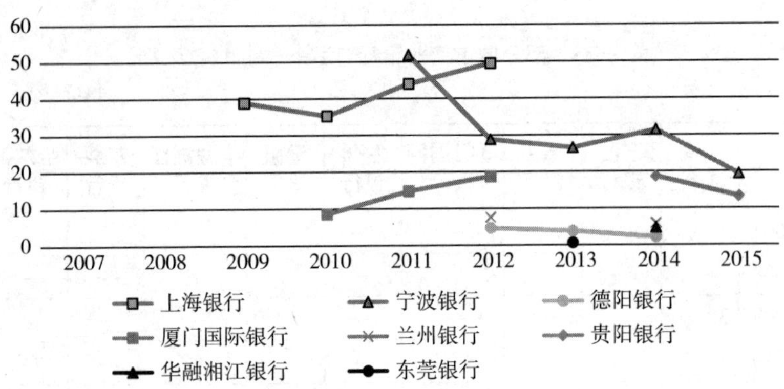

图 3-44　部分城市商业银行“两高一剩”贷款余额趋势图（亿元）

因为数据缺失部分比较多，很难绘成一个完整的趋势，只能从部分公布数据的年份来看其趋势。上海银行的“两高一剩”行业贷款余额有增多的趋势，厦门国际银行同样是逐年增长的趋势。宁波银行、贵阳银行和德阳银行则是保持了逐年下降的趋势。其他银行未形成明显趋势。

五、典型案例分析

从不同层次银行的角度对绿色信贷支持类贷款和“两高一剩”行业的退出两大方面阐述了各层次银行的数量、趋势之后，需要进一步探究绿色信贷和“两高一剩”行业贷款的具体组成。由于不同银行的数据完善度存在较大差异，多家银行仅仅公布总额，没有明细数据。因此，采用案例分析的方法进行陈述。

（一）国家开发银行绿色贷款投向

国家开发银行开展绿色信贷业务时间较长、业务量大，在其社会责任报告中，也比较有体系地对绿色信贷投向、节能环保贷款支持项目进行了说明。

表 3-39 国家开发银行绿色信贷当年发放额投向

时间	流域、城市综合治理当年贷款发放额（亿元）	工业节能减排当年贷款发放额（亿元）	产业、能源结构当年贷款发放额（亿元）
2006	145	35	289
2007	193	121	380
2008	308	258	422
2009	538	266	586
2010	878	504	938
2011	720	348	1213
2012	892	502	1097
2013	664	288	1010
2014	—	—	—
2015	—	—	—

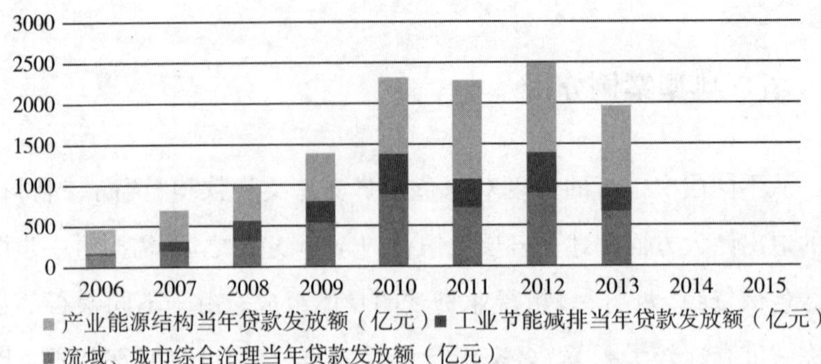

图 3-45 国家开发银行绿色信贷当年发放额投向分布

绿色信贷投向的领域主要有流域、城市综合治理、工业节能减排和产业、能源结构。其中，工业节能减排比例最小，另外两个领域占比相当。从历史趋势上看，国家开发银行对上述三领域的绿色信贷投放也与日俱增。

（二）中国银行和中国农业银行绿色信贷投向

由于在国有商业银行中，仅有中国银行和中国农业银行在 2014 年公布了详细的绿色信贷支持项目统计表，而且经比较发现二者有较大相似之处，因此，将两个银行放在一起进行比较分析。

表 3-40 中国银行 2014 年绿色贷款支持项目

项　　目	贷款余额(亿元)	各项目占比
绿色农业开发项目	7.04	0.25%
绿色林业开发项目	3.89	0.14%
工业节能节水环保项目	137.92	4.89%
自然保护、生态修复及灾害防控项目	23.72	0.84%
资源循环利用项目	77.08	2.73%
垃圾处理及污染防治项目	131.81	4.67%

续表

项　　目	贷款余额(亿元)	各项目占比
可再生能源及清洁能源项目	941.21	33.37%
农村及城市水项目	55.58	1.97%
建筑节能及绿色建筑	29.55	1.05%
绿色交通运输项目	1,393.85	49.42%
节能环保服务	18.76	0.67%
总　计	2820.41	100%

表 3-41　中国农业银行 2014 年绿色信贷领域状况表

项　　目	贷款余额(亿元)	各项目占比
绿色农业开发项目	32.56	0.69%
绿色林业开发项目	54.93	1.16%
工业节能节水环保项目	308.66	6.53%
自然保护、生态修复及灾害防控项目	105.79	2.24%
资源循环利用项目	38.79	0.82%
垃圾处理及污染防治项目	92.44	1.96%
可再生能源及清洁能源项目	1,856.26	39.29%
农村及城市水项目	32.62	0.69%
建筑节能及绿色建筑	4.97	0.11%
绿色交通运输项目	2,195.44	46.47%
节能环保服务	2.00	0.04%
总　计	4724.46	100%

根据公开披露的数据,中国银行和中国农业银行绿色贷款的结构是一致的。主要投资方向有 11 个,中国银行和中国农业银行可再生能源及清洁能源项目贷款余额分别占绿色贷款余额的比例为 33.37%和 39.29%,绿色交通运输项目贷款更是占据了绿色贷款的“半壁江山”,

中国银行的绿色交通运输项目贷款余额占比达到了 49.42%，中国农业银行也高达 46.47%。仅可再生能源及清洁能源项目和绿色交通运输项目的贷款余额两项就占据了整个绿色信贷约 86%。

（三）浦发银行绿色信贷投向

表 3-42 浦发银行绿色信贷支持项目统计表

指标名称	2012	2013	2014	2015
绿色农业开发项目	38.04	33.27	50.99	70.53
绿色林业开发项目	13.71	19.88	35.96	25.65
工业节能节水环保项目	400.87	358.97	331.93	302.91
自然保护、生态修复及灾害防控项目	44.78	41.11	66.27	80.56
资源循环利用项目	43	41.62	40.25	58.71
垃圾处理及污染防治项目	98.07	87.87	99.85	96.15
可再生能源及清洁能源项目	102.29	113.19	127.27	151.37
农村及城市水项目	92.18	85.05	100.85	102.6
建筑节能及绿色建筑	122.94	129.26	150	284.49
绿色交通运输项目	473.3	495.78	455.66	409.72
节能环保服务	74.42	115.03	104.71	135.16
合 计	1,503.59	1,521.04	1,563.74	1717.85

总量上看，浦发银行的绿色信贷余额从 2012 年到 2014 年几乎稳定在 1500 亿元左右，到 2015 年跃升至 1717.85 亿元。变化最大的是建筑节能及绿色建筑项目，对整个绿色信贷余额的增加起到了最大的作用。

从结构上看，浦发银行的绿色信贷结构与中国银行、中国农业银行是一致的。浦发银行对绿色产业的各个方向都有贷款支持，为更清楚地了解详情，同样以 2014 年的数据为例。

表 3-43 2014 年浦发银行各项目占比统计表

单位:%

绿色农业开发项目	绿色林业开发项目	工业节能节水环保项目	自然保护、生态修复及灾害防控项目	资源循环利用项目	垃圾处理及污染防治项目	可再生能源及清洁能源项目	农村及城市水项目	建筑节能及绿色建筑	绿色交通运输项目	节能环保服务
3.26	2.30	21.23	4.24	2.57	6.39	8.14	6.45	9.59	29.14	6.70

浦发银行的绿色贷款结构最突出的特点在于"抓大不放小",有重点支持的领域,占比最大的两个方向分别是工业节能节水环保项目和绿色交通运输项目,二者合计占比接近 50%,同时,对其他方向的贷款投向也比较均匀,并未出现占比低于 2.0%、差额大于 27% 以上的状况。

除了支持类贷款数据齐全之外,"两高一剩"退出类也进行了细致的披露,并且将高污染高耗能和产能过剩的贷款项目分开统计。

表 3-44 浦发银行"两高"行业贷款存量情况

单位:亿元

	2009	2010	2011	2012	2013	2014	2015
非金属矿物制品业(水泥等)	122.96	177.03	146.02	141.97	137.71	115.15	104.08
黑色金属冶炼及压延加工业(钢铁等)	203.4	243.95	259.81	249.86	223.02	216.23	178.58
化学原料及化学制品制造业	163.9	232.12	289.47	367.6	397	393.85	389.08

续表

	2009	2010	2011	2012	2013	2014	2015
有色金属冶炼及压延加工业（铝业等）	107.17	168.02	136.28	164.9	176.07	158.19	156.24
合　计	597.43	821.12	831.58	924.33	933.8	883.42	827.98

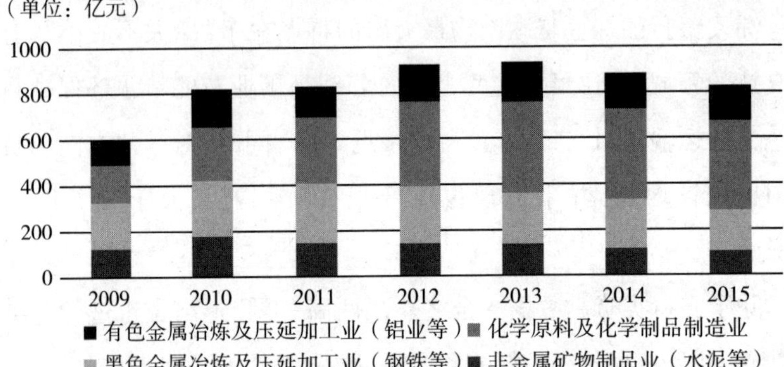

图 3-46　浦发银行"两高"行业贷款存量图

浦发银行对高能耗、高污染行业分为四个大类，包括非金属矿物制品业、黑色金属冶炼及压延加工业、化学原料及化学制品制造业、有色金属冶炼及压延加工业。非金属矿物制品业和黑色金属冶炼及压延加工业呈现出来的是波动下降的状态，而化学原料及化学制品制造业和有色金属冶炼及压延加工业则是较为明显的上升走势。

从产能过剩行业贷款余额占总贷款余额的比重来看，从 2011 年开始呈现出明显的下降趋势。结合产能过剩行业贷款余额和全行总贷款余额的数据来看，产能过剩行业贷款余额占比下降的驱动因素首先是产能过剩行业的退出取得成效，该行业的存量贷款从 2011 年出现拐点并形成了明显的下降趋势；另一方面，总贷款余额

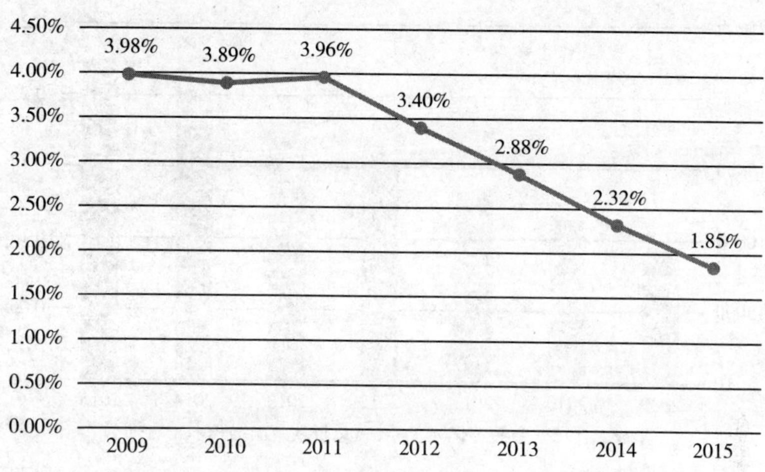

图 3-47 浦发银行产能过剩贷款余额占总贷款余额比重图

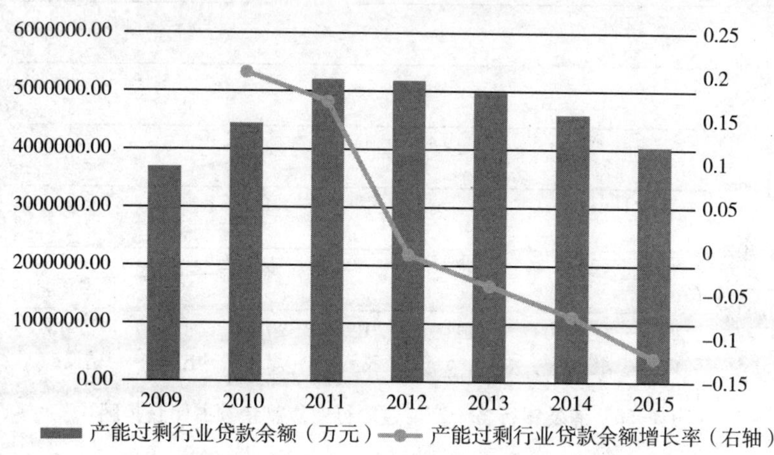

图 3-48 浦发银行产能过剩行业贷款余额图

也在逐年增加，两方面的力量共同促成了产能过剩行业贷款占比下降的事实。

产能过剩贷款余额占总贷款余额比重表现出的是显著的下降趋势，从 2011 年开始该趋势更为明显。其中，产能过剩行业贷款余额下

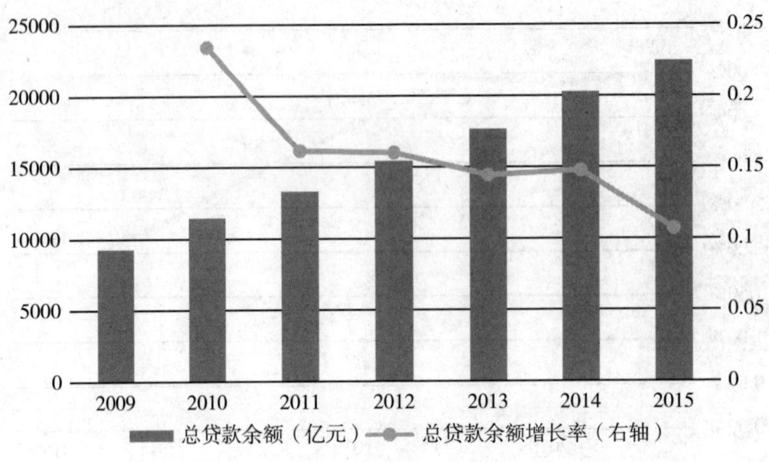

图 3-49　浦发银行总贷款余额趋势图

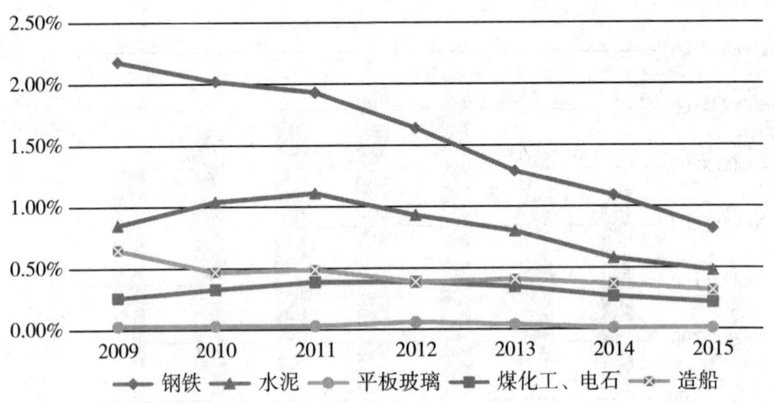

图 3-50　浦发银行各个产能过剩行业贷款余额占比趋势图

降最明显的行业是钢铁行业。

（四）宁波银行案例

宁波银行是城市商业银行的典型代表，宁波银行对节能环保贷款以及“两高”行业贷款的分类明细数据进行了详细的披露。

表 3-45 宁波银行节能环保行业贷款余额表

单位:万元

节能环保行业	2011 年	2012 年	2013 年	2014 年	2015 年
环保、社会公共服务及其他专用设备制造	17100	10227	18004	24856	28259
污水处理及其再生利用	12000	10000	43680	32550	45700
其他水的处理、利用与分配	0	3000	3540	10180	10250
环境与生态监测	0	0	100	0	100
生态保护	0	0	5000	5000	5000
环境治理业	14200	10100	50425	13720	25620
环境卫生管理	0	0	0	300	0
城乡市容管理	0	0	20000	19600	19600
绿化管理	0	3100	16860	54455	36820
清洁服务	0	0	769	616	584
合计	50358	53485	158378	161277	171933

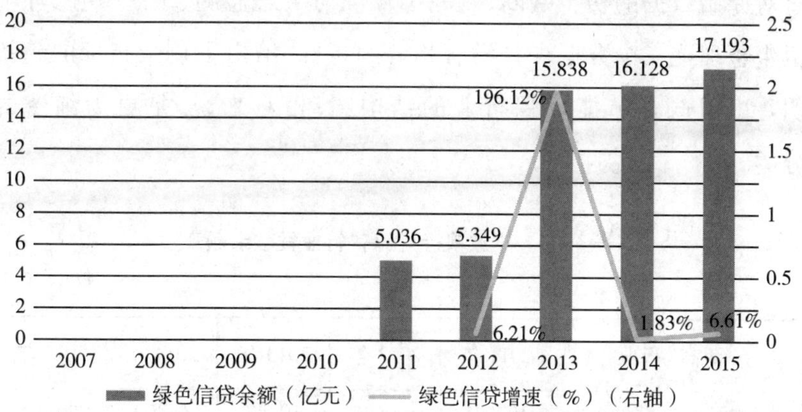

图 3-51 宁波银行节能环保行业贷款余额趋势图

从图 3-51 可以看出，宁波银行 2011 年和 2012 年节能环保行业贷款余额变化甚微,2013 年急剧增加之后保持平稳缓慢上升。由于未公布绿色信贷余额的数据,所以将节能环保行业贷款视作绿色贷款进行统计。

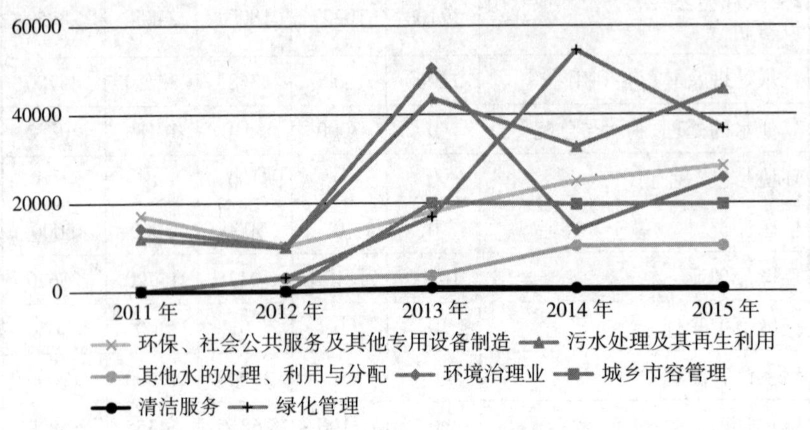

图 3-52 节能环保行业各项目趋势图

宁波银行的绿色信贷结构与前文提及的三个银行略有区别。通过对原始数据的初步判断,剔除了环境与生态监测、生态保护、环境卫生管理这三个数据少且没有趋势的指标,给出了剩余指标的趋势图。由于这是节能环保行业的结构图,相对来说,是更为细致的分类。

表 3-46 宁波银行"两高"行业贷款余额表

单位:万元

"两高"行业	2011 年	2012 年	2013 年	2014 年	2015 年
棉纺织及印染精加工	197231	100625	69787	69403	50312
毛纺织及染整精加工	31576	6000	25060	25982	24933
麻纺织及染整精加工	0	6000	6100	6000	6100

续表

“两高”行业	2011 年	2012 年	2013 年	2014 年	2015 年
丝绢纺织及印染精加工	7986	3993	4185	580	3266
化纤织造及印染精加工	0	5500	45484	51900	36582
纸浆制造	0	0	0	0	0
造纸	37544	14599	20420	16176	15890
涂料、油墨、颜料及类似产品制造	16702	9670	11955	7686	13200
纤维素纤维原料及纤维制造	9000	3000	1730	357	1000
合成纤维制造	63558	42899	58648	90690	23620
炼铁	11660	0	0	0	0
炼钢	21000	660	603	9134	0
黑色金属铸造	0	5070	6530	7210	5200
船舶及相关装置制造	40200	18000	13560	15129	12450
水泥制造	5600	5400		13513	
合计	517795	287154	264061	313760	192553

整体上来看，“两高”行业的贷款余额是呈现出下降趋势的。但下降的过程不是一蹴而就的，2014 年就出现再度增长的情况，可见“两高一剩”行业贷款有效控制不是一蹴而就的，需要在实践中逐步实现贷款发放对行业的选择，不断吸取经验教训，将“两高一剩”贷款余额的有效控制渗透进日常经营活动中。

六、银行业绿色信贷业务实施状况

银行的绿色化，首先是绿色信贷数额的增多，很重要的方面表现

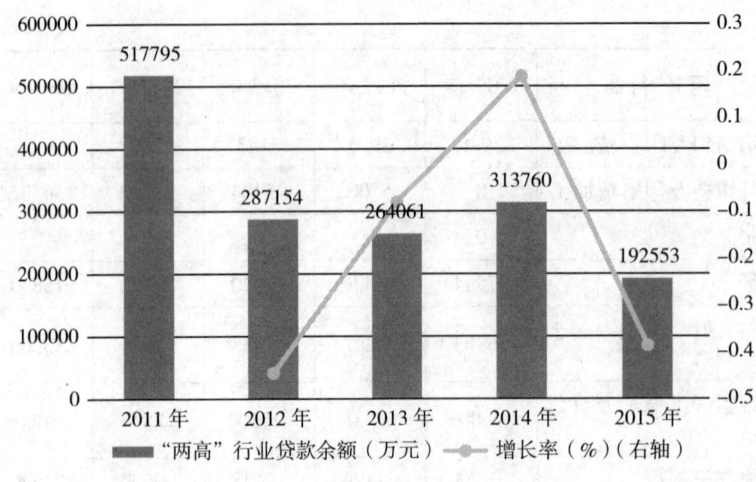

图 3-53 宁波银行"两高"行业贷款余额图

在绿色信贷的增加、绿色信贷支持力度的加大以及支持行业的扩展。随着国家各项绿色信贷政策的出台以及各个银行相关制度的完善，在支持绿色产业发展，给予节能环保产业更多更大力度的贷款支持方面，各家银行绿色信贷相关工作的数量越来越多，相关工作质量越来越细致。

其次，"两高一剩"行业贷款的退出情况总体数量上，各个层次的银行差别非常明显。国有商业银行的"两高一剩"行业贷款余额数据不全，无法直接对比，只能用相关数据替换。通过侧面观察各家银行"两高一剩"退出状况，发现"两高一剩"行业退出依然面临较大挑战，是一个比较艰巨的任务。股份制银行与城市商业银行情况与国有商业银行基本类似，虽然在"两高一剩"行业贷款余额占全行贷款余额的比重上有下降趋势，但绝对的数额变化并不明显。由于贷款多为中长期，短期来看，银行能做的只有执行有保有压、区别对待的授信政策，严控"两高一剩"行业新增贷款。

总体上来看，银监会制定了《绿色信贷指引》，并列明了绿色信贷实施情况关键评价指标，要求政策性银行、商业银行、农村合作银行、农村信用社等金融机构参照实施。但是从各家银行的社会责任报告实际发布内容来看，事实上没有统一的定式。问题集中表现在以下方面：

(一)落实披露社会责任报告的时间差距较大。不同性质的银行对社会责任报告公布的起步时间相差较大，因此，在探索有效披露的过程中，政策性银行、国有商业银行和城市商业银行相对更为成熟。

(二)对绿色信贷内容没有统一、有效的表达方式。有些银行只是"喊口号"式的表明自身大力支持环保产业、新能源产业贷款，但并未给出具体数据，自身的运营数据也极少；对政策与制度的描述也千差万别，有银行对于自身绿色信贷遵守的制度，本行指定的政策有清晰的描述，但也有笼统带过的，语焉不详的。

(三)指标缺乏统一的标准。首先，各银行间缺乏统一的，共同的指标，计算口径存在误差，给银行间绿色信贷状况比较造成困难。其次，每家银行的指标也存在连续性不强的问题。表现在三个方面，其一是指标的名称(或叫法)有差异，其二是部分银行存在同一数据不能连续披露的状况，其三是由于政策修改等原因，指标的口径发生变化(比如绿色运营的数据中之前用总量，后改为人均)，这给统计工作以及后续的比较带来了较大的困难。

(四)银行自身披露的数据存在纰漏。主要表现在对指标的解释含混不清或者遗漏。例如，中国建设银行的"两高一剩"贷款占比在不同年份中披露的数据存在不一致的现象；有的银行的人均耗电量达到8000度之多。

(五)从政策方面来看,并非所有银行都有清楚的、系统完整的阐述,更多的银行在政策和制度方面描述得比较模糊,未形成完整体系或规范性说明。

第六节　银行业绿色运营发展及披露状况

一、银行业运营部分披露情况

打造绿色银行,银行自身的绿色运营具有标志性意义,可以凸显银行倡导节能环保的理念及从自身做起的态度。现阶段,我国银行机构的绿色运营对社会环保直接贡献的力量稍显不足。但随着银行业绿色营运不断加深,将对社会有着极大的示范效应,因为银行一方面需要贯彻执行绿色信贷政策,践行自身的绿色信贷理念,另一方面需要从自身经营管理中的每一点细微的改变做起,走银行"绿色化"的道路,符合社会发展的潮流,是银行业履行社会责任的要求,更是银行取得长远发展的必由之路。

由于各家银行给出的绿色信贷部分的内容并无统一标准,从社会责任报告披露的部分可以总结出大致两方面的内容,其一是绿色运营的相关数据,包括每年披露的用水量、用电量或者节水量、节约纸张数等通过数值展现自身绿色运营状况;其二是绿色运营理念的倡导和制度的建设、事例的宣传。本报告在统计绿色运营披露状况的时候采用比较宽松的标准,即只要银行在其社会责任报告中有专题论述其自身的绿色运营状况或者提到了绿色运营的数据、制度建设以及执行案例,都认为有披露其运营状况。

表 3-47 各性质银行绿色运营状况披露率

银行性质	银行总数(个)	披露运营状况的银行数量(个)	披露率
政策性银行	3	2	66.67%
国有商业银行	5	5	100.00%
股份制银行	11	11	100.00%
邮政储蓄银行	1	1	100.00%
城市商业银行	33	24	72.73%

资料来源:各银行的社会责任报告

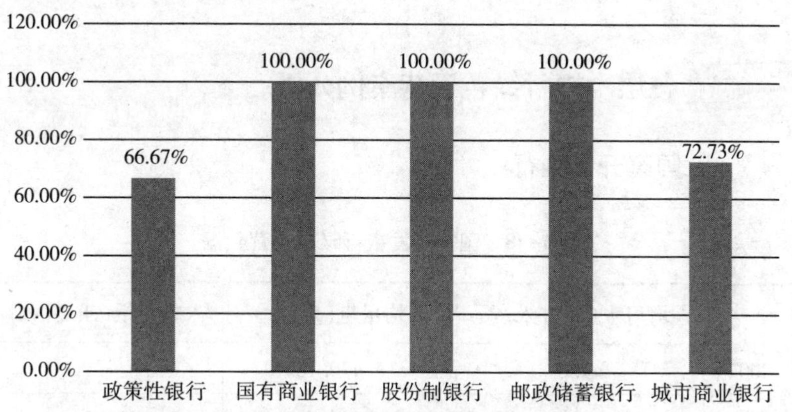

图 3-54 银行业绿色运营状况披露率

银行业的绿色运营是指银行适应社会经济持续发展的要求,把节约资源、保护和改善生态与环境、有益于客户和公众身心健康的理念,贯穿于经营管理的全过程和各个方面,以实现可持续增长,达到经济效益、社会效益和环保效益的有机统一。由于绿色环保和生态经济理念越来越被大众所熟知,其对银行业的经营理念和经营模式也产生了重大影响。注重环保,崇尚绿色经营,对银行的经营管理来说,不再只是支出和投入,也不再只是作为与银行利润相对立的经济负担,而是银行新的财富源泉。树立绿色运营理念,采用绿色运营模式,已经成为银行获得成长的必然选择。

整体来看,各银行的绿色运营状况的披露程度呈现良好的态势,股份制银行、国有商业银行及邮政储蓄银行的披露率达到100%,披露率最低的政策性银行也达到了66.67%。可以看出,银行业在绿色运营状况方面的重视程度越来越高,银行内部的绿色运营已经成为银行经营管理过程中的重要组成部分,只有让员工真正理解低碳、环保的概念,并亲身去实践,才能让绿色运营深入到银行内部,才能做得更好。

二、各层次银行绿色运营案例分析

(一)国家开发银行

表3-48 国家开发银行绿色运营数据

	人均用水(立方米/人)	人均用电(度/人)	人均用纸(千克/人)
2007	47.8	4,470.70	32
2008	45.4	4446.6	33.2
2009	43	3308	22.05
2010	40.6	6936.2	25.2
2011	33.7	8089	27.46
2012	32.2	9257	26.4
2013	60.22	18312	30
2014	43.29	14525	10.91
2015	—	—	—

政策性银行中只有国家开发银行披露了绿色运营的数据，其中，国家开发银行的人均用水在报告期内基本维持不变，总体保持在人均40立方米左右。人均用电量在不断地增加，由2007年的4471度增长至2013年的18312度，增长幅度达到309.57%，增幅较大，主要原因在银行内部采用OA系统，以及为减少出差造成的空气污染及各种因素而尽可能地采用视频会议，这些都在一定程度上增加了人均用电量。国家开发银行的人均用纸量基本呈现下降的趋势，由2007年的32千克/每人减少到2012年的26.4千克/每人，在2013年略有上升，增加至30千克/每人。而视频会议次数则是呈现较大幅度的增长，由2008年的229次增加至2013年的700次，增幅达到205.67%，这也验证了人均用电量的增加。

中国进出口银行在社会责任报告中没有提及关于内部绿色运营的机制及相关的数据披露。中国农业发展银行虽然没有披露运营数据，但根据报告的案例及活动描述，该行已制定了相关的运营制度。

（二）中国工商银行

国有商业银行中，五家银行都披露了绿色运营数据。通过用水、用电、用纸指标的数据统计，可以发现在五大国有商业银行中，中国工商银行呈现出了2007—2015年的完整数据，因此，是银行业绿色运营披露率最高的。其次是交通银行，共公布了2008—2015年的数据。其余三家公布的数据相对较少，不能全面反应他们在绿色运营方面的成效。

以数据完整度最高的中国工商银行为例：

表 3-49 中国工商银行总行的运营数据统计表

	办公耗电量（千瓦时）	办公耗水量（吨）	办公用纸数量（张）	公务车耗油量（升）	电子银行业务分流率
2007	—	112481	11444460	189761	37.20%
2008	11081520	108690	11153300	176168	43.10%
2009	11905200	109841	10134300	189996	50.10%
2010	11814560	102736	10666300	193038	59.10%
2011	17675573	150936	11095400	205134	70.10%
2012	21021205	208797	9730000	103194	75.10%
2013	20685557	187561	9650000	102370	80.20%
2014	18673936	157360	8810000	100169	86%
2015	19825712	150450	8440000	94186	90.20%

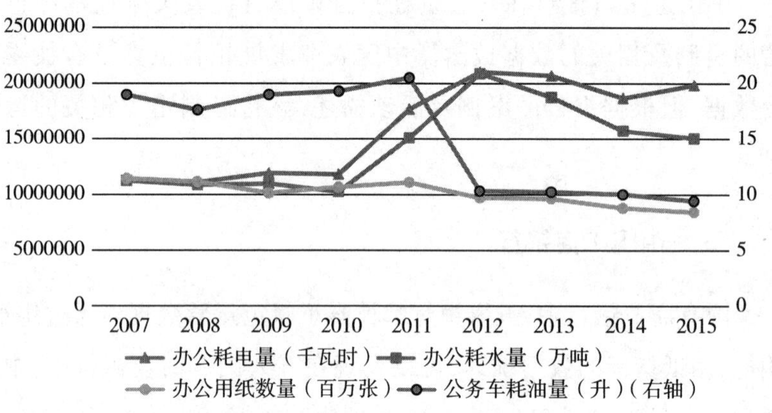

图 3-55 中国工商银行总行运营数据统计图

根据图表可以看出，中国工商银行的办公耗电量在 2010 年开始上升，由 11814560 千瓦时增长至 2012 年的 21021205 千瓦时，在 2012 年之后基本维持不变，办公耗水量走势与耗电量相似，办公用纸量在报告期内维持一个平稳的趋势，基本保持在 1000 万张左右，公务车耗油量在2011年呈现下降的趋势,由2011年的20.51万升下降至2012年的10.32万升,2012年之后基本维持不变。中国工商银行绿色运营数据在2011年左右呈现较大的变化,其主要原因在于2011年总行大楼二期工程投入使用,办公人员和办公面积大幅度增加。

总体来看,中国工商银行在积极实行绿色办公,鼓励创新节能减排模式,降低运营能耗,打造环境友好型的"绿色银行"。同时,注重培养员工的节能环保意识,提倡员工从自身做起,营造全行重节能、讲环保的良好文化氛围。

(三)浦发银行

与国有银行相似,股份制银行的披露率也为100%,但是在10家股份制银行中以光大银行、浦发银行及中信银行的数据最为全面,反映了他们在报告期间绿色运营状况的趋势。其他银行虽然都有数据披露,但因数据残缺不全或者数据指标没有代表性,统计口径不断变化,无法作为代表描述并比较分析。因此选择股份制银行中披露率较高,披露时间较早的浦发银行为例。

表3-50 浦发银行总行的运营数据统计表

	用电总额(万度)	用水总额(百吨)	用纸总额(包)	视频会议(次)	公务车耗油量	人均用水(吨/人)	人均用电(千度/人)	人均公务车汽油消耗量(升/人)
2009				227		68.48	14.09	82.93
2010				329	76.96	69.88	12.59	76.96
2011	3216.5	1354	5950	440	13.35	58.21	13.84	60.07
2012	3488.24	1335	8300	488	12.5	50.57	13.21	47.35
2013	3742.38	1336	7220	592	11.91			

续表

	用电总额（万度）	用水总额（百吨）	用纸总额（包）	视频会议（次）	公务车耗油量	人均用水（吨/人）	人均用电（千度/人）	人均公务车汽油消耗量（升/人）
2014	3767.74	1285	9227	693	13.6			
2015	3907.04			921				

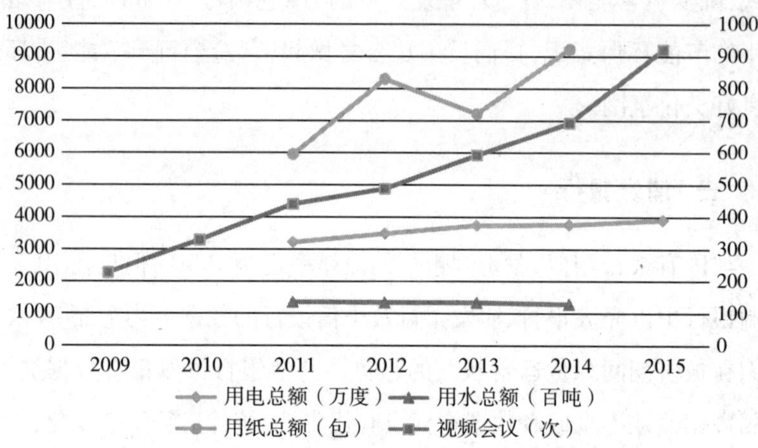

图 3-56　浦发银行总行大楼绿色运用数据总额

由图表可得，浦发银行的用电总额在报告期内有小幅度的上升，用水总额却是在小幅度的下降，总体趋势保持不变。视频会议次数大幅度的增长，说明该行为减少出差带来的环境污染尽量减少出差，采用视频会议的形式进行代替，达到低碳、环保的效果。

由人均数据来看，浦发银行人均用电基本维持不变，人均用水及人均公务车耗油量呈现下降的趋势，人均用水由 2009 年的 68.48 吨/人减少到 2012 年的 50.57 吨/人，公车耗油量由 2009 年的 82.93 升/人降低至 2012 年的 47.35 升/人。浦发银行在绿色运营方面执行严格的规定和执行标准，并于 2011 年提出打造中国金融业“低碳银行”目标，

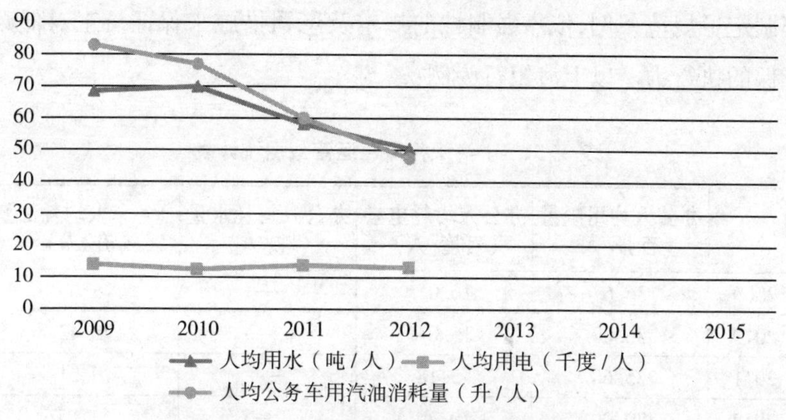

图 3-57　浦发银行总行大楼绿色运用数据

倡导绿色环保的经营方式和工作方式，号召全员将节能环保理念融入工作、生活的每一个细节。从而打造低碳银行，培育绿色文化。

（四）邮政储蓄银行

邮政储蓄银行只披露了 2014 年的社会责任报告。虽然披露了运营数据，也制定了相应的内部环保管理政策，但是披露报告年份过少，难以看出该银行在报告期内的运营状况的趋势。

（五）上海银行

城市商业银行披露率虽然达到 72.73%，但是这些银行中公布运营数据的银行却是少数派。大部分银行都在内部制度作出相应的规定，但是具体的执行情况无法考究，难以衡量其在报告期内的运营趋势好坏。

其中以上海银行、北京银行、厦门国际银行、黑龙江银行为代表的 6 家银行公布了绿色运营的数据，但公布的数据中，也存在缺失或公布的时间较短等问题，不能准确地反应趋势。其余的 18 家银行在银行内

部制定了规范条例,依靠强制性的规定及惩罚措施来保证员工对低碳环保的执行力。以上海银行为例:

表 3-51 上海银行绿色运营数据统计表

	办公人均用纸量(百张/人)	办公人均耗电量(百度/人)	办公人均耗水量(吨/人)	公务车人均耗油量(升/人)
2009	36.67	16.01	—	75.63
2010	36.00	15.84	—	72.42
2011	35.68	15.18	—	79.21
2012	29.00	19.79	—	687.5
2013	29.00	81.31	—	680.83
2014	29.00	73.18	43.34	570
2015	29.00	73.18	28.32	304.49

注:公务车人均耗油量从 2012 年的统计口径变为全部公务车,之前的数据是高级公车。2013 年之前的人均耗电量是上海银行总行的数据,2014 年和 2015 年是以总行大厦、张江数据中心、石泉信息中心、现金中心为统计口径。

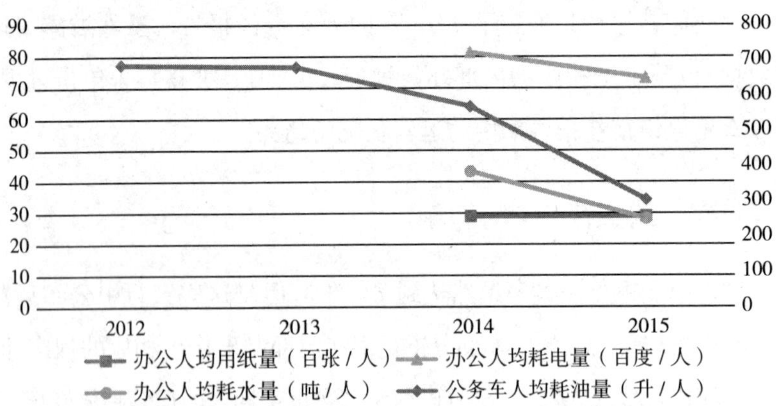

图 3-58 上海银行绿色运营总额数据

公车耗油量在 2012 年之后的统计口径发生变化,人均用纸、人均用电统计口径在 2014 年开始发生变化,但是总体来看,更改统计口径之后的指标值也是平稳状态。

人均用量在下降，由 2014 年的 8131 度/人降至 2015 年的 7318 度/人。人均用纸则基本维持不变，人均用水量由 2014 年的 43.34 吨/人降低至 2015 年的 28.32 吨/人，下降了 53.04%。上海银行在经营业务之外，自身运营的绿色化，实行绿色采购，实施绿色建造，倡导绿色办公，全面践行环保责任。积极倡导员工自觉践行绿色办公，创造美好的办公环境，发挥节能、低碳、减排的社会表率作用。

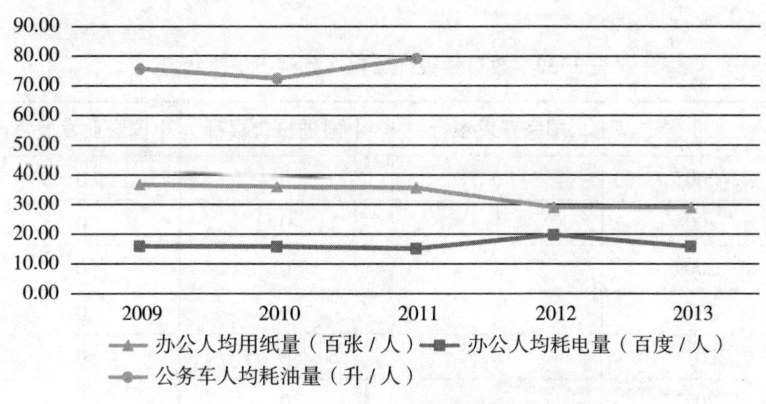

图 3-59　上海银行绿色运营数据统计图

上海银行由于统计口径不同造成数据没有可比性，所以进行分段来比较。总体来看，在 2009 年至 2013 年期间，上海银行的人均用纸、人均用电及公务车人均耗油量总体都呈现平稳的趋势，略有小幅波动，基本维持不变。

第七节　银行业绿色产品发展及披露状况

绿色产品是银行落实绿色信贷政策、执行绿色信贷制度、践行绿色信贷理念的重要载体，绿色金融产品的内涵非常丰富，包括绿色贷款、绿色基金、绿色保险、绿色债券等。本报告在统计绿色金融产品时，主要的依据是各银行社会责任报告中披露的绿色金融产品。按时间序列进行累计，通过数据可以从时间的层面上看到银行产品不断丰富的过程。

一、政策性银行绿色产品发展及披露状况

表 3-52　政策性银行绿色产品种类披露状况

	国家开发银行	中国进出口银行	中国农业发展银行
2007	0	0	0
2008	1	0	0
2009	5	0	0
2010	5	0	0
2011	5	0	0
2012	5	0	0
2013	9	0	4
2014	10	5	10
2015	12	8	10

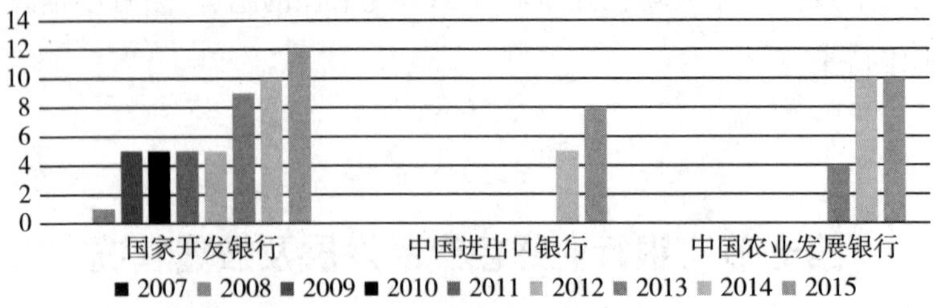

图 3-60　政策性银行绿色产品种类统计

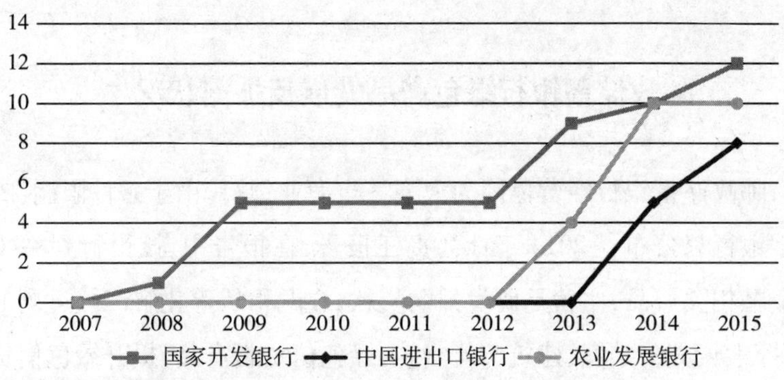

图 3-61 政策性银行绿色产品种类变化趋势

由图表可得,国家开发银行的绿色产品是最多的,达到 12 种,典型产品类型为“投、贷、债、租、证”等多种投融资手段。而且,国家开发银行创新金融产品的时间也比较早,在 2008 年就提出了与巴克莱银行建立碳基金,随后提出 CDM(碳排放交易)咨询业务及惠及林农的林权证抵押贷款——永安模式,即“商业性信贷+政策性信贷+商业性保险”模式。

中国进出口银行与中国农业发展银行创新金融产品的时间在 2013 年和 2014 年,起步较晚。相较于国家开发银行支持经济发展和经济结构战略性调整的主营业务来看,中国进出口银行主要提供政策性金融支持,在 2014 年加大对水电、核电、太阳能发电、风电、生物质发电等清洁能源的信贷支持力度。

中国农业发展银行主营农业政策性金融业务。由于代理财政支农资金的经营特点,在绿色金融领域发展较晚。2013 年中国农业发展银行提出支持清洁可再生能源系统、循环经济发展、节能减排技改等项目贷款,并在 2014 年提出“变废为宝泉林新模式”,支持循环经济、清洁能源、资源节约、生态环境改善、水土保持等项目信贷。

二、邮政储蓄银行绿色产品发展及披露状况

邮政储蓄银行经营范围为大型零售商业银行，由于条件限制，邮政储蓄银行只公布了2014年社会责任报告，在报告中，该银行列举了绿色金融相关产品，主营是研发并购贷款、金融租赁等化解产能过剩的产品，探索碳交易结算、建筑节能贷款、绿色信贷新产品，提升绿色信贷综合服务能力和针对小微型林农提出的林权抵押小额贷款、林权抵押个人商务贷款及林权抵押小企业贷款。这些产品的设计都贯彻了国家提出的绿色、节能、环保、低碳的政策。

三、国有商业银行绿色产品发展及披露状况

表3-53 国有商业银行绿色产品数量统计表

	中国工商银行	中国建设银行	交通银行	中国农业银行	中国银行
2007	0	0	0	0	1
2008	0	0	0	0	2
2009	0	6	0	0	3
2010	0	6	0	1	4
2011	1	6	0	2	6
2012	4	6	0	5	6
2013	8	6	4	11	12
2014	8	7	4	11	12
2015	8	10	8	12	12

国有商业银行中，绿色金融产品较丰富的是中国银行和中国农业银行，达到12种产品，中国工商银行和交通银行产品数量较少，为8

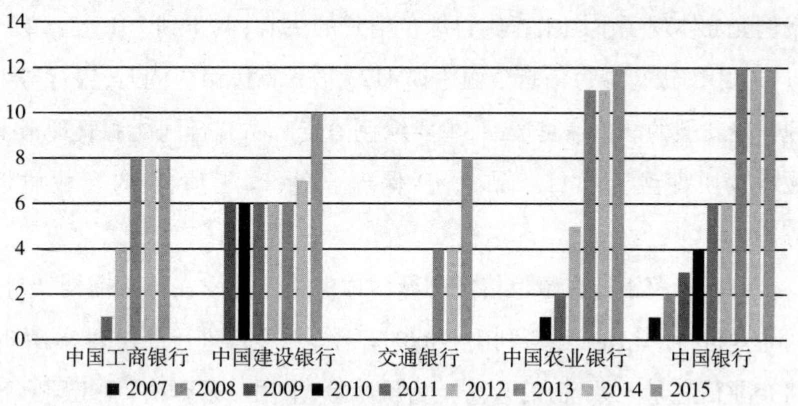

图 3-62 国有商业银行绿色产品数量统计图

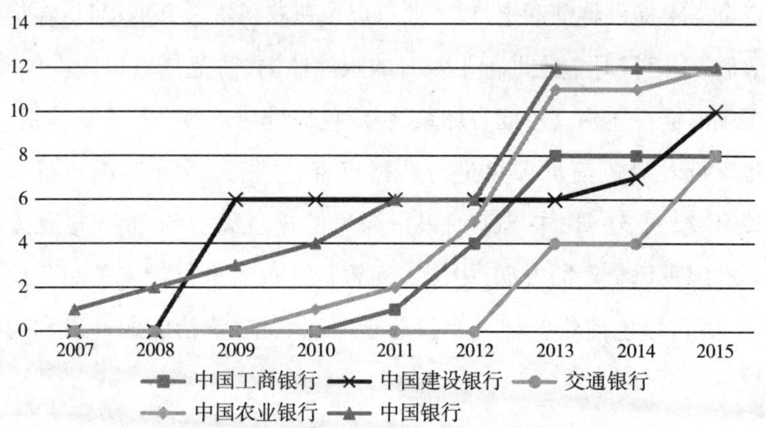

图 3-63 国有商业银行绿色产品数量变化趋势图

种。国有商业银行的绿色金融产品涉及的范围比较广泛,影响也较大,设计产品的重点多为清洁能源机制与碳金融产品,体现了银行业在绿色金融方面的工作重点。

在五大国有商业银行中,中国银行积极贯彻国家环保政策,积极进入绿色信贷领域,与瑞典携手进行环保项目融资,提供资金进行环保电缆改造,化解光伏产业产能过剩情况,为废物处理中心建设提供资金等案例充分体现了中国银行实行绿色信贷的决心，截止到2015年12月31日，中国银行绿色信贷余额达到4123亿元人民币。同时，银行努力地开发新型的绿色信贷产品，主要绿色信贷产品有合同能源管理未来收益权质押融资项目产品、CND保理业务、产业基金、收费权质押等等。

中国工商银行在绿色信贷领域同样保持领先。在贷款前期，银行对企业进行严格的审查，利用CM2002系统对客户进行严格划分，及时将企业信息录入系统，有效防止贷款风险，采用一票否决，对于国家政策予以禁止贷款的领域坚决不放贷，建立绿色快捷通道，为企业绿色项目资金需求提供特殊通道，使企业可以快速获得资金开展项目；在贷款发放后期，银行对企业进行不定时的跟踪监测，防范贷款风险。同时，中国工商银行还建立了问责体系，将绿色信贷纳入各支行考核体系，要求各支行对绿色信贷项目进行严格审查、紧密追踪和监测。截止到2015年12月31日，中国工商银行绿色信贷余额达到7028亿元人民币。在绿色信贷产品方面，中国工商银行并没有进行过多的绿色信贷产品创新，绿色信贷资金主要投放于节能减排、清洁能源开发利用等领域。

四、股份制银行绿色产品发展及披露状况

表3-54　股份制银行绿色产品数量统计表

	2007	2008	2009	2010	2011	2012	2013	2014	2015
渤海银行	0	0	0	0	0	3	4	6	7
广发银行	0	0	0	0	0	3	3	4	4
华夏银行	0	0	0	0	1	2	6	8	19

续表

	2007	2008	2009	2010	2011	2012	2013	2014	2015
浦发银行	0	0	0	5	10	10	10	16	17
兴业银行	0	2	5	14	15	17	17	24	24
招商银行	0	2	5	6	10	10	10	10	14
光大银行	0	0	0	4	4	7	7	8	12
民生银行	0	0	0	0	0	0	3	3	4
平安银行	0	0	0	0	1	1	1	2	2
中信银行	0	0	0	0	0	0	0	0	1

资料来源:股份制银行的社会责任报告

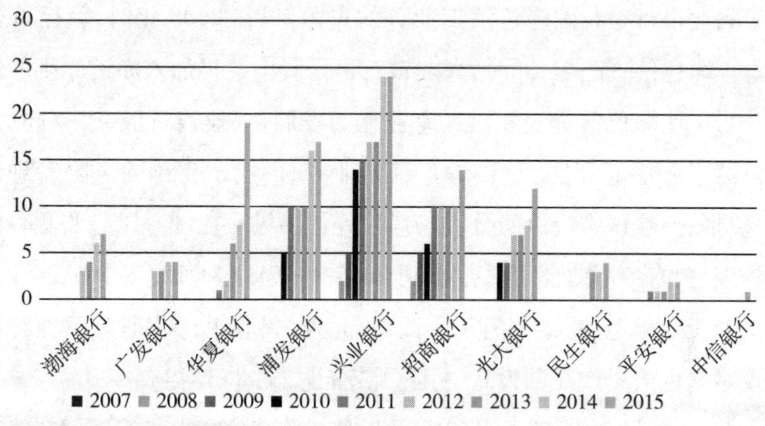

图 3-64　股份制银行绿色产品数量统计图

由图表可以看出,截止到 2015 年末,在股份制银行中,设计、创新、开发绿色金融产品最多的银行是兴业银行,达到 24 种产品,其次华夏银行,数量为 19 种。浦发银行和招商银行紧随其后,数量分别为 17 种和 14 种,数量最少的是中信银行,只有一种产品。其中最为典型的是兴业银行研发的“8+1”模式和浦发银行创新的“十大产品”,充分体现了银行对绿色金融方面的重视程度及执行力度。

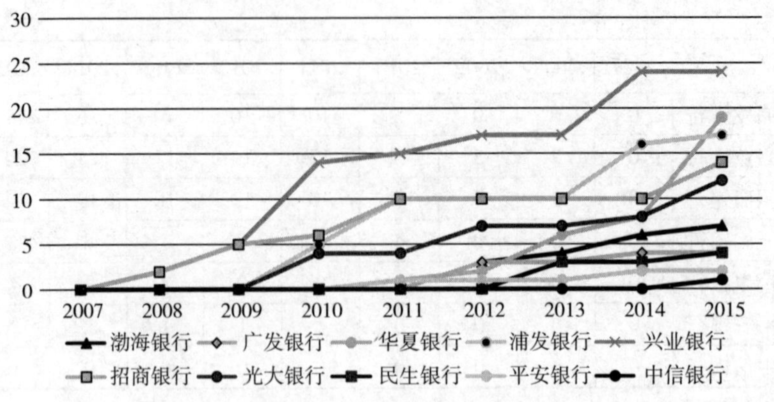

图 3-65 股份制银行绿色产品数量变化趋势图

兴业银行是我国绿色信贷业务的先驱,早在2006年时,就已开始投身于绿色信贷领域,同时,兴业银行也是我国最早加入赤道原则的银行。为了使绿色信贷业务更加专业化的发展,兴业银行成立了独立的可持续金融中心,独立负责绿色信贷业务,形成了完善的风险管理体系,包括:风险识别→风险分类→风险评估→风险控制→风险监测→信息管理/披露→绩效评价。截止到2015年12月31日,兴业银行绿色金融融资余额达到3942亿元人民币,此外,兴业银行还形成了独特的全攻略绿色信贷产品和模式,打造了节能减排"8+1"融资模式。

节能减排"8+1"融资服务中,"8"是指传统信贷模式的运用节能减排技改项目融资模式、CDM项下融资模式、节能服务商(EMC)融资模式、节能减排设备供应商买方信贷融资模式、节能减排设备制造商增产融资模式、公用事业服务商融资模式、融资租赁模式、排污权抵押融资模式。"1"是指非信贷融资模式发行短券、中票、中小企业集合票据等债务融资工具、金融租赁、结构化融资、信托融资等。

除了这些产品之外,兴业银行专业化的团队还可以根据客户需求为客户进行量身打造,为客户找到适合自身的融资通道。

五、城市商业银行绿色产品披露状况

表 3-55 城市商业银行绿色产品披露状况

	北京银行	柳州银行	东莞银行	南京银行	苏州银行	青岛银行	德阳银行	杭州银行	湖州银行	台州银行	嘉兴银行	民泰银行
2007	0	0	0	0	0	0	0	0	0	0	0	0
2008	0	0	0	0	0	0	0	0	1	0	1	0
2009	0	0	0	0	0	0	0	0	1	0	10	0
2010	2	0	0	0	0	0	0	0	1	0	10	0
2011	2	0	0	0	0	0	0	0	1	0	10	0
2012	2	2	0	6	1	0	0	0	1	1	10	0
2013	2	6	0	7	2	0	0	0	1	1	10	0
2014	2	6	5	7	2	5	1	0	1	1	10	0
2015	2	6	5	7	2	6	1	1	2	1	10	3

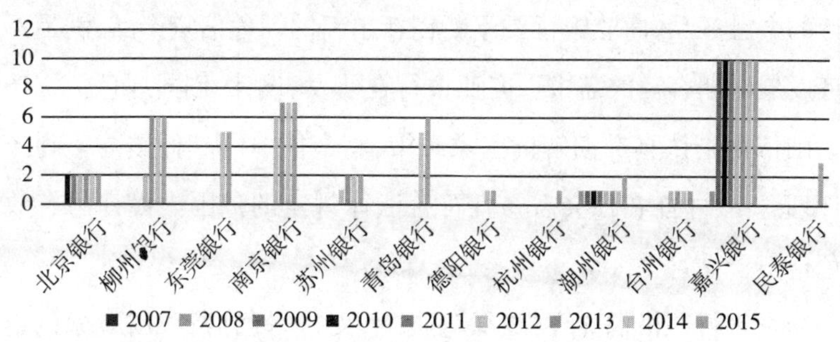

图 3-66 城市商业银行绿色产品数量变化统计图

城市商业银行的绿色金融产品创新情况如图 3-66 所示，其中创新产品数量最多的是嘉兴银行，达到 10 种，其次是南京银行为 7 种，数量最少的是德阳银行、台州银行和杭州银行，仅有 1 种，其中最为典型的是青岛银行设计的节能减排行业新型融资模式系列及南京银行的六大金融服务模式。

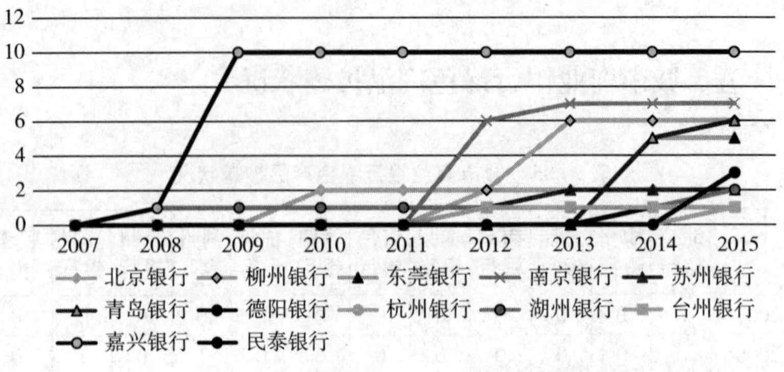

图 3-67 城市商业银行绿色产品数量变化趋势图

六、浦发银行绿色信贷产品案例

绿色信贷产品是指商业银行为给节能环保项目提供资金和服务而设计的金融产品,商业银行要不断创新出新的绿色信贷产品,满足不同经济发展时期客户的需求。商业银行在研发、设计、创新绿色信贷产品的基础依据是认真贯彻解读国家政策,将节能、环保、低碳落实到产品设计理念中,才能在社会需要且符合法律规定的范围内设计出有效的绿色信贷产品。

浦发银行积极倡导环保、绿色金融,支持绿色信贷,创新绿色金融产品,打造中国金融业的低碳银行。作为国内绿色信贷领域先行者,浦发银行经过 5 年的探索创新,已具备较为成熟的机制和产品体系。同时,加大对提高能效、可再生能源、环境保护、资源综合利用等节能环保产业的授信支持力度。

2011 年末,浦发银行牵头组织开展的创新型绿色信贷业务及发行中期票据金额超过 110 亿元,节能环保行业贷款余额为 255. 16 亿元,分别较2009年和2010年增加80亿元和40亿元，与上年末比，增长较快的为水污染处理等和再生物资回收与批发，增速分别为34%和21%，取得较好的社会效益和经济效益。

（一）浦发银行绿色信贷五大板块

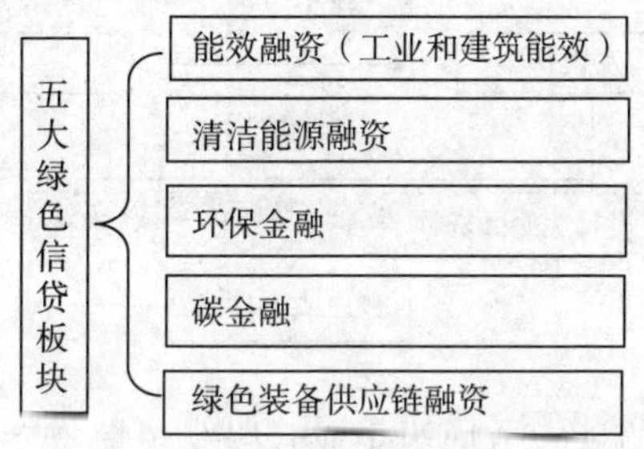

（二）浦发银行绿色信贷十大特色产品

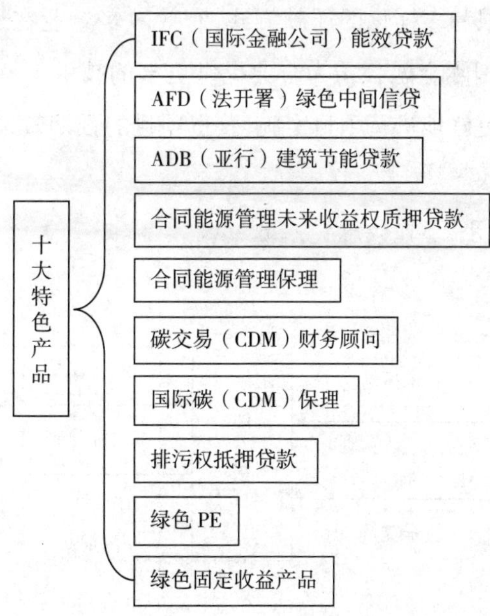

（三）十大特色产品具体的模式

1. IFC 能效融资方案

方案模式：

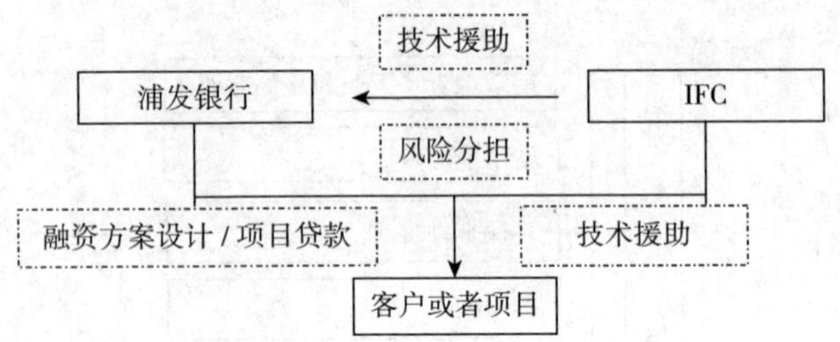

方案优势：该模式一方面为企业开辟绿色信贷专项通道，所筹资金能够快速到位，提高了资金的利用效率，省去了不必要的麻烦，同时浦发银行根据能效项目融资的特点，帮助测定项目的现金流，为企业制定优化的贷款期限和多样化的还款方式，有效减轻企业在还款方面的压力；另一方面，国际金融公司为企业提供更多的技术支持和咨询服务，使得企业能够更好地进行项目实施，获得项目的预期效果，也为企业节约了成本的投入。

2. AFD（法开署）能效融资方案

方案模式：

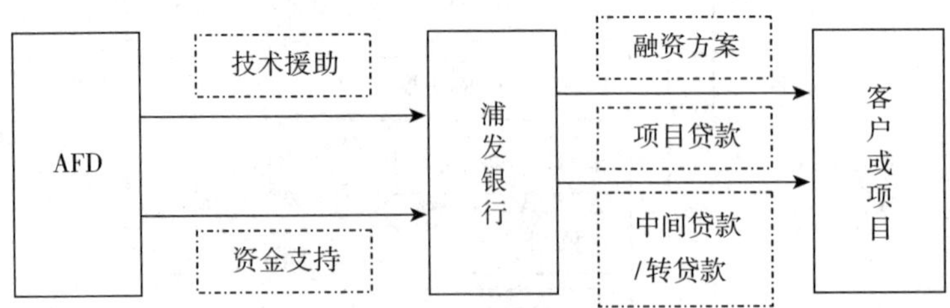

方案优势:从企业角度来看,该方案针对各种类型的能效项目贷款,贷款范围比较广泛,而且贷款利率要小于市场利率,可以为企业降低成本。从银行角度来看,该方案能为浦发银行带来利息和资金业务收入,增加银行绿色信贷项目经验,由于浦发银行要对项目贷款的全过程进行管理,通过管理能够提高银行包括贷前审查评估、贷后管理等方面的能力。

3. ADB(亚行)建筑节能融资

方案模式:

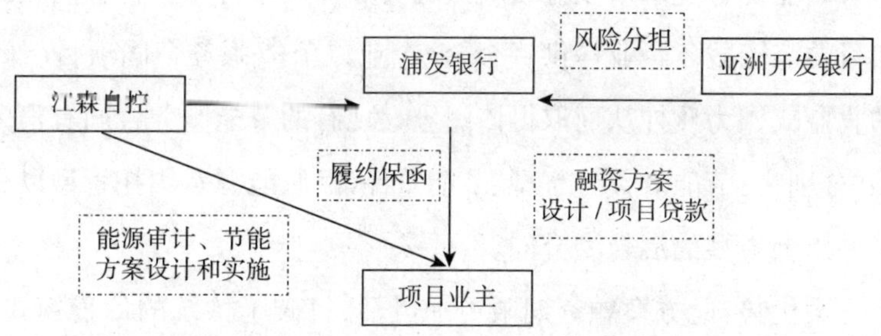

这是国内银行业第一个建筑节能领域的绿色融资产品,也是浦发银行在绿色金融领域又一重大的创新产品。此方案是由浦发银行和亚洲开发银行共同构建损失分担制度,亚洲开发银行为其开展的绿色项目承担部分的风险,并且,由江森自控集团为整个项目提供节能设备以及承包服务。

方案优势:该方案提供全面丰富的设备和技术支持,为项目业主提供履约保函,使得项目能够顺畅地进行,帮助企业实现节能效益;浦发银行为企业开辟绿色信贷专项通道,使得贷款资金能够快速到账;企业依托于浦发银行、亚洲开发银行、江森自控集团的品牌知名度,可以提升企业自身的品牌形象,提高知名度。

4. 合同能源管理未来收益权质押融资

方案模式：

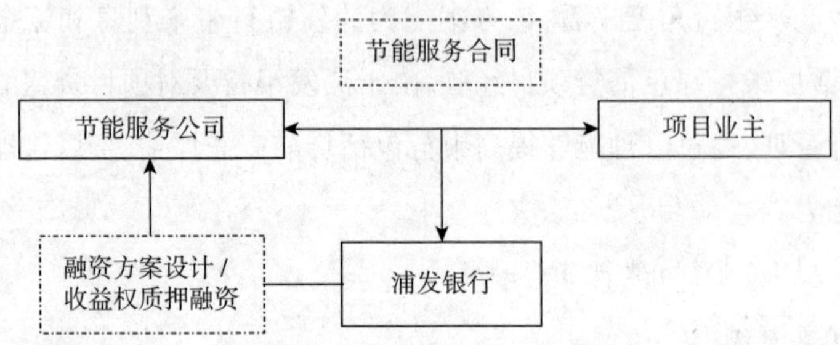

合同能源管理未来收益权质押融资是浦发银行为推行合同能源管理项目的节能服务企业提供资金，该企业以节能服务合同项目下的将来的收益权作为质押从而取得该资金。现有的节能服务合同有很多种类型，分别为：节能效益分享型、节能量保证型、能源费用托管型以及包含两种以上类型的混合型合同。

方案优势：此方案融资期限更加灵活，打破了传统的信贷模式，有效解决了中小型节能服务公司因抵押不足而无法融资的问题，使企业资金能够快速周转，提升企业活力；同时，依靠浦发银行的项目经验，合理地估算不同类型项目可以节约的能量，合理地估算企业未来现金流，为企业设计良好的融资方案。

5. 合同能源管理保理融资

方案模式：

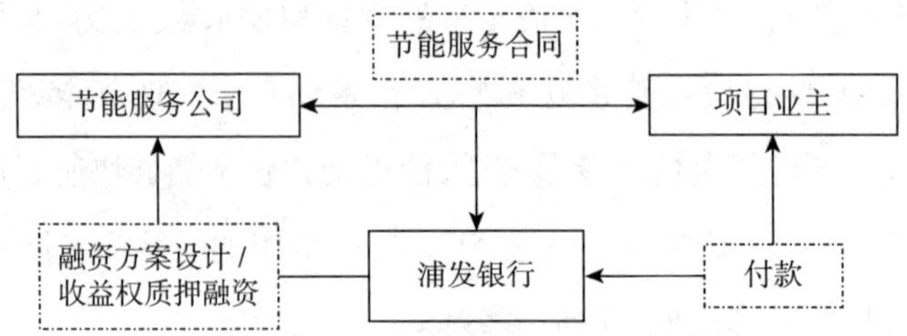

节能服务公司把合同能源项目将来的收益权抵押给浦发银行，浦发银行为企业提供资金支持，但该合同能源项目必须由浦发银行确认并且质量优良。

方案优势：此方案融资期限更加灵活，打破了传统的信贷模式；节能服务公司可以选择将合同能源项目未来收益权买断或者回购，更加灵活，帮助节能服务公司提前得到销售收入，增加企业盈利能力；同时，依靠浦发银行多年积累的经验，合理地估算企业未来现金流，为企业制定有效合理的融资方案；依靠浦发银行保理增值服务，节约企业管理成本。

6. CDM（清洁能源发展机制）财务顾问方案

方案模式：

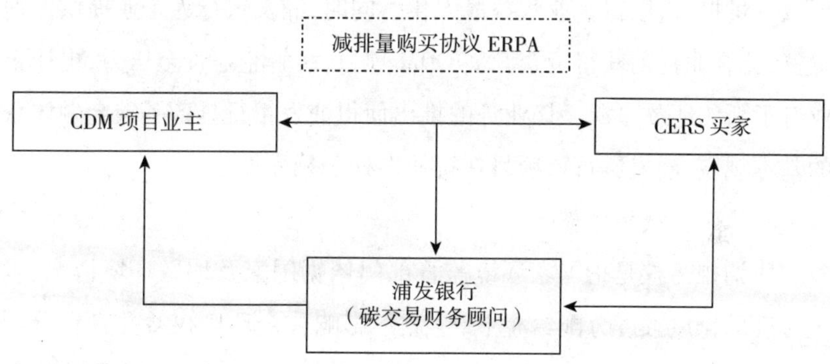

方案优势：浦发银行为该项目的客户免费给予服务，使得 CDM 客户获得全程服务，方便了业主，也使得 CDM 交易变得更加容易；同时，银行为客户提供并锁定合理的核证减排量报价，为客户选择信用能力较强的买家，实现企业收益最大化，降低企业风险，为企业提供保障，并且可以使资金快速到账；对 CDM 项目客户来说，可以获得联合国认证的“绿色标签”。

7. 国际碳(CDM)保理融资

方案模式:

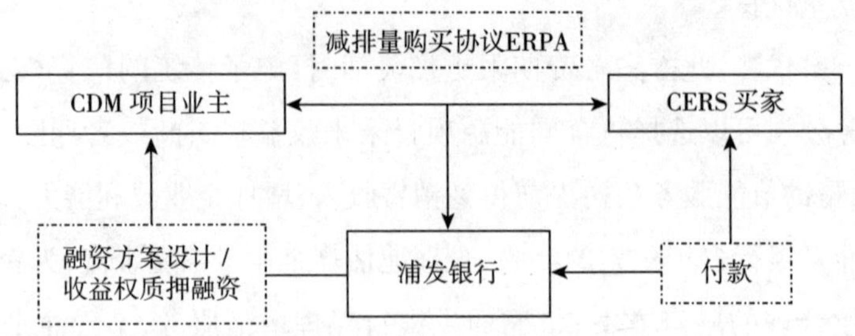

方案优势:浦发银行凭借 CDM 财务顾问方案的体验总结和保理融资项目的特点,为企业提供的特色融资服务。由于 CDM 方案产生的核证减排量值可以用来出售,浦发银行可以为客户提供并设定合适的核证减排量报价,取得企业效益最大化。同时,浦发银行为企业提供保理融资,让企业提前获得资金开展 CDM 项目,缓解企业资金压力,也让企业有了新的还款来源。该业务的推出使得浦发银行具备了碳金融体系的基本规模,浦发银行该项目在行业内处于领先地位。

8. 排污权抵押融资

所谓排污权是指国家环境监管部门依据国家及地区环境情况,确定合理的排放额度分配给企业,企业不影响公众环境权益并且在分配额度内排放污染物的权利。所谓排污权交易,其实是将环境保护与经济手段相结合,一方面改变企业以往消极对待生态环境保护的态度,促使一些高污染企业积极、主动地改进生产技术从而进行清洁生产,另一方面可以提高社会经济效率并且能够更好地保护生态环境。

排污权抵押融资,是将企业获得的排污权作为抵押,将资金提供给企业,该排污权拥有企业必须持有《污染物排放许可证》,并且污染排放没有超过其规定标准。

方案模式：

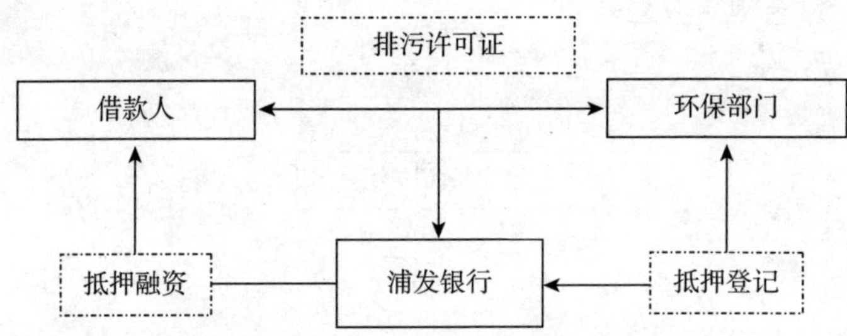

方案优势：排污权抵押融资为企业增加了新的融资模式，企业有了新的资金来源，融资期限较为灵活且形式多样，使企业由被动地被政府管理变为积极和主动地去改变技术，从而进行清洁生产。此外，通过浦发银行排污权价值的专业测算，可以给予企业全方位的融资方法和帮助。

9. 绿色股权融资

方案模式：

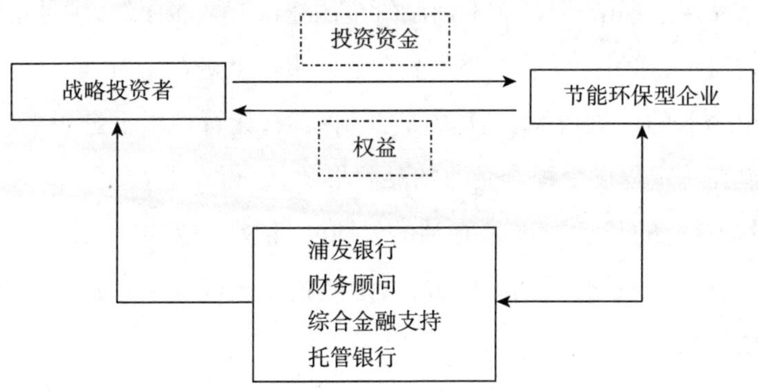

方案优势：浦发银行为进行节能环保项目并且处于成长期的中小企业推荐或提供合格的投资者，实现直接股权融资和银行间接融资相结合，为企业提供股权转让、并购重组、境内外公开募股等多样化的融资安排，为股权融资提供合理的估值模型和价值评估，为绿色股权融资

制定专业的运作方案。

10. 绿色固定收益融资

方案模式：

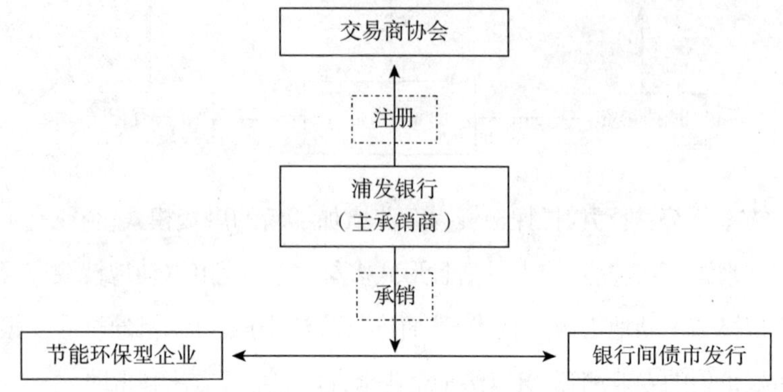

方案优势：绿色固定收益融资帮助企业拓宽融资渠道，使得融资更加多样化，减少企业严重依赖于银行贷款的情况。对企业来说，固定收益类产品融资期限多样，企业所融资金用途没有太多限制，满足企业多样化的需求，通过固定收益类产品在公开市场上进行融资，能够更有效地规范企业的治理机制，优化内部控制结构，让管理水平进一步提升，并且能在一定程度上提升企业的品牌形象，使得企业被更多的人所熟知，对于企业的长远发展是有利的。同时，依靠浦发银行直接融资经验，帮助企业设计合理的融资方案，降低企业融资成本，为节能环保企业发展保驾护航。

第四章

基于关系论的绿色金融应用设计

绿色金融的核心是金融行为与经济行为、社会行为和生态环境行为之间协调发展的问题,是金融行为的结果对生态环境系统是否产生影响的问题。正相关意味金融行为对生态环境系统产生支持、协调的关系,负相关意味金融行为对生态环境产生负效应乃至破坏性的影响,其结果是打破四个系统的平衡状态,进而影响到人类的生存与发展。

绿色金融的实现途径就是金融市场、金融机构、金融监管从单一的经济利益的实现向经济利益和生态利益并重的实现,金融机构从单一经济目标的实现向经济利益和生态环境利益目标的实现,金融监管从关注金融行为经济利益实现的合法性向金融行为与社会生态利益适度关系处理转移。

第一节 急需探索的几个问题

一、明确绿色金融发展的技术路线图

绿色金融技术路线图是指对绿色金融发展方向、发展程序、发展能力和发展目标的明细与认识。它集合了社会集体智慧和领域领袖的看法,为绿色金融的发展指明方向。从 1995 年中国人民银行颁布《关于贯彻信贷政策与加强环境保护工作有关问题的通知》到 2007 年、2012 年发布《绿色信贷指引》,我们对绿色金融的实施路线主要是贯彻国家的环境保护政策与相关制度,金融成为国家环境保护的手段之一。但对绿色金融目标、绿色金融技术、绿色金融政策、绿色金融制度等没有

一个明晰的定位。绿色金融主要涉及社会的公共利益,技术路线图的不明确,导致金融机构之间、国家各部门之间的相关政策、制度、技术的冲突,考核标准的冲突,其结果就是各部门、各机构之间不能形成合力,绿色金融的效果被极大地减弱,甚至产生劣币驱除良币的现象。

二、加强绿色金融系统性的理论支持

从1995年中国人民银行颁布《关于贯彻信贷政策与加强环境保护工作有关问题的通知》至今已22年。绿色金融发展的主要机理是基于环境保护政策和制度的落实,基于经济转型和绿色经济、生态经济、低碳经济对金融业的需要,绿色金融成为环境保护手段的一部分。但我们对金融系统与生态环境系统、社会系统、经济系统的相互关系、内在运行规律、绿色金融运行机理、绿色金融发展基本方向、基本模式及主要内容的认识并不清晰。由于绿色金融发展缺乏系统性的理论支持,导致绿色金融体系建设所必须的目标体系、责任体系、动力体系、产品体系、运行体系、技术体系、信息体系、奖罚体系及生态环境体系的建设缺乏系统性和内在联系性,虽然部分金融机构和部分资金进入节能环保产业和生态系统,但由于对金融整体运行的绿色化控制,导致金融业对生态环境保护与改善的系统没有建立起来,在某些行业如钢铁行业,金融对生态环境甚至起到负作用。

三、对基于生态环境保护与完善约束的绿色金融运行模式进行探索

按照金融传统理论,金融是经营货币的特殊企业,金融业强调自己

企业的特性,也把效益性作为自身发展的基本目标。其运行模式是基于收益和风险建立起来的,风险最小化和收益最大化的金融运行的基本规则。绿色金融要求金融行为必须对生态环境负责,是基于对生态环境影响最小化的金融运行模式,它的运行目标是生态环境效益的最大化,绿色金融的产出既包括金融利益又包括社会利益。这就要求金融机构从单纯的经济效益的模式向经济效益与生态效益双重的运行模式改变,但生态效益的运行机理、运行过程、运行关系、运行技术与经济目标的模式完全不同,金融机构必须建立一套基于生态环境目标的新模式,但就当前我国金融机构的运行状况看,新的运行基本没有建立,严重影响金融对生态环境保护作用的发挥。

四、对绿色金融发展的动力系统进行设计

动力来源于两个方面,一是责任,二是经济激励。根据金融行为外部性理论,金融行为与生态环境可能产生三种结果,一是正外部性,即金融行为产生正外部性的效果,促进公共环境的改善,但金融机构并没有得到相应的利益,在此情况下,金融机构行为的社会利益大于自身的利益,由于金融机构的经济效益下降,在没有得到相应的利益补贴下,单纯依靠品牌影响,金融机构会失去长期发展绿色金融的基本动力。所以我们应建立基于金融行为正外部性的生态环境激励机制,激励金融机构的正外部性行为,进而形成金融行为与生态环境发展相融合的状态。二是均衡状况,即金融机构的经济效益和社会的生态效益都能得到满足,这是绿色金融进入可持续发展的轨道。三是金融行为对生态环境产生负外部性,但金融机构又不对自己的生态环境外部性行为负担任何的生态环境责任。在此情况下,由于

金融机构不对自己的行为负责,反而在此行为中可能受益,当然金融机构不可能自愿参与生态环境的风险防范中去。所以,金融行为的生态环境责任系统的建设应成为绿色金融发展的核心环节,成为绿色金融体系建设的关键。

五、避免绿色金融发展的非均衡

中国银行业绿色化发展严重不均衡,从政策性银行、国有商业银行、股份制银行到城商行、农商行再到信用社,发展非均衡现象非常严重。需要国家从制度建设层面予以解决。这一点我们可以从银行业发布绿色金融状况的情况得以反映。

银行业从 2006 年开始发布社会责任报告,虽然整体上发布社会责任报告的数量呈现上升趋势,从 2006 年最初仅有 3 家发布社会责任报告到 2014 年已有 55 家银行发布了社会责任报告,社会责任报告发布率也从 1. 03%到 18. 97%。但从行业来看并不乐观,社会责任报告发布率最高的 2014 年尚不足 20%,且 2015 年未能延续此前连续增长的势头。银行业在披露社会责任报告时存在不连续的情况。

从总体上看,在实践领域,相关政策和规定虽然陆续出台,但尚有诸多不明确之处,各银行的绿色信贷起步早晚不一,发展程度参差不齐,在信息披露上也没有形成完善的、统一的体系,这从侧面也能反映出整个银行业的绿色信贷仍处于起步阶段,甚至可以说依然停留在表面。这种非均衡状况严重影响绿色金融对生态环境保护与改善作用的发挥。

六、建立基于经济、社会、生态系统与金融系统协同的宏观调控系统

现有的绿色金融政策和制度的建设基本基于金融机构对企业生态环境行为影响的控制,而缺乏对金融政策和制度对生态环境影响的评价与调控系统的建设,金融政策与制度对生态环境影响评价的缺失,导致金融整体行为生态环境影响缺乏约束性,失去金融系统对生态环境外部性的控制,没有达到金融保护与改善生态环境的目的,还导致金融系统生态环境风险缺乏系统性认识与防范,进而使得环境风险在金融风险的整体比重的上升,不仅影响金融系统与生态系统的关系,还可能导致金融系统与社会系统、经济系统风险的全面上升,成为金融危机的潜在影响因素。

第二节　基于关系的绿色金融应用设计

一、基于关系角度的绿色金融观念转变

观念是行为的前提,有什么样的观念就有什么样的行为。当前金融系统在其与生态系统关系的处理上,有以下几种较为流行的观念。一是金融系统对生态环境系统处于一种非关系状态,认为金融系统与生态系统没有联系,金融系统对生态系统的变化不承担任何责任。二是金融系统与生态系统是一种支持、扶持和帮助的关系,金融系统可以支持生态系统的维护和改善,社会应感激金融系统的帮助、支持的行

为。三是金融系统与生态系统是一种道德关系，金融系统可以基于社会道德的感召力从事绿色金融行为，社会应对金融行为的道德行为进行社会现象树立和奖励。我们认为以上几种观点，没有认识到金融行为的实质，没有认识到金融行为与生态行为之间关联的必然性，是一种狭隘的、基于自身利益的观念，如果不加以改进，无疑对绿色金融的发展是极为不利的。我们认为绿色金融的观念应包含以下几种：

（一）行为观念。金融是一种行为，这种行为是经济社会发展的“动力源”、“润滑剂”，是经济、社会、生态关系处理的核心工具，这种行为可以产生正结果，也可以产生负结果，我们应建立一整套的制度，规范、鼓励基于生态的金融正行为，抑制基于生态的负行为，为生态、经济和社会的绿色发展、相互发展、动态发展注入“发动机”，进而为生态文明的建设，提供金融技术的支持。

（二）风险观念。风险无处不在，风险是行为的必然结果之一。金融行为对生态环境产生影响是一个必然性的过程。我们的责任就是对这种风险行为进行约束，使之降到最低。认为金融行为与生态环境之间无关系、无关联的观点是极为有害的，是一种对社会不负责任的观点。建立金融行为与生态行为必然性关联的意识，是绿色金融发展的前提与基础。

（三）责任观念。金融行为对生态环境承担什么责任是绿色金融实施的基本，一个没有责任的系统，是不可能真正的实施与运行的。只有建立绿色金融责任观念与责任体系，绿色金融方能具体的实施并产生真实的效果，否则只是一个虚假的宣传，最终将产生“劣币驱除良币”的效果。

二、基于关系的绿色金融文化建立

绿色金融文化的核心就是建立从金融与自然的无关文化过渡到金融与自然和谐的文化。这是人的价值观念根本的转变,这种转变解决了人类中心主义价值取向过渡到人与自然和谐发展的价值取向。绿色金融文化重要的特点在于用生态学的基本观点去观察现实事物,解释现实社会,处理现实问题,运用科学的态度去认识生态学的研究途径和基本观点,建立科学的生态思维理论。通过认识和实践,形成经济学和生态学相结合的生态化理论。生态化理论的形成,使人们在现实生活中逐步增加生态保护的色彩。

三、深度认识金融行为的生态环境外部性影响

唯物辩证法认为,任何事物、过程和规律都具有相对与绝对两个方面,不可分割,缺一不可。就金融行为与生态系统的关系而论,同样存在事物的两个方面。从行为影响的角度,金融行为对生态环境系统的影响分为正负两个方面。由于金融系统在经济运行过程中的核心地位与作用,充分认识金融行为对环境系统的影响,进而利用金融系统的影响力推进社会经济系统与生态环境系统的协同发展具有重要意义。

金融行为的环境正外部性效应是指金融机构乃至金融体系稳健运行时,在其自身能创造良好收益的同时,能通过增加社会资本要素的投入量、为企业提供低成本资金、提高资源的利用效率、减少污染物的排放、增加自然资源财富等方式为社会做出贡献,因而具有很强的环境正外部性。

从资本的收益角度分析，当社会资本平均收益率大于金融资本收益率时，存在宏观金融行为的正外部性，即存在金融收益的环境溢出。

从生态环境绩效角度分析，当金融资本的成本高于社会资本的成本时，存在金融行为的环境正外部性。从长期来看，金融正外部性不利于金融发展和经济发展，要通过对金融机构的行为补贴、金融政策倾斜等加以矫正。

金融行为的环境负外部性是指由于金融市场活动而给无辜的第三方造成的环境成本与损失。金融组织的社会成本大于其私人成本时，就产生金融负外部性。例如，金融机构对环境污染企业的贷款，银行的信贷资金与企业生产资金的结合，产生环境污染的现象，这种污染是企业资本和金融资本共同作用的结果，其结果就是金融资本与企业资本共同构成对第三方环境权益的侵犯，构成金融行为对生态环境的负外部性影响。金融行为的负外部性可分为狭义金融负外部性与广义金融负外部性。狭义金融负外部性是指金融组织可用货币计量的经济成本向该金融活动以外的其他经济主体的溢出。广义的外部性除了包含狭义外部性外，还包括该金融活动向其他主体溢出的非货币性的间接经济影响。当然这可以间接转换成货币性的经济成本。无论是从损失的绝对数值，还是从影响范围而言，狭义金融外部性对社会的影响远逊于广义金融外部性。例如，在行业信贷政策中缺失环境影响论证和信贷支持环境影响标准审核的要求，其结果可能导致该行业对环境影响的变化。

四、基于关系的绿色金融多层次责任体系的建立

责任是社会、经济、生态系统正常运行的前提。关于金融系统与生

态系统的责任关系一直处于争论之中。责任不明，是导致金融系统对生态系统的支持不足和负外部性不断产生的根源。

（一）环境责任的讨论

1. 环境责任正义讨论

环境正义的观念最早起源于20世纪80年代的美国。环境正义是环境伦理学中的前沿问题，它是世界环境保护运动进入新的发展阶段的标志，也推动着环境伦理学的转向。所谓环境正义，一般是指所有人，不分世代、国籍、民族、种族、性别、教育、区域、地位、贫富等，都平等享有秩序、整洁及可持续性环境的自由以及免受环境破坏的危害之权利。环境正义的主要目的在于有效地保护人们平等的环境权利，并尽量减少人们之间因不平等关系而导致的不平等环境影响，从而维护人们的价值与尊严。

环境正义的实质是环境责任和生态利益的合理分担和分配，由此能够清晰地看到生态危机的社会根源以及解决生态危机所应采取的应对方略。正义蕴含公平、公道、正义等价值内涵，是政治社会中各种价值体系追求的目标，法律作为一种最具权威性的价值体系和规范体系自然也以正义为其价值目标。环境资源是"共同财富"，没有人能任意的享受而不付出任何义务。

2. 环境损害责任公平讨论

广义环境损害概念，包括对环境的损害和对人的损害。对人的损害是现行侵权行为法已经明确规定的损害，包括财产损害、人身损害、精神损害；环境的损害包括环境污染、生态破坏，实质上是对公共环境利益的损害。

生态环境的损害，一是生态环境是典型的公共物品，因此对环境的损害实质上就是对公共利益的侵犯，赔偿权利人应由公共利益的代表者来充任，一般应当是政府或者一定范围内的公众集体。二是生态环境损害的数额的巨大性，生态环境损失的巨大，根据现行的公司法，公司的赔偿责任则是有限的，一旦巨大，生态环境赔偿责任则难以落实，生态环境的修复就可能落空。这样的生态环境责任落实是不公平的，是对环境侵权人的放纵。所以从公平的角度，对生态环境损害的责任分配，就必须按严格责任公平原则进行。

3. 共同风险责任的探讨

在环境侵害的形成过程中，由众多的排污行为或环境开发行为形成的复合公害构成环境共同侵权。传统的共同侵权理论通常都要求共同侵权行为人主观上具有意思联络，即两个或两个以上行为人，基于共同的故意或过失致他人损害，其理论基础是过失责任主义。但是，由于环境共同侵权行为的各行为人通常主观上并无共同侵权的意思联络，因此这一理论在环境共同侵权领域中很难适用。

（二）环境责任体系的建设

我们知道有责，方能有行动。外部性导致金融机构没有自发地积极性参与到绿色金融的具体实施中，反而有可能与企业达成基于利益的同盟。所以建立一个从基本约束到道德约束的完整责任体系是绿色金融产生动力的基本源泉。多层次责任体系包括绿色金融法律体系、绿色金融契约责任体系和绿色金融道德责任体系。根据中国绿色金融所处的发展阶段，必须建立相应的责任体系，并在工作中坚持明确责任、责任落实、责任的绩效评估和责任的处罚与奖励，以促进中国绿色金融多层次责任体系的完整建立。

五、基于关系的绿色金融制度体系的建设

绿色金融是一个跨行业、跨部门、跨领域的多学科的交叉体系，从绿色金融目标到绿色金融绩效落实，涉及宏观与微观的行为变化，涉及多部门、多行业结合的相互验证。金融的融资可以通过多渠道、多方式。单一渠道无法真正落实绿色金融管理的初衷。例如，通过资本市场、债券市场和贷款的相互转换，可以实现对绿色行为约束的规避。

（一）绿色金融制度建设的目标

制度建设具有长期性、稳定性、根本性和全局性的意义。绿色金融制度建设的目标，就是通过体制、机制、程序、规则的科学设计和实施，使绿色金融制度应有的功能得到最大限度的发挥。这包括：

1. 协调金融系统与生态系统、经济系统、社会系统的关系。充分利用金融系统在经济社会和生态环境发展中的核心地位，运用金融手段，在生态运行规则的约束下，通过建立多层次绿色金融方法体系，优化金融资源的配置，进而达到金融系统均衡各系统发展的目标。

2. 建立多层次的绿色金融制度。一是基于生态环境行为的特殊性、区域性，应建立多层次、多结构的绿色金融制度；二是基于生态环境责任的多层次性，进而在强制、契约和自愿的基础上进行多层次的鼓励与处罚，以保证绿色金融制度实施的可行性和可操作性，

3. 系统性绿色金融制度的建设。一是金融系统与生态系统、经济系统的结合涉及的影响因素多；二是各影响因子之间的关系越来越复杂，单一性的制度设计，无法达到系统之间平衡的要求。如排污权抵押贷款制度一定是和排污权交易制度紧密相连。

（二）绿色金融制度体系的建设

绿色金融制度体系的建设必须包括多层次、多结构的绿色金融制度的建设；绿色金融宏观调控与管理体系的建设；绿色金融环境风险基本标准体系的建设；绿色金融机构责任制度体系的建设；绿色金融信息化责任制度体系的建设和绿色金融社会参与制度的建设。相应建议措施如下：

1. 绿色金融基本制度的建设

绿色金融基本制度建设是指对绿色金融的管理主体、监督主体、执行主体、服务主客体等的责任承担、责任分配、运行关系等以制度的方式加以明确。意图通过权力、责任和运行机制的清晰，保证绿色金融实施的有效性。

2. 绿色金融宏观调控类制度建设

绿色金融宏观调控类制度的建设目的是保证金融宏观行为与生态经济行为的有效对接，并保证三者之间的整体协调。如绿色货币信贷政策制度的建设，包括绿色准备金政策、绿色市场政策、绿色债券政策、绿色再贷款政策、绿色补贴政策等。

（三）绿色金融管理制度

从绿色宏观管理的角度，绿色金融管理包括绿色金融责任制度、绿色金融行为效果评估制度、绿色金融环境影响评价类制度等。

从绿色金融监管的角度，绿色金融监管制度中应明确监管人的职权范围、监管程序、监管方法、监管信息公布、监管处罚与奖励等职责。

从环境风险管理的角度，绿色金融风险管理制度包括股权类风险管理制度、债权类风险管理制度、重点行业风险管理制度、绿色金融准入管理制度、绿色风险评估制度、投资环境风险标准制度等。

从绿色金融信息发布的角度,绿色金融信息制度主要包括绿色金融信息发布范围、发布主体、发布内容、发布方式、社会参与方式等规定。

从绿色信用制度建设角度,应建立专属生态环境领域的绿色信用制度,包括信用评价内容、评价主体、评价路程、评价结果公布等内容。

从绿色金融绩效评价的角度,一是要建立绿色金融绩效的评价制度,对金融调控部门、金融政策发布部门和金融机构的环境绩效进行评价;二是要建立绿色金融的报告制度,要求各金融机构定期公布绿色金融状况,并保证公布信息的准确性和可监督性。

绿色金融环境影响评价制度的设计是指任何一项涉及生态环境的金融政策的出台,都应对其对生态环境的影响进行分析与评价,以确保金融政策与生态环境状况衔接。

(四)金融机构绿色化制度建设

基于业务指导的政策制度。要求各金融机构明确公布该机构年度绿色金融政策,并要求绿色金融政策必须具备可操作性、可监督性、可反映性和可统计性。要以媒体、网站的方式对社会公布自己的绿色金融类相关政策。

基于责任落实制度。金融机构应建立绿色金融责任制度,主要包括绿色金融责任部门、绿色金融责任人、绿色金融责任范围、绿色金融责任奖罚等条例。

基于流程管理制度。要求金融机构建立专业的绿色金融流程管理制度,在流程中明确各环节的责任标准、审核标准、决策标准、跟踪标准、反馈标准及建立绿色金融事后的报告制度。

基于环境风险管理制度。在不低于国家绿色金融环境风险标准的基础上,金融机构应明确自己的环境风险管理标准,并制定环境风险应急方案,明确环境风险的具体措施。

基于绿色信用管理制度。金融机构应制定绿色信用制度,明确绿色信用的内容、评估标准、评估程序和评估结果的公布方式,并与国家的信用制度进行紧密的结合。

(五)社会组织参与绿色金融制度

社会组织参与绿色金融是时代赋予环保人的基础义务,生态环境问题的实质是社会问题,绿色金融要想得到社会的认可,就必须建设社会组织参与绿色金融制度。

绿色金融制度建设的意义在于纠正金融行为的环境外部性,并有效利用金融手段实现生态环境资源与经济资源、社会资源的优化配置。绿色金融制度是一项全新的制度创新,目标明确、责任到位、奖罚结合是绿色金融制度可持续作用的基本核心。

六、基于生态风险关系的绿色金融风险管理体系的建设

绿色金融的环境风险管理是基于金融行为的负外部性而设立的,其目的是通过金融环境风险管理技术与制度的设立,一是以硬约束的方法对金融机构与环境有关的行为进行基于法律强制力的约束,实现对金融负外部性的有效管理;二是金融机构环境风险管理的核心目的是降低金融机构的环境风险,以环境风险的降低提升金融机构的整体效益,使得环境效益与金融经济效益得到统一,并实现二者的双丰收。

2015 年实施的新《环境保护法》加大了生态维护和环境损坏的范

围与力度，金融行为将与环境损坏直接相连，这将使金融行为的风险，从环境信用风险扩大到环境责任风险，金融机构有可能成为环境风险的直接承担者。因此，金融行为的环境外部性需要我们从宏观、行业到微观建立环境风险的防范体系，进而保证金融的稳定和环境风险的有效抑制。在绿色金融发展的过程中，需建立并完善宏观环境风险管理系统、金融行业环境风险管理系统、金融机构环境风险管理系统、绿色金融环境风险流程管理系统和绿色金融环境风险评估与报告系统。

金融是生态、社会、经济运行的核心，金融对生态、社会、经济的运行与发展起到前置、分配、风险管理与调控的作用。但金融只有在绿色化的条件下方能实现金融资源真正的优化配置，实现金融双重效益的提升。我们要发展绿色金融，首先就必须对绿色金融与经济发展、社会运行和生态环境的内在关系进行系统性的分析，进而剖析绿色金融应用领域的运行规律、规则、目标、方向、标准、绩效等，方能客观认识绿色金融，进而去把握绿色金融工作，把绿色金融的作用发挥到最优。

参考文献

[1]白华、韩文秀:《复合系统及其协调的一般理论》,《运筹与管理》2000 年第 3 期。

[2]鲍建国、周发武主编:《清洁生产实用教程》,中国环境科学出版社 2010 年版。

[3]蔡守秋主编:《环境政策学》,科学出版社 2009 年版。

[4]陈国庆:《环境经济学理论发展的评析》,《南京政治学院报》2000 年第 1 期。

[5]陈启杰、楼尊:《论绿色消费模式》,《财经研究》2001 年第 9 期。

[6]丁同玉:《资源—环境—经济(REE)循环复合系统诊断预警研究》,河海大学 2007 年博士学位论文。

[7]董彦龙:《绿色消费模式的构建与制度安排》,《商场现代化》2005 年第 25 期。

[8]樊华、陶学禹:《复合系统协调度模型及其应用》,《中国矿业大学学报》2006 年第 4 期。

[9]方巍:《环境价值论》,复旦大学 2004 年博士学位论文。

[10]高乐华:《我国海洋生态经济系统协调发展测度与优化机制研究》,中国海洋大学2012年博士学位论文。

[11]关华:《能源—经济—环境系统协调可持续发展研究》,天津大学2011年博士学位论文。

[12]郭沛源:《论自然资本论》,《世界环境》2005年第5期。

[13]何宜庆、白彩全:《生态经济、金融生态与生态资本耦合发展研究:以鄱阳湖地区为例》,科学出版社2015年版。

[14]贺磊:《基于系统视角的银行业与保险业协同发展研究》,中南大学2014年博士学位论文。

[15]胡筱敏主编:《环境学概论》,华中科技大学出版社2010年版。

[16]黄贤金主编:《循环经济学》,东南大学出版社2009年版。

[17]黄贤金主编:《资源经济学》,南京大学出版社2010年版。

[18]鞠浩、王庆、刘凯:《论马克思货币资本循环理论与社会主义企业管理》,《企业导报》2012年第5期。

[19]柯水发主编:《绿色经济理论与实务》,中国农业出版社2013年版。

[20]孔瑞:《我国绿色信贷发展研究》,山东师范大学2015年硕士学位论文。

[21]李娜:《基于协同理论的京津冀都市圈合作治理研究》,天津商业大学2014年硕士学位论文。

[22]李克国主编:《环境经济学》,中国环境科学出版社2007年版。

[23]李晓华、刘峰:《产业生态系统与战略性新兴产业发展》,《中国工业经济》2013年第3期。

[24]李岩松:《我国商业银行绿色信贷风险控制问题研究》,吉林大学2013年硕士学位论文。

[25]厉以宁:《西方宏观经济学说史教程》,中国人民大学出版社2015年版。

[26]林致远、贾巳梦、张萌等:《河北省绿色金融发展现状调研》,《统计与管理》2016第4期。

[27]刘霞:《略论马克思主义资本属性理论》,《人民论坛:中旬刊》2011年第7期。

[28]路芸:《金融周期与实体经济周期相关性与协同性研究》,湖南大学2013年硕士学位论文。

[29]沈军、白钦先:《金融结构、金融功能与金融效率——一个基于系统科学的新视角》,《财贸经济》2016年第1期。

[30]沈满洪主编:《生态经济学》,中国环境科学出版社2008年版。

[31]世界银行集团国际金融公司编:《促进绿色信贷的国际经验:赤道原则及IFC绩效标准与指南》,环境保护部政策法规司、环境保护部环境与经济政策研究中心编译,中国环境科学出版社2010年版。

[32]苏荣军、谷芳、车春波编著:《工业企业清洁生产理论与实践》,化学工业出版社2009年版。

[33]孙桂娟、叶峻:《社会·生态·经济复合系统解析》,《社会科学研究》2008年第3期。

[34]孙立成:《区域事务—能源—经济—环境—人口(FEEEP)系统协调发展研究》,南京航空航天大学2009年博士学位论文。

[35]谭丽超、单正军、葛峰等:《生态效率综合评价方法研究》,《污染防治技术》2010年第4期。

[36]田培杰:《协同治理:理论研究框架与分析模型》,上海交通大学2013年博士学位论文。

[37]汪秀英:《绿色消费与生态消费的规则界定与分析》,《现代经济探讨》2005年第8期。

[38]王丹、张宏斌:《论马克思自然观视域下的生态文明建设》,《辽宁警专学报》2010年第4期。

[39]王会、王奇、詹贤达:《基于文明生态化的生态文明评价指标体系研究》,《中国地质大学学报(社会科学版)》2012年第3期。

[40]王海滨、邱化蛟、程序、齐晔、朱万斌:《实现生态服务价值的新视角(一)——生态服务的资本属性与生态资本概念》,《生态经济》2008年第6期。

[41]王文普:《环境规制的经济效应研究——作用机制与中国实证》,山东大学2012年博士学位论文。

[42]王亚力:《基于复合生态系统理论的生态型城市化研究》,湖南师范大学2010年博士学位论文。

[43]许宁、胡伟光主编:《环境管理》,化学工业出版社2007年版。

[44]杨涤:《金融资源配置论》,中国金融出版社2011年版。

[45]杨晓光、马超群:《金融系统的复杂性》,《系统工程》2003年第5期。

[46]杨祖平:《森林生态需求的现状及对策研究——以江苏省为例》,南京林业大学2010年硕士学位论文。

[47]殷剑峰:《金融系统的功能、结构和经济增长》,中国社会科学院研究生院2003年博士学位论文。

[48]袁增伟、毕军编著:《产业生态学》,科学出版社2010年版。

[49]张欢、成金华、冯银等:《特大型城市生态文明建设评价指标

体系及应用——以武汉市为例》,《生态学报》2015 年第 2 期。

[50]张哲:《基于产业集群理论的企业协同创新系统研究》,天津大学 2008 年博士学位论文。

[51]张景华:《自然资本论视野下的经济增长研究》,《扬州大学税务学院学报》2009 年第 1 期。

[52]张明业、樊鹏:《后金融危机时代我国对外贸易形势分析》,《企业导报》2012 年第 5 期。

[53]张晓媚:《绿色发展视野下的自然价值建构研究》,中共中央党校 2016 年博士学位论文。

[54]赵琼、齐振宏:《工业企业生态系统理论综述》,《中国水运(学术版)》2006 年第 9 期。

[55]赵素巧:《基于协同理论的物流产业发展研究》,吉林大学 2013 年硕士学位论文。

[56]赵晓菊编著:《信用风险管理》,上海财经大学出版社 2008 年版。

[57]郑慧、李雪慧:《基于协同模型的科技创新、金融创新与科技金融动态关系研究》,《海南金融》2015 年第 12 期。

[58]周炎、陈昆亭:《金融经济周期理论研究动态》,《经济学动态》2014 年第 7 期。

[59]周一虹、芦海燕、陈润羊:《企业生态效率指标的应用与评价研究——以宝钢、中国石油和英国 BP 公司为例》,《兰州商学院学报》2011 年第 1 期。

[60]朱敏:《论现阶段环境污染防治战略的三大转变》,《环境污染与防治》1999 年第 S1 期。

[61]诸大建:《自然资本论:发起一场新的产业革命》,《探索与争

鸣》2000 年第 10 期。

[62]住房和城乡建设部标准定额研究所主编:《投资项目环境影响经济评价参考体系研究》,中国计划出版社 2012 年版。

[63]曾康霖主著:《金融经济学》,西南财经大学出版社 2002 年版。

[64]邹国庆、张鹏、李莹:《资本内涵的演化》,《工业技术经济》2009 年第 6 期。

后　记

绿色金融在我国发展到今天已近二十二年，对绿色金融的认识已经提升到国家战略和大政方针的地位，确立绿色金融模式和建设绿色金融体系已成为未来一段时间内金融业的主要发展方向与任务。

辩证唯物主义认为，认识是主体对客体的一种观念的或理论的关系，是通过主体的意识、思维的活动实现和表现出来的，但是它发生的基础则是主体和客体之间物质的相互作用—实践。绿色金融模式与体系的建设，是一种基于金融体系与生态体系关系协调的新机制设计，目的是通过绿色金融体系的建设，使金融体系成为生态体系与经济体系和社会体系和谐发展的调节工具。因此，绿色金融体系是设计，是金融体系与生态体系、经济体系和社会体系实践关系，特别是金融体系与生态环境体系关系系统的设计与认识。根据马克思认识论，实践是绿色金融体系建设的基本前提与基础，因为社会活动是认识的直接来源，认识只有在实践的基础上才能发生，也只有依赖于实践的推动才能发展。绿色金融体系的建设同样如此。

但纵观绿色金融发展，基于关系和实践认识的角度，进行绿色金融制度与体系设计的理论阐述和实践案例并不多。我们认为，理论界一直缺乏对绿色金融发展状况的客观认识,唱赞歌的多,客观认识的少,应用研究多,基本理论研究的少。以客观的角度,以实践的观点,认识绿色金融发展的现状,认识绿色金融发展的不足,进而为认识绿色金融发展的客观规律,并以规律的认识,为绿色金融深度发展提供基本支撑,成为当前绿色金融发展模式与体系建设的重点。

可惜,我们今天很多应用是建立在主观认识的基础上,主观界定绿色金融的理论与实践。本书的意义更多的是希望我们能够客观认识绿色金融发展的现状,客观认识金融业的发展与中国经济、社会和生态环境的关系。为认识绿色金融,发展绿色金融,提供一个基于实践认识的技术路径和方法。

本书是我们认识与研究绿色金融运行机理过程中的第一部专著,之所以成为我们绿色金融系统理论的第一部著作,是因为我们认为,实践是认识事物的基础,只有在实践中不断升华的理论方有具体的实践意义。对绿色金融机理和应用的认识同样如此,绿色金融发展的认识来源于绿色金融的实践,来源于绿色金融实践中各种矛盾与规律的认识。只有在实践中认识到的绿色金融,方能在今后的理论总结和社会实践中提供真正的理论基础和决策参考。

非常感谢我所在单位河北经贸大学金融学院对我研究工作的支持,感谢和志强、王重润同志对我的帮助。感谢我的朋友祝晓光与我在绿色金融领域主题思想的探索。感谢我的学生张舒媛、张玉泉、贺丽健、崔涛在收集资料,统计分析过程中所作出的无私贡献,感谢我的家人对我工作的支持!

王小江

2017 年 7 月 22 日

责任编辑:柴晨清

图书在版编目(CIP)数据

绿色金融关系论/王小江 著. —北京:人民出版社,2017.9
ISBN 978-7-01-017909-4

Ⅰ.①绿… Ⅱ.①王… Ⅲ.①金融体系-研究-中国
Ⅳ.①F832.1

中国版本图书馆 CIP 数据核字(2017)第 166215 号

绿色金融关系论

LÜSE JINRONG GUANXI LUN

王小江 著

人民出版社 出版发行
(100706 北京市东城区隆福寺街 99 号)

环球东方(北京)印务有限公司印刷 新华书店经销

2017 年 9 月第 1 版 2017 年 9 月北京第 1 次印刷
开本:710 毫米×1000 毫米 1/16 印张:26
字数:310 千字

ISBN 978-7-01-017909-4 定价:79.00 元

邮购地址 100706 北京市东城区隆福寺街 99 号
人民东方图书销售中心 电话 (010)65250042 65289539